21世纪普通高等教育应用型人才培养规划教材

主 编◎王家兰

会计电算化教程

KUAIJI DIANSUANHUA JIAOCHENG

西南财经大学出版社
Southwestern University of Finance & Economics Press

21世纪普通高等教育高素质应用型人才培养规划教材编写委员会

主　任：
　　王克军　广东商学院华商学院会计系主任
　　蒋希众　广州大学华软软件学院管理系主任

委　员：
　　胡思虎　广东技术师范学院天河学院副院长
　　张志红　广东技术师范学院天河学院财经系常务副主任
　　郭松克　广州大学松田学院管理学系主任
　　王　燕　广州大学华软软件学院国贸系主任
　　游兴宇　广东外语外贸大学南国商学院国际经济贸易系主任
　　李庚寅　广东外语外贸大学南国商学院金融系主任
　　吴再芳　广东外语外贸大学南国商学院国际工商管理系教研室主任
　　姚泽有　电子科技大学中山学院经济与管理学院院长
　　邓田生　华南农业大学珠江学院经济管理系主任
　　王家兰　华南农业大学珠江学院财政会计系主任
　　那　薇　云南省高等学校会计专业教学指导委员会委员
　　　　　　云南师范大学商学院会计学院院长

前　言

在信息技术高速发展的21世纪，会计核算软件的应用已经成为每一个财务人员的必备技能。在会计核算软件与企业管理软件的联系越来越紧密，会计软件的应用越来越注重企业信息一体化的背景下，如何将会计电算化教学与企业实际结合起来，使学生学以致用，并能举一反三，灵活处理企业会计实务，是本教材探索的目标之一。

本教材分为会计电算化基础篇和财务软件应用篇两大部分。

会计电算化基础篇主要介绍会计电算化的基本知识、电算化会计信息系统的构成与建立、会计核算软件的功能及应用方法。

财务软件应用篇则以用友ERP－U872软件为蓝本，以模拟企业会计资料为基础，以企业实际应用财务软件的过程为主线，分为建立账套与基础设置、系统初始化、日常业务处理、期末业务处理、报表编制与UFO报表系统、模拟企业业务处理示例共六章，详细介绍了会计软件在企业中的应用过程。

本教材拟在以下几方面有所突破：

1. 培养学生会计电算化系统的整体思维模式

本教材以模拟企业为主体，完全模拟了企业从建立账套—初始设置—日常业务处理—期末处理—报表编制这一会计电算化工作的整体流程，帮助学生建立会计信息系统一体化的思维。

2. 全仿真的实验设计，侧重培养学生业务处理的判断能力

模拟企业的会计业务涉及工资、固定资产、采购、销售、应收应付款、库存管理、存货核算、总账等多个模块，在设计实验时，没有将这些业务人为地归为某一模块，而是按业务发生的时间顺序排列，让学生在实验时根据发生的业务作出判断，使用相应的模块进行处理，锻炼学生的业务处理能力。

3. 真正的一体化实验

分模块的实验教学很难让学生体验到完整的会计工作过程，尤其是期末的结转业务很难练习到，本教材采用全仿真企业会计工作的教学思维，通过一个月的完整会计业务处理，使学生真正体会到会计工作的全过程，分享会计的工作成果。

4. 贴心的实验结果

为了方便自学，在模拟企业业务处理示例中，对每一笔业务的处理都给出了较详尽的处理流程和操作步骤，并配以相应的截图，供学生参考。

本教材主要适用于高等院校会计、财务管理、审计等专业的会计电算化课程，也可供会计、财务工作人员使用。

　　本书由华南农业大学珠江学院王家兰主编，全书由王家兰设计与总纂。电子科技大学中山学院唐湘华老师与王家兰共同编写了模拟企业资料，并对模拟企业实验数据进行了验证，广州大学松田学院唐小惠老师参与了固定资产和工资业务的编写，南国商学院李艳琴老师参与了应收应付款业务的编写，其余内容均由王家兰编写。

　　本书在编写的过程中得到了用友新道科技有限公司广东区陈俊先生的支持和帮助，在此表示感谢。

　　本书在编写的过程中，参考了相关的文献资料，在此对原作者表示诚挚的谢意。

　　由于时间仓促和作者水平有限，不足之处在所难免，敬请读者批评指正。

作　者

2012 年 7 月

目录

会计电算化基础篇

第一章 会计电算化概述 (3)
第一节 会计电算化基础 (3)
第二节 电算化会计信息系统的构成与建立 (9)

第二章 会计核算软件 (16)
第一节 会计核算软件概述 (16)
第二节 会计核算软件的功能模块 (17)
第三节 ERP与会计核算软件 (20)
第四节 会计核算软件的应用方法 (23)

财务软件应用篇

第三章 模拟企业资料 (33)

第四章 建立账套与基础设置 (48)
第一节 建立账套 (48)
第二节 基础设置 (64)

第五章 系统初始化 (94)
第一节 总账系统初始化 (94)
第二节 薪资管理系统初始化 (101)
第三节 固定资产管理系统初始化 (116)
第四节 应收款管理系统初始化 (129)
第五节 应付款管理系统初始化 (145)
第六节 采购管理系统初始化 (151)

第七节　库存管理系统初始化 …………………………………………………（155）
　　第八节　销售管理系统初始化 …………………………………………………（160）
　　第九节　存货核算系统初始化 …………………………………………………（163）

第六章　日常业务处理 ……………………………………………………………（172）
　　第一节　账务处理 ………………………………………………………………（172）
　　第二节　薪资管理日常业务处理 ………………………………………………（192）
　　第三节　固定资产日常业务处理 ………………………………………………（200）
　　第四节　应收（付）款日常业务处理 …………………………………………（207）
　　第五节　采购管理日常业务处理 ………………………………………………（214）
　　第六节　销售管理日常业务处理 ………………………………………………（224）
　　第七节　库存管理日常业务处理 ………………………………………………（231）
　　第八节　存货核算日常业务处理 ………………………………………………（235）

第七章　期末业务处理 ……………………………………………………………（239）
　　第一节　供应链系统期末业务处理 ……………………………………………（240）
　　第二节　薪资管理和固定资产系统期末业务处理 ……………………………（247）
　　第三节　应收款管理和应付款管理系统期末业务处理 ………………………（252）
　　第四节　总账系统期末业务处理 ………………………………………………（257）

第八章　报表编制与UFO报表系统 ……………………………………………（272）
　　第一节　UFO报表系统概述 …………………………………………………（272）
　　第二节　UFO报表处理 ………………………………………………………（277）
　　第三节　UFO报表处理示例 …………………………………………………（279）

第九章　模拟企业业务处理示例 …………………………………………………（290）

附：第四届"用友杯"全国大学生会计信息化技能大赛试题 …………………（349）

参考文献 ……………………………………………………………………………（365）

会计电算化基础篇

第一章　会计电算化概述

会计电算化是将以电子计算机为主的当代电子技术和信息技术应用到会计实务中的简称,是一个应用电子计算机实现的会计信息系统。会计电算化是会计发展史上的一次重大革命,通过建立电子计算机会计信息系统,实现了会计工作的现代化。

第一节　会计电算化基础

一、会计电算化的概念

"会计电算化"一词是1981年中国会计学会在长春召开的"财务、会计、成本应用电子计算机专题讨论会"会上提出来的。本次会议将电子计算机在会计中的应用称为会计电算化,首次提出会计电算化的概念并沿用至今。与此同义或相近的还有"电算化会计"、"计算机会计信息系统"、"电脑会计"、"会计信息系统"、"会计电算化系统"、"会计信息化"等。

会计电算化的概念有广义和狭义之分。狭义的会计电算化是指以电子计算机为主体的当代电子信息技术在会计工作中的应用;广义的会计电算化是指与实现会计工作电算化有关的所有工作,包括会计电算化软件的开发和应用、会计电算化人才的培训、会计电算化的宏观规划、会计电算化的制度建设、会计电算化软件市场的培育与发展等。

会计电算化的实质是计算机在会计领域的普及应用,其目标是实现会计工作的现代化。

二、会计电算化的特点

(一) 处理工具计算机化

传统会计的处理工具是算盘、纸张和笔,会计信息处理的速度较慢,数据处理的准确度难以保证。会计电算化以电子计算机为处理工具,可以快速、准确、自动地完成全部账务处理程序,会计信息处理的速度更快,计算更准确,数据处理能力更强。

(二) 会计档案电子化

传统会计将核算过程中产生的会计信息保存在纸张上,纸张对信息的存储量有一定的局限性,并且信息的查询和检索费时费力。会计电算化将核算过程中产生的会计信息保存在磁性介质或光盘上,会计信息存储量大,更为突出的是,信息的查询和检索快速准确，能够及时准确地提供会计信息。

会计电算化后，由于信息载体的变化，对会计档案的管理提出了新的要求，需要建立相应的规章制度，保证信息的真实性、完整性和安全性。

（三）账务处理程序统一化

为适应手工操作，传统会计的账务处理程序有很多：记账凭证处理程序、科目汇总处理程序、汇总凭证处理程序、日记总账处理程序等。实现会计电算化后，会计系统可以根据需要从数据库中生成各种形式和内容的账簿，传统会计为减少登账工作量而建立的各种账务处理程序的作用将减弱，一般只按一种固定的程序处理。

（四）人员结构多样化

实现会计电算化以后，会计工作主要在计算机上完成，因此，会计人员不但要掌握会计知识，还要求具备计算机的操作技能。会计部门除传统的会计人员外，还要配备计算机维护和系统维护的专业技术人员。

（五）数据处理集中化

会计电算化将会计信息处理过程分为输入、处理、输出三个环节，将分散在各个会计岗位上的数据收集后输入计算机，由计算机统一进行处理，避免了数据分散、重复、更新异常的现象，有利于数据的一致性和完整性，也提高了数据的利用率。

（六）内部控制程序化

实现会计电算化以后，许多会计内部控制，将由计算机程序来完成。例如，通过对凭证、账簿、报表的设置，我们可以进行严密的人员权限控制，使操作人员只能拥有输入、阅读、修改、打印等其中的一部分权限。数据校验、账账核对等工作，可以根据有关程序设定，由计算机自动完成。

（七）信息处理规范化

会计电算化要求建立规范的会计基础工作，如各种资料的分类和编码要按一定的规则进行，会计数据处理严格按程序规范进行。

三、会计电算化的意义

（一）提高会计数据处理的时效性和准确性，提高会计核算的水平和质量

手工条件下，大量会计信息的记录、加工、整理都依靠手工完成，提供会计信息的速度较慢，也难以全面提供管理所需要的信息，同时手工会计难免出现抄写、计算错误，一定程度上影响了会计数据的时效性和准确性。会计实现电算化后，除了原始凭证到记账凭证的编制和确认需要人工处理之外，会计循环中的记账、算账和报表编制均由系统自动实现，凭证一旦录入系统，马上就能在账簿和报表中得到反映，从而能够及时地提供会计信息，并且计算机不会出现抄写、计算错误，极大地提高了数据处理的准确性，使会计处理的结果更加准确、真实和可靠，从而提高了会计核算的水平和质量。

（二）减轻财会人员的工作强度，提高会计工作效率

会计电算化后，繁杂的记账、算账、结账工作均由计算机处理，将会计人员从繁杂、单调的事务中解脱出来，减轻了会计人员的工作强度，提高了会计工作效率。

（三）促进会计职能的转变和财会人员素质的提高

手工条件下，会计人员长期处于繁重的手工核算工作中，没有时间和精力来更好地参与管理、决策。会计电算化后，由于会计人员从部分核算事务中解脱出来以及会计核算水平的提高，会计人员不仅有时间也有技术手段处理会计管理问题，使财务会计管理由事后管理向事中控制、事先预测的方向发展，促使会计职能由核算型向管理型转变。这一转变，也要求会计人员必须提高自身素质，更新知识结构，不仅要具备会计业务素质，还要具备经营管理知识和计算机知识。

（四）奠定企业管理工作全面现代化的基础

会计电算化是企业管理信息化的重要组成部分。企业管理信息化的目标和任务，就是要以现代化的方法去管理企业，提高经济效益。因此，会计工作本身实现了现代化，将会为企业管理全面现代化奠定良好的基础，推动企业管理现代化，提高企业经济效益。

（五）促进会计理论和技术的发展，推动会计管理制度的变革

计算机技术和计算机网络技术在会计工作中的应用，不仅使会计核算工具发生了变化，而且使会计核算内容、方法、程序都发生了一系列变化。例如：内部控制的审计线索的变化，导致审计程序也发生变化；数据存储方式的变化，导致数据安全技术也发生变化；网上营销、电子资金转账、电子商务，大大扩展了会计业务对象。这些变化，必然对会计理论和操作技术产生重大影响，从而促进会计理论和技术的研究、发展，推动会计管理制度的变革。

四、我国会计电算化的发展过程

我国会计电算化的发展主要有以下几个阶段：

（一）起步阶段（1983年以前）

这一阶段，主要是单项会计业务的电算化，最普遍的是工资核算的电算化。

特点：计算机设备价格高，软件汉化不理想，计算机专业人才缺乏，特别是既懂会计又懂计算机的复合型人才奇缺，会计电算化发展缓慢。

（二）自发发展阶段（1983—1988年）

这一阶段，财会部门自发应用电子计算机进行业务处理。

特点：会计电算化工作及会计软件多是各单位自行组织和开发，低水平重复开发现象严重；一些单位盲目上马，带来很大浪费；会计软件多为专用软件，通用性、适用性差，很少采用工程化方法开发标准化通用软件；从宏观上缺乏统一的规划、指导和相应的管理制度，开展会计电算化的单位没有建立相应的组织管理制度和控制措施。

（三）有计划发展阶段（1989—1998年）

这一阶段，中国会计电算化在财政部的统一部署管理和强力推动下获得了长足的发展。

1989年12月9日，财政部发布了《会计核算软件管理的几项规定（试行）》，1990年财政部正式成立了会计核算软件评审委员会，颁布了《关于会计核算软件评审问题的补充规定（试行）》、《关于加强对通过财政部评审的商品化会计核算软件管理的通知》等文件，对财务软件进行严格的评审与管理。针对会计电算化地区发展的不平衡，1994年，财政部又下发了《关于大力发展我国会计电算化事业的意见》，以推动全国的会计电算化工作，并提出了具体要求。所有这些，都成为我国会计电算化发展强有力的推动力量。

在此期间，在财政部的统一部署下，进行了普及性的会计电算化初级培训，使所有的会计上岗人员懂得计算机和会计电算化基础知识。这为我国会计软件的快速推广打下了先行的认识基础。

这十年中，在财政部及各省财政厅（局）的推动下，商品化会计软件逐步走向成熟，市场竞争机制逐步完善，会计软件生产厂家从几百家逐渐集中到主流的十几家。

特点：涌现了一批会计电算化的先进单位和一些质量较高的专用会计软件，会计软件的开发向通用化、规范化、商品化方向发展，出现了一批开发和经营商品化会计软件的公司，商品化会计软件的市场已经形成，主管部门组织开发、推广会计软件取得显著成效；以财政部为中心的会计电算化宏观管理体系逐步形成，加强了会计电算化的组织、指导和管理工作；与单位会计电算化工作的开发相配套的各种组织管理制度及其控制措施逐步建立和成熟起来；会计电算化的理论研究工作开始取得成效；初步培养和形成了一支力量雄厚的会计电算化队伍；一大批单位甩掉了手工操作，实现了会计核算业务的电算化处理。

（四）市场化发展阶段（1999年以来）

1998年，财政部撤销了全国性的会计电算化管理部门——会计电算化处，这是我国会计电算化发展市场化阶段开始的标志。当时的大背景是，国家机关进行机构改革，部分地转变职能，将行业性的管理逐步转向行业协会。在财政部强有力的推动下，中国会计电算化开始不断发展壮大并走向成熟，会计电算化应用逐渐普及，行政推广工作已经没有必要，会计软件评审等工作已经逐渐失去意义，市场机制的自发调节趋于完善，会计电算化管理开始由政府管理转向行业协会自律。这个时期的财务软件逐步转向管理型，大型的财务软件公司开始向企业资源计划（Enterprise Resources Planning，简称ERP）转型。

1998年后，行业协会逐步发挥作用。在理论研究方面，中国会计学会会计信息化专业委员会成为组织者和实施者；在市场方面，中国软件行业协会财务及企业管理软件分会也在逐步发挥作用。财政部继续发挥着宏观管理会计电算化的作用。在会计核算软件数据接口方面，审计署、国家标准化管理委员会的介入，使整个管理更加宏观和长远。

2008年11月，财政部牵头成立了会计信息化委员会。成立该部门的原因是：会计信息是各部门、各单位的决策基础，推进会计信息化工作对于贯彻落实会计准则、审计准则和内部控制标准，提高企业管理水平，加强国家宏观调控具有十分重要的意义。为顺应信息技术发展趋势和实施国家信息化战略的需要，财政部会同工业和信息化部、中国人民银行、审计署、国资委、国家税务总局、银监会、证监会、保监会等共同成立会计信息化委员会，旨在为推进我国会计信息化建设提供组织保障、协调机制和智力支持。会计信息化建设的总体目标是，力争通过 5～10 年的努力，建立一个政府指导并组织推动、单位主动参与并具体实施、市场积极响应并配合支持的会计信息化管理体系；构建一个以企业提供标准化信息为基础，方便使用者高效利用信息的数出一门、资料共享的综合信息平台；形成一套以 XBRL 国家分类标准为重要组成部分的会计信息技术标准体系；打造一支既精通会计业务又熟悉信息技术的复合型会计信息化人才队伍；培育一个为相关单位提供高质量软硬件产品、技术服务和相关领域咨询服务的会计信息化产业。

五、会计电算化与手工会计的区别与联系

（一）会计电算化与手工会计的联系

1. 目标一致

两者的最终目标都是为了加强经营管理，提供准确及时的会计信息，参与经营决策，提高经济效益。

2. 遵循相同的基本会计理论和方法

电算化会计的发展必然会引起会计理论和会计方法的变化，但目前无论手工会计还是电算化会计都必须遵循基本的会计理论和会计方法。随着会计电算化事业的发展，我国的会计理论和会计方法也将丰富和发展。

3. 遵守相同的会计法规与会计准则

会计电算化的应用，不能置财务制度与财经纪律于不顾，相反应当严格地执行会计法规与会计准则，从措施上和技术上杜绝可能发生的失误。

4. 会计档案都必须按规定妥善保留

会计档案是会计工作的重要历史资料，必须较长时间地保存好。实行会计电算化，许多会计档案的存储介质发生了变化，由手工会计下纸介质的会计档案变为磁性介质的会计档案，由于磁介质存储的特点，备份时数据容易丢失，而且文件复制也很容易，数据修改、删除可以不留痕迹，给审计带来困难，所以更加要求对其加强保管。

5. 两者的基本工作内容相同

两者都有以下的基本工作：

（1）编制记账凭证。两者都以原始凭证为依据编制记账凭证，并对凭证进行复核。

（2）根据凭证登记账簿。人工登账操作和计算机根据输入的凭证自动生成账簿，实质上都是为了存储数据记录和资料。

（3）对数据进行加工处理。具体表现为人工做账时的大量过账分录业务，在电算化操作时则由计算机程序自动执行；而手工汇总与对账操作，在电算化操作中则由计算机完成各种运算并查询。

(4) 编制并输出报表。手工操作是根据一定的会计核算程序，规定需要何种数据，于何时何地取得该项数据以及如何使用和传递。电算化操作也完全一致，只是通过计算机程序和软件工具来加以实现，最终编制出各种报表供会计信息的使用者使用。

（二）会计电算化与手工会计的区别

1. 所用的计算工具不同

手工会计使用的计算工具是算盘、计算器等，会计电算化使用电子计算机来进行处理。

2. 信息的载体不同

手工会计中所有信息都是以纸张为载体，会计电算化主要使用磁性介质作为信息的载体。

3. 账户设置方法和账簿登记方法不同

在手工会计中，要为会计六大要素分别设置六大类账户，并要设置总分类账和各种明细分类账。而在会计电算化中，所有账户都分别被赋予一个会计科目号，每个科目号的第一位，就标志这个会计科目的大类别，前四位标志了总账的会计科目，而后面的位数则表示明细的级数和分类。这样便于进行总账、明细账、日记账的处理，它完全打破了手工会计下各种账簿的不同处理方式和核对方法，实现了数出一门（都从凭证上来）、数据共享（同时产生日记账、特种日记账、总分类账、明细分类账、报表等）。

4. 账务处理程序不同

手工账务处理程序有记账凭证核算形式、科目汇总表核算形式、汇总记账凭证核算形式、日记账核算形式、日记总账核算形式等，这几种核算形式适用于不同的单位，都是为了简化会计核算的手续而产生的，但无论采取何种方式，都避免不了重复转抄的根本弱点。在电算化账务处理中，整个处理过程分为输入、处理和输出三个环节，其控制的重点是输入环节。因为从输入会计凭证到输出会计账表，可以一气呵成，一切中间过程都在机内操作，而需要的任何中间资料，都可以通过查询得到，因此，它经常采用的核算形式是最基本的会计核算形式，即记账凭证核算形式。

5. 账簿形式和更正错误的方法不同

手工会计规定日记账、总分类账要用订本式账簿，明细账可以用活页式账册，账簿记录的错误要用划线更正法或红字冲销法更正。而在会计电算化中，打印输出的账页是卷带状的，可装订成活页式，不可能是订本式，只有到一定时期（如年末），装订成一本订本式账册，作为会计档案保管。而磁介质存储单元的数据存储特点，决定了其不能用划线更正法来更改账簿记录，处理后（如登账）一旦发现数据差错，只能采用红字冲销法和补充登记法来更正。

6. 会计信息系统的设计方法和内部控制不同

在手工会计中，会计系统一般由会计师根据会计法规、会计准则、上级主管机构制定的统一会计制度，并参考同行业的经验，针对企业工作的需要拟订撰写而成。内部控制是通过凭证传递程序，相互校验、核对来实现的，另外可通过对账和财产清查，检查是否账证相符、账账相符、账实相符，来保证数据的正确性。在会计电算化中，会计数据处理高度自动化，账册、报表都要根据打印的要求，设计程序处理输出，不但要遵循手工情况下的会计准则和会计制度，还要遵循电算化下的一些特殊的电算化制度，经过系统开发，建立一个新的会计电算化系统；由于账务处理程序和会计工作组织体制的变化，除原始数据的收集、审核、编码仍由原会计人员手工操作外，其余的处理都由计算机部门负责，所以原来的内部控制方式已部分地被计算机所代替，由人工控制转为人机控制。

7. 会计工作的组织体制和人员素质不同

手工会计中，会计工作组织体制以会计事务的不同性质作为依据，会计人员均是专业人员，其骨干是会计师。在会计电算化中，会计工作的体制以数据的不同形态作为主要依据，这两种工作组织体制是截然不同的。电算化会计将手工会计对数据分散收集、各自处理、重复记录的操作方式，改变成集中收集、统一处理、数据共享的操作方式，会计人员不但要精通本专业，而且还要熟悉电子计算机，是复合型的人才，其中业务骨干应是熟悉计算机操作的高级会计人员。

第二节　电算化会计信息系统的构成与建立

一、电算化会计信息系统

电算化会计信息系统由计算机硬件、软件、电算化管理制度和财会人员及有关的计算机人员组成，是一个组织处理会计业务与会计数据，为企业内、外部会计信息使用者提供会计信息并辅助管理的人机系统。收集、加工、存储、传递和使用会计信息，对经济活动进行控制，不断提高会计数据处理的效率和质量，是该系统的基本任务。

二、电算化会计信息系统的分类

（1）按电算化会计信息系统服务的单位类型不同，分为工业企业会计信息系统、商业企业会计信息系统和其他单位会计信息系统。

（2）按电算化会计信息系统服务的层次和提供的信息深度不同，分为核算型会计信息系统、管理型会计信息系统、决策型会计信息系统。

核算型会计信息系统一般由账务处理、工资核算、固定资产核算、采购管理、销售管理、存货核算、库存管理、应收与应付款管理、报表等子系统构成，它注重对经济业务的事后反映。

管理型会计信息系统注重预算管理、计划制订，在执行过程中进行控制，对执行情况进行检查，对数据进行分析等，扩展了会计信息系统的职能，使其从简单的事后核算转变为事前计划、事中控制、事后核算和分析。

决策型会计信息系统是在核算型会计信息系统和管理型会计信息系统的基础上，进一步为经营决策者的决策提供帮助。

通常所说的会计信息系统是指核算型会计信息系统和管理型会计信息系统，决策型会计信息系统通常归入企业决策支持系统中。

三、电算化会计信息系统的结构

(一) 电算化会计信息系统的物理结构

电算化会计信息系统是一个人机系统,从实物形态上看,包括计算机硬件设备、软件、数据、规程和人员。

各单位要根据本单位规模大小、管理要求确定处理方式,选择适当的计算机硬件设备建立会计信息系统。计算机硬件设备的不同组合方式构成了信息系统中计算机不同的硬件结构以及不同的处理方式。目前,常见的电算化信息系统硬件结构有以下几种:

1. 单机结构

在单机结构中,整个系统只配置一台计算机,在一台计算机上运行会计信息系统。在单机结构中,所有数据集中输入、存储、处理和输出,属于单用户工作方式。

这种结构的优点是维护简单,投资少,适用于业务量不大的单位。这种结构的缺点比较多:①每次仅能一个人上机处理数据,不方便;②不能同时处理多项业务,实时性差;③已生成的会计信息仅能在一台计算机上使用,信息的共享性差;④一台计算机能处理的会计业务项目、会计业务量有限,对业务量大或有多项会计业务开展会计电算化的单位不可行。

2. 多用户结构

在多用户结构中,整个系统配置一台高档计算机为主机,根据需要连接多台终端组成的多用户系统。数据通过各终端分散输入,但集中存储与处理,某些功能较强的终端也可以完成一些从数据输入到结果输出的处理工作。多用户系统中主机与终端之间距离较近,一般不超过 0.1 千米,适用于在一幢楼内使用。

这种结构的优点是维护简单,可靠性高,投资也较少,能够实现会计数据的实时处理。缺点是运行效率受主机影响很大,挂接的终端数量有限制,而且只要主机有问题,就会全部瘫痪。这种结构适用于业务量不是很大的单位。如果主机采用大中型计算机,就能实现大中型规模应用,但相应的投资和维护费用也会大大提高。

3. 网络组织结构

这种结构以一台高档计算机为服务器,另外根据需要连接若干工作站。

这种结构的缺点是投资较高,维护难度相对较大。其优点是:①处理的所有数据都存放在服务器内,可以共享;②可多人同时操作,实时性好;③可在一套会计软件内完成所有的会计工作,充分体现会计业务之间的联系;④工作站的数量可以达到几百甚至上千,扩充性较强;⑤可通过互联网或专线实现局域网之间的连接,形成一个较大的网络数据处理系统。这种结构对于大型单位和跨地区的单位都是一种比较好的组织形式,是建立会计信息系统和企业管理信息系统比较理想的硬件结构。

(二) 电算化会计信息系统的职能结构

完整的电算化会计信息系统应该具有会计核算和财务管理的职能。会计核算按业务职能又可分为工资核算、固定资产核算、存货核算、账务处理等;财务管理按业务职能又可分为资金管理、成本管理、销售和利润分析与预测等。工业企业会计信息系统的职能结构如图1-1所示。

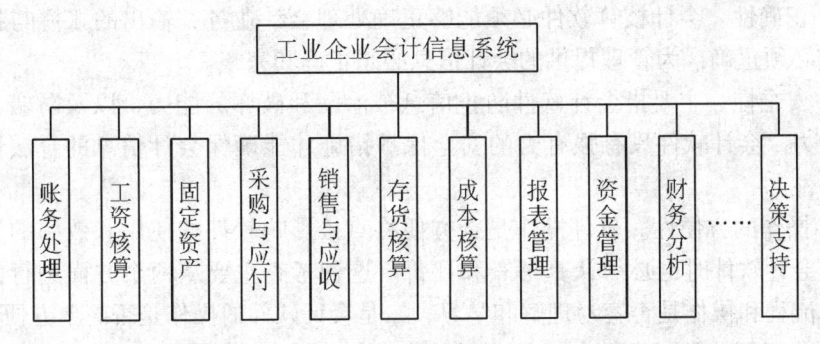

```
                    工业企业会计信息系统
    ┌────┬────┬────┬────┬────┬────┬────┬────┬────┬────┐
   账务  工资  固定  采购  销售  存货  成本  报表  资金  财务  ……  决策
   处理  核算  资产  与应  与应  核算  核算  管理  管理  分析        支持
                     付    收
```

图1-1　工业企业会计信息系统职能结构

四、电算化会计信息系统的建立

会计电算化系统的建立是一项系统工程，需要经过制订总体规划与解决方案、选择会计软件、配置硬件设备、人员培训、安装系统和测试运行环境、重整业务流程与规范会计基础工作、制定管理制度、系统试运行、系统正式运行等环节才能完成。

（一）制定总体规划

制订总体规划，可避免主观随意性和盲目性。总体规划的内容主要包括：

（1）会计电算化的总目标，指在多长时间内实现会计电算化，即明确要实现哪些功能以及在什么时候实现这些功能。

（2）会计电算化的实施步骤，主要包括人员培训、重整业务流程、测试运行环境、制定管理制度、系统初始化、系统试运行、正式运行等。对这些工作应该有一个明确的日程计划，确定每一步的目标和任务。

（3）确定机构与人员分工，明确系统实施过程中和实施之后的组织机构与管理体制，一般来说，会计电算化的实施既需要企业财务主管的领导、全体会计人员的参与，还需要软件公司的参加。因此，要确定每一个人的工作任务和职责。

（4）经费预算计划。实施过程所需经费除了软硬件设备购置费用之外，主要包括人员培训费、咨询费、材料消耗费以及后期的系统维护费。

（二）选择会计软件

会计电算化是通过会计软件来完成会计工作的，所以购买或开发一个合适的软件是实现会计电算化的基础。

会计软件的取得途径有三种：购买商品化会计软件、自行开发与购买商品化会计软件相结合、自行开发会计软件。

目前大部分的商品化会计软件都能满足企事业单位会计核算的基本要求，如何从众多的商品化软件中选择适合本单位需要的会计软件，需要从以下几方面综合考虑：

（1）合法性，主要指会计软件应该符合国家会计制度以及《会计核算软件基本功能规范》的要求。

（2）适应性，主要考虑软件提供的功能模块是否适合本行业以及能否满足单位会计核算与管理的需求。

（3）正确性。会计核算软件必须能够正确处理会计业务，输出的账簿与报表的内容与格式必须正确，为管理提供的会计信息必须正确和完整。

（4）安全性，主要指会计软件防止信息被泄漏和破坏的能力，以及防错、查错和纠错的能力。会计软件只有强有力的安全保护措施才能确保会计信息的合法性、正确性和完整性。

（5）操作的方便性。软件操作是否方便将直接影响软件的使用和效率的发挥，因此在选择会计软件时也必须认真考查和评价。这种考查主要从两个方面进行：一是会计软件的流程和操作是否容易理解和学习；二是会计软件的操作是否简单方便。

（6）售后服务的可靠性和软件公司的实力。会计软件的使用会有一个适应过程，因此要求软件开发和经销单位必须提供可靠的售后服务；其次会计软件必须不断完善和提高，如果软件公司没有可持续发展的实力，那么软件就不可能推陈出新，软件寿命就不可能长久。

（三）人员培训

会计电算化，人才是关键。会计电算化系统是一个人机系统，随着系统功能与应用领域的扩大，数据关联越来越复杂，软件应用越来越难，对人员素质的要求也就越来越高。企业必须通过培训来造就系统实施与管理所需的具有新的知识结构的人才，内容主要包括：

（1）软件功能的掌握。例如软件的模块结构、各模块的基本功能、业务处理流程、各功能模块之间的联系、软件反映的管理思想等。

（2）软件的操作方法。例如系统初始化设置、日常处理、系统维护等。

（3）相关的计算机知识及机房设备使用方法。例如打印机、UPS的使用方法等。

（四）安装系统和测试运行环境

在进入实施阶段时必须全面设置好会计软件所需的运行环境，安装会计软件，测试运行环境对软件的适应性。具体说其主要工作是：

1. 运行环境的设置

会计软件用户手册上一般都明确规定运行环境的要求。运行环境包括硬件环境和软件环境。硬件环境除了设备机型、内存大小、硬盘空间、显示器及打印机等设备之外，还包括硬件组成结构，即单机还是网络结构。软件环境主要指操作系统以及数据库管理系统，软件安装之后必须根据信息系统的要求设置各种参数。

2. 安装会计软件和测试运行环境

按用户手册的说明一般都能顺利完成系统安装工作，但大型软件最好请软件公司协助安装。系统安装之后要动态检查运行环境是否正常。许多软件系统都提供一套学习用的账套，用户可以利用它执行一些简单的操作，测试环境设置的完备性和正确性。

（五）业务流程重整与规范会计基础工作

1. 业务流程重整

业务流程重整（Business Process Reenginering，简称BPR）是美国的迈克尔·汉默

(Michael Hammer)等人提出的一个概念,"BPR 就是对企业的业务流程进行根本性再思考和彻底性再设计,从而获得在成本、质量、服务和速度等方面的戏剧性改善"。

我们知道,会计软件或 ERP 是以业务流程为导向的,其设计就是通过整合全企业的信息与业务,将企业业务流程模式化。会计软件或 ERP 体现了先进的业务流程,因此企业在实施电算化时必须按它的流程行事,这就需要对现行业务流程进行改造,即按照 BPR 的指导思想,根据企业信息化的应用目标,采用改进、优化、再造的策略,打破旧的管理结构,从数据到业务环节逐步规范业务流程,为会计软件或 ERP 的实施打下基础。

2. 规范会计基础工作

对会计软件系统的实施来说,业务流程重整的一个主要任务是规范会计基础工作,使会计基础工作与会计电算化相适应。规范内容主要包括:

(1)会计业务流程的规范。分析现行会计业务处理流程,例如账务处理程序、固定资产核算程序、存货进出库程序等等,并与会计软件的功能与所设定的处理程序相比较,在此基础上重整会计业务流程。

(2)会计核算方法的规范。根据软件系统的功能与企业的实际情况,确定各种核算方法,例如确定存货的计价方法、固定资产的折旧方法、现金流量的核算方法等。

(3)数据的规范。这主要规范需要输入系统的数据,包括初始设置涉及的数据与日常处理的输入数据。其中系统初始设置所涉及的数据主要包括:

①各种代码体系。例如,会计科目、客户、供应商、存货、仓库、固定资产、部门、人员、开户银行等代码体系以及相关信息。

②各种余额与发生额。例如,存货余额、科目余额与累计发生额。

③手工处理延续数据。例如,尚未结清的各种发票与单据、现有固定资产的卡片、现有库存材料和商品等。

④其他数据。整理常用摘要、操作人员的权限等资料。

(4)会计账表的规范。这主要是根据会计制度规范各种账簿与报表的种类、内容与格式,并利用系统功能设置合格的账表。此外还要规范账簿与报表的输出时间、报送对象。

(六)系统试运行的组织

会计软件的使用或者说从旧系统切换到新系统一般要通过试运行(或称双轨运行),让新旧系统并行地运行一段较长的时期。在试运行阶段的主要工作包括:

(1)建立账套。在会计软件中一般以账套为单位管理会计资料,在试运行阶段就必须根据实际需要建立会计账套,并设置参数。

(2)系统初始设置。初始设置的目的是将一个通用系统转化为满足具体企业实际需求的专用系统。例如总账系统的初始设置有会计科目设置、核算项目设置等。

(3)日常处理。试运行必须同正式运行一样要求,即必须按软件规定的业务流程处理会计业务,从实际出发完成日常会计核算和管理的一切工作。

(4)审查与分析运行结果。经常关注计算机处理过程,检查是否有异常情况发生,比较计算机与手工双方的处理结果,如果出现不一致则要分析原因。

（七）系统的正式运行

系统的正式运行即计算机替代手工记账，只有做到这一点才能真正实现会计记账、算账、报账的自动化，提高会计信息的及时性、准确性和完整性。

系统从试运行到正式运行必须满足若干基本条件，《会计电算化管理办法》和《会计电算化规范》中对计算机替代手工记账提出了以下基本要求：

（1）配有适用的会计软件，并且计算机与手工进行会计核算双轨运行3个月以上，计算机与手工核算的数据相一致，且软件运行安全可靠。

（2）配有专用的或主要用于会计核算工作的计算机或计算机终端。

（3）配有与会计电算化工作需要相适应的专职人员，其中上机操作人员已具备会计电算化初级以上专业知识和操作技能，取得财政部门核发的有关培训合格证书。

（4）建立健全内部管理制度，包括岗位分工制度、操作管理制度、机房管理制度、会计档案管理制度、会计数据与软件管理制度等。

新系统进入正常运行阶段之后，要做的主要工作包括严格执行各项规章制度，及时录入和审核各种记账凭证，完成各种核算处理，打印各种会计报表和账簿，为企业经营决策提供各项会计信息。要按时做好数据备份，认真详细地做好系统的运行记录，为系统评价和扩展准备数据资料。此外，要及时做好软硬件的维护工作。

《会计电算化工作规范》对会计电算化替代手工记账后会计数据的输出和会计档案的保管也作了明确的规定。例如，有关账簿的打印规定是：现金日记账和银行存款日记账要每天打印或按旬打印输出；一般账簿可以根据实际情况和工作需要按月、按季或按年打印；总分类账可用"总分类账本期发生额及余额对照表"替代。

提示：

详细规定请参照《会计电算化工作规范》和《会计电算化管理办法》。

复习题

一、复习思考题

1. 什么叫会计电算化？简述我国的会计电算化发展过程。
2. 会计电算化的特点是什么？
3. 会计电算化的意义是什么？
4. 会计电算化与手工会计的区别与联系。
5. 电算化会计信息系统由几部分组成？
6. 简述电算化会计信息系统的建立过程。
7. 结合实际，谈谈选择商品化会计软件应当主要考虑哪些因素？

二、判断题

1. 电算化会计与手工会计的账务处理程序相同，也分为记账凭证核算形式、科目汇总表核算形式、汇总记账凭证核算形式、日记账核算形式、日记总账核算形式等。
2. 会计电算化是进行会计核算的人机相结合的控制系统。
3. 会计电算化将促使会计职能由核算型向管理型转变。

4. 会计电算化下的错账更正方法与手工会计的错账更正方法相同。
5. 会计电算化使单位内部会计岗位分工发生了变化。

三、单项选择题

1. "会计电算化"一词是中国会计学会（　　）在长春会议上提出来的。
   A. 1989 年　　　　B. 1990 年　　　　C. 1981 年　　　　D. 1995 年
2. 使用会计软件最基本的目的是（　　）。
   A. 提高单位的总体管理水平　　　　B. 替代手工进行会计核算工作
   C. 简化账务处理流程　　　　　　　D. 减少财务部门的人员编制
3. 会计电算化是通过（　　）替代手工完成或手工很难完成的会计工作。
   A. 操作系统　　　　　　　　　　　B. 计算机
   C. 会计软件指挥计算机　　　　　　D. 系统软件指挥计算机
4. 会计软件是以（　　）和会计方法为核心，以会计制度为依据，以计算机及其应用技术为技术基础，以会计数据为处理对象的软件系统。
   A. 会计理论　　　　　　　　　　　B. 税务制度
   C. 计算机及其应用技术　　　　　　D. 会计数据
5. 学习会计电算化的过程中，重要的是理解和掌握（　　）。
   A. 计算机基本知识　　　　　　　　B. 会计知识
   C. 会计和计算机知识的有机结合　　D. 会计和计算机的区别
6. 实现会计电算化的最终目的是为（　　）服务。
   A. 管理、决策　　　　　　　　　　B. 税务
   C. 会计监督　　　　　　　　　　　D. 审计
7. （　　）是应用计算机对会计业务进行处理的通俗称谓。
   A. 账务处理模块　　　　　　　　　B. 电算化会计
   C. 会计电算化　　　　　　　　　　D. 会计核算软件
8. （　　）是一切会计电算化工作的基础。
   A. 会计管理电算化　　　　　　　　B. 会计核算电算化
   C. 会计决策电算化　　　　　　　　D. 会计流程电算化

四、多项选择题

1. 按照会计软件的服务层次和提供管理的程度划分，会计软件可分为（　　）。
   A. 核算型　　　　B. 管理型　　　　C. 决策型　　　　D. 专用型
2. 电算化会计信息系统由（　　）组成。
   A. 计算机硬件和软件　　　　　　　B. 电算化管理制度
   C. 财会人员　　　　　　　　　　　D. 计算机人员
3. 会计电算化后，错账的更正方法有（　　）。
   A. 划线更正　　　　　　　　　　　B. 红字冲销
   C. 补充凭证　　　　　　　　　　　D. 直接在打印的账簿上更正

第二章 会计核算软件

第一节 会计核算软件概述

一、会计核算软件的概念

会计核算软件是指专门用于会计核算工作的计算机应用软件，包括采用各种计算机语言编制的用于会计核算工作的计算机程序。凡是具备能相对独立完成会计数据输入、处理和输出功能模块的软件，如账务处理、固定资产核算、工资核算软件等，均可视为会计核算软件。

会计核算软件以会计理论和会计方法为核心，以会计制度为依据，以计算机和通信技术为基础，以会计数据为处理对象，以提供会计信息为目标。不同软件公司开发的会计核算软件所包含的功能模块并不完全相同。

此外，企业应用的企业资源计划（Enterprise Resources Planning，简称ERP）软件也包含有处理会计核算数据的功能，这部分功能模块也属于会计核算软件的范畴。ERP是信息技术与先进管理理论相融合的产物，它一般包含分销、制造和财务三大部分，显然，财务是ERP的核心功能之一。

综上所述，会计软件系统可以是一个独立的系统，也可以是ERP的一个子系统。

二、会计核算软件的分类

会计核算软件可以从不同的角度进行分类。

（一）会计软件按适用范围可以分为通用会计软件与专用会计软件

1. 通用会计软件

通用会计核算软件一般是指由专业软件公司研制，公开在市场上销售，能适应不同行业、不同单位会计核算与管理基本需要的会计核算软件。我国通用会计核算软件以商品化软件为主，即目前我国商品化会计软件一般都是通用会计软件，例如用友系列、金蝶系列等。通用会计核算软件具有以下特点：

（1）通用性强，即适合于不同行业、不同规模、不同需求的企事业单位使用，其中也有一些是行业通用软件，即仅适用于某一个行业的会计软件。

（2）功能全面。为了适合不同单位的各种需求，通用会计软件一般都具有较强和较全面的功能。

（3）需要初始化处理。由于会计软件的通用性，软件必须提供一个初始化处理模块，让使用单位对会计核算规则进行设置、对所需功能进行选择，从而将一个通用的会计软件转化为满足某个特定单位实际需求的专用软件。

（4）软件质量高。通用会计核算软件一般由专业软件公司研制，由于技术力量雄厚，加上经过长期和众多单位的使用和检验，软件功能与性能都日臻完善。

显然，由于通用会计软件尤其商品化通用会计软件在功能、性能、成本、维护等方面有明显的优势，价廉物美而又即买即用、立竿见影成效快，所以一般企事业单位大多都会选择这类软件。

2. 专用会计软件

专用会计核算软件一般是指由使用单位自行开发或委托其他单位开发，供本单位使用的会计核算软件。专用会计软件也称定点开发会计软件，由于针对特定单位研制，专用会计软件一般在软件中固定会计核算规则，例如用户无须设置会计科目、工资项目、会计报表，因为这些已由软件设置妥当，用户无须设置就能使用。专用会计软件使用较方便，但仅适用于个别单位，而且功能与性能一般不及通用会计软件。加上开发一个成熟软件不仅周期长，而且成本也很高，所以只有特殊需求的企业才需要考虑开发专用会计软件。

企业开发专用会计软件可以根据本身所拥有的技术力量，分别采取自行开发、委托开发和联合开发三种方式。其中联合开发既能充分发挥开发人员和会计人员的专业特长，又能解决维护问题，可以开发出实用性强、较高质量的软件系统。

(二) 会计软件按系统软硬件结构可以分为单用户会计软件和网络会计软件

1. 单用户会计软件是指与单用户硬件系统配套的会计软件，是基于单用户操作系统开发的会计软件。

2. 网络会计软件是指与网络硬件系统配套的会计软件，是基于网络组织形式开发的会计软件。

(三) 会计软件按与 ERP 的关系可分为独立型会计软件和非独立型会计软件

1. 独立型会计软件是指立足于财务角度，主要针对企业会计业务进行核算和管理的软件，软件的核心是总账，以核算为基本目的。

2. 非独立型会计软件是指会计软件是 ERP 的一个子系统。ERP 软件以业务流程为导向，各种会计数据能够与业务联系在一起，分析时能结合业务，进行不同层次的分析。

第二节　会计核算软件的功能模块

会计核算软件的功能模块是指会计核算软件中有相对独立的会计数据输入、处理和输出功能的各个组成部分，也称为会计软件的子系统。会计软件的基本结构指的就是软件由哪些功能模块组成以及功能模块之间的联系。

一、会计软件的主要功能模块

会计软件一般按会计核算功能划分为若干个相对独立的功能模块（子系统），系统每一部分的功能简单明了且相对独立，各功能模块（子系统）的会计信息能相互传递与交流，从而形成完整的会计信息系统。

一个典型的会计软件主要有账务处理、应收款核算、应付款核算、工资核算、固定资产核算、存货核算、销售核算、成本核算、会计报表生成与汇总、财务分析等功能模块，其中账务处理模块是会计核算软件的核心模块，该模块以记账凭证为接口，与其他功能模块有机地连接在一起，构成完整的会计核算系统。这些模块之间的关系如图 2-1 所示。

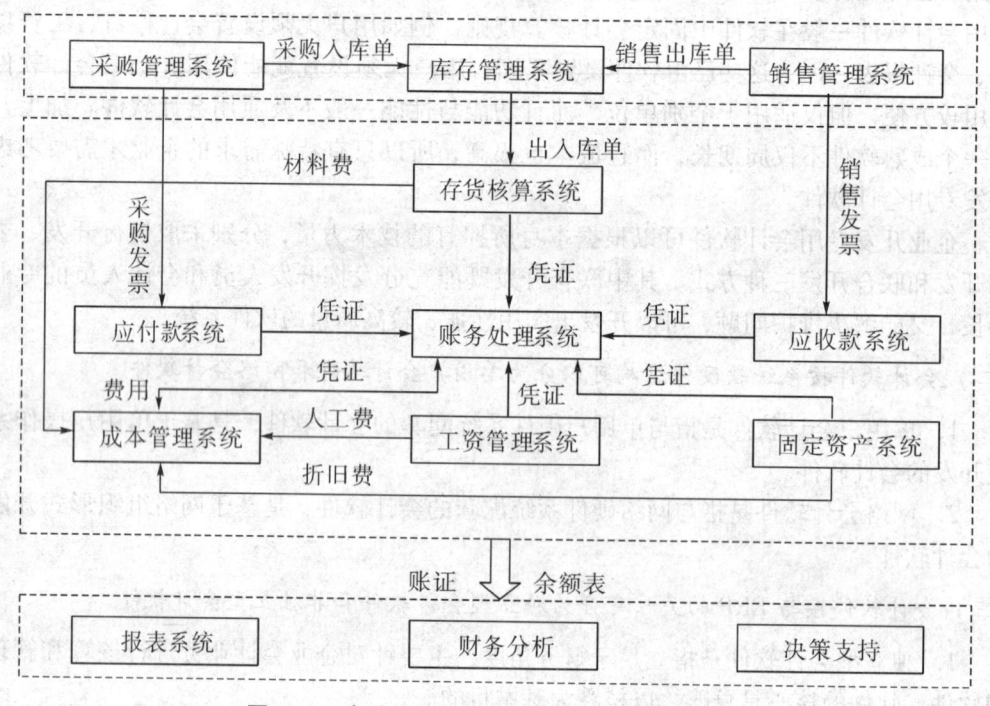

图 2-1 会计软件子系统及相互之间的数据联系

1. 账务处理子系统

账务处理子系统是会计信息系统的核心，其他子系统直接或间接与它发生联系。账务处理子系统的基本任务是记账、算账、对账、转账和结账，并生成和输出日记账、明细账、总账以及部分固定格式的报表。此外，账务系统一般还具有辅助核算功能。

2. 工资管理子系统

工资管理子系统主要提供工资计算、修改、发放、工资费用的汇总和分摊、统计分析等功能，生成和输出相关的工资结算单、工资条或工资单、工资汇总表、费用分配表、票面分解表等，并自动编制工资转账凭证传递给账务处理系统。部分工资子系统还具有计提个人所得税、银行代发、多次或分次发放工资等功能。

3. 固定资产管理子系统

固定资产管理子系统主要用于固定资产明细核算和管理。该子系统提供固定资产卡片管理、固定资产增减变动核算、折旧计提与分配、统计分析等功能，并生成资产增减变动与计提折旧的转账凭证传递给账务处理系统。

4. 应收款管理子系统

应收款管理子系统主要提供发票、应收单、收款单的录入及凭证生成、核销与分析功能。具体可能包括客户信用控制、收款处理、现金折扣处理、单据核销处理、坏账处理、客户利息处理等业务功能，提供业务分析、预测以及对应收票据的核算与管理等功能。

5. 应付款管理系统

应付款管理系统提供发票、应付单、付款单的录入及凭证生成、核销与分析功能。具体包括付款处理、现金折扣处理、单据核销处理等业务功能，并进一步通过业务分析、资金流出预算、应付票据的管理，动态反映各流动负债的数额及偿还流动负债所需的资金。

6. 存货核算子系统

存货核算子系统主要针对企业存货的收发存业务进行核算，及时反映存货的入库、耗用和结存情况，准确地把各类存货成本归集到各成本项目和成本对象上，为成本核算提供基础数据，并动态反映存货资金的增减变动，提供存货资金周转和占用分析，为降低库存、减少资金积压、加速资金周转提供决策依据。存货核算系统主要输出的有各类明细账、汇总表、明细表和存货成本分析表等。此外，存货核算系统要生成转账凭证传递给账务处理系统。

7. 销售管理子系统

销售管理子系统可根据有关销售凭证及销售费用等数据完成产品的销售收入、销售费用、销售税金、销售利润的核算以及合同辅助管理。销售管理子系统主要输出的有产成品收发结存汇总表以及各种销售统计报表、产品销售收入、销售成本等明细账。

8. 成本管理子系统

成本管理子系统主要提供成本计划、成本核算、成本预测和成本分析等功能。其中，成本核算的基本任务是归集和分配成本费用，计算产品总成本和单位成本，计算和结转成本差异，并编制转账凭证给账务处理系统。成本预测指运用移动平均、年度平均增长率，预测部门总成本和任意产量的产品成本。

9. 会计报表子系统

报表子系统主要是提供一种机制让用户定义和生成各种对外和内部管理所需的会计报表，并在此基础上实现报表的汇总与分析。随着互联网的普及应用，报表系统应该逐步实现远程制表、汇总与分析功能，支持网上传输、合并报表等功能。

10. 财务分析功能模块

财务分析功能模块是指能够利用会计核算数据进行会计管理和分析的功能模块。一般来说可以完成比率分析（如资产管理比率分析、负债比率分析等）、结构分析（如资产负债结构分析、损益结构分析、各项收入和各项费用结构分析等）、对比分析（如本年与上年同期对比分析、实际数与计划数对比分析等）和趋势分析（如任意会计科目各期变动情况分析等）。

二、各类行业会计软件的基本组成

不同类型的企业在组织、规模、生产特点、会计职能等方面往往不尽相同，所以所需会计软件的基本组成也不完全一样，必须经过系统分析按实际情况确定。

1. 工业企业

工业企业的会计核算比较复杂，而且不同企业的管理模式也存在着差异。不同软件公司会计软件子系统的设置也不尽相同，但为了核算、反映和控制工业企业的采购、生产和销售过程，工业企业会计软件一般应包括以下几个子系统：账务处理、工资核算、固定资产核算、存货核算、成本核算、销售核算、应收款核算、应付款核算、通用报表和财务分析等。

2. 商业企业

商业企业主要从事商品的销售活动，因而商品的进、销、存核算和管理的工作量较大，而固定资产、存货、成本核算比较简单，工作量也少。商业企业会计软件一般包括账务处理、工资核算、固定资产核算、商品进销存、应收款核算、应付款核算、通用报表等功能模块。

3. 服务性企业

服务性企业指交通运输、宾馆饭店、科技服务、信息咨询等向社会提供服务的行业。其会计主要是管理各项服务或劳务，核算应收取的费用，而固定资产数量较少，成本核算也很简单，因此，服务性企业的会计软件一般只包括账务处理、工资核算、应收账款、应付账款、通用报表等功能模块。

4. 行政事业单位

行政事业单位属非营利性单位，主要包括各级政府部门、学校和科研单位。这些单位一般不核算成本，无须计提固定资产折旧，也不存在原材料管理，主要核算国家财政拨款或其他收入的支出。这些单位对专项资金管理有很高的要求，例如一所高等院校的科研项目可能数以千计，也许一个项目的款项不多，但专款专用，控制严密。行政事业单位的会计软件一般包括账务处理、工资核算、预算管理、通用报表等功能模块。

需要注意的是，会计软件功能模块的划分不但与企业类型有关，而且与软件公司对会计方法的认识、理解和设计风格有关，所以不同公司的会计软件产品的系统构成往往不尽相同。

第三节　ERP 与会计核算软件

一、企业资源计划 ERP

ERP（Enterprise Resources Planning）是企业管理软件的主要代表。企业管理软件最早起源于制造业管理信息系统的研究与开发，并且经历了物料需求计划 MRP、制造资源计划 MRPⅡ、企业资源计划 ERP 三个发展阶段。

ERP 是在 MRPⅡ 的基础上吸收适时生产（JIT）、全面质量管理＊（TQC）、分销资源计划（DRP）、制造执行系统（MES）、敏捷制造系统（AMS）等先进管理思想而发展起来的一个管理信息系统。ERP 集成了企业物流、资金流、信息流三大资源，体现了对整个供应链进行管理、精益生产同步工程和敏捷制造、事前计划与事中控制等管理思想。

二、ERP 的发展过程

20 世纪 40 年代，由于计算机系统还没有出现，人们不可能利用计算机系统解决库存问题，为解决库存控制问题，人们提出了订货点法。到了 20 世纪 60 年代，随着计算机的出现和发展，短时间内对大量数据进行复杂运算成为可能，人们为解决订货点法的缺陷，提出了一种库存订货计划方法，即物料需求计划阶段（Material Requirements Planning，MRP）。

随着人们认识的加深及计算机的进一步普及，到了 20 世纪 70 年代，MRP 的理论范畴也得到了发展。为解决采购、库存、生产、销售的管理，发展了生产能力需求计划、车间作业计划以及采购作业计划理论，出现了闭环 MRP（Closed-loop MRP），并作为企业的一种生产计划与控制系统。

20 世纪 80 年代，伴随着计算机网络技术的发展，企业内部信息得到充分共享，闭环 MRP 集合了采购、库存、生产、销售、财务、工程技术等子系统，发展成为 MRP Ⅱ，即制造资源计划阶段（Manufacture Resource Planning，英文缩写仍是 MRP，为了区别于基本 MRP 而记为 MRP Ⅱ），并作为一种企业经营生产管理信息系统。

进入 20 世纪 90 年代，计算机网络技术迅猛发展，统一的国际市场已经形成。针对国际化的销售和采购市场以及全球的供需链环境，企业 MRP Ⅱ 面临着需求的挑战。由于 MRP Ⅱ 系统仅仅包括制造资源，而不包括面向供应链管理的概念，因此无法满足企业对资源全面管理的要求。在这种环境下，MRP Ⅱ 由主要面向企业内部资源全面计划管理的思想，逐步发展成为怎样有效利用和管理整体资源的管理思想，企业资源计划（Enterprise Resources Planning，ERP）随之产生。

ERP 是由美国加特纳公司（Gartner Group Inc.）在 20 世纪 90 年代初期首先提出的。ERP 是一种面向企业供应链的系统，可对供应链上的所有环节进行有效的管理。这些环节包括订单、采购、库存、计划、生产制造、质量控制、运输、分销、服务与维护、财务管理和人事管理等。

三、ERP 的主要构成

由于不同的 ERP 软件设计的思路及方法不同，所以 ERP 软件功能模块的划分也有所不同，但是各种 ERP 软件的原理却是一致的。ERP 软件一般分为分销、制造、财务三大部分以及人力资源管理，所涉及的主要功能模块包括：

（1）分销部分，主要包含有预测、订单管理、销售分析、采购管理、仓库管理、运输管理、资产维护、库存控制等功能模块。

（2）制造部分，主要包含主生产计划（MPS）、产品数据管理（PDM）、物料需求计划（MRP）、能力需求计划（CRP）、分销需求计划（DRP）、车间控制（SFC）、产品配置管理、流程作业管理、重复制造、质量管理等功能模块。

（3）财务部分，主要包含总账（GL）、应收账（AR）、应付账（AP）、工资、固定资产、现金管理、成本、多币制等功能模块。

（4）人力资源部分，即人力资源管理。

由上可知，会计软件是 ERP 中的一个组成部分，ERP 涵盖的管理范围比会计核算软件广。ERP 是对企业所有资源进行有效的整合，使其能够得到最有效的利用。会计软件可以单独使用也可以与其他模块集成使用。

四、国内外主要的 ERP 系统

目前世界上主要的 ERP 系统有德国 SAP 公司的 R/3 系统、美国 QAD 公司的 MFG/PRO 系统以及美国 Oracle 公司的 Oracle Application 系统。国产 ERP 系统主要有用友 U8ERP 和 NCERP、金蝶 K/3ERP 以及新重大、金算盘等。

五、ERP 给企业带来的效益

ERP 的成功实施可以为企业带来可观的效益，根据美国生产和库存控制学会（APICS）的统计，使用 ERP 给企业平均带来如下经济效益：①库存下降：30%～50%；②延期交货减少：80%；③采购提前期缩短：50%；④停工待料减少：60%；⑤制造成本降低：12%；⑥管理人员减少：10%；⑦生产能力提高：10%～15%。

六、ERP 是大中型企业会计电算化的首选

会计软件系统可以是一个独立的系统，也可以是 ERP 的一个子系统。由于 ERP 功能强大而又能实现信息高度共享，所以大中型企业的会计电算化应该选择 ERP，当然小企业一般应选择独立的会计软件系统。

七、ERP 软件的选择

ERP 是一个不断发展的大型软件，对它的选择比会计软件更为困难。我们应该明白没有一个软件是完美的，ERP 也不例外，所以我们只能根据以下原则选择一个比较合适的 ERP 软件。

（1）符合 ERP 标准模式，即根据 ERP 的基本原理，判断它是不是一个标准的 ERP 系统。

（2）系统的集成度高，指 ERP 各功能的集成以及与其他软件产品的集成，以提高信息共享和减少系统接口的复杂性。

（3）功能满足企业需求，即选择那些能够提供企业所需功能的 ERP 软件。

（4）产品的国际化。为了适应全球性竞争，应选择具有多种货币交易方式、采用多种语言交流、适用多国财政与税制的 ERP 软件。

（5）系统的开放性。选择一个能够在不同计算机、不同操作系统、不同数据库上运行的 ERP 软件产品。

（6）用户化的工具。用户工具对系统应用与二次开发有很大的影响，所以必须选择那些 CASE 功能较强的 ERP 软件。

（7）界面友好、操作简便。人机界面美观友好、操作方法简单方便，不仅管理人员乐于接受，而且直接影响 ERP 的使用和效率的发挥。

（8）良好的服务支持。ERP 是一个复杂系统，在购买软件时必须购买支持服务，这就决定我们应该选择具有较强的支持服务力量的 ERP 软件商。

（9）版本不断升级。版本升级是软件赖以生存的重要条件，只有那些不断升级换代的 ERP 产品才能不被淘汰，企业才不用担心购买的软件会落伍。

（10）足够多的用户群。用户越多说明软件越成熟、错误越少，而且市场占有率高，软件开发商可以持续发展。

（11）性能价格比较优。选择任何软件时，性能价格比都是必须要考虑的一个因素，选择 ERP 软件时也不例外。

（12）发展前景好的软件商。要关注软件商的财务实力、赢利状况、员工素质、用户满意度，以免发生由于软件公司的倒闭而使 ERP 软件实施夭折的情况。

第四节　会计核算软件的应用方法

一、会计软件应用前的准备工作

（一）确定会计核算规则

在手工核算方式下，某些会计基础工作较差的单位，会计工作缺乏规范化，账、证、表格式内容混乱，核算方法、程序不统一，同一类业务，不同的人做法不完全相同，而且不符合有关要求。会计软件对会计核算过程、相应的处理流程和方法与有关约定、要求都是规范的，一般不提供某一具体核算的不规范处理方法，故会计软件与本单位手工核算方法之间，不可避免地会有一定差别。要消除这些差别，企业必须对单位会计核算业务进行整理、调整，确定其信息化后的核算规则，使之满足会计核算软件的要求。

1. 确定会计核算的输入数据源及会计档案形式

在一般的会计软件中，会计业务流程起始于原始凭证以及据此填写的记账凭证，基于输入系统的凭证数据，即可形成各类账、表及其相关会计报告。凭证被称为会计信息系统的数据源，而各类账簿、报表及其相关会计报告则是会计信息系统所提供的财务信息。

在会计信息系统中，数据源形式会变得复杂一些，其实时性要求也会更高一些。例如，在一笔电子结算业务过程中，会计信息系统既可以接受电子数据作为数据源（如用银行提供的电子化数据作为银行对账单的数据源，用电子商务系统中的用户订单作为销售订单的数据源），也可以接受业务发生以后的相关纸介质传票作为数据源。无疑，前者的实时性明显优于后者，但其安全性尚有待于电子商务技术应用的发展与普及。企业应根据会计信息系统提供的功能和单位的实际需要确定会计核算的数据源，最好是以接受电子数据作为即时数据源，同时辅以纸介质传票作为验证数据源的方式，重组会计业务流程。这样才能够满足现代财务管理对会计信息系统的要求。

会计软件的输出结果有各种凭证、单据、账簿、会计报表，查询、汇总、统计及分析报表等，可以将这些输出结果的全部打印件作为会计档案，甚至还可以直接使用电子介质作为电子会计档案；也可以部分使用会计软件提供的打印件作为会计档案，部分使用手工原始单据作为会计档案。这些都应在会计软件使用前事先确定。在本单位会计人员计算机应用能力不高，首次进行会计电算化的初期，可采用较稳妥的方案，如可以使用会计软件提供的账簿、会计报表作为正式的会计档案，而凭证、出入库单、销售单、发票、现金日记账、银行存款日记账采用手工填写方式。在会计电算化较成熟后，可以采用会计软件提供的所有输出结果作为会计档案，甚至还可以使用会计软件产生的各种输出单据（如销售发票、支票等）。

2. 确定记账方法和记账程序

记账方法包括借贷记账法、增减记账法和收付记账法等。有的会计软件可提供记账方法的选择，有的只能适应某一种记账方法。一个单位一般只采用一种记账方法。我国会计法规定使用借贷记账法。

目前的手工核算组织方式一般有记账凭证核算组织程序、科目汇总表核算组织程序、汇总记账凭证核算组织程序、日记账核算组织程序、多栏式日记账核算组织程序、日记总账核算组织程序等几种形式。使用会计软件后，业务量大小已不是主要矛盾，因此会计电算化核算没有必要沿用手工记账程序记账，也没有必要对记账凭证或科目进行汇总，企业可依据记账凭证直接登记明细账、日记账，然后登记总分类账。目前一些单位的计算机记账程序仍沿袭原单位手工记账程序，就没有很好地发挥计算机的优势和作用，影响处理效率的提高。

3. 确定会计科目编码方案

会计软件一般都对会计科目编码作原则性规定，并允许各单位根据自身要求进行设置，因此软件使用前需确定本单位会计科目体系及其编码，如要确定会计科目编码的级数和各级编码的长度。在会计电算化条件下，会计科目设置既要符合会计制度规定，又要满足本单位会计核算和管理要求，同时要考虑会计软件对会计科目编码的规定要求。

总账科目及其编码由财政部统一规定，一般的会计软件都会预置总账科目。在保证核算指标统一性的前提下，可根据实际需要对统一规定的总账科目作必要的补充。至于明细科目，有的在会计制度中规定，有的则可根据企业管理需要由企业自行设定。会计科目编码的设定首先应满足会计核算和管理的要求，其次应满足编制报表的需要。

4. 凭证、账簿的规范化

会计软件中，一般都规定记账凭证的种类和格式。不管怎样规定，都应对手工记账凭证进行统一规范，以满足计算机输入的需要。在会计软件使用前，要确定明细账的账页格式，即哪些为数量金额式，哪些为三栏式或多栏式。为了保证从手工方式到信息化方式的顺利转换，还必须核对账目，保证账证相符、账账相符、账实相符。科目期末余额必须整理，同时还应注意往来账、银行账的清理。

5. 固定资产、材料、工资、成本、销售核算业务的规范化

固定资产折旧形式目前有三种，即综合折旧法、分类折旧法和个别折旧法。目前国家规定，按分类折旧法计提折旧的情况下，使用计算机后可按单台计提折旧。因此，

若软件提供单台折旧方法,应尽量实现单台折旧。

对材料核算,在电算化条件下,可核算到大类或小类,个别种类甚至可核算到规格。企业尽量根据本单位材料核算的需要,制定一个比较合理可行的分类及核算原则。

工资计算方法的差别目前越来越大,有计时、计件工资,有工效挂钩的效益工资、奖励和浮动工资等。企业可以利用会计软件提供的工资项目及项目间计算公式的自定义功能,制定一个能反映单位具体情况的工资核算方法。

成本核算方法的确定,一方面看企业生产特点,另一方面要看企业管理要求。企业生产特点可分为大量生产、成批生产和单件生产。由于手工核算的局限性,其成本核算往往难以满足企业管理的需要,成本核算方法一般都从计算产品成本出发,而对于成本控制、部门责任成本的核算与考核目标成本的计算等很少考虑。随着市场竞争加剧,作为独立的商品生产者,企业对内部管理的要求越来越高,成本核算除满足产品成本计算外,还要在成本过程控制、责任成本、目标成本的考核方面发挥作用,因此在设计成本核算方案时,要充分考虑这些管理的需要。

(二) 会计基础数据的准备

应用会计软件,需要将手工账转换为计算机中的电子账,这就需要将会计岗位分工、会计科目、期初余额等数据录入会计软件中。在录入前,要先准备好这些会计资料。

1. 确定信息化会计岗位及其具体操作任务

根据手工会计岗位来确定哪些会计人员需要使用会计软件,其具体电算化操作岗位如何划分,可以使用如表 2-1 所示的信息化操作员岗位分配表来完成这项工作。在确定信息化会计岗位的同时还需要制定相应的信息化会计制度。

表 2-1　　　　　　　　　　操作员岗位分配表

电算化岗位	操作员	制单	复核	记账	查询	打印	岗位功能
凭证录入	王丽	√			√		凭证录入
总账会计	李清		√	√	√		凭证记账

2. 清理手工核算下的会计科目,明确科目性质

手工核算下的会计科目是由总账科目和明细科目组成,其中总账科目也称为一级科目,它由应用单位使用的会计制度所决定,而明细科目的分级,由应用单位根据自己的会计核算特点制定。

应用会计信息系统前,企业需要整理出所有的明细会计科目,并按实际需要进行分级。

由于会计科目具有一定的类别、性质及方向,故企业整理明细会计科目的同时也要了解它们的辅助核算的性质,具体可以使用表 2-2 所示的科目调查表的形式进行整理。

表2-2 科目调查表

科目编码	科目名称	科目类别	余额方向	科目性质	明细账种类	辅助账种类	备注
1001	库存现金	资产	借	现金	日记账		总账科目
1002	银行存款	资产	借	银行	日记账		总账科目
100201	银行存款——工行	资产	借	银行	日记账		明细科目
100203	银行存款——美元	资产	借	银行	日记账	外币账	明细科目
1405	库存商品	资产	借	普通	三栏账	数量账	总账科目
2202	应付账款	负债	贷	往来	三栏账		总账科目
6602	管理费用	损益	借	普通	多栏账		总账科目

3. 整理账户所在试运行期的期初余额及累计发生额

企业对整理出的所有会计科目，收集试运行会计期间需要的期初余额，可以使用表2-3所示的期初余额表进行整理。

有的会计软件还需要收集建立账户所在会计月份前的各会计期间的发生额数据。企业要注意完整地收集最底层明细科目的余额、发生额，避免遗漏，以保证会计基础数据的准确。

表2-3 期初余额表

科目编码	科目名称	方向	期初余额	借方累计发生	贷方累计发生	备注

4. 其他辅助会计资料

其他辅助会计资料有应用单位的全称及简称、使用的会计制度类型、会计主管名称、会计期间范围、各种凭证单据类型、往来单位的清单、内部部门清单、内部人员名单、产品清单、职工工资数据、固定资产卡片、材料名称、编号和计划价格、产品名称编码、产品定额成本、工时费用定额等辅助资料。

（三）软件应用环境的准备

任何一个应用软件系统都必须在一定的环境下才能使用，本书主要讲解的是Windows操作系统下运行的会计软件的应用环境。在准备软件的环境时，企业必须与软件供应商联系，明确软件的运行环境，确定在什么样的环境下更为稳定。会计软件的应用环境设置包括：

（1）网络服务器及网络操作系统的安装及配置。

（2）服务器端（Server）网络数据库系统软件的安装及配置。

（3）操作系统及数据库软件的安装及配置。

如果使用单用户版本会计软件，企业可以不安装网络服务器部分软件，不同品牌的会计软件对支持环境要求不同，具体应用时应参考其使用说明。

（四）会计信息系统安装的一般方法

（1）将会计软件光盘放入光盘驱动器。

（2）在 Windows 中使用鼠标左键双击"我的电脑"图标，选择光盘驱动器目录，在目录中双击 Setup 或者 Install 应用程序图标运行安装程序。

（3）根据安装向导提示选择安装目录和应用系统内容进行安装。

（4）安装完毕后使用鼠标左键双击桌面上的系统图标运行软件。

不同品牌的会计软件的安装方法可能有差异，应参考其使用说明进行安装。

（五）会计软件操作培训

会计软件操作培训工作主要包括计算机基本操作知识、汉字输入知识、操作系统的基本知识、具体使用会计软件的操作方法等。会计软件操作的基础培训工作可以参加财政部门举行的定点的会计电算化培训来完成，具体的软件应用培训需要软件实施方来组织。

二、会计软件的操作流程

会计软件是由许多子系统组成的，虽然不同类型的企业会计信息系统子系统划分方法和结构不尽相同，各子系统具体实现的功能也有差异，但是它们的基本操作流程和方法是类似的，一般操作流程如图 2-2 所示。

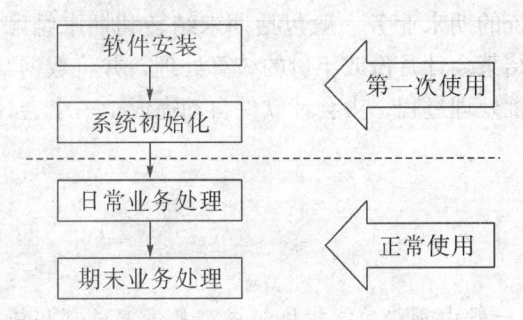

图 2-2 会计软件应用的一般流程

1. 软件安装及系统环境设置

系统运行环境设置一般是在会计软件安装时进行，也可以在安装后进行设置和修改。运行环境包括会计软件的安装目录路径、备份的方式及文件路径、网络用户及数据库用户设置、数据库名称等内容。

2. 系统初始化

为了满足不同单位的需求，在通用化的商品会计软件中一般都有一个初始设置模块，在此模块中，有大量的初始化工作要做。系统初始化工作第一次使用会计软件时必须要做，以后则根据需要进行补充和修改，部分初始化数据使用后就不能修改，所以在做系统初始化工作之前，应认真整理手工会计数据，并留有扩充的余地。

系统初始化工作一般包括账套的建立、操作员设置、基础档案资料输入（部门信息、员工信息、往来单位信息、存货信息等）、定义科目级别、设置会计科目、定义账簿类别、定义记账凭证类型、期初数据录入、设置工资项目及计算公式、设置固定资产折旧方法、设置报表格式、定义打印输出的账表格式等。

3. 日常业务处理

系统初始化完成后，会计软件的各子系统各司其职，根据相关经济业务的发生，进入各自业务的日常处理状态。

（1）账务处理子系统主要进行凭证处理和账簿管理。整个会计信息系统生成的凭证都是在账务处理系统进行审核和记账的，同时提供总账、明细账、日记账的查询、打印、输出等功能。

（2）工资核算子系统主要进行工资数据管理、个人所得税的计算、工资费用的分摊、工资数据的查询和统计。

（3）固定资产核算子系统主要进行资产增减、资产变动、折旧计提的处理和相关账簿的管理。

（4）应收（付）款管理子系统主要进行应收（付）处理、坏账处理、核销处理、票据管理、制单处理、查询统计等。

（5）采购管理子系统主要进行采购订货、到货、入库、采购发票等处理。

（6）销售管理子系统主要进行销售订货、发货、出库、销售开票等处理。

（7）存货核算子系统主要进行各种出入库业务的凭证处理。

（8）报表子系统主要是生成正式会计报表。

4. 期末业务处理

会计软件各子系统的期末业务一般包括期末结转和期末结账，其中最主要的功能是期末结账，用于终结某会计月份或年份的核算处理，并将数据结转到下期。

期末结账是一种批处理过程，由会计软件自动完成，一个会计期间只能进行一次。

复习题

一、复习思考题

1. 会计核算软件一般由哪些功能模块组成？具体完成哪些任务？
2. 会计软件的基本流程是什么？
3. 简述ERP与会计核算软件之间的关系。
4. 怎样做好会计软件的初始化工作？
5. 会计软件各模块之间的关系是怎样的？

二、判断题

1. 要使会计电算化工作顺利开展，首先必须使手工会计工作达到规范化。
2. 会计软件各子系统之间往往保持相对独立，它们之间很少存在数据传输关系。
3. 一般情况下，一个会计软件只能设置一个账套。
4. 会计软件的应用流程中，其先后次序是可以颠倒的。
5. 会计软件在初始化后可随时更改各种初始化参数。
6. 会计软件与操作系统没有必然联系，会计软件在各种操作系统中都能够应用。

三、单项选择题
1. 在会计核算软件中，其核心子系统是（　　）。
    A. 报表子系统　　　　　　　　B. 账务处理子系统
    C. 财务分析子系统　　　　　　D. 成本核算子系统
2. ERP软件的核心是（　　）。
    A. 会计核算
    B. 财务分析
    C. 财务决策
    D. 对企业物流、资金流和信息流进行全面一体化管理
3. 一般情况下，企业开展会计电算化的初期最好选择（　　）。
    A. 商品化软件　　　　　　　　B. 自行开发软件
    C. 委托软件公司开发软件　　　D. 定点开发软件
4. 设置会计科目级次的主要目的是（　　）。
    A. 提高操作速度　　　　　　　B. 简化会计操作程序
    C. 方便会计电算化工作　　　　D. 决定会计核算的深度
5. 企业首次实施会计电算化，首先必须做的工作是（　　）。
    A. 财务分工　　　　　　　　　B. 建立账套
    C. 初始数据录入　　　　　　　D. 设置会计科目编码
6. 以下属于最小的会计软件模块的是（　　）。
    A. 账务处理模块　　　　　　　B. 凭证处理模块
    C. 账簿处理模块　　　　　　　D. 总账打印模块
7. 企业首次使用会计软件，需要（　　）。
    A. 对系统进行初始化设置　　　B. 对手工会计的数据进行整理
    C. 拟订会计操作规范　　　　　D. 明确不同会计人员的岗位职责
8. 一般情况下，账务处理子系统不具备（　　）功能。
    A. 记账　　　　　　　　　　　B. 期末转账
    C. 编制会计报表　　　　　　　D. 结账
9. 核算型会计软件不包括的功能是（　　）。
    A. 工资核算　　　　　　　　　B. 固定资产核算
    C. 成本核算　　　　　　　　　D. 预算功能
10. 会计电算化期末核算不包括的内容是（　　）。
    A. 成本费用的计算和分配　　　B. 工资费用的分配
    C. 计算应交税费　　　　　　　D. 填制会计凭证
11. 会计科目主要是根据（　　）设置的。
    A. 企业自身业务特点　　　　　B. 财政部的规定
    C. 企业会计准则的规定　　　　D. 对方单位的需要
12. 账务处理子系统以（　　）作为处理对象。
    A. 会计账簿　　　　　　　　　B. 记账凭证
    C. 会计报表　　　　　　　　　D. 原始凭证

四、多项选择题

1. 会计软件一般由（　　）组成。
   A. 模块　　　　　　　　　　B. 程序
   C. 数据库　　　　　　　　　D. 会计软件文档

2. 会计软件的基本功能主要有（　　）。
   A. 会计数据加工处理　　　　B. 会计数据整理归档
   C. 会计数据输入输出　　　　D. 会计数据分析

3. 会计数据的输入方式有（　　）。
   A. 手工键盘输入　　　　　　B. U 盘输入
   C. 光盘输入　　　　　　　　D. 网络传输输入

4. 从会计软件的操作界面和技术来看，我国会计软件的发展经历了（　　）等阶段。
   A. 基于 DOS 平台的会计软件　　B. 基于 Windows 平台的会计软件
   C. 基于浏览器界面技术的会计软件　D. 基于互联网的会计软件

5. 企业取得会计软件的方式有（　　）。
   A. 购买　　　　　　　　　　B. 自行开发
   C. 委托开发　　　　　　　　D. 联合开发

6. 用于生产企业的 ERP 软件主要包括（　　）方面的管理内容。
   A. 生产控制管理　　　　　　B. 资金管理
   C. 物流管理　　　　　　　　D. 财务管理

7. 会计软件实施前的准备工作主要包括（　　）。
   A. 全面清理手工会计业务工作　　B. 规范会计业务处理工作
   C. 会计数据的整理和准备　　　　D. 进行人员的培训

财务软件应用篇

第三章　模拟企业资料

一、企业基本情况

公司名称：广州家捷电子电器有限公司		注册号：440100000014377	
地　　址：广州市中山八路888号		邮政编码：510170	
法人代表：梁兴发		注册资本：人民币伍佰万元	
公司类型：有限公司		实收资本：人民币伍佰万元	

成立日期：2007年6月8日

经营范围：电饭煲、电磁炉、榨汁机、搅拌机、快速电热水壶等小家电产品的生产、销售

开户银行：工商银行中山八路支行　　　账　　号：432361324001（人民币）
　　　　　　　　　　　　　　　　　　　　　　　　567366897028（美　元）

税　　号：440100338866000　　　公司电话：020-86583232

该公司2011年12月购入用友U872软件，2012年1月正式使用。

二、主要会计政策与会计制度

1. 坏账核算

本公司坏账采用备抵法核算，坏账准备的计提方法为应收账款余额百分比法，计提比例为5%。

2. 存货

存货取得时按实际成本入账，发出时原材料采用先进先出法计价，库存商品采用月末一次加权平均法计价。低值易耗品、包装物在领用时按一次摊销法摊销。

3. 固定资产及其折旧

本公司单位价值在2 000元以上的资产确认为固定资产，固定资产按实际成本计价。固定资产折旧按下列年限以直线法计提：

表3-1　　　　　　　　　固定资产及其折旧

编码	类别名称	折旧年限	净残值率	计提属性
01	房屋及建筑物	30年	5%	正常计提
02	交通工具	10年	4%	正常计提
03	生产设备	10年	3%	正常计提
04	办公设备	3年	1%	正常计提

4. 有关税费项目

表3-2　　　　　　　　　　　税费项目

税　种	税　率
增值税	17%
所得税	25%
城建税	7%
教育费附加	3%

三、基础资料

1. 机构设置

（1）部门档案

表3-3　　　　　　　　　　　部门档案

部门编码	部门名称	负责人
1	经理办公室	梁兴发
2	销售部	刘营销
3	采购部	赵四海
4	财务部	陈　杰
5	生产部	
501	生产部办公室	成一鸣
502	生产车间	成一鸣

（2）人员类别

表3-4　　　　　　　　　　　人员类别

人员类别编码	人员类别名称
1001	企业管理人员
1002	经营人员
1003	车间管理人员
1004	PT生产工人
1005	HH生产工人

（3）人员档案

表3-5　　　　　　　　　　　人员档案

人员编码	人员名称	性别	人员类别	所属部门	人员属性	是否业务员
101	梁兴发	男	企业管理人员	经理办公室	总经理	是
102	陈明亮	男	企业管理人员	经理办公室	总经理助理	是
201	刘营销	男	经营人员	销售部	部门主管	是
202	张也无	男	经营人员	销售部	业务员	是
301	赵四海	男	经营人员	采购部	部门主管	是

表3-5(续)

人员编码	人员名称	性别	人员类别	所属部门	人员属性	是否业务员
302	孙才沟	男	经营人员	采购部	采购员	是
401	陈杰	男	企业管理人员	财务部	会计主管	是
402	王丽妮	女	企业管理人员	财务部	会计	是
403	李志芳	女	企业管理人员	财务部	出纳	是
501	成一鸣	男	车间管理人员	生产部办公室	车间主任	是
502	梁丽丽	女	车间管理人员	生产部办公室	车间调度	是
503	吴美娟	女	PT生产工人	生产车间	工人	
504	汪海仁	男	PT生产工人	生产车间	工人	
505	周鸿兵	男	PT生产工人	生产车间	工人	
506	李一凡	男	HH生产工人	生产车间	工人	
507	孙丽英	女	HH生产工人	生产车间	工人	

2. 往来单位

(1) 客户分类

表3-6　　　　　　　　　客户分类

分类编码	分类名称
01	批发
02	代销
03	专柜
04	零售

(2) 客户档案

表3-7　　　　　　　　　客户档案

编码	客户名称	客户简称	分类	税号	开户行	账号
0101	珠海伟业电器有限公司	珠海伟业	01	440402168798899	工行珠海分行	768788
0201	广州盛世超市	广州盛世	02	440103256789698	中行广州分行	798676
0301	中山大宇电器有限公司	中山大宇	03	442000543467298	工行中山分行	867978
0401	广州裕隆商场	广州裕隆	04	440105123467890	工行广州分行	568799

(3) 供应商分类

表3-8　　　　　　　　　供应商分类

分类编码	分类名称
20	广州地区
21	中山地区

(4) 供应商档案

表 3-9　　　　　　　　　　　供应商档案

编码	供应商名称	简称	分类	税号	开户行	账号
2001	广州永祥家用电器元件厂	永祥元件	20	440106568778899	招行广州分行	467218
2002	广州宇环纸业有限公司	宇环纸业	20	440116789956986	工行广州分行	568928
2101	中山兴安工具有限公司	兴安工具	21	442000579678908	工行中山分行	867326
2102	中山凯迪科技有限公司	凯迪科技	21	442000467987652	建行中山分行	987168

3. 存货资料

（1）存货分类

表 3-10　　　　　　　　　　　存货分类

分类编码	分类名称
01	原材料
02	库存商品
03	周转材料
04	应税劳务

（2）计量单位分组

表 3-11　　　　　　　　　　　计量单位分组

分组编号	组名	类别
01	数量	无换算

（3）计量单位

表 3-12　　　　　　　　　　　计量单位

计量单位编码	计量单位名称	所属计量单位组	计量单位组类别
01	个	数量组	无换算
02	套	数量组	无换算
03	块	数量组	无换算
04	千米	数量组	无换算

（4）存货档案

表 3-13　　　　　　　　　　　存货档案

存货编码	存货名称	所属类别	计量单位	税率	存货属性
0101	发热盘	原材料	个	17	外购、生产耗用
0102	限温器	原材料	个	17	外购、生产耗用
0103	保温开关	原材料	个	17	外购、生产耗用
0104	限流电阻	原材料	个	17	外购、生产耗用
0105	指示灯	原材料	个	17	外购、生产耗用

表3-13(续)

存货编码	存货名称	所属类别	计量单位	税率	存货属性
0106	插座	原材料	个	17	外购、生产耗用
0107	内胆	原材料	个	17	外购、生产耗用
0108	微电脑控制板	原材料	块	17	外购、生产耗用
0109	包装箱	原材料	个	17	外购、生产耗用
0201	PT电饭煲	库存商品	个	17	自制、内销、外销
0202	HH电饭煲	库存商品	个	17	自制、内销、外销
0301	专用工具	周转材料	套	17	外购、生产耗用
0401	运输费	应税劳务	千米	7	外购、内销、应税劳务

4. 财务
(1) 凭证类别

表3-14　　　　　　　　　凭证类别

类别字	类别名称	限制类型	限制科目
收	收款凭证	借方必有	1001，1002
付	付款凭证	贷方必有	1001，1002
转	转账凭证	凭证必无	1001，1002

(2) 外币

表3-15　　　　　　　　　外币

币种	汇率（2011年12月31日）
美元 USD	1：6.3009

(3) 结算方式

表3-16　　　　　　　　　结算方式

结算方式编码	结算方式名称	票据管理
1	现金支票	是
2	转账支票	是
3	商业承兑汇票	否
4	银行承兑汇票	否
5	电汇	否

5. 业务
(1) 仓库档案

表3-17　　　　　　　　　仓库档案

仓库编码	仓库名称	部门名称	负责人	计价方法
1	材料库	采购部	赵四海	先进先出法
2	成品库	生产车间	成一鸣	全月平均法

（2）收发类别

表3-18　　　　　　　　　　　　收发类别

收发标志	类别编码	类别名称
收	1	入库
	11	采购入库
	12	产成品入库
	13	盘盈入库
	14	其他入库
发	2	出库
	21	销售出库
	22	生产领用
	23	盘亏出库
	24	其他出库

（3）采购类型

表3-19　　　　　　　　　　　　采购类型

采购类型编号	采购类型名称	入库类别
01	普通采购	采购入库

（4）销售类型

表3-20　　　　　　　　　　　　销售类型

销售类型编号	销售类型名称	出库类别
01	经销	销售出库
02	代销	销售出库

（5）产品结构

表3-21　　　　　　　　　　　　产品结构

PT电饭煲		HH电饭煲	
元器件名称	单件耗用	元器件名称	单件耗用
发热盘	1	发热盘	1
限温器	1	限温器	1
保温开关	1	保温开关	1
限流电阻	1	限流电阻	1
指示灯	1	指示灯	1
插座	1	插座	1
内胆	1	内胆	1
		微电脑控制板	1

四、会计科目及期初余额

1. 2011 年 12 月 31 日会计科目及期初余额如表 3-22 所示：

表 3-22　　　　　　　　　　　会计科目及期初余额表

科目代码	科目名称	辅助核算	方向	余额
1001	库存现金	日记账	借	5 000
1002	银行存款		借	420 988
100201	工行存款		借	420 988
10020101	人民币	日记账银行账	借	294 970
10020102	美元	日记账银行账	借（美元）	20 000
1012	其他货币资金			
1122	应收账款	客户往来	借	48 438
1123	预付账款	供应商往来		
1221	其他应收款	个人往来	借	1 200
1231	坏账准备		贷	2 250
1402	在途物资		借	11 700
1403	原材料	项目核算	借	78 500
1405	库存商品	项目核算	借	68 500
1406	发出商品	项目核算	借	7500
1411	周转材料	项目核算	借	500
1601	固定资产		借	4 965 800
1602	累计折旧		贷	502 721
1604	在建工程			
1606	固定资产清理			
1701	无形资产			
1702	累计摊销			
1901	待处理财产损溢			
190101	待处理流动资产损溢			
190102	待处理固定资产损溢			
2001	短期借款			
2201	应付票据			
2202	应付账款	供应商往来	贷	35 100
2203	预收账款	客户往来		
2211	应付职工薪酬		贷	50 000
221101	工资		贷	50 000
2221	应交税费			
222101	应交增值税			
22210101	进项税额			

表3-22(续)

科目代码	科目名称	辅助核算	方向	余额
22210102	已交税额			
22210103	减免税额			
22210104	转出未交增值税			
22210105	销项税额			
22210106	出口退税			
22210107	进项税额转出			
22210108	转出多交增值税			
222102	应交所得税			
222103	应交城建税			
222104	教育费附加			
222105	未交增值税		贷	3 338
2231	应付利息			
2232	应付股利			
2241	其他应付款			
2501	长期借款			
4001	实收资本		贷	5 000 000
4002	资本公积			
4101	盈余公积		贷	10 000
410101	法定盈余公积		贷	10 000
410102	法定公益金			
410103	任意盈余公积			
4103	本年利润			
4104	利润分配		贷	54 717
410401	提取法定盈余公积			
410402	提取法定公益金			
410403	提取任意盈余公积			
410404	未分配利润		贷	54 717
5001	生产成本	项目核算	借	50 000
5101	制造费用			
510101	工资			
510102	折旧费			
510103	办公费			
510104	水电费			
510105	其他			
6001	主营业务收入			
6051	其他业务收入			
6061	汇兑损益			

表3-22(续)

科目代码	科目名称	辅助核算	方向	余额
6111	投资收益			
6301	营业外收入			
6401	主营业务成本			
6402	其他业务成本			
6403	营业税金及附加			
6601	销售费用			
660101	工资			
660102	折旧费			
660103	通讯费	个人往来		
660104	水电费			
660105	广告费			
660106	差旅费	个人往来		
660107	其他			
6602	管理费用			
660201	工资	部门核算		
660202	折旧费	部门核算		
660203	办公费	部门核算		
660204	水电费	部门核算		
660205	差旅费	部门核算		
660206	其他			
6603	财务费用			
6701	资产减值损失			
6711	营业外支出			
6801	所得税费用			
6901	以前年度损益调整			
合 计			资产：5 103 155 成本： 50 000 合计：5 153 155	负债： 88 438 权益：5 064 717 合计：5 153 155

2. 2011年12月31日明细账户数据

（1）工商银行存款账户余额明细

表3-23　　　　　　　工商银行存款账户余额明细

币别	汇率	方向	余额	
			外币	本位币
人民币		借		294 970
美元	6.3009	借	20 000	126 018

41

(2) 往来账户余额明细（注：单价均为不含税价）

表3-24　　　　　　　　　　　应收账款明细

日期	摘要	发票号	客户	货物名称	数量	单价	税率	金额
11月8日	销售商品	4401108	广州裕隆商场	PT电饭煲	100	80	17%	9 360
				HH电饭煲	100	150	17%	17 550
	小计							26 910
12月3日	销售商品	4401120	中山大宇电器	PT电饭煲	80	80	17%	7 488
				HH电饭煲	80	150	17%	14 040
	小计							21 528

表3-25　　　　　　　　　　　其他应收款明细

日期	摘要	姓名	方向	金额
2011年12月25日	借差旅费	刘营销	借	1 000
2011年12月28日	借款	张也无	借	200

表3-26　　　　　　　　　　　应付账款明细

日期	摘要	发票号	供应商	货物名称	数量	单价	税率	金额
12月12日	采购材料	4402128	广州永祥家用电器元件厂	发热盘	1 000	12	17%	14 040
				内胆	1 000	8	17%	9 360
	小计							23 400
12月31日	采购材料	4420138	中山凯迪科技有限公司	微电脑控制板	250	40	17%	11 700
	小计							11 700

(3) 存货账户余额明细

表3-27　　　　　　　　　　　存货账户余额明细

科目名称	明细科目	数量	单位	单价	金额
原材料					
	发热盘	1 500	个	12	18 000
	限温器	1 500	个	7	10 500
	保温开关	1 500	个	3	4 500
	限流电阻	2 000	个	1	2 000
	指示灯	1 500	个	3	4 500
	插座	1 500	个	3	4 500
	内胆	1 500	个	8	12 000
	微电脑控制板	500	块	40	20 000
	包装箱	500	个	5	2 500
周转材料					
	专用工具	10	套	50	500

表2-27(续)

科目名称	明细科目	数量	单位	单价	金额
库存商品					
	PT电饭煲	600	个	50	30 000
	HH电饭煲	385	个	100	38 500
发出商品					
	PT电饭煲	50	个	50	2 500
	HH电饭煲	50	个	100	5 000
生产成本					
	PT电饭煲	500	个		23 540
	其中：直接材料				18 500
	直接人工				2 500
	制造费用				2 540
	HH电饭煲	300	个		26 460
	其中：直接材料				23 100
	直接人工				1 500
	制造费用				1 860

（4）固定资产明细

表3-28　　　　　　　　　固定资产明细表

固定资产名称	使用部门	开始使用日期	可使用年限	原值	累计折旧
办公楼	采购部/销售部/财务部/经理办公室	2007-06-08	30年	1 200 000	102 600
车间厂房	生产车间	2007-06-08	30年	3 300 000	282 150
装配生产线	生产车间	2007-06-08	10年	120 000	52 380
奥迪A4轿车	经理办公室	2010-05-01	10年	320 000	48 640
IBM电脑	经理办公室	2009-12-20	3年	4 600	3 036
IBM电脑	采购部	2009-12-20	3年	4 600	3 036
IBM电脑	销售部	2009-12-20	3年	4 600	3 036
IBM电脑	财务部	2009-12-20	3年	4 600	3 036
IBM电脑	生产部办公室	2009-12-20	3年	4 600	3 036
HP打印机	经理办公室	2010-01-01	3年	2 800	1 771

备注：资产增加方式均为直接购入；使用状况均为在用；共用资产在多部门平均分配使用；折旧方法：平均年限法（一）；固定资产编码方案为：2-1-1-2，由系统自动编码，编码方式为"类别+序号"，序号长度为3。月末固定资产系统与总账进行对账，对账科目为固定资产、累计折旧，对账不平衡的情况下不允许固定资产月末结账。

3. 其他相关数据

（1）2011年12月31日，采购部收到从中山兴安工具有限公司购入的专用工具5

套,经验收合格入材料库,发票未到,按单价 50 元暂估入账。

(2) 2011 年 12 月 31 日,收到中山凯迪科技有限公司开具的增值税专用发票一张,发票号:84018,商品为微电脑控制板,数量 250 块,40 元/块,货款 10 000 元,税额 1 700 元,由于元旦放假影响,货物节后发运。

(3) 2011 年 12 月 25 日,委托广州盛世超市代销 PT 电饭煲和 HH 电饭煲各 50 个,PT 电饭煲单价为 80 元,HH 电饭煲单价 150 元,货已发出,至 12 月 31 日尚未结算。

五、工资资料

1. 本单位员工的工资实行统一管理,工资项目、工资计算公式相同;每月 10 日发放上月的工资,月末计算本月工资并进行分配;代扣代缴个人所得税;不扣零。
2. 员工档案中需要增加性别、学历、婚否、身份证号信息。
3. 本单位工资项目如表 3-29 如示:

表 3-29　　　　　　　　　　　工资项目

工资项目名称	类型	长度	小数位数	增减项
基本工资	数字	8	2	增项
奖金	数字	8	2	增项
交通补贴	数字	8	2	增项
应发合计	数字	10	2	增项
事假扣款	数字	8	2	减项
保险费	数字	8	2	减项
扣款合计	数字	10	2	减项
实发合计	数字	10	2	减项
代扣税	数字	10	2	减项
事假天数	数字	8	0	其他

4. 员工事假按"基本工资/22 × 事假天数"计算扣款,保险费 =(基本工资 + 奖金)× 0.05,交通补贴发放的标准为:销售部员工每人每月 200 元,其他部门人员每人每月 100 元。
5. 2012 年 1 月工资基本数据如表 3-30 所示。

表 3-30　　　　　　　2012 年 1 月工资基本数据　　　　　　　单位:元

职员编码	职员名称	人员类别	所属部门	银行代发账号	基本工资	奖金	交通补贴
101	梁兴发	企业管理人员	经理办公室	20110010001	5 000	500	100
102	陈明亮	企业管理人员	经理办公室	20110010002	3 200	200	100
201	刘营销	经营人员	销售部	20110010003	4 500	300	200
202	张也无	经营人员	销售部	20110010004	2 800	200	200
301	赵四海	经营人员	采购部	20110010005	4 500	300	100
302	孙才沟	经营人员	采购部	20110010006	2 800	200	100

表3-30(续)

职员编码	职员名称	人员类别	所属部门	银行代发账号	基本工资	奖金	交通补贴
401	陈杰	企业管理人员	财务部	20110010007	4 500	300	100
402	王丽妮	企业管理人员	财务部	20110010008	2 800	200	100
403	李志芳	企业管理人员	财务部	20110010009	2 800	200	100
501	成一鸣	车间管理人员	车间办公室	20110010010	4 600	200	100
502	梁丽丽	车间管理人员	车间办公室	20110010011	2 800	200	100
503	吴美娟	PT生产工人	生产车间	20110010012	2 500	200	100
504	汪海仁	PT生产工人	生产车间	20110010013	2 500	200	100
505	周鸿兵	PT生产工人	生产车间	20110010014	2 500	200	100
506	李一凡	HH生产工人	生产车间	20110010015	2 800	200	100
507	孙丽英	HH生产工人	生产车间	20110010016	2 800	200	100

六、2012年1月发生如下业务（如无特殊说明，单价均为不含税单价）

1. 1月1日，收到裕隆商场工商银行转账支票一张，金额26 910元，票据号：56891，用于归还前欠货款。

2. 1月2日，销售部收到珠海伟业电器有限公司订单一张，订购HH电饭煲100个，单价150元，PT电饭煲200个，单价80元，预计本月5日发货。

3. 1月3日，收到中山凯迪科技有限公司发来的微电脑控制板250块，验收入材料库，发票上月末已收到，财务部电汇付款。

4. 1月3日，生产车间领用1 000个PT电饭煲、500个HH电饭煲的生产材料。

5. 1月4日，采购部向广州宇环纸业有限公司订购包装箱2 000个，单价5元，预计到货日为本月6日。

6. 1月4日，刘营销出差归来，报销差旅费800元，退回差额现金200元。

7. 1月5日，销售部从成品库向珠海伟业电器有限公司发出其所订货物，并开具增值税专用发票一张，发票号：4568，同时开出票号为78915的银行转账支票一张，代垫运杂费400元，货款暂未收到。

8. 1月6日，采购部收到4日向广州宇环纸业有限公司订购的包装箱2 000个，同时收到增值税专用发票一张，发票号：6775，单价为5元，包装箱验收入库，财务部开出银行转账支票支付货款，票据号：78916。

9. 1月7日，收到上月已验收入库的中山兴安工具有限公司5套专用工具的增值税专用发票一张，发票单价为55元，发票号：48210，款项未付。

10. 1月8日，从工商银行提取现金5 000元备用，现金支票票号：2156。

11. 1月9日，开出银行转账支票支付广州永祥家用电器元件厂部分材料款15 000元，票据号：78917。

12. 1月9日，生产车间领用包装箱2 300个，其中PT电饭煲耗用1 500个，HH电饭煲耗用800个；专用工具5套，其中PT电饭煲耗用3套，HH电饭煲耗用2套。

13. 1月10日，通过银行发放上月工资50 000元。

14. 1月10日，销售部张也无报销通讯费200元，财务支付现金。
15. 1月10日，生产车间完工PT电饭煲500个，HH电饭煲300个，入成品库。
16. 1月11日，向中山凯迪科技有限公司购买微电脑控制板500块，每块40元，材料尚未运到，收到增值税专用发票一张，发票号：85012，对方代垫运费500元，收到相应的运费发票一张（税率7%），票号为5678，款项未付。
17. 1月12日，销售给广州裕隆商场PT电饭煲200个，单价80元，HH电饭煲100个，单价150元，开具增值税专用发票一张，发票号：4569，对方开出银行转账支票支付货款，票据号：56906。
18. 1月13日，从中山凯迪科技有限公司购买的微电脑控制板运到，经验收5块不合格，经协商做退货处理，收到票号为5789的红字专用发票一张，不含税单价40元，其余入材料库，运费按微电脑控制板的数量分摊。
19. 1月14日，销售部委托广州盛世超市代销PT电饭煲500个，单价80元，HH电饭煲200个，单价150元，货已发出。
20. 1月15日，经理办公室购入佳能iR1024J复印机1台，价值5 000元，用现金支票支付，票号2157。
21. 1月16日，向银行借入期限为三个月的借款10 000美元，记账汇率为1:6.3306。
22. 1月17日，经理办公室和生产车间各购买办公用品1 000元，财务现金付讫。
23. 1月20日，生产车间完工入库PT电饭煲500个，HH电饭煲300个，入成品库。
24. 1月22日，从广州永祥家用电器元件厂购买发热盘、限温器、保温开关、指示灯、插座、内胆各500个，材料已验收入库，发票未到。
25. 1月25日，通过银行支付本月水电费20 000元，其中：生产耗用16 000元，车间办公室耗用1 200元，经理办公室耗用1 000元，销售部耗用700元，采购部耗用500元，财务部耗用600元。
26. 1月25日，公司决定给销售部每人增加奖金200元，梁丽丽本月请事假1天，计算本月工资并分配工资费用。
27. 计提本月折旧。
28. 1月26日，将奥迪A4轿车出售，卖价18万元。
29. 1月26日，收到22日向广州永祥家用电器元件厂购买元件的发票，发票号：69532，发票清单见表3-31：

表3-31　　　　　　　　　　2012年1月发票清单

货物或劳务名称	单位	数量	单价	金额	税率	税额
发热盘	个	500	13	6 500	17%	1 105
限温器	个	500	7	3 500	17%	595
保温开关	个	500	4	2 000	17%	340
指示灯	个	500	3	1 500	17%	255
插座	个	500	3	1 500	17%	255
内胆	个	500	8	4 000	17%	680

30．1月27日，销售部收到广州盛世超市委托代销清单一张，结算PT电饭煲300个，售价80元，HH电饭煲100个，售价150元，立即开具增值税专用发票给盛世超市，发票号：4570。

31．1月28日，生产车间生产的电饭煲全部完工，本批入库PT电饭煲500个，HH电饭煲200个，入成品库。

32．1月30日，委托广州盛世超市销售的HH电饭煲退回2个，入成品库，该货物已经结算。

33．1月30日，成品库盘点，发现PT电饭煲丢失2个，系梁丽丽疏忽大意造成，由其赔偿。

34．月末，按工时标准分配制造费用。

表3-32　　　　　　　　产品工时统计表

产品	生产工时
HH电饭煲	2 000
PT电饭煲	3 000
合计	5 000

35．月末，结转PT电饭煲，HH电饭煲产品成本（产品全部完工，无在产品），完工数量分别为PT电饭煲1 500个、HH电饭煲800个，悉数验收入库。

36．月末，结转本月已出库商品的成本。

37．月末，按美元中间汇率1∶6.3048，结转汇兑损益。

38．结转本期损益。

39．编制资产负债表和利润表。

第四章　建立账套与基础设置

账套是用于存放核算单位会计数据的实体，一个账套代表一个核算单位，一个会计软件通常允许同时建立多套账，分别代表不同的会计核算单位。当企业使用会计软件时，首先要做的就是建立一个账套来存放自己的财务数据，而且以后每次进入软件都必须通过选择指定需要操作的账套。

用友ERP-U872中，账套的建立在系统管理模块中完成。

第一节　建立账套

一、系统管理功能概述

系统管理是用友ERP-U8管理软件中一个特殊的组成部分。它的主要功能是对用友ERP-U8管理软件的各个产品进行统一的操作管理和数据维护，具体包括以下几个方面：

1. 账套管理

账套指的是一组相互关联的数据。一般来说，用户可以为企业中每一个独立核算的单位建立一个账套，系统最多可以建立999套账。账套管理一般包括账套的建立、修改、删除、引入和输出等。

2. 年度账管理

一个账套中包含了企业所有的数据，把企业数据按年度划分，称为年度账。用户不仅可以建立多个账套，而且每个账套中还可以存放不同年度的年度账。这样，对不同核算单位、不同时期的数据，就可以方便地进行操作。

年度账管理包括年度账的建立、清空、引入、输出和结转上年数据等。

3. 操作员及其权限管理

为了保证系统及数据的安全与保密，系统管理提供了操作员及操作权限的集中管理功能。企业通过对系统操作分工和权限的管理，一方面可以避免与业务无关的人员进入系统；另一方面可以对系统所含的各个模块的操作进行协调，以保证各负其责，流程顺畅。

操作员管理包括操作员的增加、修改、删除等操作。

操作员权限的管理包括操作员权限的增加、修改、删除等操作。

4. 设立统一的安全机制

对企业来说，系统运行安全、数据存储安全是必须的。设立统一的安全机制包括设置系统运行过程中的监控机制，设置数据自动备份，清除系统运行过程中的异常任务等。

系统允许以两种身份注册进入系统管理。一种是以系统管理员的身份，另一种是以账套主管的身份。

系统管理员负责整个系统的总体控制和数据维护工作，可以管理该系统中所有的账套。以系统管理员身份注册进入，可以进行账套的建立、引入和输出；设置角色和用户；指定账套主管；设置和修改用户的密码及其权限等。

账套主管负责所选账套的维护工作，主要包括对所选账套参数进行修改、对年度账的管理（包括年度账的建立、清空、引入、输出和结转上年数据）以及该账套操作员权限的设置。

二、新建账套

【处理流程】

启动系统管理—系统管理员注册—增加操作员—建立账套—系统启用

（一）启动"系统管理"

执行"开始"—"程序"—"用友ERP-U872"—"系统服务"—"系统管理"命令，进入"用友ERP-U8［系统管理］"窗口。如图4-1所示。

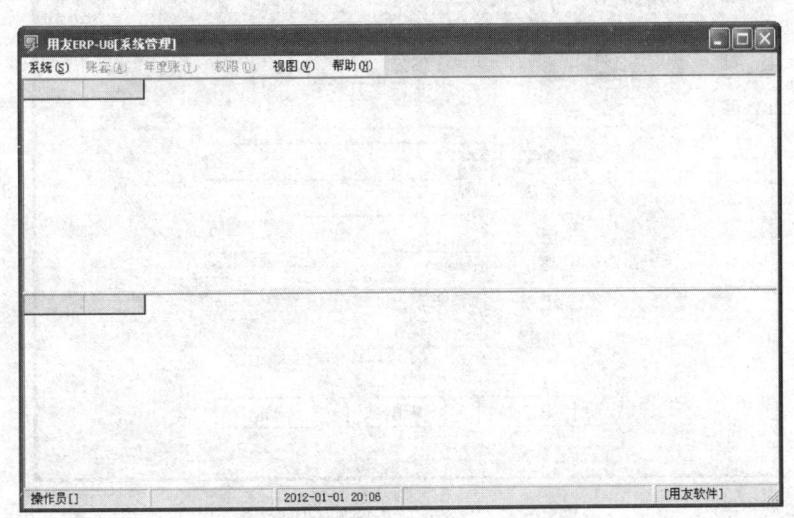

图4-1　"系统管理"窗口

（二）系统管理员注册

（1）在"系统管理"窗口，执行"系统"—"注册"命令，如图4-2所示，打开"登录"系统管理对话框。

会计电算化教程

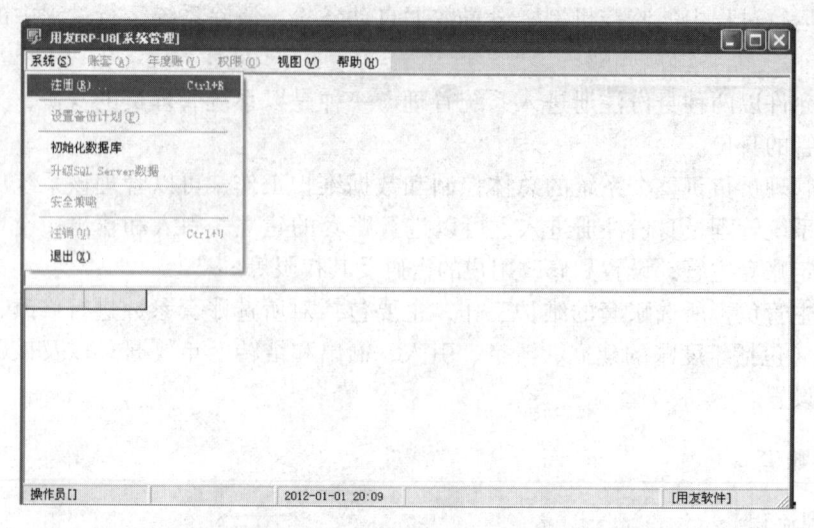

图4-2 "系统管理"窗口

（2）系统中预先设定了一个系统管理员admin，第一次运行时，系统管理员密码为空，选择系统默认账套（default），如图4-3所示。

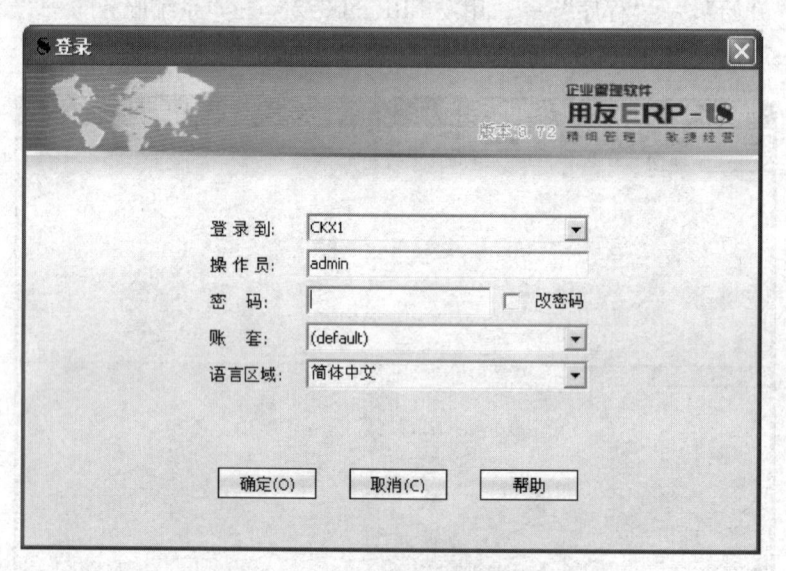

图4-3 "登录"系统管理对话框

（3）单击"确定"按钮，以系统管理员身份进入系统管理窗口，如图4-4所示。

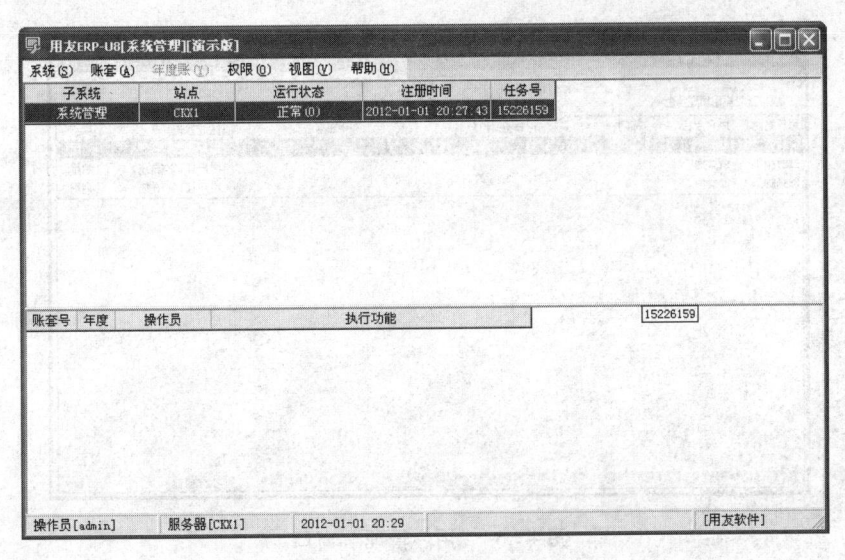

图4-4 "系统管理"窗口

提示：
● 系统管理员的初始密码为空。为保证系统运行的安全性，在企业实际应用中应及时为系统管理员设置密码。设置系统管理员密码的操作步骤是：在系统管理员登录系统管理对话框中（图4-3）选中"改密码"复选框，单击"确定"按钮，打开"设置操作员密码"对话框，在"新密码"和"确认"文本框中均输入密码，如图4-5所示。最后单击"确定"按钮，返回系统管理。
● 一定要牢记设置的系统管理员密码，否则无法以系统管理员的身份进入系统管理。
● 在教学过程中，由于多人共用一套系统，为了避免由于他人不知道系统管理员密码，而无法以系统管理员身份进入系统管理的情况出现，建议不要给系统管理员设置密码。

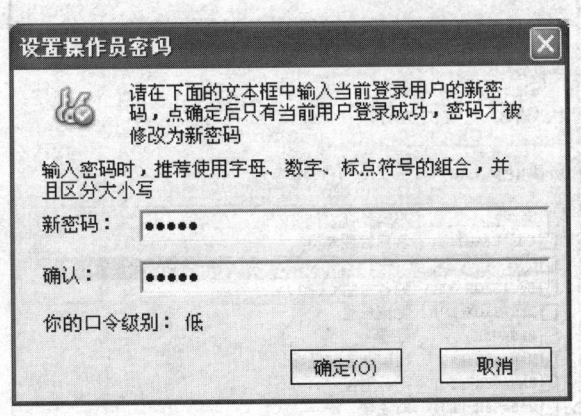

图4-5 为系统管理员设置密码

（三）增加操作员

（1）在"系统管理"窗口中，执行"权限"—"用户"命令，打开"用户管理"窗口，如图4-6所示。

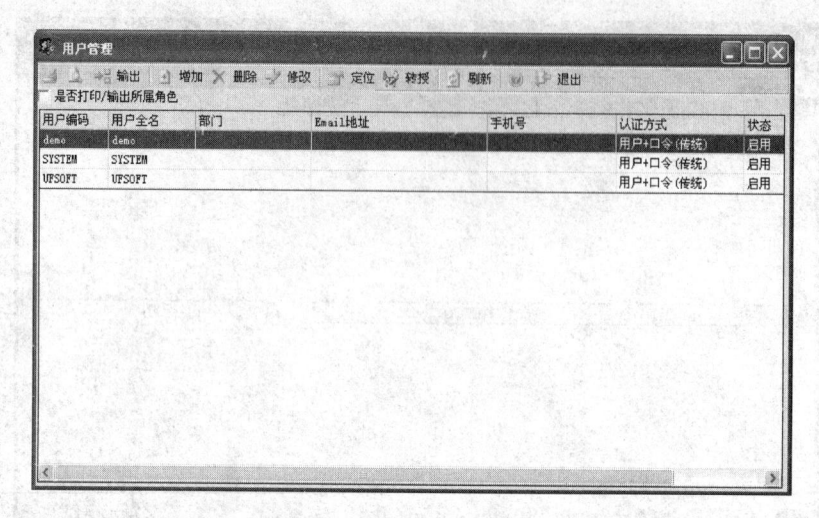

图4-6 "用户管理"窗口

（2）单击"增加"按钮，打开"增加用户"对话框。

（3）在对话框中输入账套主管的信息：编号"401"；姓名"陈杰"；认证方式"用户+口令（传统）"；口令及确认口令"1"；所属部门"财务部"；在所属角色列表中选中"账套主管"前的复选框。如图4-7所示。

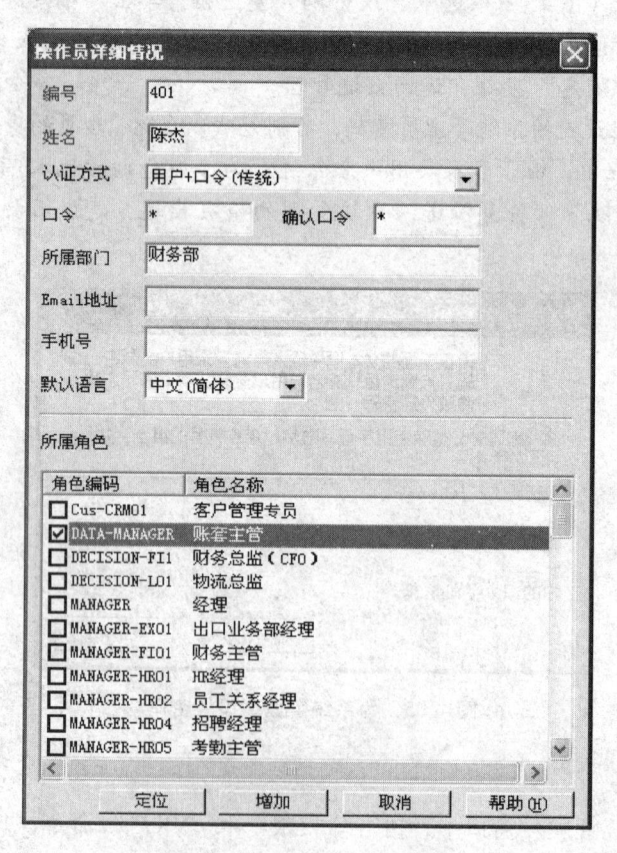

图4-7 "增加用户"对话框

（4）单击"增加"按钮，返回"用户管理"窗口。

（5）重复步骤（2）～（4），可增加其他操作员。

（6）完成所有操作员的设置后，单击"取消"按钮结束。

提示：

- 只有系统管理员才有权限设置操作员。
- 在增加用户时可以直接指定用户所属角色。如：陈杰的角色为"账套主管"，王丽妮的角色为"总账会计"。由于系统中已经为预设的角色赋予了相应的权限，因此，如果在增加用户时就指定了相应的角色，则其就自动拥有了该角色的所有权限。如果该用户所拥有的权限与该角色的权限不完全相同，可以在"权限"功能中进行修改。
- 如果已设置用户为"账套主管"角色，则该用户也是系统内所有账套的账套主管。
- 用户被启用后将不允许删除。用户使用过系统如果又调离单位，应在用户管理窗口中单击"修改"按钮，在"修改用户信息"对话框中单击"注销当前用户"按钮，最后单击"修改"按钮返回系统管理，此后该用户无权再进入系统。
- 正在启用的用户只能修改口令、所属部门、E-mail、手机号和所属角色的信息。
- 增加了用户之后，如果在用户列表中看不到该用户，可点击"刷新"按钮进行页面的更新。

（四）建立账套

只有系统管理员可以建立企业账套。建账过程在建账向导引导下完成。

（1）以系统管理员身份注册进入系统管理，在"系统管理"窗口中，执行"账套"—"建立"命令，如图4-8所示，打开"创建账套—账套信息"对话框。

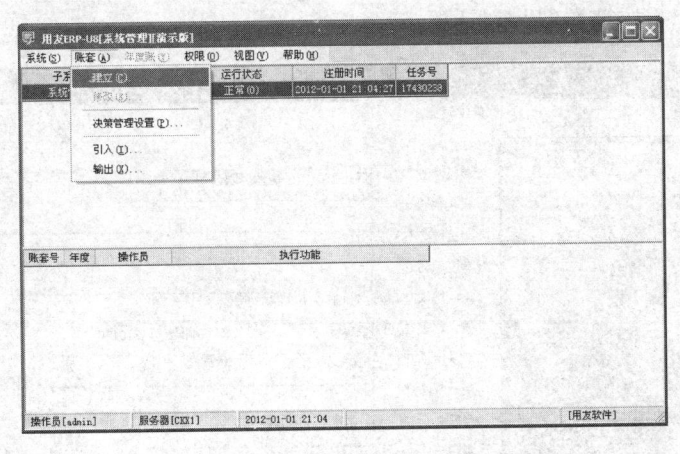

图4-8 "系统管理"窗口

（2）输入账套信息。账套号：001；账套名称：广州家捷电子电器有限公司；账套路径：（默认）；启用会计期：2012年1月，如图4-9所示。输入完成后，单击"下一步"按钮，打开"创建账套—单位信息"对话框。

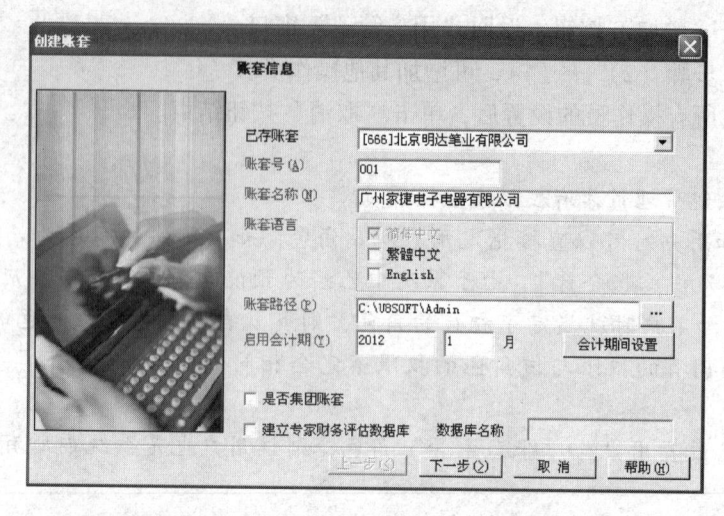

图4-9 "创建账套—账套信息"对话框

提示：

- 账套号是账套的唯一标识，可以自行设置3位数字，但不允许与已存账套的账套号重复，账套号设置后将不允许修改。
- 账套名称是账套的另外一种标识方法，它将与账套号一起显示在系统正在运行的屏幕上。账套名称可以自行设置，并可以由账套主管在修改账套功能中进行修改。
- 系统默认的账套路径是用友ERP-U8的安装路径，可以进行修改。
- 建立账套时系统会将启用会计期自动默认为系统日期，应注意根据所给资料修改，否则将会影响到企业的系统初始化及日常业务处理等内容的操作。

（3）输入单位信息。单位名称：广州家捷电子电器有限公司；单位简称：家捷电器；其他栏目按实验资料录入，如图4-10所示。输入完成后，单击"下一步"按钮，打开"创建账套—核算类型"对话框。

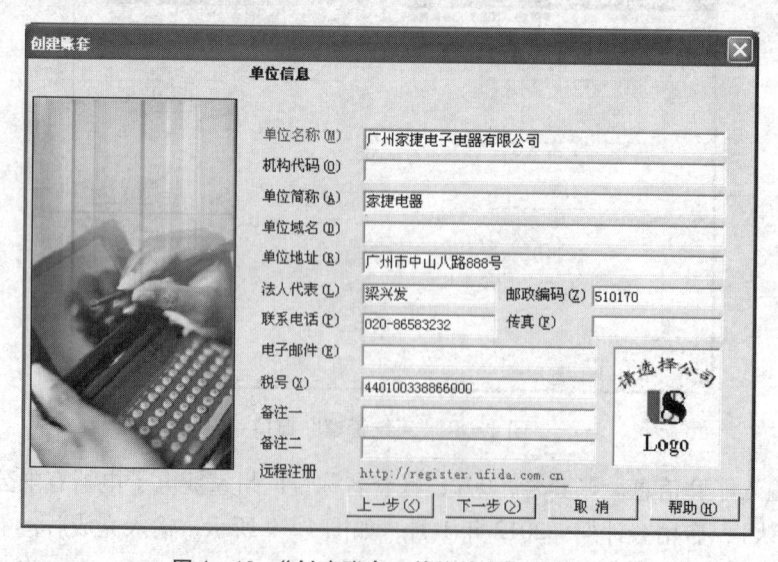

图4-10 "创建账套—单位信息"对话框

提示：
● 单位信息中只有"单位名称"是必须录入的，必须录入的信息以蓝色字体标识（下同）。
● 单位名称应录入企业的全称，以便打印发票时使用。

（4）确定核算类型。本币代码：RMB；本币名称：人民币；企业类型：工业；行业性质：2007年新会计制度科目；账套主管：401陈杰。如图4-11所示。输入完成后，单击"下一步"按钮，打开"创建账套—基础信息"对话框。

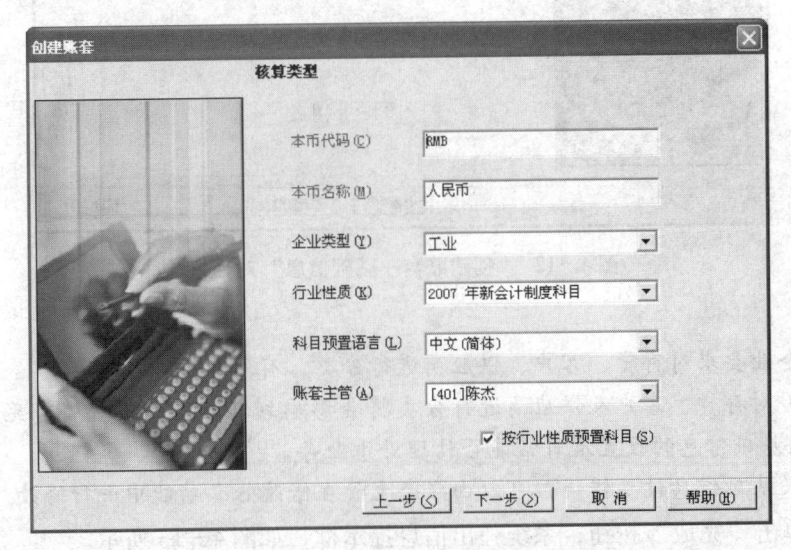

图4-11 "创建账套—核算类型"对话框

提示：
● 行业性质将决定系统预置科目的内容，必须选择正确。
● 如果事先增加了用户，则可以在建账时选择该用户为该账套的账套主管。如果建账前未设置用户，在建账过程中可以先选一个操作员作为该账套的主管，待账套建立完成后再到"权限"功能中进行账套主管的设置。
● 如果选择了按行业性质预置科目，则系统根据所选择的行业类型自动装入国家规定的一级科目及部分二级科目。

（5）根据实验资料，确定分类信息，如图4-12所示。

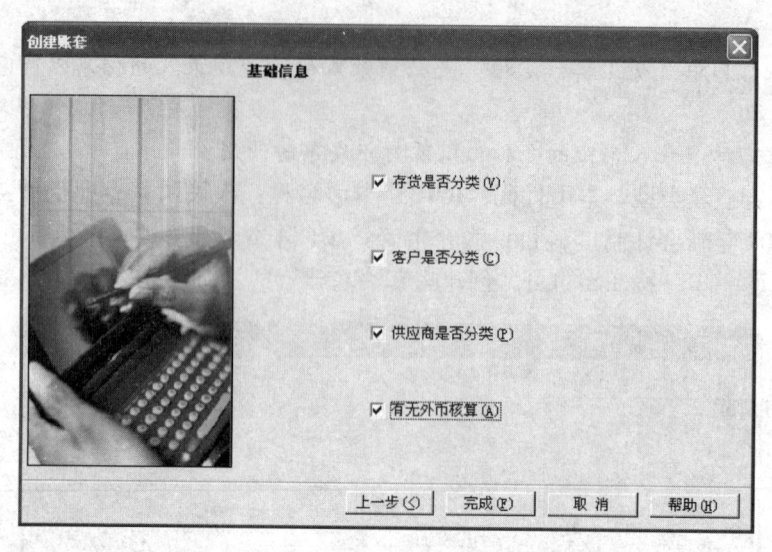

图4-12 "创建账套—基础信息"对话框

提示：
- 本企业要求对存货、客户、供应商进行分类，有外币核算。
- 是否对存货、客户及供应商进行分类将会影响到其档案的设置。有无外币核算将会影响到基础信息的设置及日常能否处理外币业务。
- 如果基础信息设置错误，可以由账套主管在修改账套功能中进行修改。

（6）单击"完成"按钮，系统弹出信息提示框，如图4-13所示。

图4-13 创建账套信息提示框

（7）单击"是"按钮，打开"编码方案"对话框。

（8）确定编码方案。根据实验所给资料，确定模拟企业的编码方案，如图4-14所示。完成后，单击"确定"按钮，再单击"取消"按钮，打开"数据精度"对话框。

图 4-14 "编码方案"对话框

提示：
● 编码方案的设置，将会直接影响到基础信息设置中相应内容的编码级次及每级编码的位长。
● 删除编码级次时，必须从最后一级向前依次删除。

（9）确定数据精度，即定义数据的小数位数，本套账采用系统默认值，如图 4-15 所示。

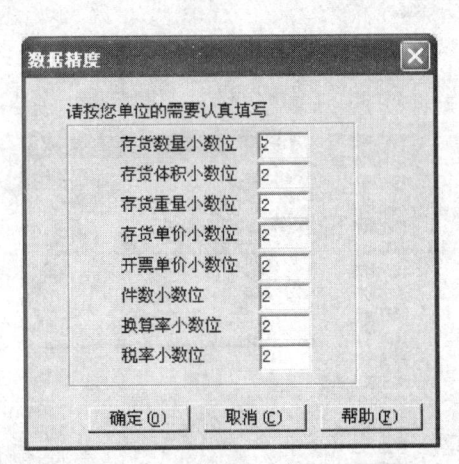

图 4-15 "数据精度"对话框

（10）单击"确定"按钮，稍等片刻系统弹出信息提示框，如图 4-16 所示。

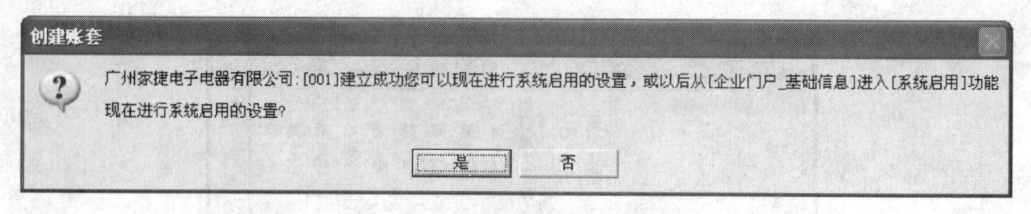

图4-16　是否进行系统启用提示

（11）单击"是"，进入系统启用设置界面，如图4-18所示；单击"否"，系统出现图4-17所示提示，用户以后可以在"企业应用平台"中再进行系统启用设置。

图4-17

（五）系统启用

软件中的各子系统必须启用后才能正式使用。系统的启用可在建立账套时进行，也可以由账套主管在企业应用平台中进行。

1. 建账时启用

（1）在图4-16所示的提示框中，单击"是"按钮，直接打开"系统启用"对话框。

（2）选中需要启用的模块，如总账（在复选框"□"中打"√"），系统弹出"日历"对话框，选择启用日期"2012年1月1日"，如图4-18所示。

图4-18　"系统启用"对话框1

(3) 单击"确定"按钮，系统弹出提示"确实要启用当前系统吗?"，如图 4 - 19 所示。

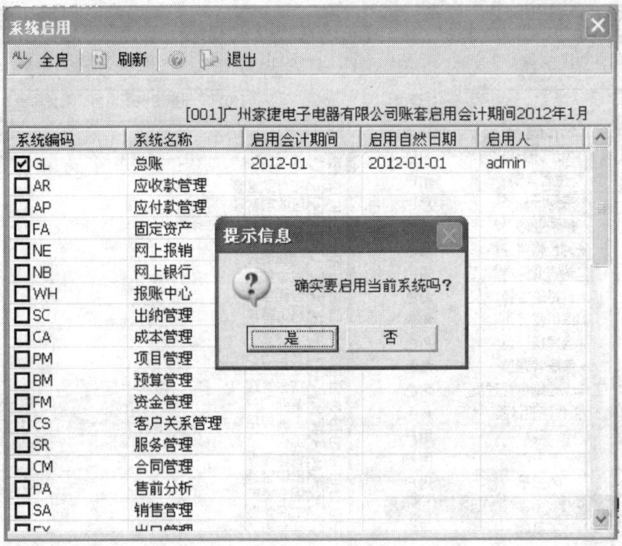

图 4 - 19 "系统启用"对话框 2

(4) 单击"是"按钮，系统启用成功。

(5) 重复步骤（2）~（4）启用"固定资产"、"薪资管理"、"应收款管理"、"应付款管理"、"采购管理"、"销售管理"、"库存管理"、"存货核算"模块。

2. 在企业应用平台中启用

(1) 执行"开始"—"程序"—"用友 ERP - U8"—"企业应用平台"命令。

(2) 用账套主管的身份登录，单击左下角的"设置"选项卡。

(3) 执行"基础信息"—"基本信息"—"系统启用"命令，打开"系统启用"对话框。

(4) 执行建账时启用的（2）~（5）步骤，启用系统。

提示：

● 系统管理员和账套主管都可以进行系统启用。系统管理员是在建立账套时直接启用系统，账套主管是在企业应用平台中进行系统启用。

● 各系统的启用时间必须大于或等于账套的启用时间。

三、操作员权限管理

对操作员进行岗位分工，按指定的操作员权限实行使用权限控制，可以防止与业务无关的人员擅自使用软件，保证财务数据的安全。

对已设置的操作员赋权，只能由系统管理员和该账套的主管进行。系统管理员可以指定某账套的账套主管、对各个账套的操作员进行权限设置，账套主管只能对所管辖账套的操作员进行权限设置。

（一）确定账套主管

(1) 以系统管理员 admin 的身份登录系统管理，打开"系统管理"窗口。

(2) 执行"权限"—"权限"命令，打开"操作员权限"窗口，如图4-20所示。

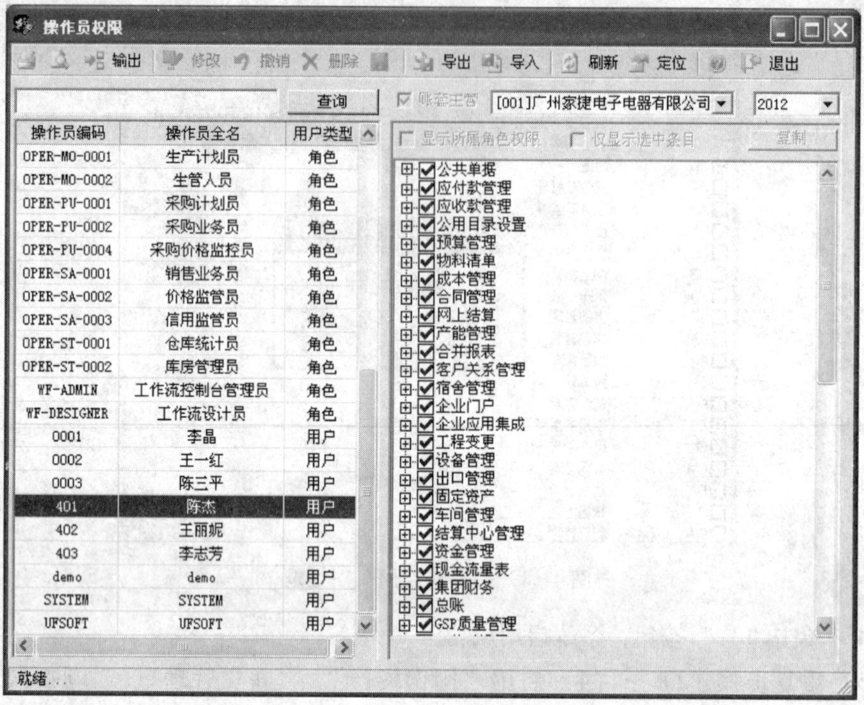

图4-20 "操作员权限"窗口1

(3) 在右侧"账套主管"右边的下拉列表框中选中"001"账套。

(4) 在左侧的操作员列表中，选择"401"号操作员陈杰，在右侧上方"账套主管"复选框"□"中打"√"，将陈杰设置为001套账的账套主管（由于建账时已指定陈杰为001套账的账套主管，系统已为陈杰打上账套主管的标记）。如要取消该操作员账套主管资格，去掉"账套主管"复选框"□"中的"√"即可。

提示：

- 只有系统管理员（admin）才有权进行账套主管的设定和取消操作。而账套主管只有权对所辖账套进行操作员的权限设置。
- 设置权限时应注意分别选中"账套"及相应的"用户"。
- 账套主管拥有该账套的所有权限，因此无须为账套主管另外赋权。
- 一个账套可以有多个账套主管。

（二）操作员赋权

(1) 在"操作员权限"窗口，在左边选择要赋权的操作员或者角色，单击工具栏上的"修改"按钮。

(2) 在右边的权限列表框中，单击欲赋权限前面的复选框"□"，使之打上"√"。

(3) 单击"保存"按钮，所选操作员即可拥有对应的操作权限。单击权限前面的"+"可以显示明细权限。如果是在权限目录的上一级"□"中打"√"，则相应的下级权限全部为选中状态。给"402"号操作员王丽妮赋予总账权限如图4-21所示。

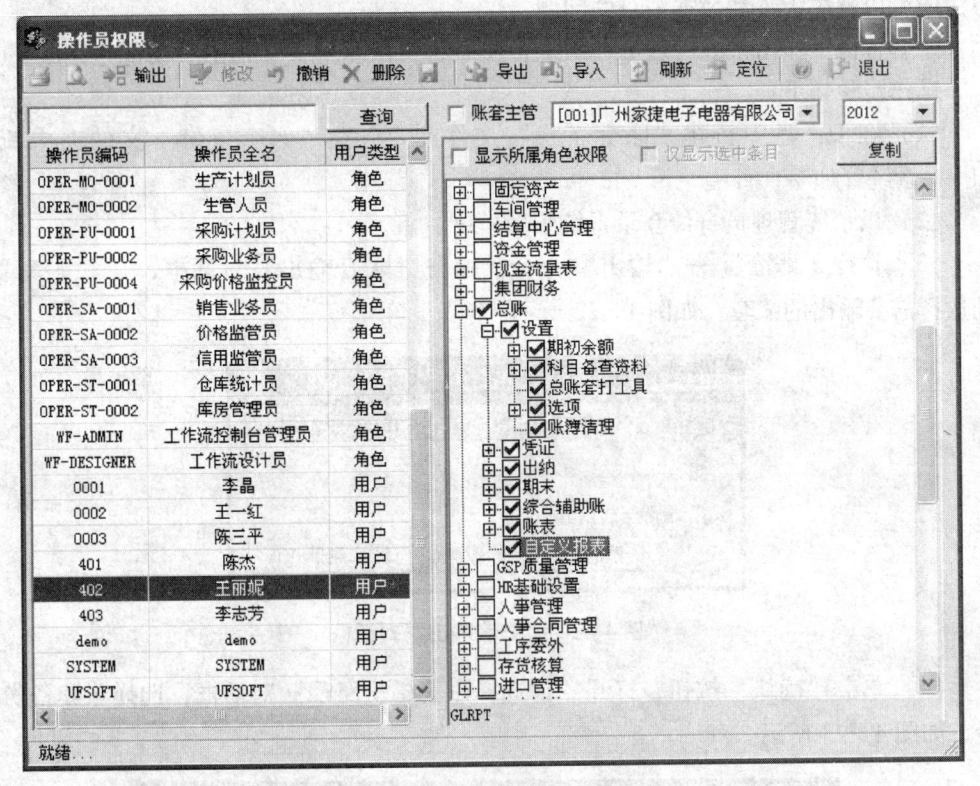

图 4-21 "操作员权限"窗口 2

（三）操作员权限的删除和更改

系统管理员或账套主管可以对操作员的权限进行删除和更改。

如果要删除操作员的所有权限，在"操作员权限"窗口左边选中要删除权限的操作员，单击工具栏上的"删除"按钮，系统出现确认提示，单击"是"即可删除该操作员的所有权限；如果要删除操作员的部分权限，在"操作员权限"窗口左边选中要删除权限的操作员，单击工具栏上的"修改"按钮，在权限列表框中单击其拥有权限前的复选框，取消"√"标记即可。

当操作员权限发生变更时，可运用操作员赋权和权限删除功能进行对应更改。

提示：
- "修改"功能是给操作员进行权限的分配。
- 正在使用的用户权限不能进行修改、删除的操作。

四、账套的备份与引入

（一）账套备份

对于企业系统管理员来讲，定时的将企业数据备份出来存储到不同的介质上（如常见的软盘、光盘、网络磁盘等等），对数据的安全性是非常重要的。如果企业由于不可预知的原因（如地震、火灾、计算机病毒、人为的误操作等等），需要对数据进行恢复，此时备份数据就可以将企业的损失降到最小。当然，对于异地管理的公司，此种方法还可以解决审计和数据汇总的问题。

账套备份工作由系统管理员在系统管理中的"账套"—"输出"功能中完成。

操作步骤如下：

(1) 在 D：盘中新建"账套备份"文件夹，再在"账套备份"文件夹中新建"1-1 系统管理"文件夹。

(2) 以系统管理员身份登录系统管理模块。

(3) 执行"账套"—"输出"命令，弹出"账套输出"对话框，在"账套号"处选择需要输出的账套，如图 4-22 所示。

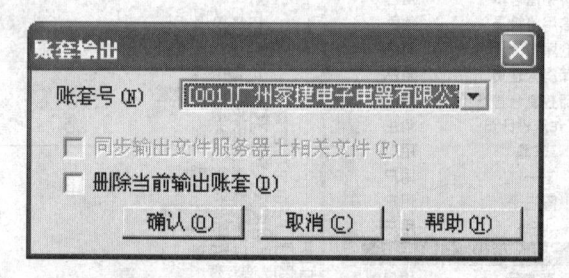

图 4-22 "账套输出"对话框

(4) 单击"确认"按钮，打开"请选择账套备份路径"对话框，选择账套备份路径，如图 4-23 所示。

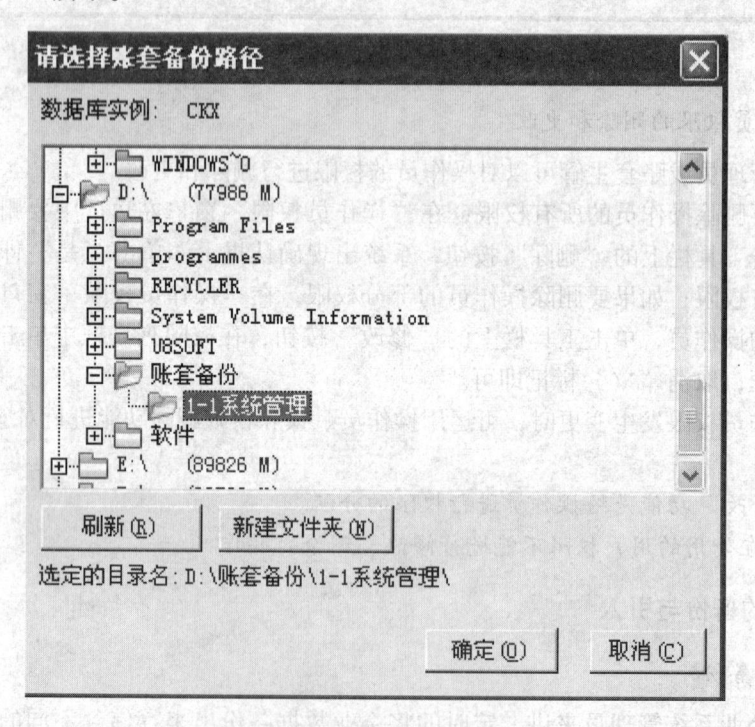

图 4-23 选择账套备份路径

(5) 单击"确认"按钮，系统自动进行账套备份。

(6) 备份完成后，系统弹出"输出成功"信息提示框，如图 4-24 所示。

图 4-24 账套输出提示框

（7）单击"确定"按钮返回。

提示：

● 只有系统管理员（admin）才有权限进行账套输出。

● 如果将"删除当前输出账套"同时选中，在输出完成后系统会确认是否将数据源从当前系统中删除。

● 正在使用的账套可以进行账套输出而不允许进行账套删除。若想删除，必须关闭所有系统模块，再在输出账套时选中"删除当前输出账套"。

● 备份账套时应先建立一个备份账套的文件夹，以便将备份数据存放在目标文件夹中。

● 账套输出时，输出两个文件：UfErpAct.Lst 为账套信息文件，UFDATA.BAK 是账套数据文件。

（二）账套的引入

账套的引入功能是指将备份的账套数据引入到系统中。例如：当账套数据遭到破坏时，将最近复制的账套数据引入到本账套中。

（1）以系统管理员身份注册，进入系统管理模块。

（2）执行"账套"—"引入"命令，打开"请选择账套备份文件"对话框。

（3）选择要引入的账套数据备份文件，如图 4-25 所示。

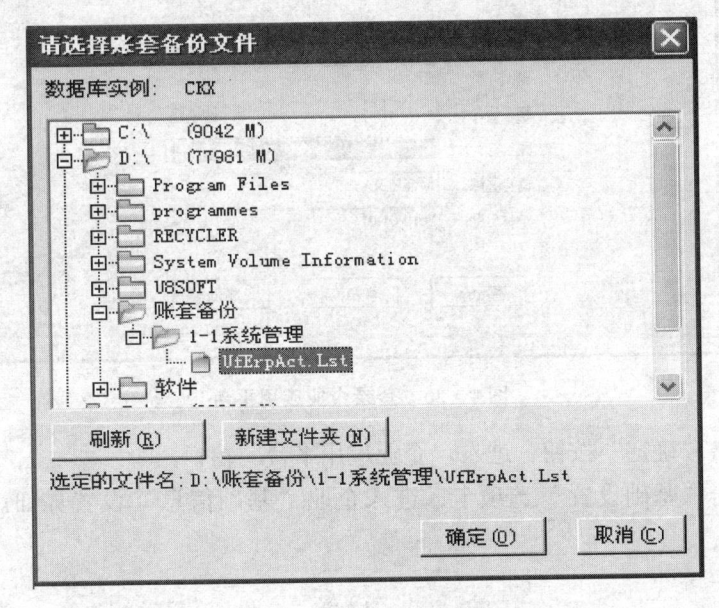

图 4-25 引入账套数据

（4）单击"确定"按钮，系统提示选择引入的路径。

（5）选择引入路径后，单击"确定"按钮。

第二节　基础设置

一个新账套建立成功之后，还要根据使用单位的实际情况，对一些基础的信息进行设置。

用友 ERP－U8 包括的模块众多，其基础设置的内容也较多，主要包括基本信息设置、基础档案设置、业务参数设置、数据权限设置和单据设置等。

下面我们以模拟企业"广州家捷电子电器有限公司"为例介绍基础信息设置的方法。

一、登录"企业应用平台"

（1）执行"开始"—"程序"—"用友 ERP－U872"—"企业应用平台"命令，打开"登录"对话框。

（2）输入操作员：401（或陈杰）；密码：1；单击"账套"栏的下三角按钮，选择"001（default）广州家捷电子电器有限公司"；操作日期：2012－01－01。如图 4－26 所示。

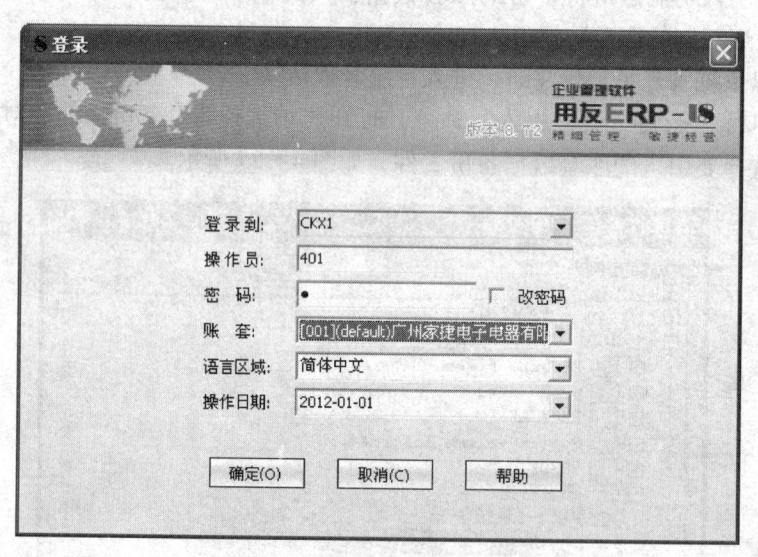

图 4－26　登录企业应用平台

（3）单击"确定"按钮，进入"企业应用平台"窗口。

（4）单击"基础设置"选项卡，进入企业"基础信息"设置界面。如图 4－27 所示。

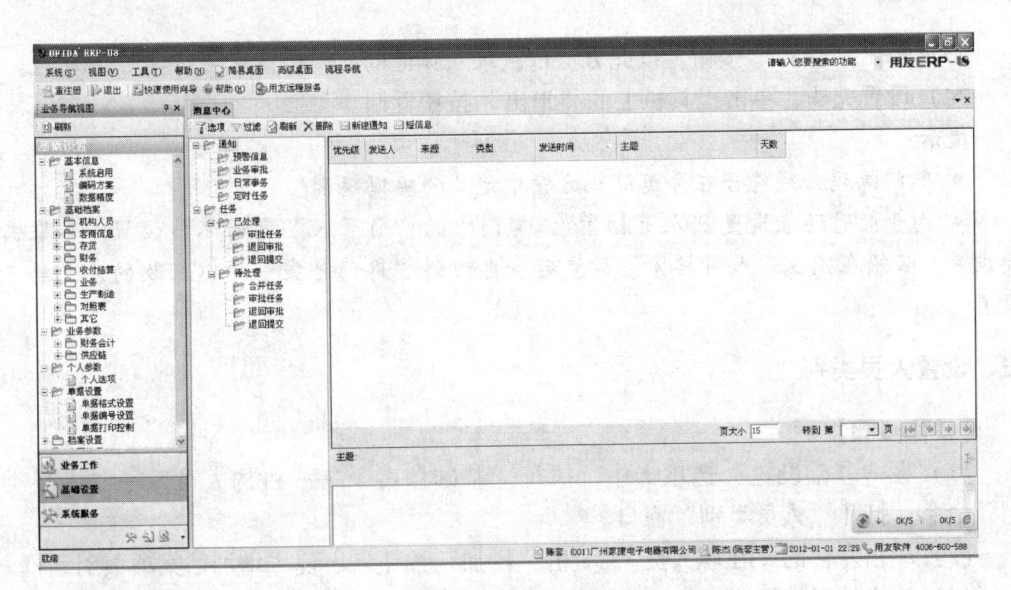

图4-27 企业应用平台"基础信息"设置

二、设置部门档案

【操作步骤】

(1) 在"基础设置"选项卡中,执行"基础档案"—"机构人员"—"部门档案"命令,打开"部门档案"窗口。

(2) 单击"增加"按钮,录入部门编码"1"、部门名称"经理办公室",如图4-28所示。

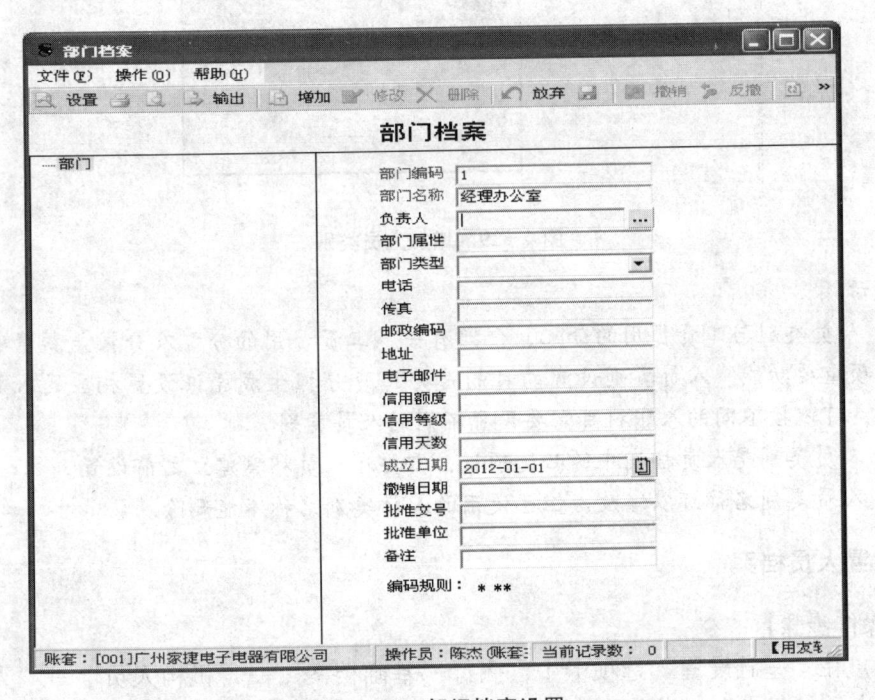

图4-28 部门档案设置

65

(3) 单击"保存"按钮。以此方法依次录入其他的部门档案。
(4) 设置完毕，单击工具栏上的"退出"按钮返回。

提示：

● 部门编码必须符合在分类编码方案中定义的编码规则。

● 由于此时还未设置"人员档案"，部门中的"负责人"暂时不能设置。如果需要设置，必须在完成"人员档案"设置后，再回到"部门档案"中以修改的方式补充设置。

三、设置人员类别

【操作步骤】

(1) 在"基础设置"选项卡中，执行"基础档案"—"机构人员"—"人员类别"命令，打开"人员类别"窗口。
(2) 单击左栏的"在职人员"，单击"增加"按钮，出现"增加档案项"对话框。
(3) 输入档案编码：1001，档案名称：企业管理人员，单击"确定"。
(4) 按所给模拟企业资料在在职人员下增加其他人员类别，如图 4-29 所示。
(5) 设置完毕，单击工具栏上的"退出"按钮退出。

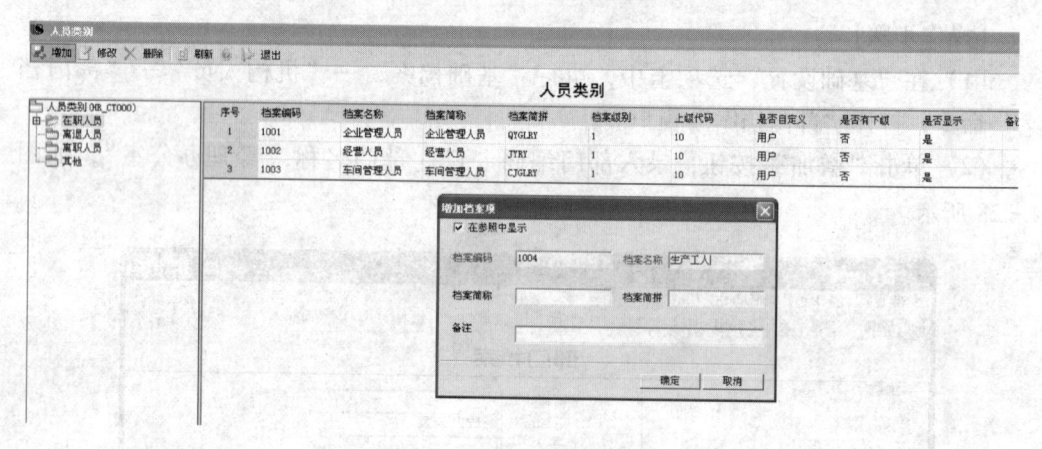

图 4-29 增加人员类别

提示：

● 人员类别与工资费用的分配、分摊有关，工资费用的分配及分摊是薪资管理系统的一项重要功能。人员类别设置的目的是为工资分摊生成凭证设置相应的入账科目做准备，可以按不同的入账科目需要设置不同的人员类别。

● 人员类别是人员档案中的必选项目，需要在人员档案建立之前设置。

● 人员类别名称可以修改，但已使用的人员类别名称不能删除。

四、设置人员档案

【操作步骤】

(1) 在"基础设置"选项卡中，执行"基础档案"—"机构人员"—"人员档案"命令，打开"人员列表"窗口。

（2）单击左窗口中"部门分类"下的"经理办公室"。

（3）单击"增加"按钮，按模拟企业资料输入经理办公室人员信息，如图4-30所示。

图4-30 增加人员档案

（4）单击"保存"按钮。

（5）同理依次输入其他人员档案。

提示：

● 此处的人员档案应该包括企业所有员工。

● 人员编码必须唯一，行政部门只能是末级部门。

● 如果该员工需要在其他档案或其他单据的"业务员"项目中被参照，需要选中"是否业务员"选项。

五、设置客户分类

客户分类是将客户按照行业、地区等进行划分，通过建立客户分类体系，对客户进行分类管理。设置客户分类以后，客户档案在最末级的分类之下输入。

【操作步骤】

（1）在"基础设置"选项卡中，执行"基础档案"—"客商信息"—"客户分类"命令，打开"客户分类"窗口。

（2）单击"增加"按钮，按模拟企业资料输入客户分类信息，如图4-31所示。

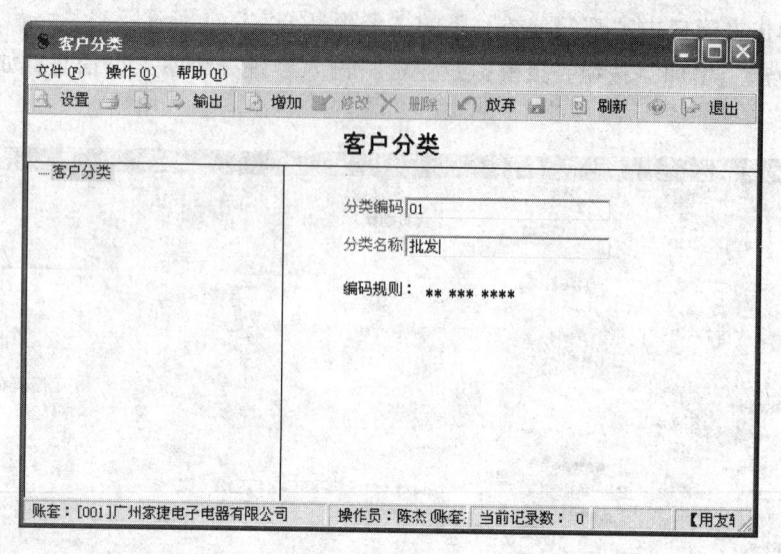

图4-31 "客户分类"窗口

（3）单击"保存"按钮。
（4）同理依次录入其他的客户分类。

提示：
● 客户是否需要分类应在建立账套时确定。
● 客户分类编码必须符合编码规则。

六、设置客户档案

建立客户档案可以对客户的数据进行分类、汇总和查询，以便加强往来管理。使用客户档案管理往来客户时，首先要收集整理与本单位有业务关系的客户基本信息，以便在客户档案设置时将信息准确输入。

【操作步骤】

（1）在"基础设置"选项卡中，执行"基础档案"—"客商信息"—"客户档案"命令，打开"客户档案"窗口。窗口分为左右两部分，左窗口显示已经设置的客户分类，单击鼠标选中某一客户分类，右窗口中显示该分类下所有的客户列表。

（2）在左窗中单击要录入客户所属的最末级分类码，单击"增加"按钮，打开"增加客户档案"窗口。窗口中共包括四个选项卡，即"基本"、"联系"、"信用"、"其他"，用于对客户不同的属性分别归类记录。

（3）按模拟企业资料输入有关信息。如客户编码：0101；客户名称：珠海伟业电器有限公司；客户简称：珠海伟业；所属分类：01（系统自动带入）；税号：440402168798899。

（4）单击工具栏的"银行"按钮，进入"客户银行档案"设置界面，单击"增加"按钮，录入客户银行档案。如图4-32所示。录入完毕，单击"保存"按钮。

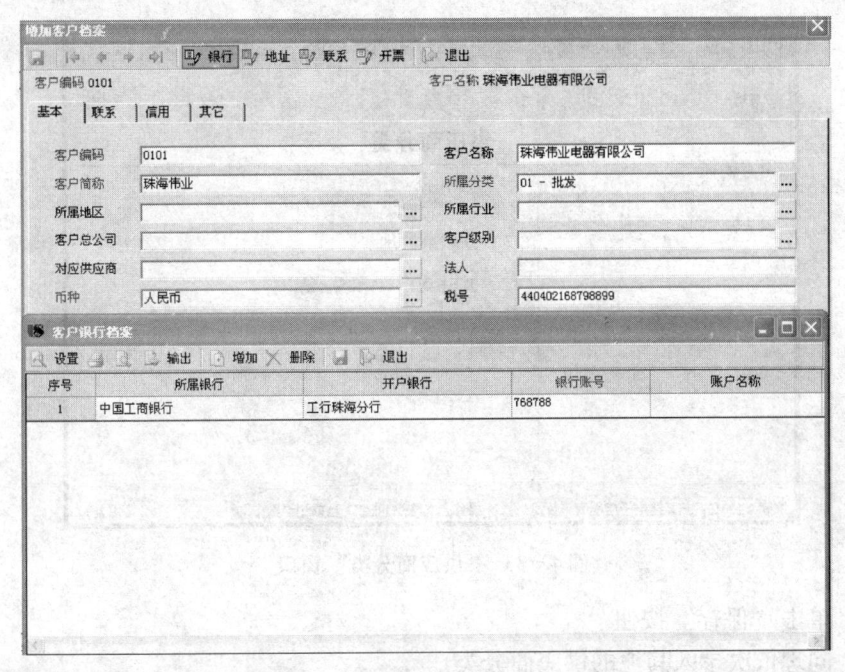

图4-32 "增加客户档案"窗口

(5) 单击"退出"按钮,返回"增加客户档案"窗口。`
(6) 单击"保存"按钮。
(7) 重复步骤(2)~(6),可输入其他客户的档案。

提示:
● 如果输入了"分管部门"、"分管业务员"信息,在应收应付管理系统填制发票等原始单据时能自动根据客户显示部门及业务员信息。

七、设置供应商分类

供应商分类是将供应商按照行业、地区等进行划分,通过建立供应商分类体系,对供应商进行分类管理。设置供应商分类以后,供应商档案在最末级的分类之下输入。

【操作步骤】
(1) 在"基础设置"选项卡中,执行"基础档案"—"客商信息"—"供应商分类"命令,打开"供应商分类"窗口。
(2) 单击"增加"按钮,按模拟企业资料输入供应商分类信息,如图4-33所示。

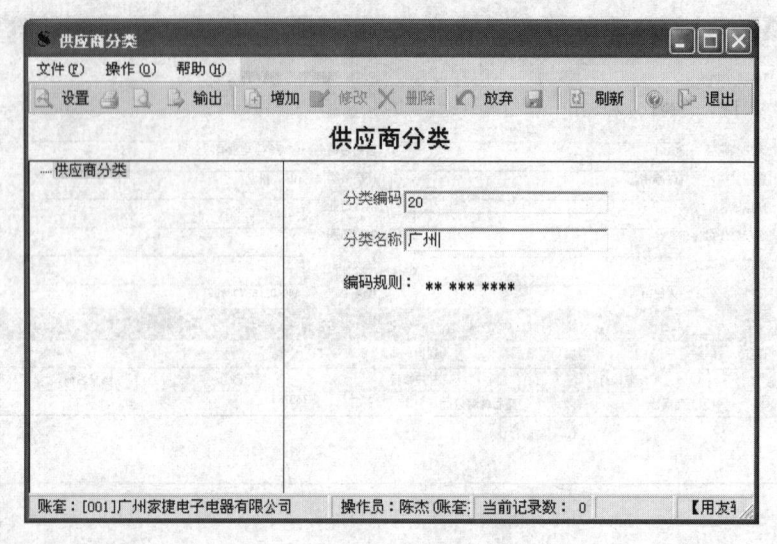

图4-33 "供应商分类"窗口

（3）单击"保存"按钮。
（4）同理依次录入其他的供应商分类
提示：
● 供应商是否需要分类应在建立账套时确定。
● 供应商分类编码必须符合编码规则。

八、设置供应商档案

建立供应商档案可以对供应商的数据进行分类、汇总和查询，以便加强往来管理。使用供应商档案管理往来供应商时，首先要收集整理与本单位有业务关系的供应商基本信息，以便在供应商档案设置时将信息准确输入。

【操作步骤】

（1）在"基础设置"选项卡中，执行"基础档案"—"客商信息"—"供应商档案"命令，打开"供应商档案"窗口。窗口分为左右两部分，左窗口显示已设置的供应商分类，右窗口中显示所有的供应商列表。

（2）在左窗中单击要录入供应商所属的最末级分类码，单击"增加"按钮，打开"增加供应商档案"窗口，按模拟企业资料输入供应商信息，单击"保存"按钮。如图4-34所示。

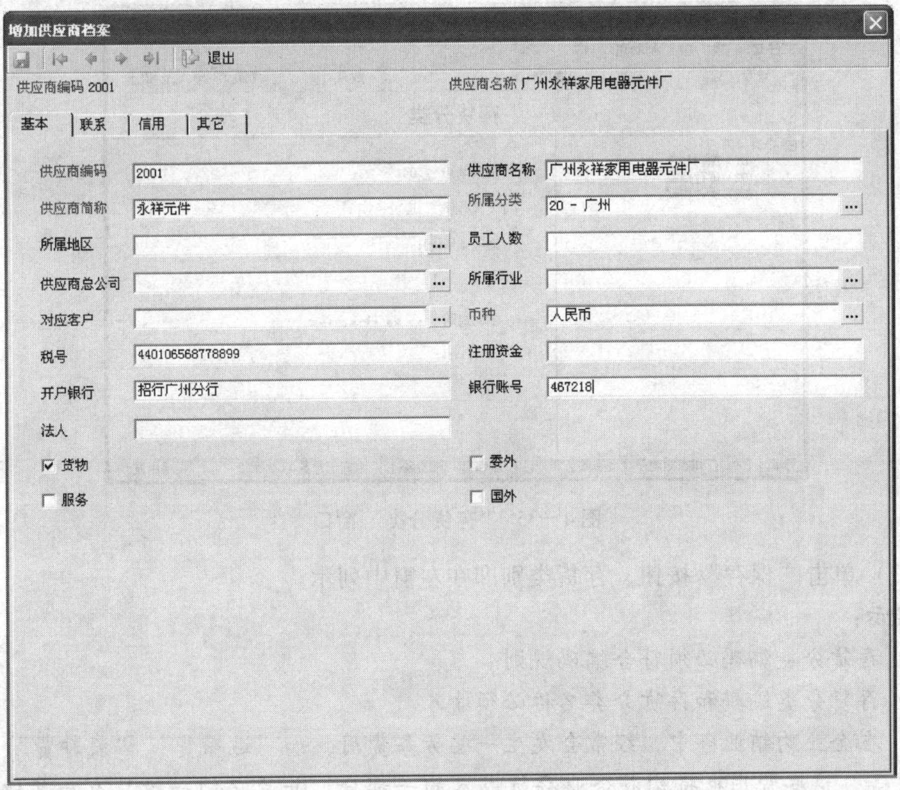

图 4-34 "增加供应商档案"窗口

(3) 同理,依次录入其他的供应商档案。

提示:
- 在录入供应商档案时,供应商编码及供应商简称必须录入。
- 供应商是否分类是在建立账套时确定的,此时不能修改。如果必须要修改,只能在未建立供应商档案的情况下,在系统管理中以修改账套的方式修改。
- 供应商编码必须唯一。

九、存货分类设置

如果企业的存货较多,可以对存货进行分类,以便于核算和管理。通常,可以按性质、用途、产地等进行分类。对存货进行分类后,存货档案设置在最末级分类之下。

【操作步骤】

(1) 在"基础设置"选项卡中,执行"基础档案"—"存货"—"存货分类"命令,打开"存货分类"窗口。

(2) 单击"增加"按钮,按模拟企业资料输入存货分类信息,如图 4-35 所示。

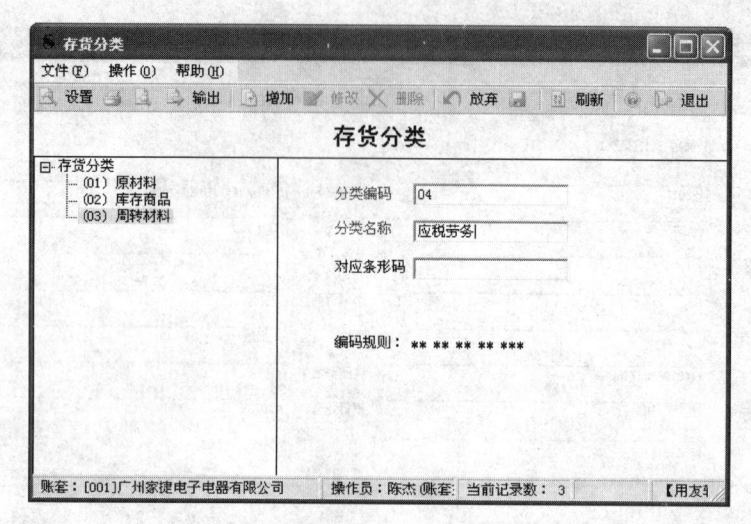

图4-35 "存货分类"窗口

（3）单击"保存"按钮，存货类别即在左窗中列示。

提示：
- 存货分类编码必须符合编码规则。
- 存货分类编码和存货分类名称必须输入。
- 在企业购销业务中，经常会发生一些劳务费用，如"运输费"、"装卸费"、"包装费"等。这些费用也将构成企业存货成本的一部分，并且它们一般具有与其他存货不同的税率。为了正确反映和核算这些劳务费用，应该在存货分类中单独设置一类"劳务费用"或"应税劳务"存货。

十、计量单位设置

【操作步骤】

（1）在"基础设置"选项卡中，执行"基础档案"—"存货"—"计量单位"命令，打开"计量单位"窗口。

（2）单击工具栏上的"分组"按钮，打开"计量单位组"对话框。

（3）单击"增加"按钮，输入计量单位组的编码、名称、换算类别等信息。根据模拟企业资料输入：计量单位组编码：01；计量单位组名称：数量；计量单位组类别：无换算率。如图4-36所示。

（4）单击"保存"按钮，可继续输入其他计量单位分组。本模拟企业资料只有一个计量单位分组，不需要再输入。

（5）单击"退出"按钮，计量单位分组即在左窗中列示。

（6）在左窗列表中，选择计量单位组别，单击"单位"按钮，打开"计量单位"对话框。

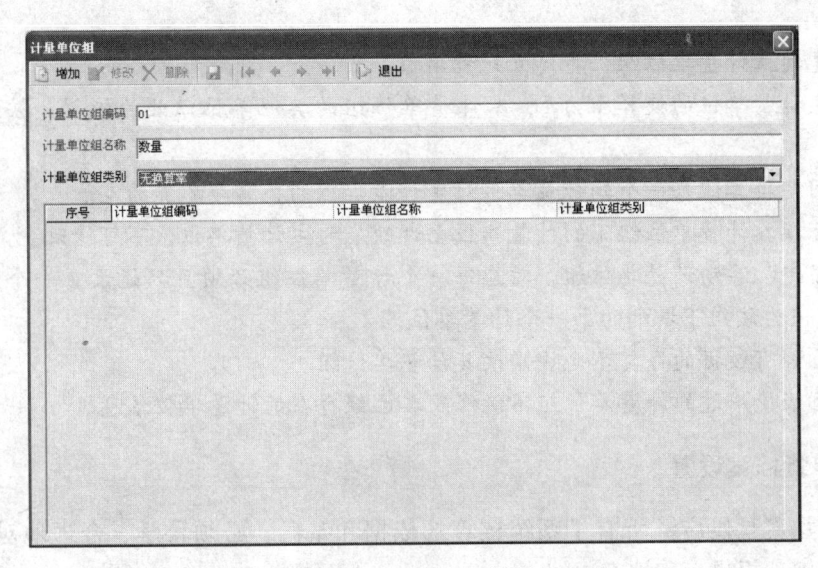

图4-36 "计量单位组"对话框

（7）单击"增加"按钮，输入计量单位编码、名称、所属计量单位组等信息。根据模拟企业资料输入：计量单位编码：01；计量单位名称：个，单击"保存"按钮，继续输入本计量单位组的其他计量单位，如图4-37所示。本组计量单位输入完毕，单击"退出"按钮，返回"计量单位"设置窗口。

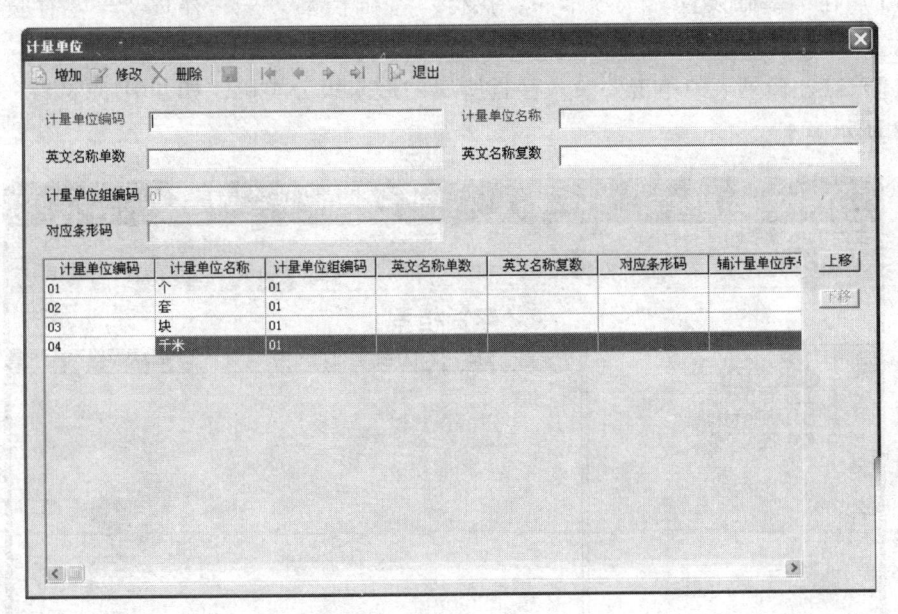

图4-37 "计量单位"对话框

（8）如果有多个计量单位分组，重复第（6）~（7）步骤，输入其他计量单位分组中的计量单位。

（9）设置完毕，单击"退出"按钮退出。

提示：
- 先建立计量单位组，再建立计量单位。
- 主计量单位的换算率为1，本计量单位组的其他单位以此为依据，按照换算率折合。
- 固定换算组每一个辅计量单位对主计量单位的换算率不能为空。
- 无换算计量单位组下的计量单位全部缺省为主计量单位，不可修改。
- 固定、浮动计量单位组，对应每一个计量单位组必须且只能设置一个主计量单位，默认值为该组下增加的第一个计量单位。
- 已经有数据的存货不允许修改其计量单位组。
- 已经使用过的计量单位组不能修改其已经存在的计量单位信息。

十一、存货档案设置

存货档案是供应链所有子系统核算的依据和基础，必须科学、合理地对其分类，准确、完整地提供存货档案数据。

存货档案主要是对企业全部存货目录的设立和管理，包括随同发货单或发票一起开具的应税劳务。存货档案应当按照已经定义好的存货编码原则建立。存货档案建立以后，可以进行增加、修改和删除，但是，已经使用过的存货不能删除。

【操作步骤】

（1）在"基础设置"选项卡中，执行"基础档案"—"存货"—"存货档案"命令，打开"存货档案"窗口。

（2）在左窗列表中单击要录入存货所属的最末级分类码，如"01 原材料"，如图4-38所示。

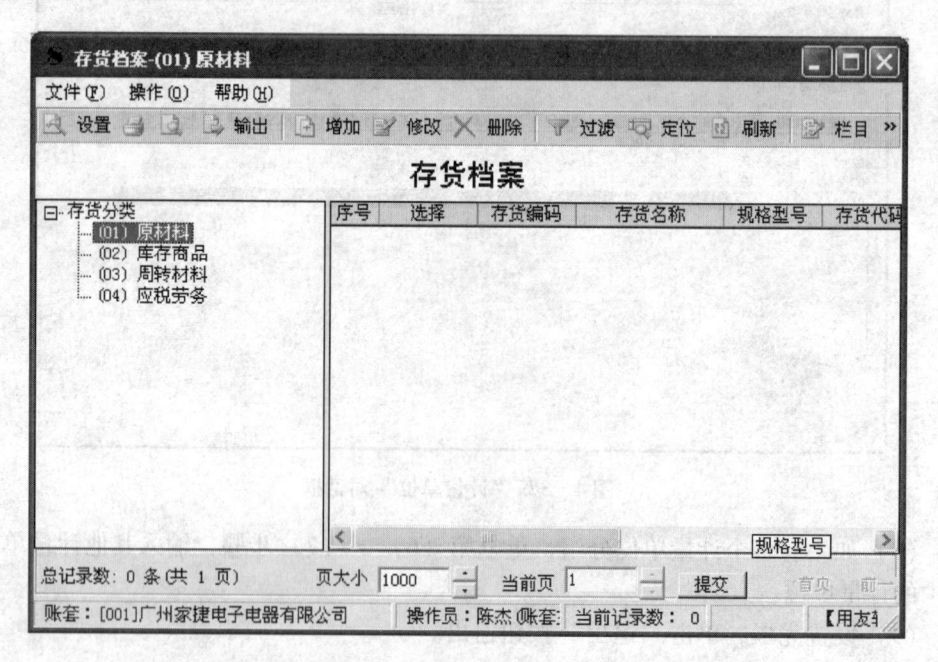

图4-38 "存货档案"窗口

（3）单击"增加"按钮，打开"增加存货档案"对话框。

（4）在"基本"选项卡中，按所给资料输入相关的内容，单击"保存"按钮，继续输入该存货类别中的其他存货档案。如图 4-39 所示。

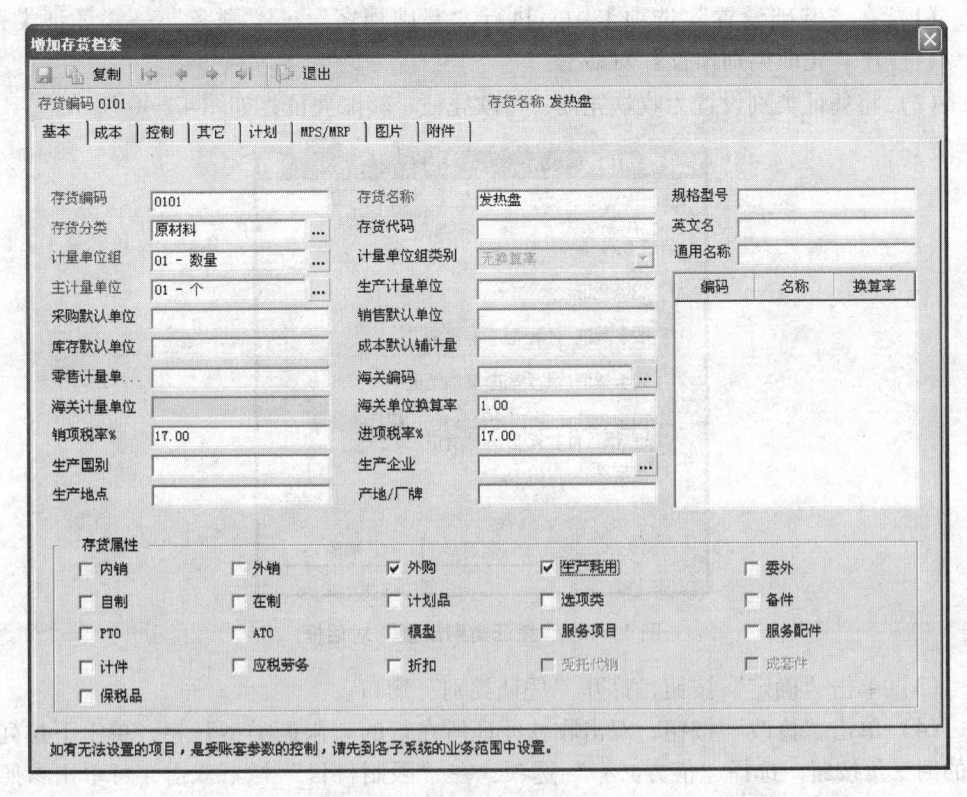

图 4-39 "增加存货档案"对话框

（5）单击"退出"按钮，返回"存货档案"窗口。

（6）重复步骤（2）～（5），输入其他存货类别的存货档案。

十二、凭证类别设置

许多单位为了便于管理和登账方便，一般对会计凭证进行分类编制，但各单位的分类标准不尽相同，财务软件为了满足不同单位的需要，一般都提供了"凭证类别设置"功能。

用友 ERP-U8 提供了常用的三种凭证分类类别供用户选择，即记账凭证，收款凭证、付款凭证、转账凭证，现金收款凭证、现金付款凭证、银行收款凭证、银行付款凭证、转账凭证。如果上述凭证类别不能满足用户需要，用户还可以自定义凭证类别。

在设置凭证类别的过程中，有些财务软件还设立了凭证科目必有或必无项目的选择功能，例如：在银行付款凭证中，贷方必有科目设定为银行存款，如果录入的凭证与此不符合，系统会自动提示出错。对转账凭证，其凭证必无科目是现金和银行存款科目，如果在填制转账凭证时，输入了现金和银行存款科目，系统会认为有错并拒绝保存该张凭证。

凭证类别定义并使用后,不能进行修改,否则会造成不同时期凭证类别的混乱,影响凭证的查询和打印。

【操作步骤】

(1)在"基础设置"选项卡中,执行"基础档案"—"财务"—"凭证类别"命令,打开"凭证类别预置"对话框。

(2)将凭证类别设置为收款凭证、付款凭证、转账凭证,如图4-40所示。

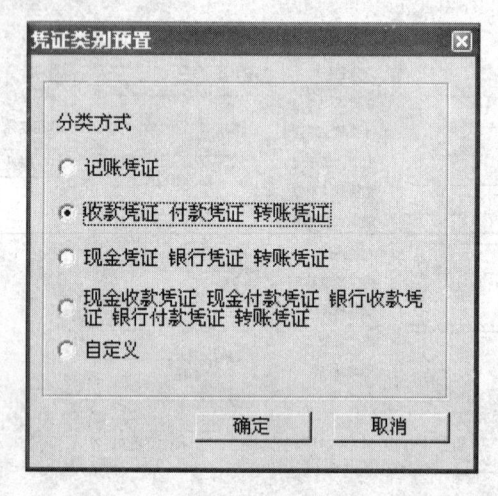

图4-40 "凭证类别预置"对话框

(3)单击"确定"按钮,打开"凭证类别"窗口。

(4)单击"修改"按钮,双击收款凭证所在行的"限制类型"栏,单击下拉列表框的倒三角按钮,选择"借方必有"选项;在"限制科目"栏下双击,可单击参照按钮,选择"1001 库存现金"和"1002 银行存款"或直接输入"1001,1002"。

(5)同理,将付款凭证的"限制类型"定义为"贷方必有"、"限制科目"定义为"1001,1002";将转账凭证的"限制类型"定义为"凭证必无"、"限制科目"定义为"1001,1002",如图4-41所示,定义完毕,单击"退出"按钮退出。

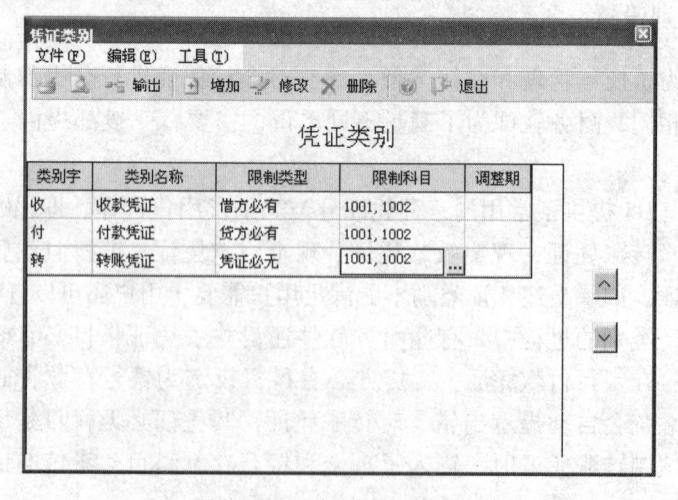

图4-41 "凭证类别"窗口

提示：
- 限制科目 1001 和 1002 之间的逗号要在半角方式下输入。
- 填制凭证时，如果不符合这些限制条件，系统拒绝保存。
- 可以通过凭证类别列表右侧的上下箭头按钮调整明细账中的凭证的排列顺序。

十三、外币设置

当企业有外币核算业务时，需要使用此功能对本账套所使用的外币进行定义，具体如下：

在"填制凭证"中所用的汇率应先在此进行定义，以便制单时调用，减少录入汇率的次数和差错。

当汇率变化时，应预先在此进行定义；否则，制单时不能正确录入汇率。

对于使用固定汇率（即使用月初或年初汇率）作为记账汇率的用户，在填制每月的凭证前，应预先在此录入该月的记账汇率；否则在填制该月外币凭证时，将会出现汇率为零的错误。

对于使用变动汇率（即使用当日汇率）作为记账汇率的用户，在填制该天的凭证前，应预先在此录入该天的记账汇率。

【操作步骤】

（1）在"基础设置"选项卡中，执行"基础档案"—"财务"—"外币设置"命令，打开"外币设置"窗口。

（2）单击"增加"按钮，输入币符"USD"，币名"美元"，其他各项默认，单击"确认"按钮。

（3）在"固定汇率"或"浮动汇率"单选按钮中选择，然后在时间列表框中选择时间，在对应的日期中输入当时的记账汇率，如图 4-42 所示。

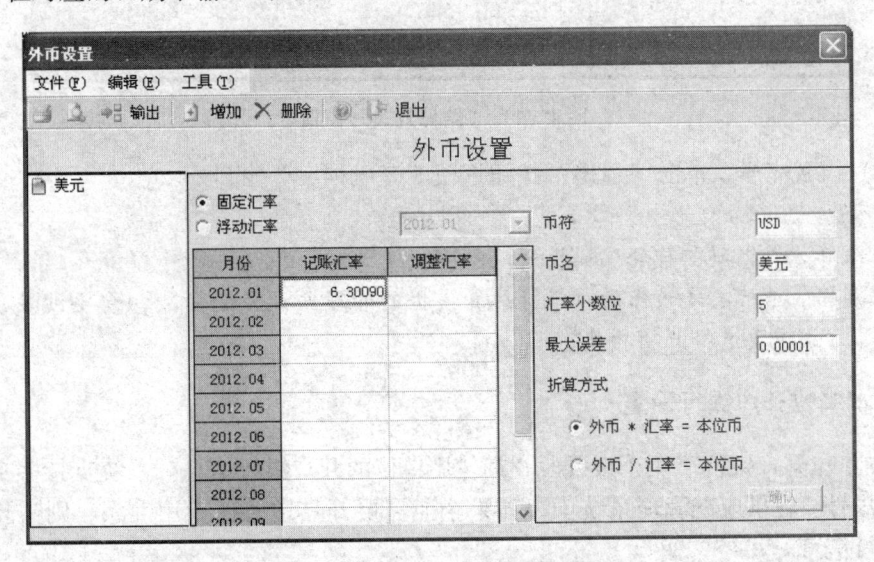

图 4-42 "外币设置"窗口

（4）重复（2）~（3）步，输入其他外币。

十四、结算方式设置

该功能用来建立和管理在经营活动过程中所涉及的与银行之间的货币资金结算方式。它与财务结算方式一致,为了方便管理,提高银行对账的效率,账务系统一般要求用户设置与银行间的资金结算方式。

【操作步骤】

(1) 在"基础设置"选项卡中,执行"基础档案"—"收付结算"—"结算方式"命令,打开"结算方式"窗口。

(2) 单击"增加"按钮,输入结算方式编码,如"1",结算方式名称,如"现金支票",选择是否进行票据管理,单击"保存"按钮,已设结算方式即在左窗中列示。按所给模拟企业资料输入其他结算方式,如图4-43所示。

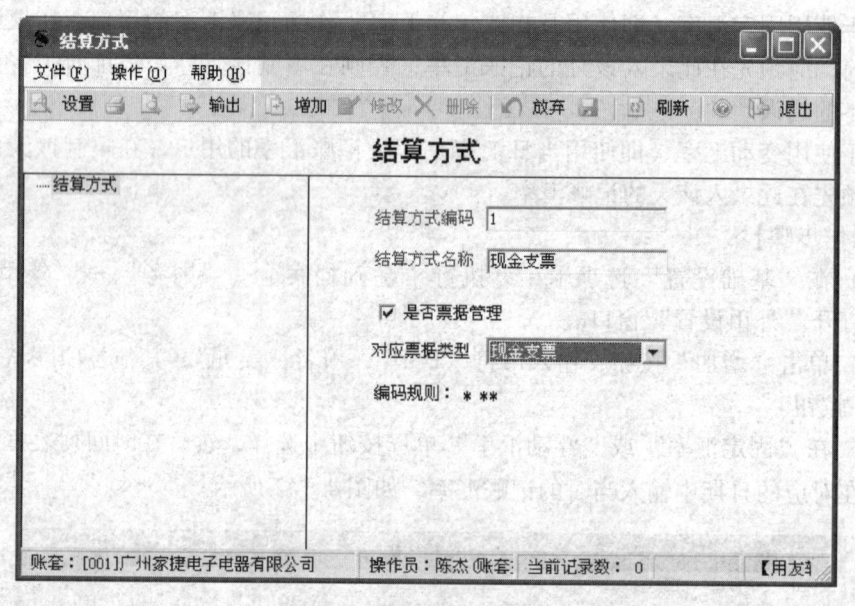

图4-43 "结算方式"窗口

(3) 设置完毕,单击"退出"按钮返回"基础档案"窗口。

提示:

● 结算方式编码要符合编码规则。

● 票据管理标志是为出纳对银行结算票据的管理而设置的功能,需要设置票据登记的结算方式就要选择此项功能。

十五、本单位开户银行设置

"本单位开户银行"用于设置及查询使用单位的开户银行信息。系统支持多个开户银行和账号。在供应链管理系统中,如果企业需要开具增值税专用发票,则需要设置开户银行信息。

【操作步骤】

(1) 在"基础设置"选项卡中,执行"基础档案"—"收付结算"—"本单位开户银行"命令，打开"本单位开户银行"窗口。

（2）单击"增加"按钮，按所给资料输入模拟企业开户银行信息。如图 4-44 所示。

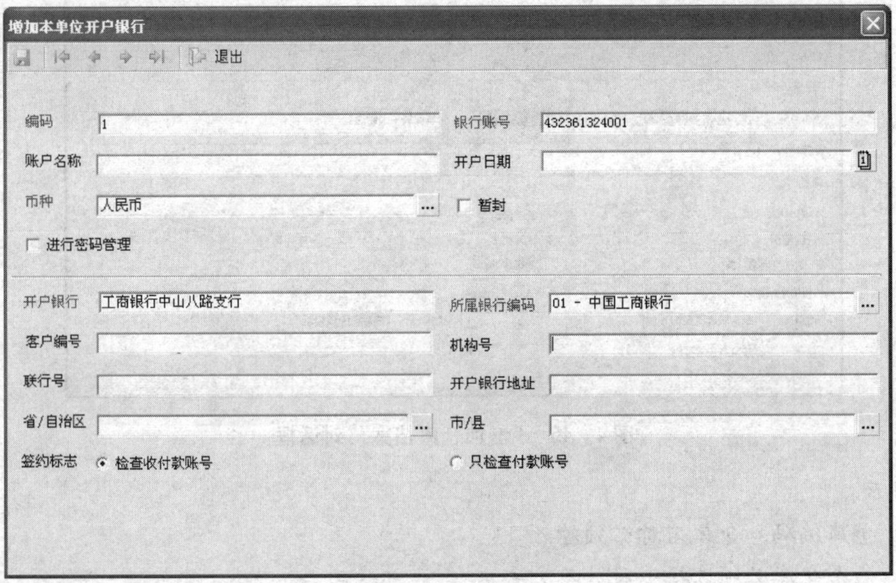

图 4-44　开户银行设置

提示：

● 开户银行编码必须唯一，最大长度为 3 个字符。编号可以数字 0~9 或字符 A~Z 表示，但在编号中禁止使用 &、"、；—以及空格。

● 银行账号必须唯一，最多可输入 20 个字符。

● 币种是指账户所使用的币种，目前只支持一个账户使用一种币种的情况，参照币种档案录入。

● "开户银行"用来输入使用单位的开户银行名称。用户必须输入，名称可以重复。开户银行名称最多可输入 30 个字符或 15 个汉字。

● "暂封"标识用于标识银行的使用状态。如果某个银行账号临时不用，可以设置暂封标识。

十六、仓库档案设置

仓库是用于存放存货的场所，对存货进行核算管理，首先应对仓库进行管理，因此进行仓库设置是供应链管理系统的重要基础工作之一。第一次使用本系统时，应先将本单位使用的仓库预先输入到系统之中，即进行"仓库档案设置"。此处设置的仓库可以是企业实际拥有的仓库，也可以是企业虚拟的仓库。

【操作步骤】

（1）在"基础设置"选项卡中，执行"基础档案"—"业务"—"仓库档案"命令，打开"仓库档案"窗口。

（2）单击"增加"按钮，打开"增加仓库档案"对话框，按所给资料设置模拟企业的仓库，如图 4-45 所示。

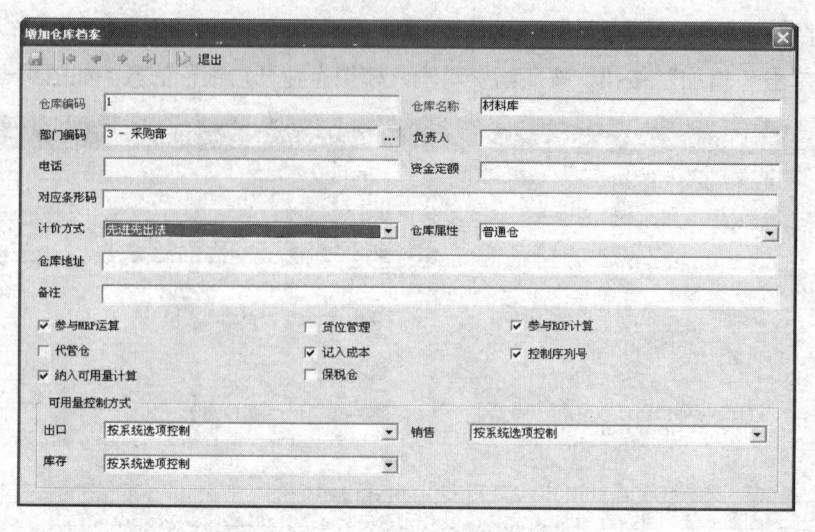

图 4-45 "增加仓库档案"对话框

提示：
- 仓库编码、仓库名称必须输入。
- 每个仓库必须选择一种计价方式。

十七、收发类别设置

为了方便用户对存货的出入库情况进行分类汇总、统计，用友 U8 系统设计了收发类别设置功能，用以标识材料的出入库类型，用户可根据单位的实际情况灵活地进行设置。

【操作步骤】

(1) 在"基础设置"选项卡中，执行"基础档案"—"业务"—"收发类别"命令，打开"收发类别"窗口。

(2) 单击"增加"按钮，按所给资料设置模拟企业的收发类别。设置结果如图 4-46 所示。

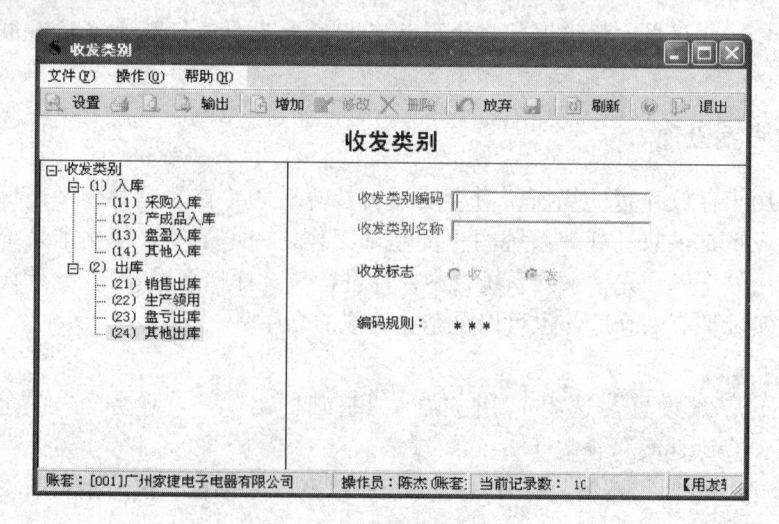

图 4-46 收发类别设置

提示：
- 收发类别编码按编码方案设定的编码规则输入。
- 收发类别有多级时，先建立上级类别，再建立下级类别。
- 上级类别的收发标志自动带入下级类别。

十八、采购类型设置

采购类型是由用户根据企业需要自行设定的项目，用户在使用用友采购管理系统、填制采购入库单等单据时，采购类型是必填项。如果企业需要按采购类型进行采购统计，则必须设置采购类型。

采购类型不分级次，企业可以根据实际需要进行设立。例如：从国外购进、从国内购进、从省外购进、从本地购进、从生产厂家购进、从批发企业购进；为生产采购、为委托加工采购、为在建工程采购等。

广州家捷电子电器有限公司启用了采购管理系统，采购类型必须设置。

【操作步骤】

（1）在"基础设置"选项卡中，执行"基础档案"—"业务"—"采购类型"命令，打开"采购类型"窗口。

（2）单击"增加"按钮，按所给资料设置模拟企业的采购类型，如图4－47所示。

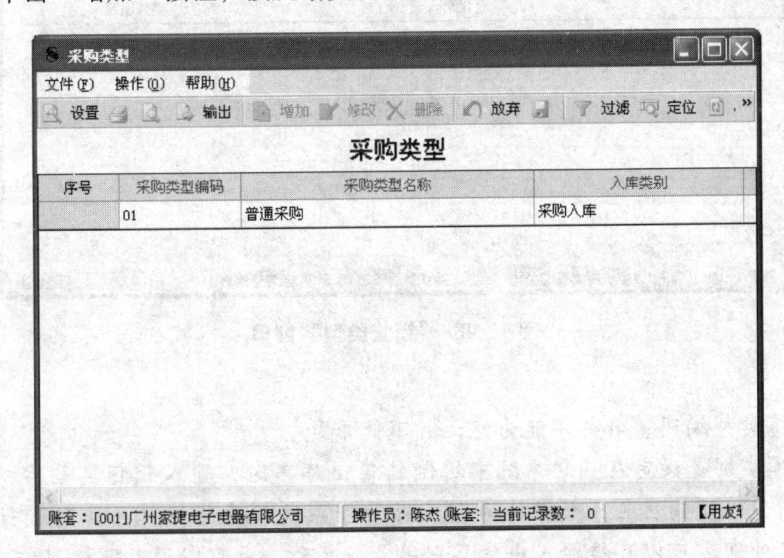

图4－47 "采购类型"窗口

提示：
- 采购类型编码和采购类型名称必须输入，采购编码只有2位字长，不允许重复，并要注意编码字母的大小写。
- 入库类别是设定填制采购入库单时，输入采购类型后，默认的入库类别，以便加快录入速度。
- 是否默认值是指设定某个采购类型是填制采购单据默认的采购类型，对于最常发生的采购类型，可以设定该采购类型为默认的采购类型，只能设定一种类型为默认值。

● 是否委外默认值是指设定某个采购类型是填制委外单据默认的采购类型，对于最常发生的委外加工的采购类型，可以设定该采购类型为默认的委外类型。

十九、销售类型设置

用户在处理销售业务时，可以根据自身的实际情况自定义销售类型，以便于按销售类型对销售业务数据进行统计和分析。

【操作步骤】

（1）在"基础设置"选项卡中，执行"基础档案"—"业务"—"销售类型"命令，打开"销售类型"窗口。

（2）单击"增加"按钮，按所给资料设置模拟企业的销售类型。设置结果如图4-48所示。

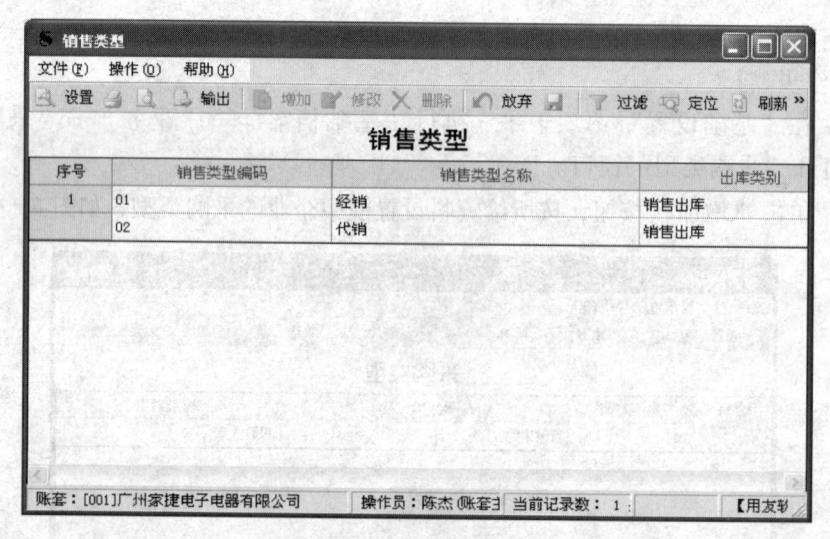

图4-48 "销售类型"窗口

提示：

● 销售类型编码、名称不能为空，且不能重复。

● 出库类别是设定在销售系统中填制销售出库单时，输入销售类型后，系统默认的出库类别，以便销售业务数据传递到库存管理系统和存货核算系统时进行出库统计和财务制单处理。可以直接输入出库类别编号或名称，也可以用参照输入法。

● 出库类别是收发类别中的收发标志为发的那部分，收发标志为收的收发类别是不能作为出库类别的。

● 是否默认值用于标识某个销售类型在单据录入或修改被调用时是否作为调用单据的销售类型的默认取值。只能设定一种类型为默认值。

二十、产品结构设置

产品结构指产品的组成成分及其数量，又称为物料清单（Bill of Material，简称BOM）。启用生产制造系统时，产品结构在物料清单资料中录入，未启用生产制造系统时，在基础设置中录入。根据模拟企业资料，广州家捷电子电器有限公司的产品结构设置如下：

【操作步骤】

（1）在"基础设置"选项卡中，执行"基础档案"—"业务"—"产品结构"命令，打开"产品结构资料维护"窗口。

（2）单击"增加"按钮，单击"母件编码"的参照按钮，选择"PT电饭煲"，录入版本代号、版本说明、版本日期（假设本例为：10、1.0、2012-01-01），在"子件编码"列录入构成PT电饭煲的材料编码，如图4-49所示。

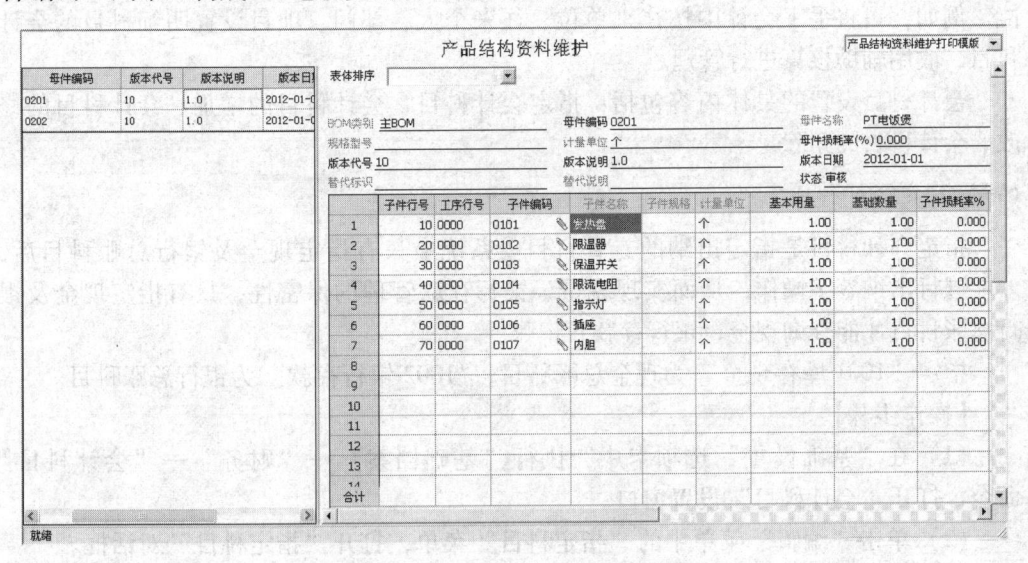

图4-49 PT电饭煲产品结构

（3）录入完毕，单击"保存"按钮保存，单击"审核"按钮审核。

（4）重复步骤(2)~(3)，录入HH电饭煲的产品结构资料，如图4-50所示。

图4-50 HH电饭煲产品结构

二十一、会计科目设置

会计科目是填制会计凭证、登记会计账簿、编制会计报表的基础。会计科目设置的完整性影响着会计过程的顺利实施,会计科目设置的层次和深度直接影响会计核算的详细、准确程度。

由于会计科目设置的完整性、详细程度对于企业整个会计电算化系统尤为重要,因此企业应在会计科目正式录入系统之前,认真整理手工账使用的会计科目,对手工会计科目体系根据电算化的特点进行调整和优化,以便充分发挥计算机的辅助核算功能。例如,可将手工会计中按往来单位、往来个人、部门、项目设置明细科目的会计科目,改用辅助核算进行管理。

会计科目设置的具体内容包括:指定会计科目、会计科目的增加、会计科目的修改、会计科目的删除。

(一)指定会计科目

指定会计科目是指定出纳的专管科目。系统中只有指定现金及银行总账科目后,才能进行出纳签字操作,从而实现现金、银行存款管理的保密性,只有指定现金及银行总账科目才能查询现金、银行存款日记账。

指定"1001 库存现金"为现金总账科目、"1002 银行存款"为银行总账科目。

【操作步骤】

(1)在"基础设置"选项卡中,执行"基础档案"—"财务"—"会计科目"命令,打开"会计科目"设置窗口。

(2)单击"编辑"菜单中的"指定科目"菜单,打开"指定科目"对话框。

(3)单击"现金科目"单选按钮,在待选科目列表框中,单击"1001 库存现金"所在行,单击">"按钮,将"1001 库存现金"从"待选科目"框选入"已选科目"框中,如图 4-51 所示。

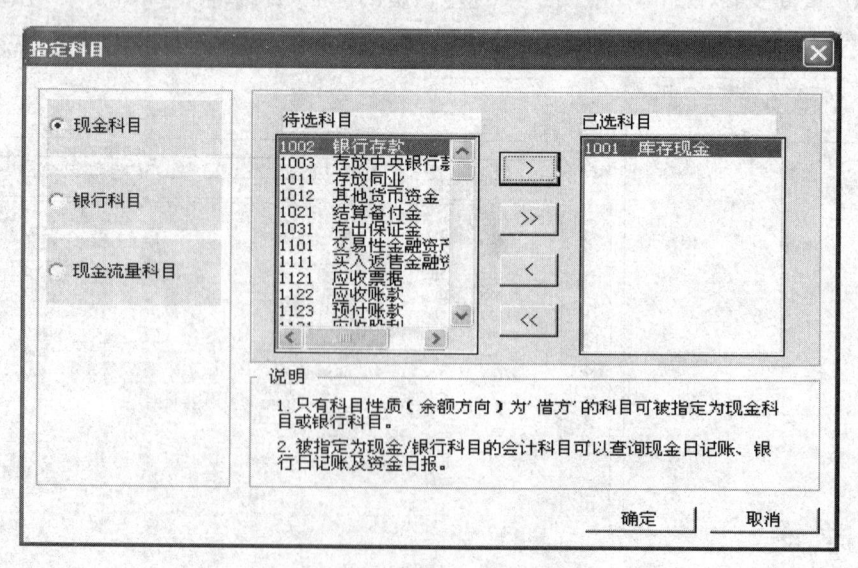

图 4-51 "指定科目"对话框

(4) 同理，将"1002 银行存款"科目指定为"银行科目"。
(5) 单击"确定"按钮。

提示：
- 若想取消已指定的会计科目，可单击"<"按钮。
- 被指定的"现金科目"及"银行科目"必须是一级会计科目。

(二) 增加会计科目

【操作步骤】

(1) 在"基础设置"选项卡中，执行"基础档案"—"财务"—"会计科目"命令，打开"会计科目"设置窗口。

(2) 单击"增加"按钮，打开"新增会计科目"对话框。

(3) 输入科目编码"100201"、科目名称"工行存款"，如果有外币核算，在外币核算标识框中打"√"，如果已进行了"指定科目"操作，系统自动在银行账和日记账标识框中打"√"。如图 4-52 所示

(4) 单击"确定"按钮。

(5) 同理，按所给资料增加其他会计科目。

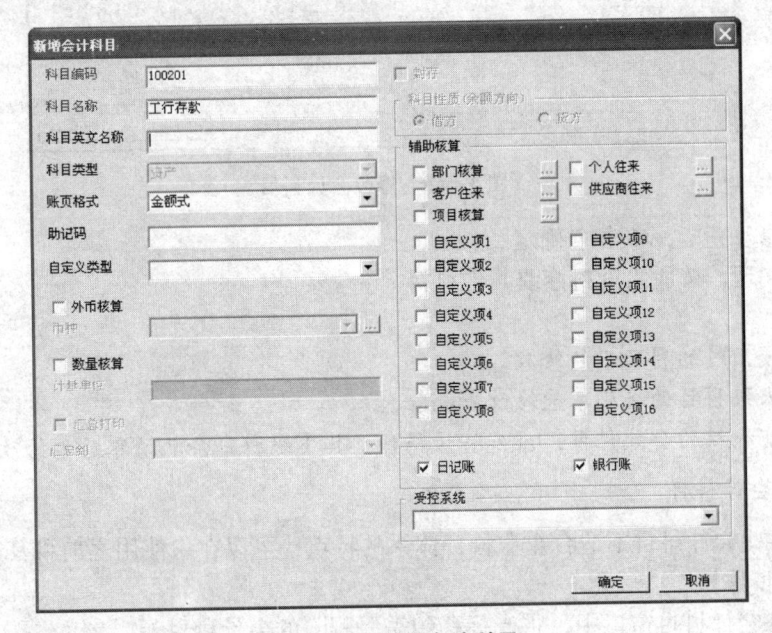

图 4-52　新增会计科目

提示：
- 会计科目编码应符合编码规则。
- 增加明细科目时，系统默认其类型，余额方向与上级科目保持一致。
- 已经使用过的末级科目不能再增加下级科目。
- 设置会计科目时应注意会计科目的"账页格式"，一般情况下为"金额式"，存货类科目可选择"数量金额式"，如果是数量金额式还应该设置计量单位，否则仍不能进行数量金额的核算。

（三）修改会计科目

【操作步骤】

（1）在会计科目窗口中，双击需要修改的会计科目或选中要修改的会计科目后单击"修改"按钮，打开"会计科目－修改"对话框。

（2）单击"修改"按钮，进入会计科目修改状态，进行项目修改，如图4－53所示。

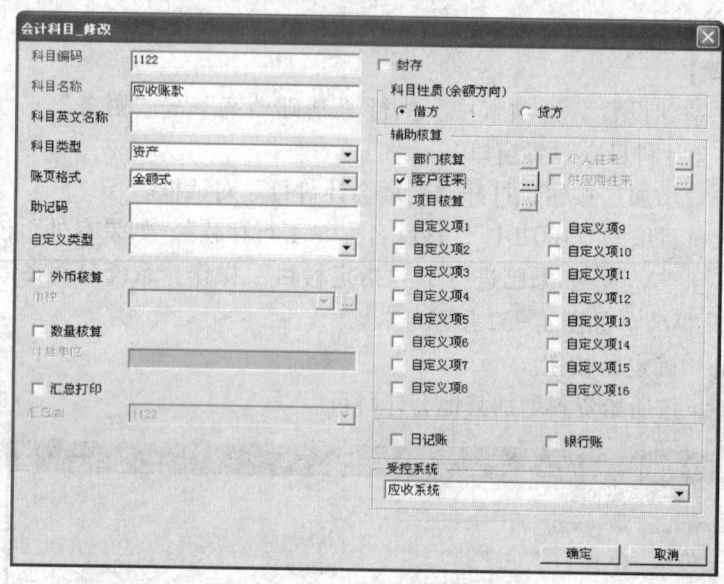

图4－53　修改会计科目

（3）修改完毕，单击"确定"按钮。

（4）同理，按所给资料修改其他科目。

提示：
- 已使用过的科目不能修改。
- 非末级科目的编码不能修改或删除。
- 已有数据的会计科目，应先将该科目及其下级科目余额清零后再修改。

（四）删除会计科目

如果某些会计科目不适合企业科目体系的特点，可以在未使用之前将其删除。

【操作步骤】

（1）在会计科目窗口中，将光标移到需要删除的会计科目上。

（2）单击"删除"按钮，系统弹出提示框，如图4－54所示。

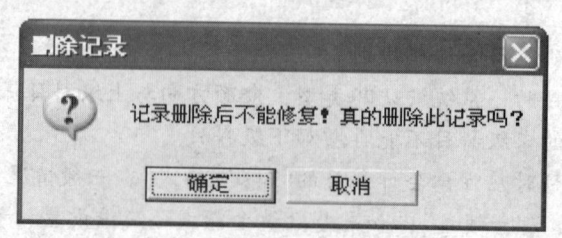

图4－54　删除会计科目提示框

(3) 如果确认删除，单击"确定"按钮。

提示：
- 会计科目删除后若想恢复，可以通过增加会计科目功能来完成。
- 非末级科目不能删除。
- 已有数据的会计科目，应先将该科目及下级科目余额清零后再删除。
- 被指定为现金银行科目的会计科目不能删除。如想删除，必须先取消指定。

二十二、项目目录设置

项目核算是账务系统辅助核算管理的一项重要功能。所谓项目可以是一个专门的经营项目内容。一个单位项目核算的种类可能多种多样，如在建工程、对外投资、技术改造项目、项目成本管理、合同等。为了满足企业的实际需要，在计算机账务系统中，借助于计算机处理数据的特点，设计了项目核算与管理功能，企业可以将具有相同特性的一类项目定义成一个项目大类，在总账业务处理的同时进行项目核算与管理。一个项目大类可以核算多个项目，为了便于管理，企业还可以对这些项目进行分级管理。企业可以将存货、成本对象、现金流量、项目成本等作为核算的项目分类。

使用项目核算与管理的首要步骤是设置项目档案，项目档案设置包括：增加或修改项目大类，定义项目核算科目、项目分类、项目栏目结构，并进行项目目录的维护。

建立项目档案的操作流程如图 4-55 所示。

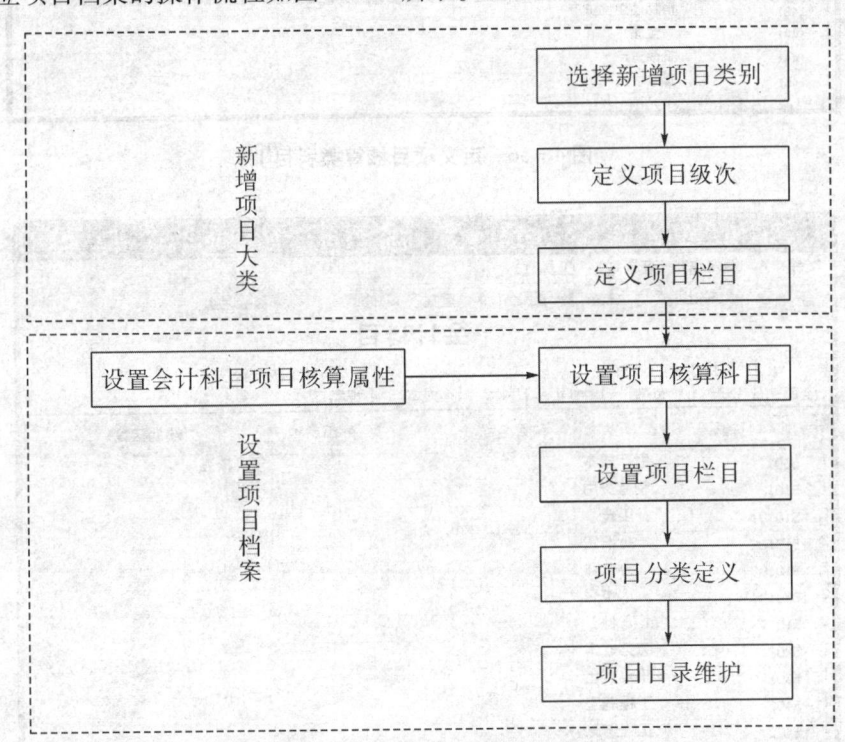

图 4-55 建立项目档案操作流程

1. 定义项目核算类会计科目

将要进行项目辅助核算的会计科目，在"会计科目-修改"窗口设置"项目核算"辅助核算,即在"项目核算"复选框中打"√",其操作步骤参照修改会计科目的步骤。

提示:

● 必须将需要进行项目核算的科目设置为项目辅助核算账类后,才能定义项目和目录。

广州家捷电子电器有限公司没有启用"成本管理"系统,在存货、生产成本核算中使用项目辅助核算,具体设置如图 4-56 和图 4-57 所示。

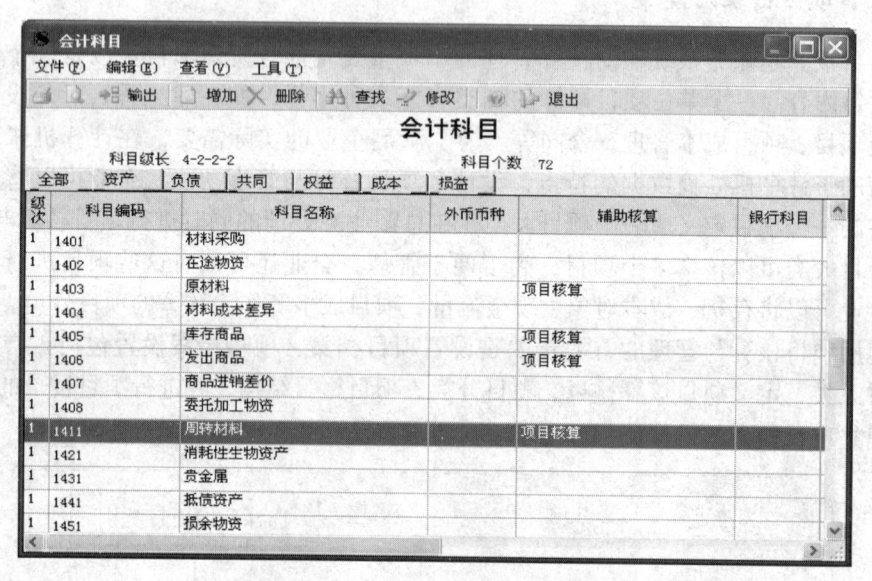

图 4-56 定义项目核算类科目 1

图 4-57 定义项目核算类科目 2

2. 定义项目大类

【操作步骤】

(1) 在"基础设置"选项卡中,执行"基础档案"—"财务"—"项目目录"命令,打开"项目档案"对话框。

(2) 单击"增加"按钮,打开"项目大类定义-增加"对话框,单击"普通项目"前的单选按钮。

(3) 输入新项目大类名称"生产成本"如图4-58所示。

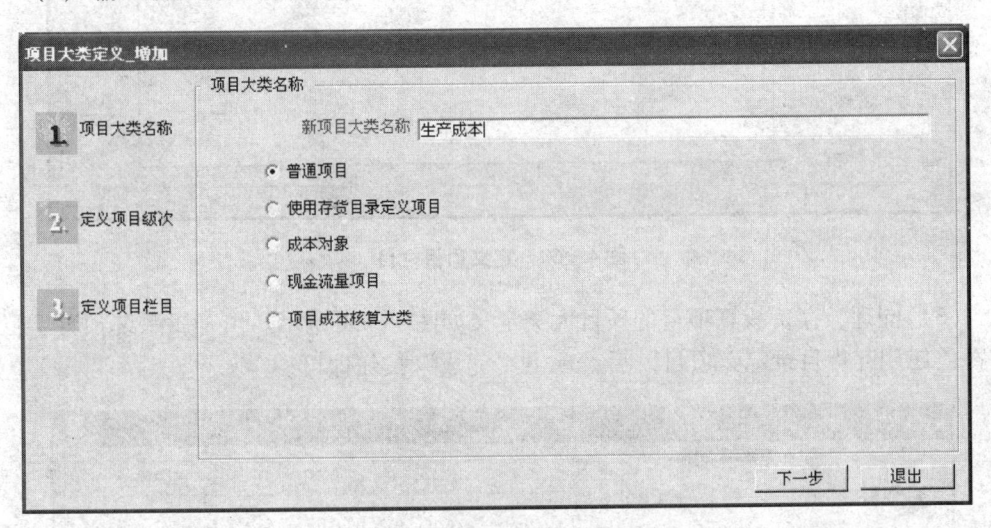

图4-58 定义项目大类名称1

(4) 单击"下一步"按钮,打开"定义项目级次"对话框,如图4-59所示,根据实际需要定义项目级次,我们采用系统默认值。

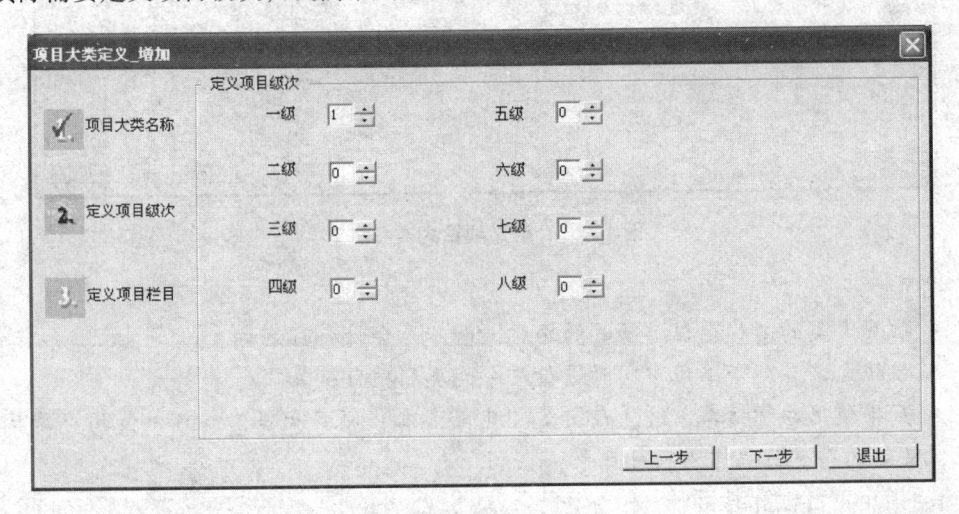

图4-59 定义项目级次

(5) 单击"下一步"按钮,打开"定义项目栏目"对话框,如图4-60所示,根据实际需要定义项目栏目,我们也采用系统默认值,单击"完成"按钮,返回"项目档案"窗口。

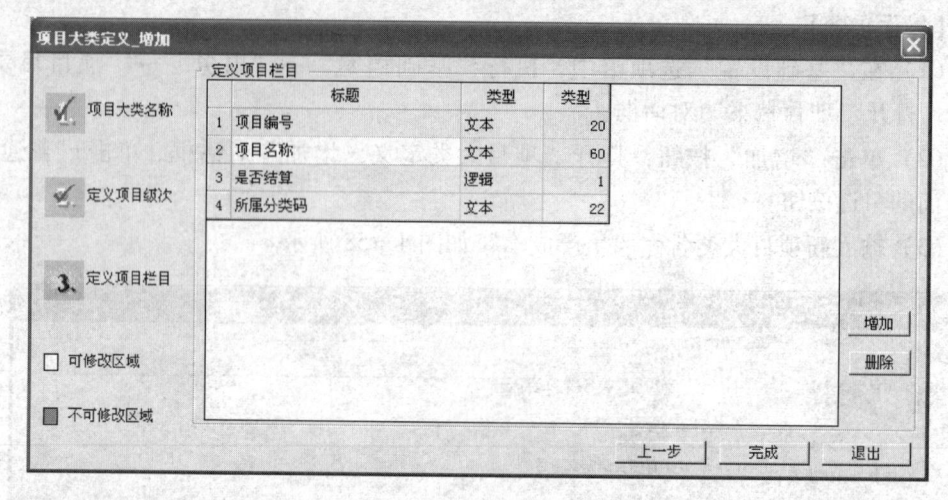

图4-60 定义项目栏目

(6) 同理,存货核算项目的项目大类定义如图4-61所示。由于属系统预置项目,选择"使用存货目录定义项目"后,单击"完成"按钮即可。

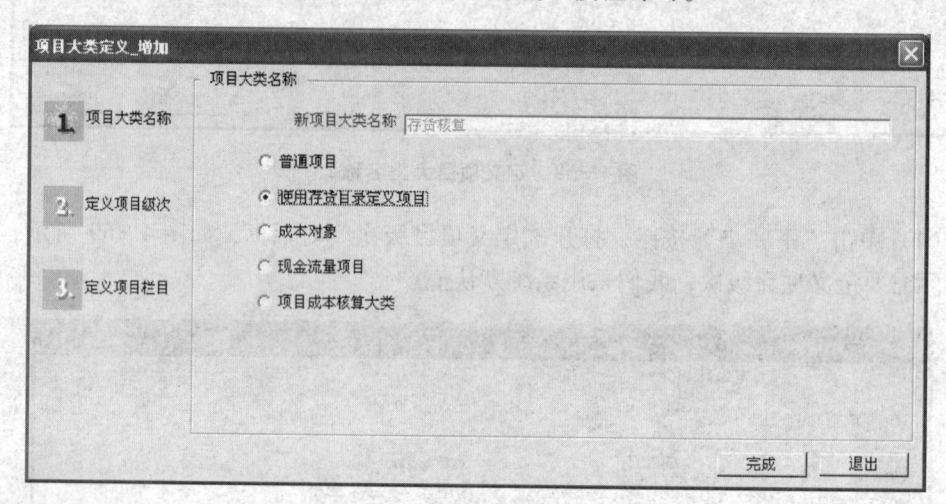

图4-61 定义项目大类名称2

提示:
- 项目大类的名称是该类项目的总称,而不是会计科目名称。
- 系统允许在同一单位中同时进行几个大类的项目核算。
- 如果使用存货核算系统,在定义"生产成本"项目大类时,可以使用存货系统中已定义好的存货目录作为项目目录。

3. 指定项目核算科目

【操作步骤】

(1) 在"项目档案"窗口,单击"核算科目"页签。
(2) 单击"项目大类"栏的下三角按钮,选择"生产成本"。

(3) 在"待选科目"列表框中选中"生产成本",单击">"按钮,使"待选科目"列表框中的"生产成本"选入到"已选科目"列表框中。

(4) 单击"确定"按钮确认。如图 4-62 所示。

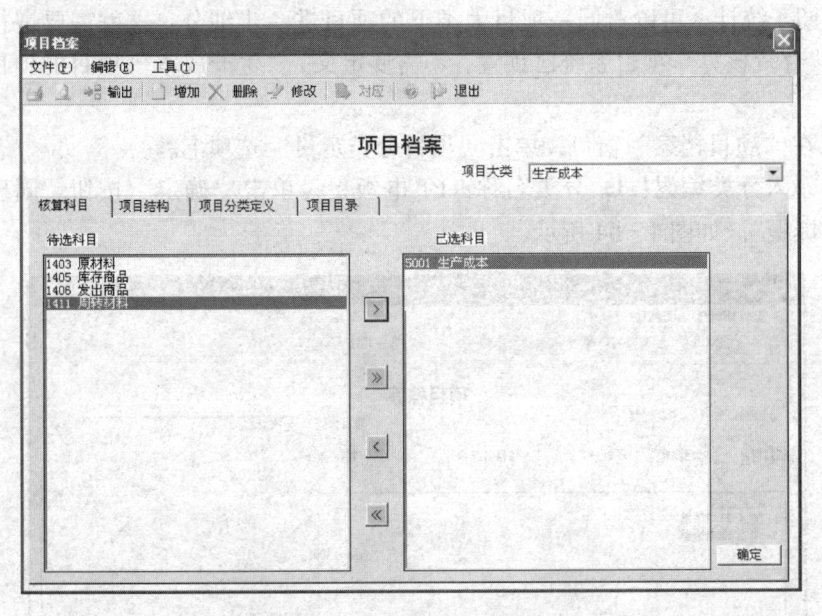

图 4-62　指定项目核算科目 1

(5) 同理,单击"项目大类"栏的下三角按钮,选择"存货核算",再单击">"按钮,使"待选科目"列表框中的"原材料"、"库存商品"、"发出商品"、"周转材料"选入到"存货核算"项目"已选科目"列表框中,单击"确定"按钮确认,如图 4-63 所示。

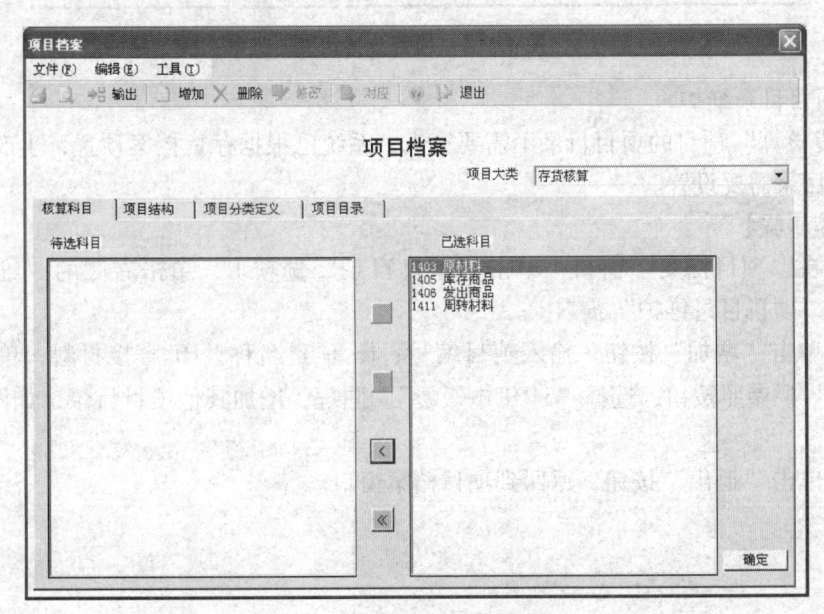

图 4-63　指定项目核算科目 2

提示：
● 一个项目大类可以指定多个科目，一个科目只能属于一个项目大类。

4. 进行项目分类定义

为了便于统计，可以对同一项目大类下的项目进一步细分，这就需要进行项目分类定义。"存货核算"项目系统已预置，不需要定义，"生产成本"项目的项目分类定义如下：

（1）在"项目档案"窗口，单击"项目分类定义"选项卡。

（2）录入分类编码：1，分类名称：PT 电饭煲，单击"确定"按钮。同理，录入"2 HH 电饭煲"。如图 4-64 所示。

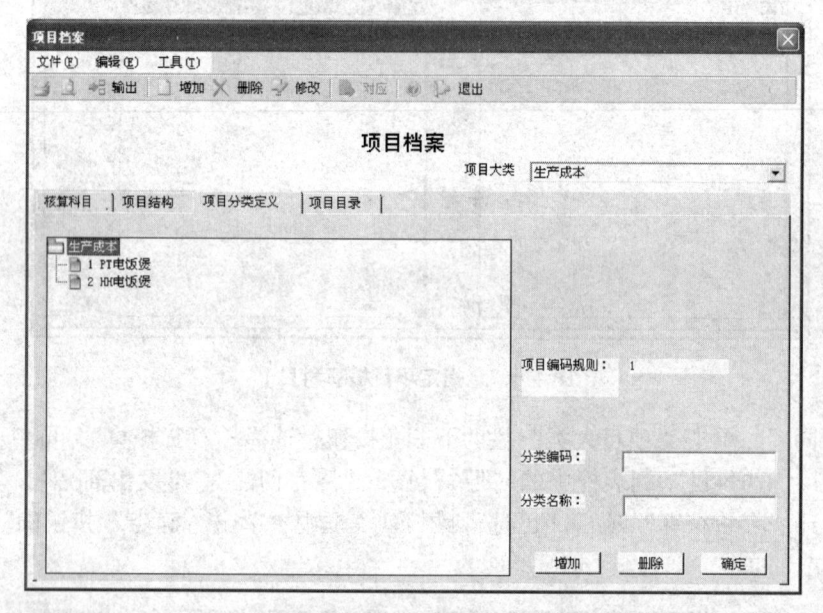

图 4-64　项目分类定义

5. 项目目录维护

"存货核算"项目的项目目录不需要输入，系统已根据存货档案预置，生产成本项目的项目目录需要设置。

【操作步骤】

（1）在"项目档案"窗口，单击"项目目录"选项卡，单击右侧的"维护"按钮，打开"项目目录维护"窗口。

（2）单击"增加"按钮，输入项目编号：1；项目名称：PT 直接材料；单击"所属分类码"栏参照按钮，选择"1 PT 电饭煲"。同理，增加其他项目目录，如图 4-65 所示。

（3）单击"退出"按钮，返回到项目档案窗口。

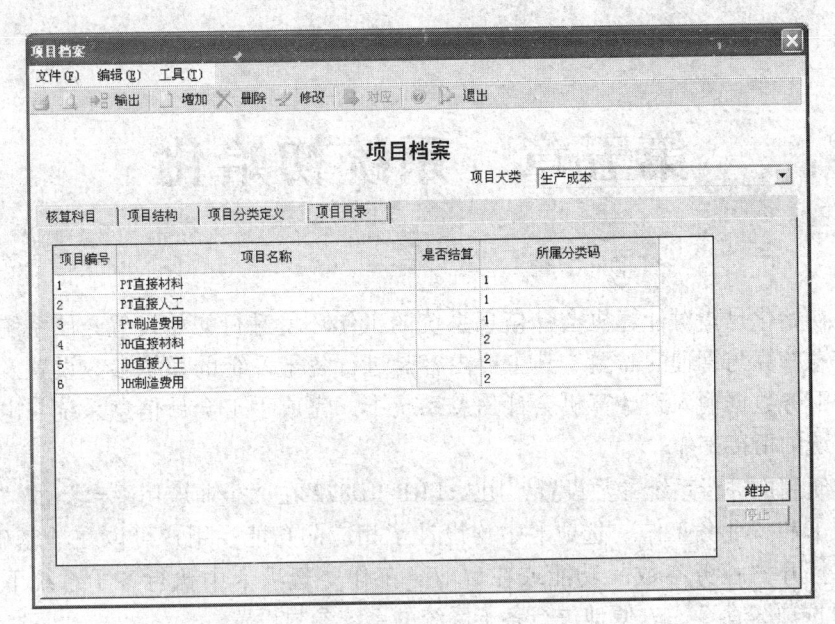

图4-65 项目目录维护

(4) 单击"退出"按钮退出。

提示：
- 是否结算打上"Y"标志，表示此项目将不能再使用。
- 在每年年初应将已结算或不用的项目删除。

二十三、账套备份

在"D:\账套备份"文件夹中新建"1-2基础设置"文件夹，将账套输出至"1-2基础设置"文件夹中。

第五章 系统初始化

系统初始化是指对计算机会计信息系统的工作环境进行初始设置，使系统满足企业会计信息核算与管理的需要。其主要内容是进行各子系统的系统参数设置及将手工状态下的财务数据输入到计算机会计信息系统中，完成手工会计信息系统与电算化会计信息系统的衔接工作。

为方便用户进行系统参数设置，用友 ERP－U872 在"企业应用平台"的"基础设置"选项卡和"业务工作"选项卡中均设计了相应的功能，用户可以在"基础设置"选项卡中打开"业务参数"功能或在"业务工作"选项卡中执行各子系统下的"设置"—"选项"命令，方便地进行各子系统的系统参数设置。

第一节 总账系统初始化

用友 ERP－U872 总账系统适用于各类企事业单位进行凭证处理、账簿处理、出纳管理和期末转账等会计基本核算工作，并提供个人、部门、客户、供应商、项目核算等辅助管理功能。在业务处理过程中，可以随时查询包含未记账凭证的所有账表，满足管理者对信息及时性的要求。

总账系统初始化是为总账系统日常业务处理工作所做的准备，主要包括设置系统参数、录入期初余额等。

一、设置总账系统参数

总账系统参数又称账套选项。系统在建立新的账套后，具体情况的需要或业务的变更会导致一些账套信息与核算内容不符，此时可以通过设置总账系统参数进行调整和查看。用户可对"凭证"、"账簿"、"凭证打印"、"预算控制"、"权限"、"会计日历"、"其他"、"自定义项核算"八部分内容的操作控制选项进行修改。

"广州家捷电子电器有限公司"总账系统的参数为：

- 制单序时控制
- 支票控制
- 凭证由系统编号
- 不允许修改、作废他人填制的凭证
- 凭证审核控制到操作员

【操作步骤】
(1) 由拥有总账系统参数设置权限的操作员登录"企业应用平台"。
(2) 在"基础设置"选项卡中,执行"业务参数"—"财务会计"—"总账"命令或在"业务工作"选项卡中,执行"财务会计"—"总账"—"设置"—"选项"命令,打开"选项"对话框。
(3) 单击"编辑"按钮。
(4) 在"凭证"选项卡中,选中"制单序时控制"、"支票控制"、"系统编号",如图 5-1 所示。

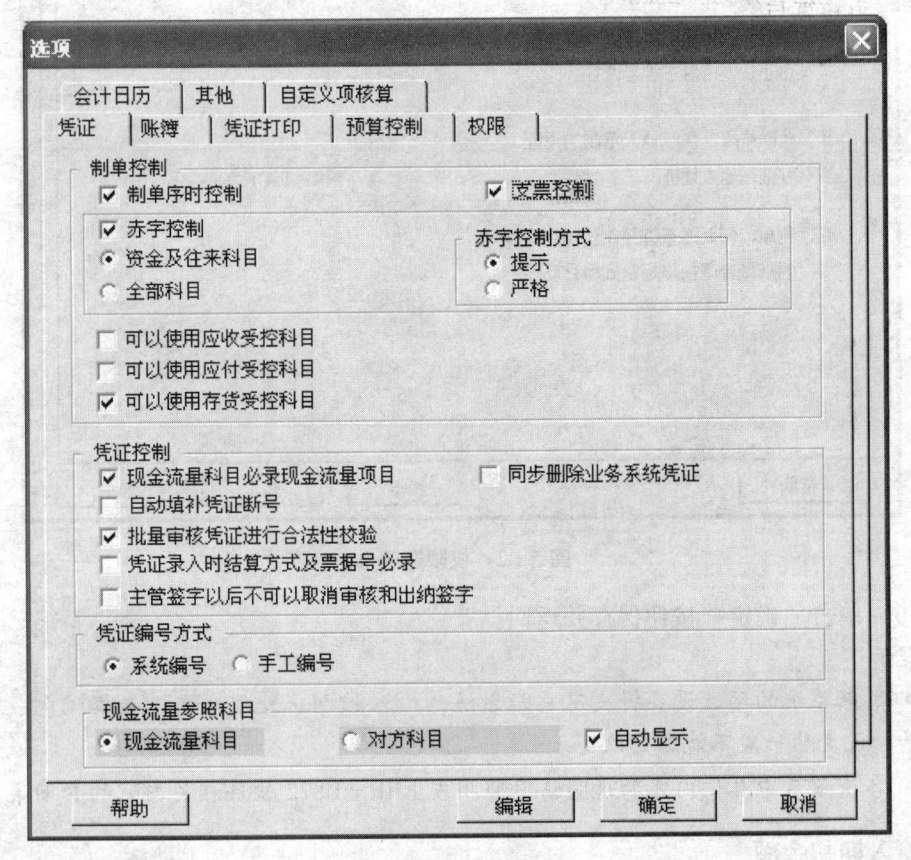

图 5-1　凭证选项卡

(5) 在"权限"选项卡中选中"凭证审核控制到操作员"复选框,取消"允许修改、作废他人填制的凭证"复选框中的"√",如图 5-2 所示。

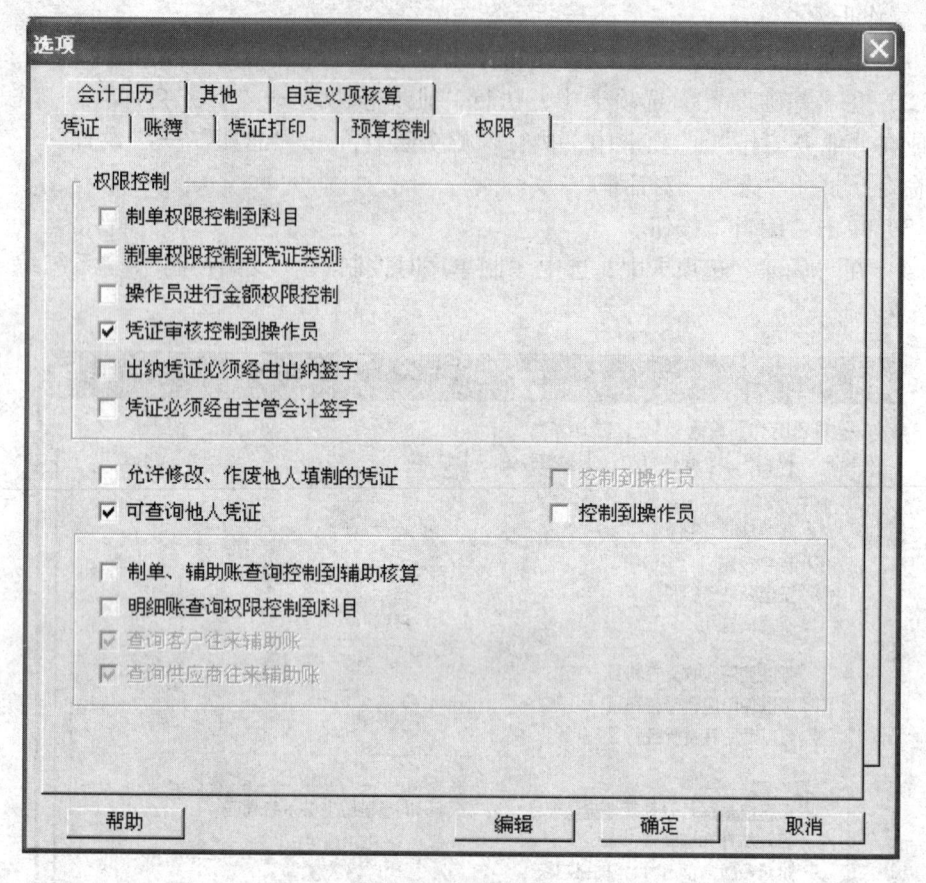

图 5-2 权限选项卡

（6）单击"确定"按钮保存并返回。

提示：

• 总账系统的参数设置将决定总账系统的输入控制、处理方式、数据流向、输出格式等，设定后一般不能随意改变。

• 各选项卡中具体内容的说明请参照用友 ERP－U872 软件相关内容的帮助菜单。

二、输入期初余额

为了保证会计数据连续完整并与手工账簿数据衔接，总账系统在开始正式的业务处理前，必须将手工账簿各明细科目的年初余额和截止到系统启用月份前的本年累计发生额进行整理并输入到总账系统中，这些数据统称为初始数据。需要输入系统的初始数据主要包括：

1. 各明细科目本位币、外币、数量的年初余额与本年 1～启用月份的累计发生额。如果系统在年初第一期启用，只需输入年初余额，否则除年初余额外还必须输入本年 1～启用月份的累计发生额。

2. 辅助核算项目的年初余额与本年 1～启用月份的累计发生额。

初始数据对会计账表将产生直接影响，而且在系统正式使用之后将不允许修改，所以要求输入的数据必须绝对正确。除了要求用户必须以非常负责的态度来对待这项工作之外，系统本身也提供有正确性检验的功能。

【操作步骤】

（1）在"业务工作"选项卡中，执行"财务会计"—"总账"—"设置"—"期初余额"命令，打开"期初余额录入"窗口，如图5-3所示。

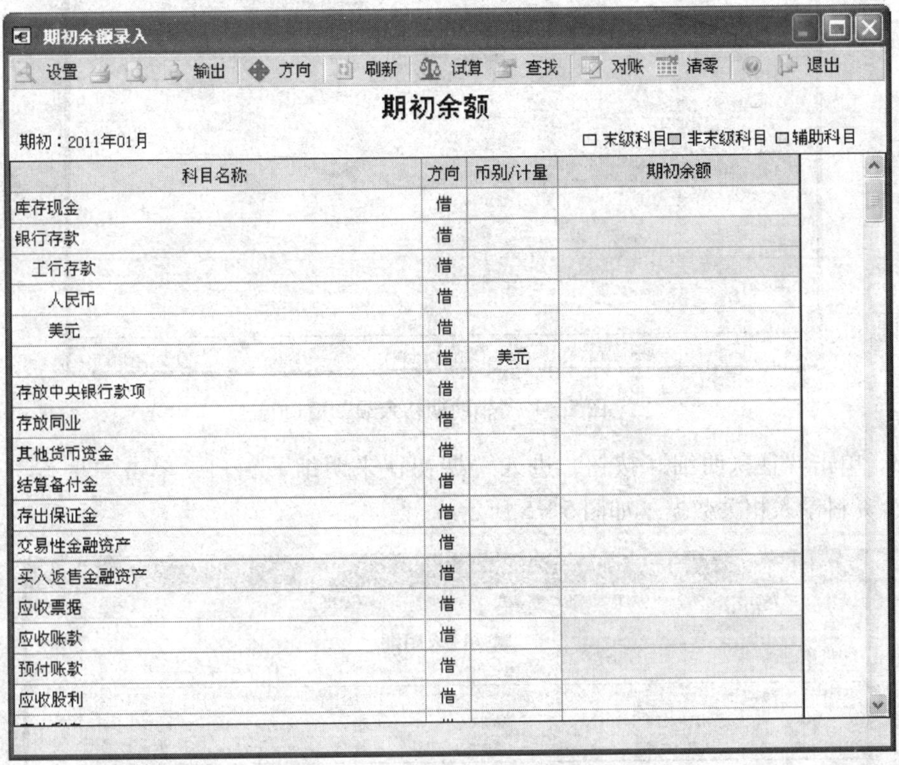

图5-3 "期初余额录入"窗口

（2）期初余额栏显示为白色的单元，表示该科目为末级科目，可以直接输入期初余额。双击该类单元，出现输入光标，直接输入资料给出的余额即可。如图5-3中的库存现金、工行的人民币存款、美元存款等。

（3）期初余额栏显示为黄色的单元，表示该科目设置了辅助核算，不允许直接录入余额，需要在该单元格中双击进入"辅助期初余额"窗口，在"辅助期初余额"窗口输入辅助账的期初数据。

①"客户往来"辅助核算期初余额的输入（以"应收账款"科目为例）。

a. 双击"应收账款"的期初余额栏，打开"辅助期初余额"窗口，如图5-4所示。

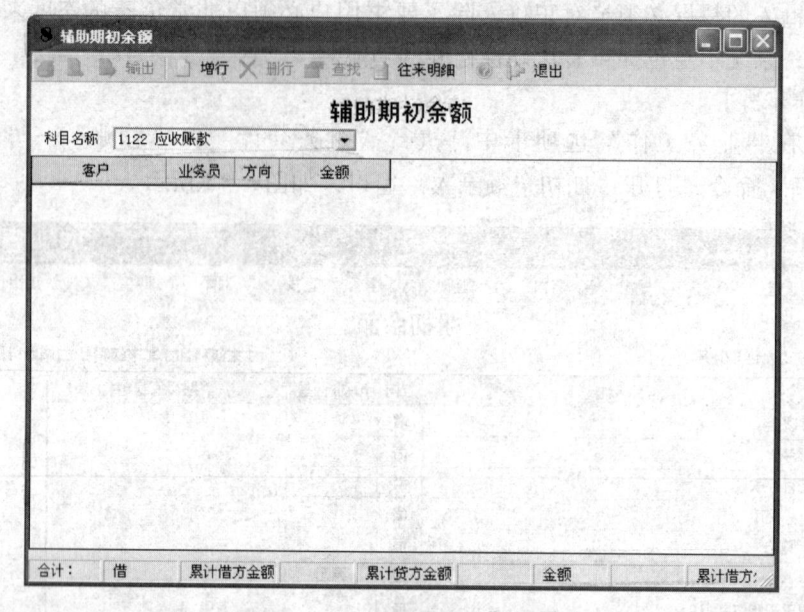

图 5-4 "辅助期初余额"窗口

b. 单击"往来明细"按钮,进入"期初往来明细"窗口,单击"增行"按钮,按所给资料录入相关数据。如图 5-5 所示。

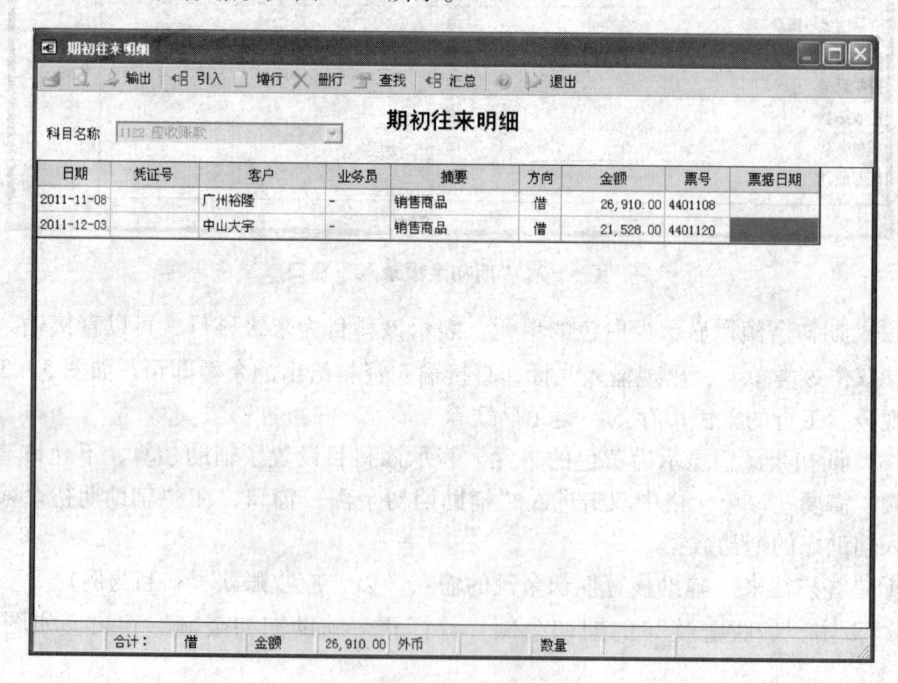

图 5-5 客户往来期初录入

c. 单击"汇总"按钮,系统出现图 5-6 提示。

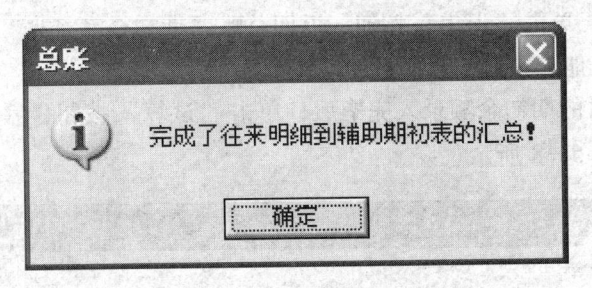

图5-6 客户往来汇总提示

d. 单击"确定"按钮，再单击"退出"按钮，返回"辅助期初余额"窗口。

e. 单击"退出"按钮，返回总账"期初余额录入"窗口。

同理，录入"个人往来"、"供应商往来"辅助核算科目的期初余额。

②"项目核算"辅助账期初余额输入（以"原材料"科目为例）。

a. 双击"原材料"的期初余额栏，打开"辅助期初余额"窗口。

b. 单击"增行"按钮。单击"项目"栏参照按钮，选择"发热盘"，在"金额"栏录入"18 000"，再单击"增行"按钮，按所给资料录入其他原材料的金额数据，如图5-7所示。

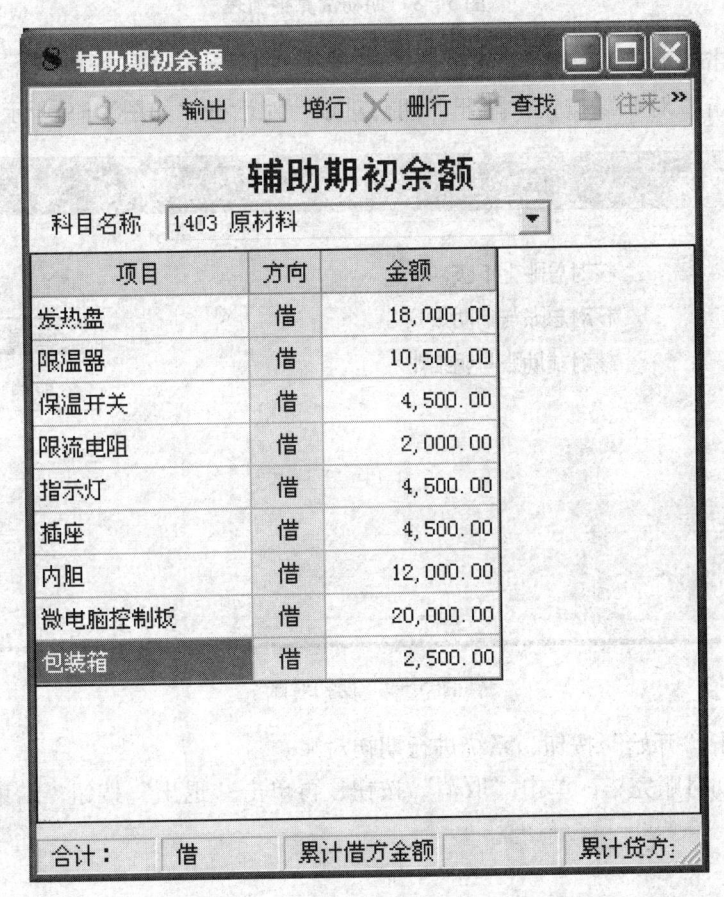

项目	方向	金额
发热盘	借	18,000.00
限温器	借	10,500.00
保温开关	借	4,500.00
限流电阻	借	2,000.00
指示灯	借	4,500.00
插座	借	4,500.00
内胆	借	12,000.00
微电脑控制板	借	20,000.00
包装箱	借	2,500.00

图5-7 原材料项目核算期初录入

c. 录入完毕，单击"退出"按钮，返回总账"期初余额录入"窗口。

同理，录入其他带项目核算科目的期初余额。

（4）所有科目的期初余额录入完毕后，单击"试算"按钮，系统自动进行试算平衡。试算结果如图 5-8 所示。

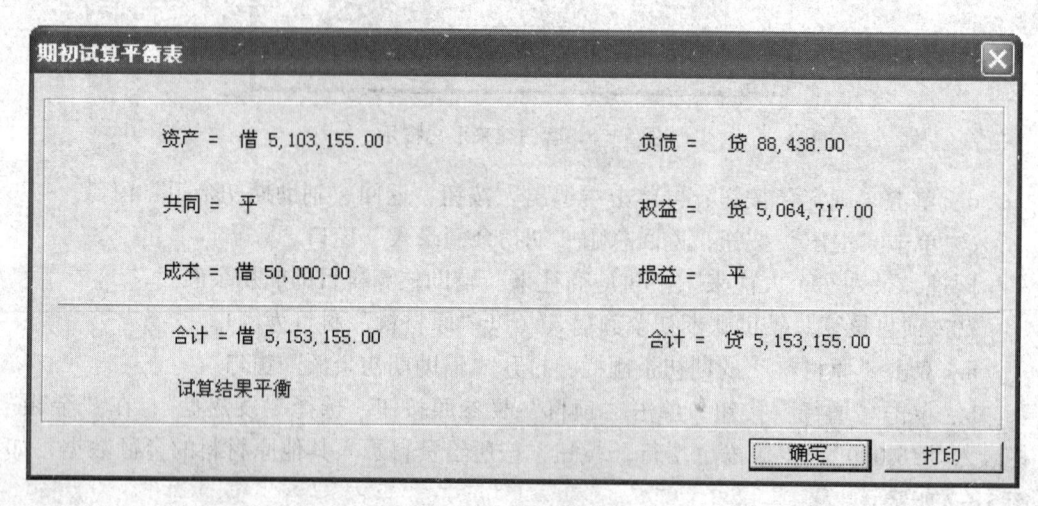

```
期初试算平衡表

资产 = 借 5,103,155.00          负债 = 贷 88,438.00

共同 = 平                        权益 = 贷 5,064,717.00

成本 = 借 50,000.00              损益 = 平

合计 = 借 5,153,155.00           合计 = 贷 5,153,155.00

试算结果平衡
```

图 5-8　期初试算平衡表

（5）单击"确定"按钮。

（6）单击"对账"按钮，打开"期初对账"对话框，如图 5-9 所示。

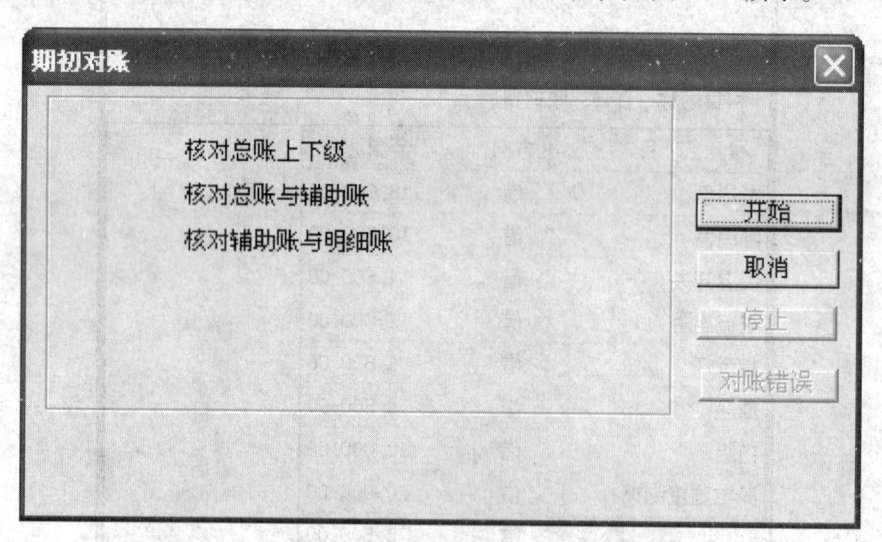

```
期初对账

  核对总账上下级
  核对总账与辅助账         [开始]
  核对辅助账与明细账       [取消]
                          [停止]
                          [对账错误]
```

图 5-9　期初对账

（7）单击"开始"按钮，系统进行期初对账。

（8）期初对账完毕，单击"取消"按钮，再单击"退出"按钮，结束总账期初余额录入工作。

提示：

● 只需录入最末级科目的余额和累计发生数，非末级科目的余额和累计发生数由系统自动计算生成。若年中启用，则只要录入末级科目的期初余额及累借、累贷，年初余额将自动计算出来。

- 如果要修改余额方向，可以在未录入余额的情况下，单击"方向"按钮改变余额的方向。
- 总账科目与其下级科目的余额方向必须一致，如果所录明细账的余额与总账余额方向相反，则用"-"号表示。
- 如果某科目有数量（外币）核算的要求，录入余额时还应录入数量（外币）的期初余额。录入外币余额时，必须先录入本币余额。
- 若期初余额有外币、数量余额，则必须有本币余额。
- 无论往来核算在总账还是在应收应付系统，有往来辅助核算的科目都要按明细录入数据。
- 在录入辅助核算期初余额之前，必须先设置各辅助核算目录。
- 系统只能对月初余额的平衡关系进行试算，而不能对年初余额的平衡关系进行试算。
- 期初余额试算不平衡，将不能记账，但可以填制凭证。
- 若系统已经记过账，则不能再录入、修改期初余额，也不能执行"结转上年余额"的功能。

三、账套备份

在"D:\账套备份"文件夹中新建"2-1总账初始化"文件夹，将账套输出至"2-1总账初始化"文件夹中。

第二节 薪资管理系统初始化

工资是企业在一定时间内支付给职工的劳动报酬，薪资管理是企业管理的重要组成部分。使用用友 ERP-U872 薪资管理系统，核算单位可以根据自身的需求设置工资项目和计算公式，系统自动计算和汇总工资数据，减轻了财务人员的工资核算工作量，避免了手工计算过程中可能出现的差错，大大提高了工作效率。

薪资管理系统初始化工作是整个薪资管理系统正确运行的基础，建立一个与企业薪资体系相吻合的完整的薪资账套是薪资管理系统初始化工作的目标。薪资管理系统初始化工作包括：建立工资账套及账套参数设置、工资类别设置、人员附加信息设置、人员档案设置、工资项目和公式设置、银行名称设置等。

一、建立工资账套及账套参数设置

以"广州家捷电子电器有限公司"为例，为该企业建立工资账套的过程如下：
【操作步骤】
(1) 由拥有薪资管理系统建账权限的操作员登录"企业应用平台"。

（2）在"业务工作"选项卡中，执行"人力资源"—"薪职管理"命令，打开"建立工资套-参数设置"对话框。

（3）根据"广州家捷电子电器有限公司"的工资资料，选择所需处理的工资类别个数为"单个"，默认货币名称为"人民币"，如图5-10所示。

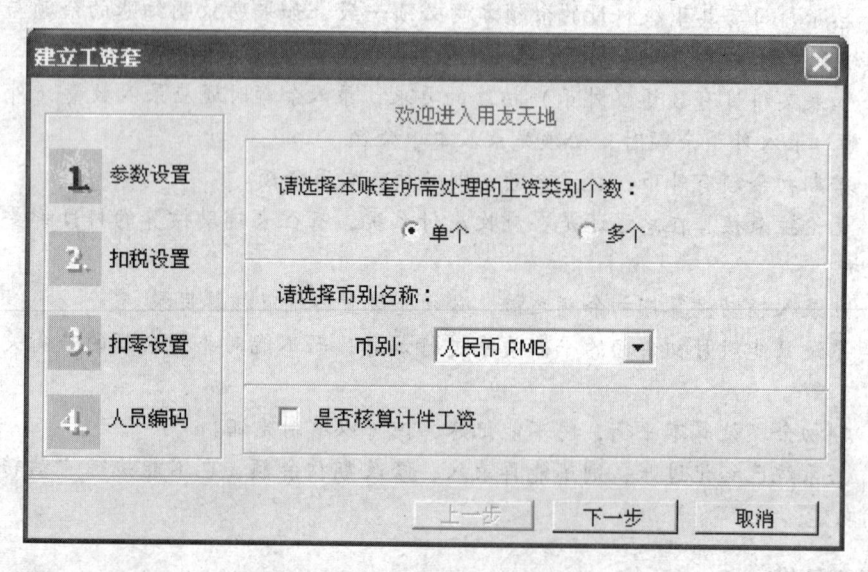

图5-10 建立工资套-参数设置

（4）单击"下一步"按钮，打开"建立工资套-扣税设置"对话框，选中"是否从工资中代扣个人所得税"，如图5-11所示。

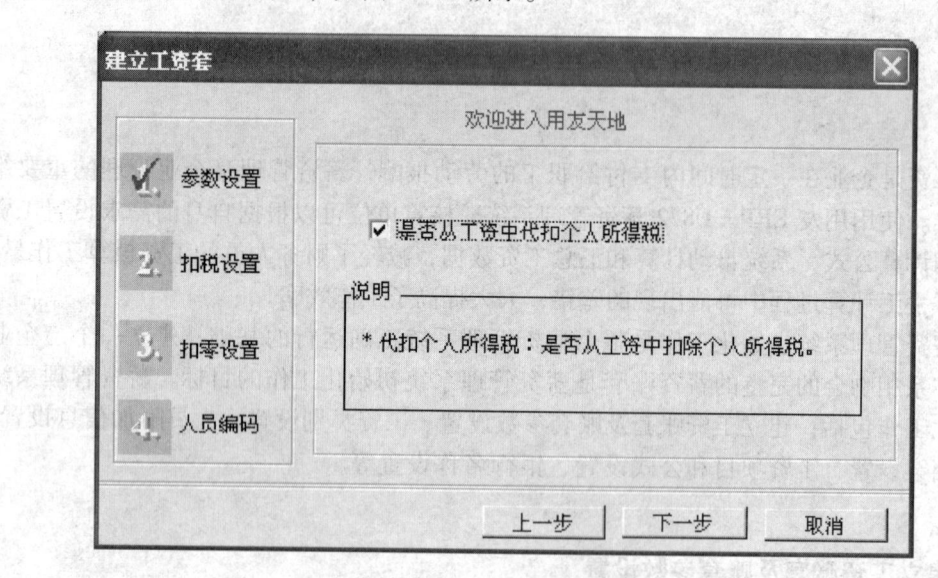

图5-11 建立工资套-扣税设置

（5）单击"下一步"按钮，打开"建立工资套-扣零设置"对话框，在"扣零设置"中不作选择，直接单击"下一步"按钮。如图5-12所示。

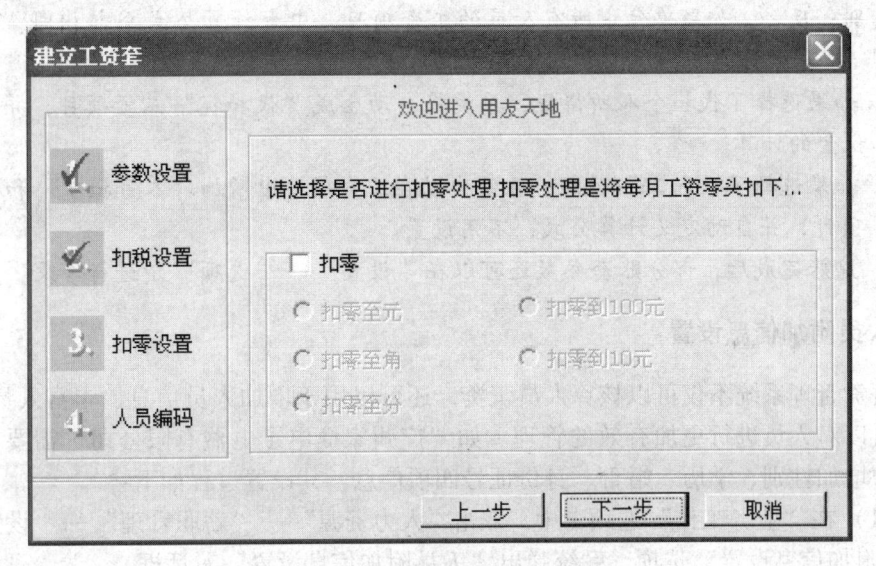

图 5-12　建立工资套-扣零设置

（6）在建账第四步"人员编码"中，系统要求和公共平台的人员编码一致。如图 5-13 所示。

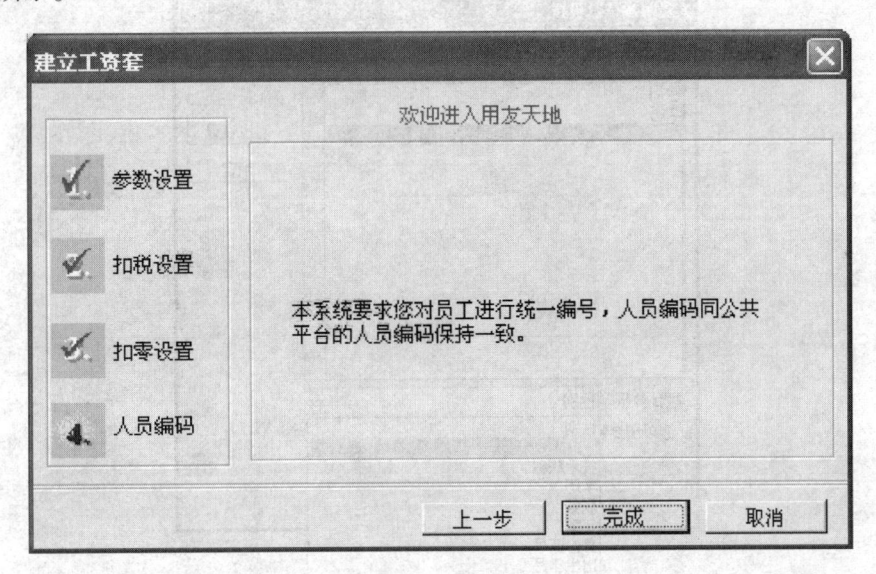

图 5-13　建立工资套-人员编码

（7）单击"完成"按钮，结束建立工资账套的过程。

提示：

● 工资账套与企业核算账套是不同的概念，企业核算账套在"系统管理"平台中建立，是针对整个用友 ERP 系统而言，而工资账套是在"薪资管理"子系统中建立的，只针对薪资管理子系统。

● 如果单位按周或每月多次发放薪资，或者是单位中有多种不同类别的人员，他们的工资项目不同，计算公式也不同，但需要进行统一工资核算管理，应选择"多个"

工资类别；反之，如果单位中所有人员的工资项目、工资计算公式全部相同，则选择"单个"工资类别。

● 如果选择了代扣个人所得税，系统将自动生成"代扣税"工资项目，并自动进行代扣税金的计算。

● 如果选择了"扣零"处理，系统自动在工资项目中增加"本月扣零"和"上月扣零"项目，并自动定义计算公式，不用设置。

● 建账完成后，部分账套参数还可以在"设置"—"选项"中进行修改。

二、人员附加信息设置

薪资管理系统不仅可以核算人员工资，还可以用于增加人员信息、丰富人员档案，这样可以对人员进行更加有效的管理。如"广州家捷电子电器有限公司"需要在职员信息中增加性别、学历、婚否、身份证号四项信息，其设置过程如下：

（1）在"业务工作"选项卡中，双击"人力资源"—"薪职管理"—"设置"—"人员附加信息设置"选项，系统弹出"人员附加信息设置"对话框。

（2）单击"增加"按钮，在"信息名称"文本框中直接输入"性别"或单击"栏目参照"栏的"▼"按钮，选择"性别"项。如图 5-14 所示。

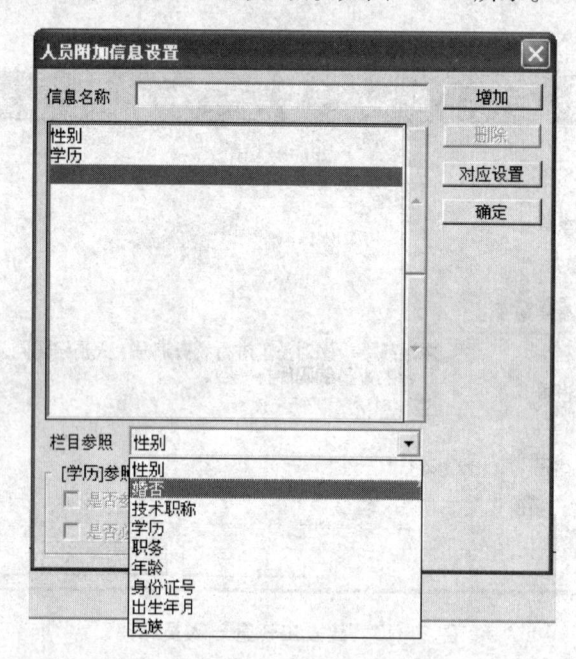

图 5-14　人员附加信息设置

（3）单击"增加"按钮。同理，增加"学历"、"婚否"、"身份证号"附加信息项。

（4）如果希望在录入人员附加信息时有数据可以参照，如"性别"项的参照显示"男"、"女"数据，可以按以下的步骤设置：

①在"人员附加信息设置"窗口，选中已增加的附加信息项"性别"，在"是否参照"复选框中打"√"，如图 5-15 所示。

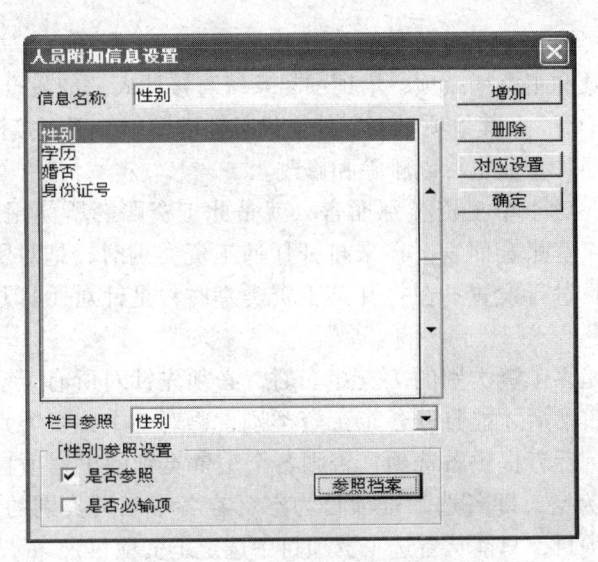

图 5-15　人员附加信息参照档案设置 1

②单击"参照档案"按钮，打开"参照档案"设置对话框。
③在"参照档案"文本框中输入"男"，单击"增加"按钮，在"参照档案"文本框中再输入"女"，单击"增加"按钮，如图 5-16 所示。
④单击"确认"按钮。

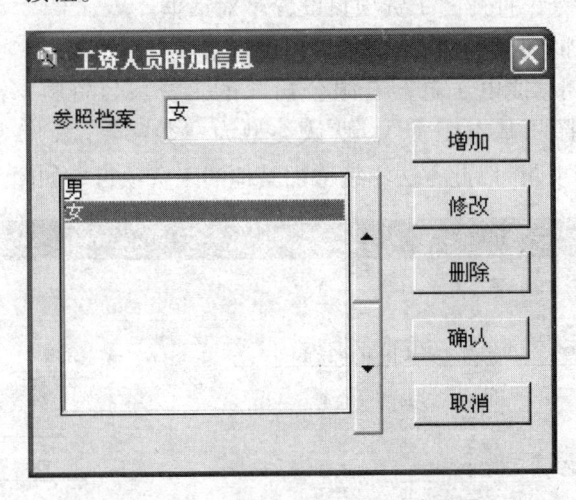

图 5-16　人员附加信息参照档案设置 2

提示：
● 人员附加信息只起增加人员信息、丰富人员档案的作用，不能对人员的附加信息进行数据加工，公式设置中使用附加信息项无效。

三、工资项目设置

工资数据最终由各个工资项目体现。工资项目设置即定义工资核算所涉及的项目名称、类型、宽度等，应根据企业工资制度的规定进行设置。薪资管理系统提供了一些固定的工资项目，它们是工资账中不可缺少的项目，主要包括应发合计、扣款合计、实发合计等，企业可以根据本单位的工资结构增加新的工资项目，并设置该项目的类型、长度、小数位数和工资增减项，增项项目系统直接计入"应发合计"，减项项目系统直接计入"扣款合计"，其他项对工资计算只起辅助作用，不直接构成工资总额。对于不适用的工资项目，企业也可以删除和修改。

设置工资项目，对于单工资类别而言，就是此工资账套所使用的全部工资项目；对于多工资类别的工资账套而言，在未打开任何工资类别时，是对所有工资类别所需使用的全部工资项目进行设置；在打开某工资类别时，是针对所打开工资类别进行的工资项目设置。

当企业建立的是多工资类别的工资账套时，必须先针对所有工资类别设置需要使用的全部工资项目，然后才能打开各个工资类别，再对各个工资类别分别增加它所需要的项目。前者是为后者提供备选项，否则各个工资类别的工资项目设置中"名称参照"下拉列表框总为空，即备选工资项目为空（在各个工资类别的工资项目设置中，不能直接增加工资项目，只能从备选工资项目中选定工资项目）。

（一）单类别工资账套的工资项目设置

"广州家捷电子电器有限公司"根据本企业的实际，建立工资账套时，选择了单类别工资账套，该企业工资项目设置过程如下：

（1）在"业务工作"选项卡中，执行"人力资源"—"薪职管理"—"设置"—"工资项目设置"命令，打开"工资项目设置"对话框。

（2）单击"增加"按钮，在工资项目列表末增加一空行。

（3）根据"广州家捷电子电器有限公司"的工资项目资料，输入或从"名称参照"下拉列表中选择"基本工资"，默认类型为"数字"，长度为"8"，小数位为"2"，增减项为"增项"。以此方法继续增加其他的工资项目。如图 5-17 所示。

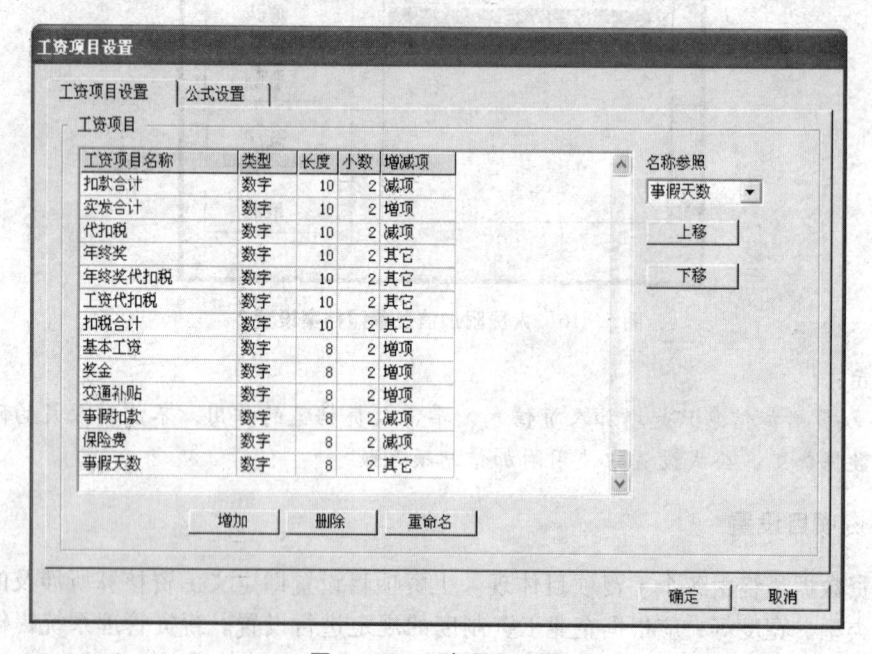

图 5-17 工资项目设置

(4) 单击"工资项目"列表右侧的"上移"、"下移"按钮，可调整工资项目的排列顺序。调整顺序后的工资项目如图 5-18 所示。

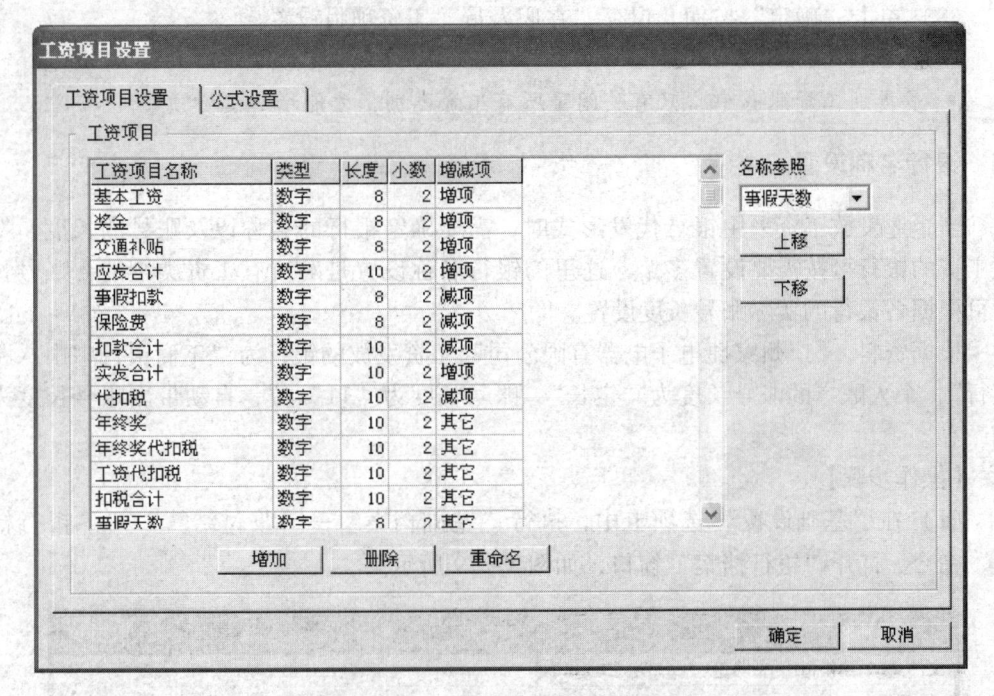

图 5-18　调整顺序后的工资项目

(5) 单击"确定"按钮保存设置。

提示：

● "名称参照"下拉列表中没有的项目可以直接输入，或者从"名称参照"中选择一个类似的项目后再进行修改。

● 系统提供的固定工资项目不能修改、删除。

(二) 多类别工资账套的工资项目设置

假设某企业设置了"在职人员"和"退休人员"两种工资类别，其"在职人员"工资项目设置流程如下：

(1) 在"薪资管理"系统中，关闭所有工资类别。

(2) 双击"设置"—"工资项目设置"选项，打开"工资项目设置"对话框。

(3) 单击"增加"按钮，在工资项目列表末增加一空行。

(4) 录入工资项目名称或从"名称参照"下拉列表中选择系统提供的常用工资项目。选择"类型"、"小数"及"增减项"，与单类别工资项目设置相同。

注意：此处设置的工资项目是针对所有工资类别所需要使用的全部工资项目，一定要覆盖所有工资类别。

(5) 设置完毕，单击"确定"按钮保存设置。

(6) 打开"在职人员"工资类别，执行"设置"—"工资项目设置"命令，打开"工资项目设置"对话框。

107

(7) 单击"增加"按钮，再单击"名称参照"下拉列表框中的下三角按钮，依次选择该类工资所有的工资项目，并进行正确排序。

(8) 单击"确定"按钮，保存"在职人员"工资项目设置。

注意：

- 多类别工资账套中，只有关闭了所有工资类别，才能增加工资项目。

四、银行名称设置

当企业发放工资采用银行代发形式时，需要确定银行的名称以及账号的长度。发放工资的银行可按需要设置多个，这里的银行名称设置是对所有工资类别的，账号长度可根据各银行的实际账号长度设置。

根据资料，"广州家捷电子电器有限公司"工资发放的银行为"工商银行中山八路支行"，个人账户的账号长度为"定长"，账号长度为"11"位，自动带出账号长度为"7"位。

【操作步骤】

(1) 在"基础设覆"选项卡中，执行"基础档案"—"收付结算"—"银行档案"命令，打开"银行档案"窗口，如图 5-19 所示。

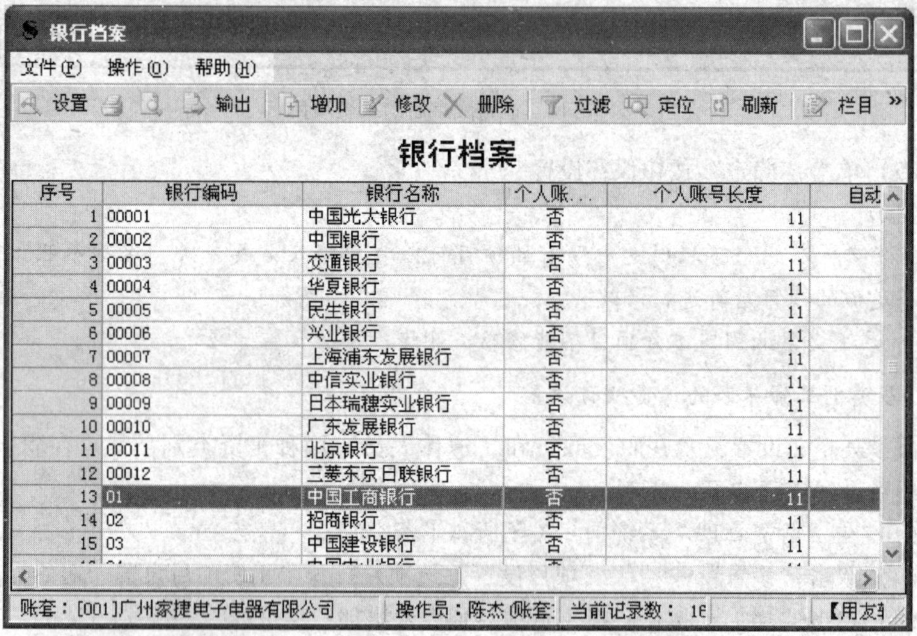

图 5-19 银行档案

(2) 单击"增加"按钮，打开"增加银行档案"对话框。

(3) 输入"银行编码"：0101；"银行名称"：工商银行中山八路支行；单击"个人账户规则"的"定长"前的复选框打"√"，在账号长度文本框录入"11"，在"自动带出账号长度"文本框录入"7"，如图 5-20 所示。

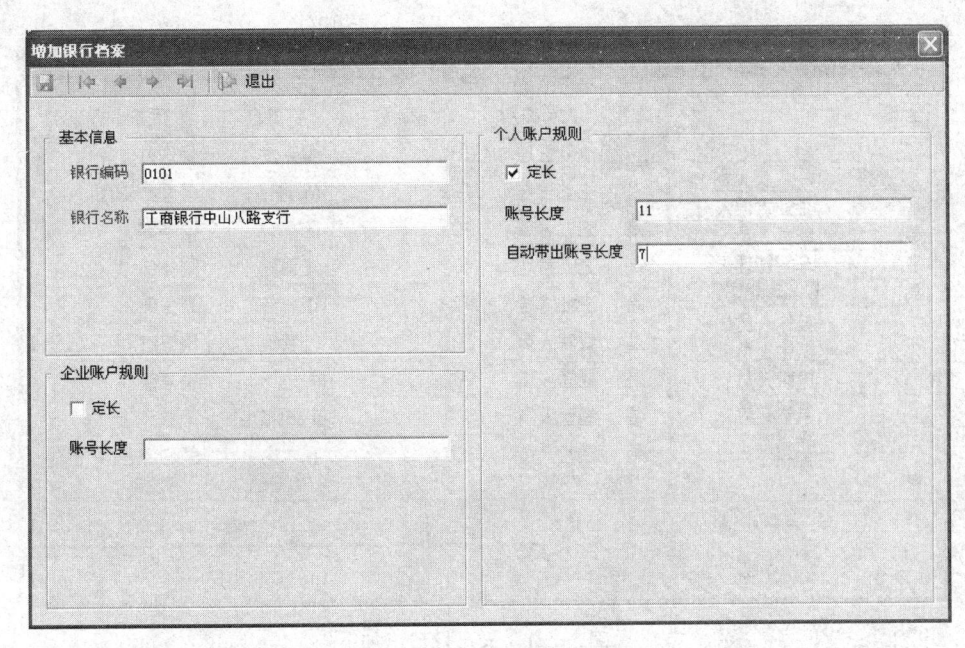

图 5-20 增加银行档案

（4）单击"保存"按钮保存设置，单击"退出"按钮返回。

五、人员档案设置

人员档案用于登记工资发放人员的姓名、职工编号、所在部门、人员类别等信息，管理员工的增减变动等情况。在人员档案设置功能中，可进行人员档案的增加、修改、删除、替换、定位等处理。

人员档案的增加方式有两种：一种是逐一增加；另一种是批量增加，即可以利用"基础档案"中已设置的人员档案，一次性将多个人员档案增加到薪资管理系统中。

【操作步骤】

（1）在"业务工作"选项卡中，双击"人力资源"—"薪职管理"—"设置"—"人员档案"选项，打开"人员档案"对话框。

（2）单击"批增"按钮，打开"人员批量增加"对话框。

（3）在左边窗口，单击"企业管理人员"、"经营人员"、"车间管理人员"、"生产工人"的"选择"栏，使其显示"是"，右边窗口显示已选人员类别下不存在于当前工资类别中的人员。如图 5-21 所示。

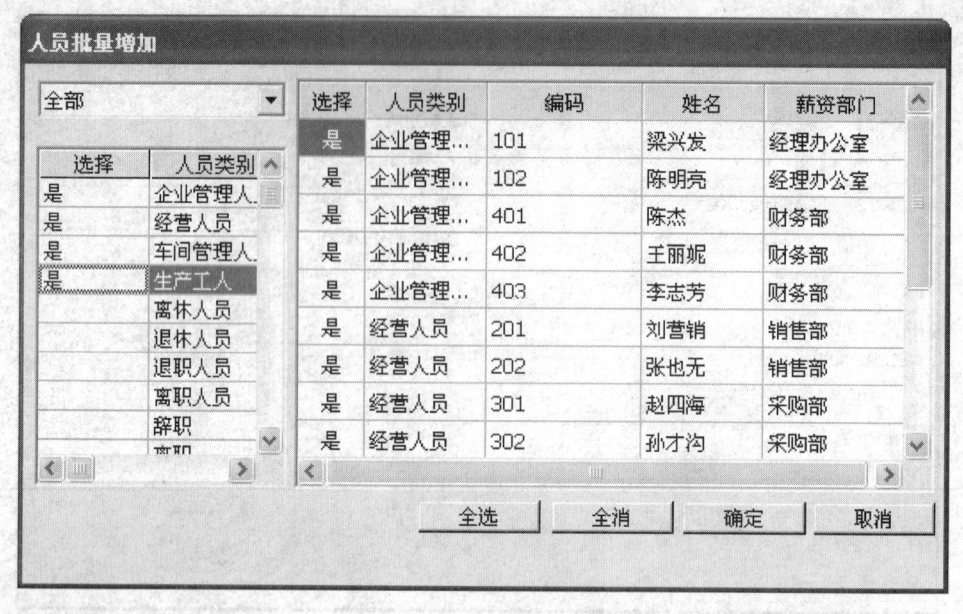

图5-21 人员批量增加

（4）单击"确定"按钮，返回"人员档案"对话框，即可看到所选人员已批量增加到当前工资类别的人员档案中。如图5-22所示。

图5-22 人员档案

（5）选择"梁兴发"所在行，双击"账号"栏，打开"人员档案明细"对话框，在"基本信息"选项卡，单击"银行名称"下拉列表框的下三角按钮，选择"工商银行中山八路支行"，在"银行账号"文本框录入"20110010001"。同理，单击"附加信息"选项卡，录入此员工的附加信息，如图5-23所示。

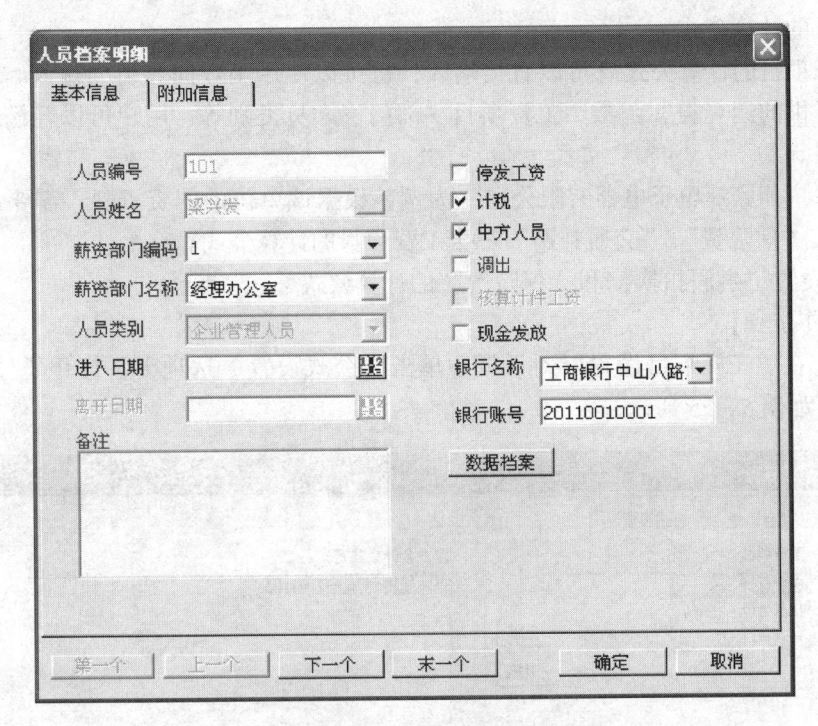

图5-23 人员档案明细

(6) 单击"确定"按钮，系统提示"写入人员档案信息吗"，如图5-24所示。

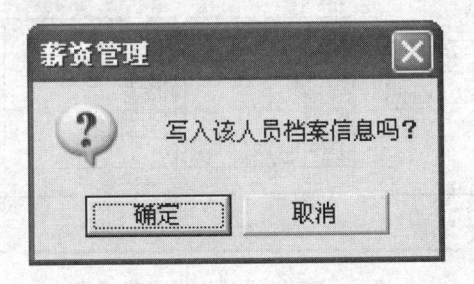

图5-24 "薪资管理"信息提示对话框

(7) 单击的"确定"按钮，继续补充人员档案中其他人员的银行名称、银行账号信息。

六、设置工资项目的计算公式

在薪资管理系统中，设置完工资项目后，对于一些需要计算的工资项目，应定义计算公式，以方便系统自动计算出该工资项目的值。在用友ERP-U872的薪资管理系统中，系统已预置了"应发合计"、"扣款合计"、"实发合计"等系统固定工资项目的计算公式，这些项目的计算公式不用设置。在定义工资项目的计算公式前，一定要先设置好工资项目，工资项目中没有的项目，在工资计算公式中不允许出现。

对于多类别的工资账套，由于不同的工资类别，工资发放项目不尽相同，计算公式亦不相同，因此在进入某个工资类别后，应选择本类别所需要的工资项目，再设置工资项目的计算公式。

工资项目的计算公式既可以直接输入，也可以使用函数向导引导输入。利用公式窗口中提供的运算符、函数、工资项目、部门、人员类别等，用户可以轻松地完成公式的定义。

以"广州家捷电子电器有限公司"为例，根据该单位的工资资料，需要设置"事假扣款"、"保险费"、"交通补贴"三个工资项目的计算公式。

1. 设置"事假扣款"和"保险费"的计算公式

【操作步骤】

（1）在"工资项目设置"对话框中单击"公式设置"选项卡，打开"公式设置"对话框，如图5-25所示。

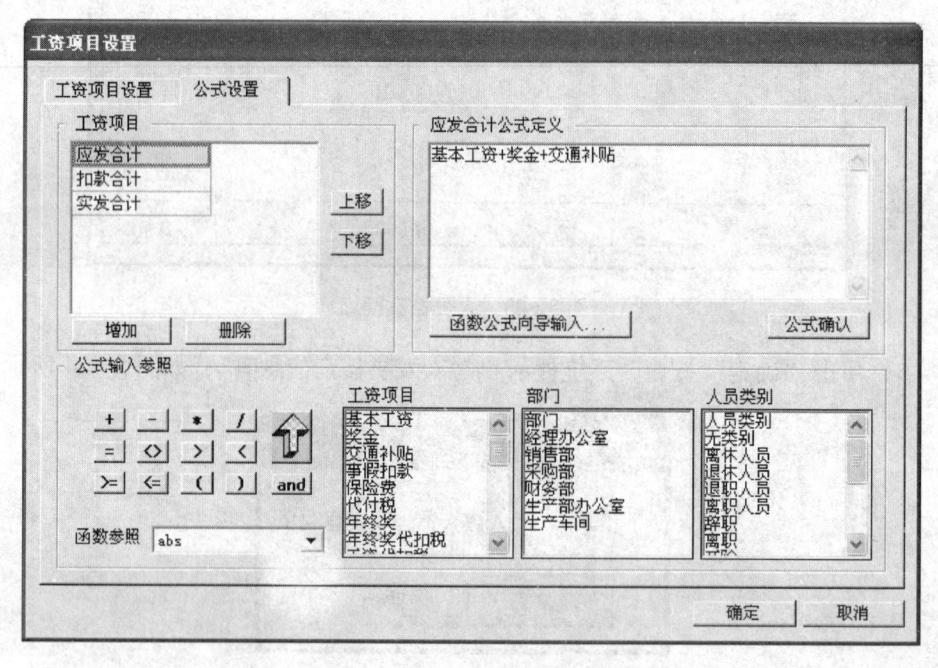

图5-25 "公式设置"对话框

（2）单击"工资项目"区域的"增加"按钮，从下拉列表框中选择"事假扣款"。

（3）单击"事假扣款公式定义"区域，在"公式输入参照"区域，单击选中"工资项目"列表中的"基本工资"，单击运算符"/"，继续录入"22"，单击运算符"*"，再单击选中"工资项目"列表中的"事假天数"，如图5-26所示。

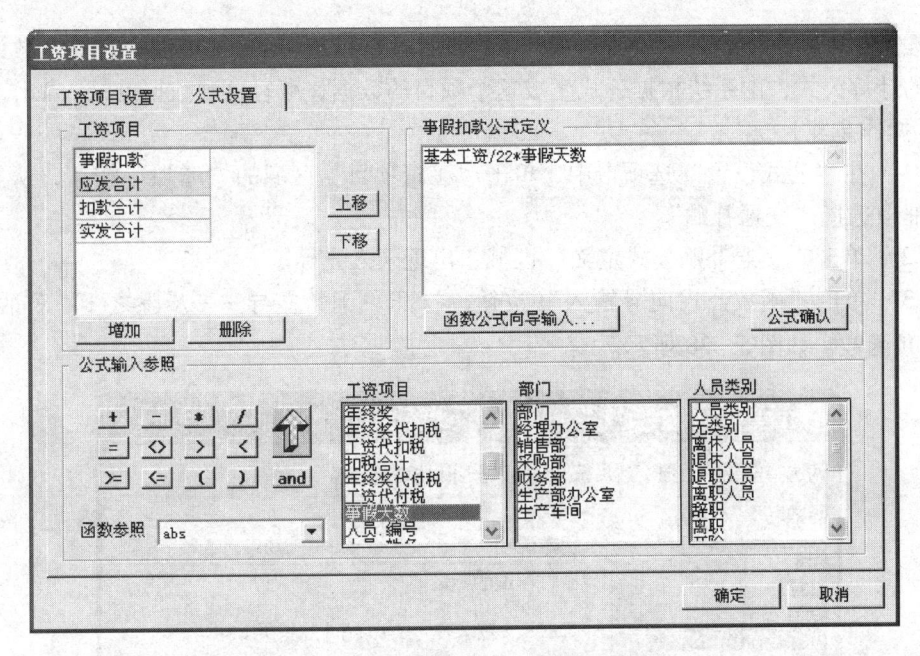

图 5-26 "事假扣款"计算公式设置

(4) 单击"公式确认"按钮，以此方法继续设置"保险费"的计算公式。如图 5-27 所示。

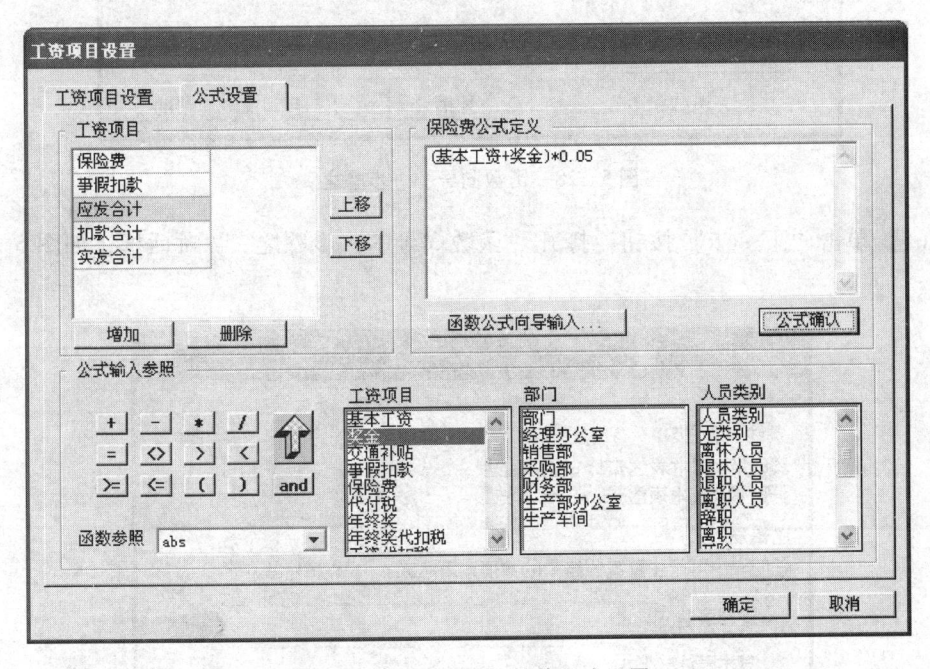

图 5-27 "保险费"计算公式设置

2. 设置"交通补贴"的计算公式

"广州家捷电子电器有限公司"的工资资料显示，该企业交通补贴发放标准为：销售部门人员为 200 元，其他部门人员为 100 元。在录入工资数据时，操作员可以根据这一标准人工判断直接录入"交通补贴"的数据,也可以利用系统提供的有关函数设置相关的计算公式,由系统根据公式生成这个项目的数据,减轻这项数据的录入工作量。

【操作步骤】

(1) 在"公式设置"选项卡中,单击"工资项目"区域的"增加"按钮,从下拉列表框中选择"交通补贴"。

(2) 单击"交通补贴公式定义"区域,出现录入光标。

(3) 单击"函数公式向导输入"按钮,打开"函数向导——步骤之1"对话框,选择 iff 函数,如图 5-28 所示。

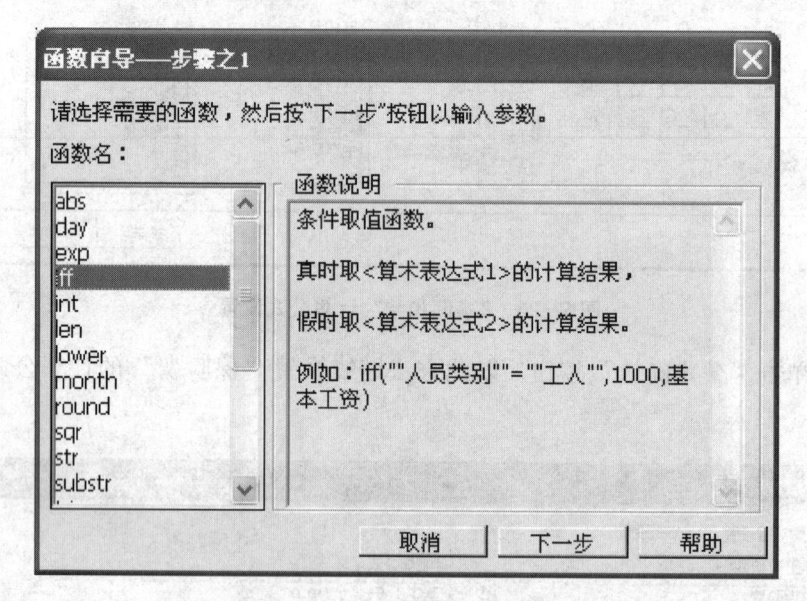

图 5-28 函数向导——步骤之 1

(4) 单击"下一步"按钮,打开"函数向导——步骤之 2"对话框,如图 5-29 所示。

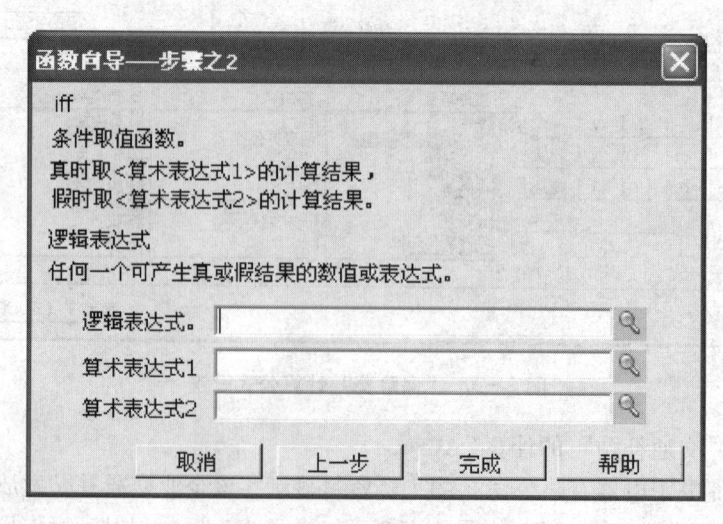

图 5-29 函数向导——步骤之 2

（5）单击"逻辑表达式"右侧的"参照"按钮，打开"参照"对话框，单击"参照列表"下拉列表框中的下三角按钮，选择"部门名称"，再选中"销售部"，如图5-30所示。

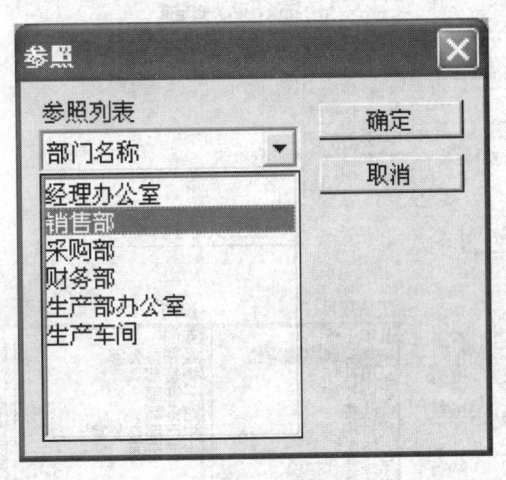

图 5-30 选择部门

（6）单击"确定"按钮，返回"函数向导——步骤之2"对话框。
（7）在"算术表达式1"文本框中录入"200"，在"算术表达式2"文本框中录入"100"，如图5-31所示。

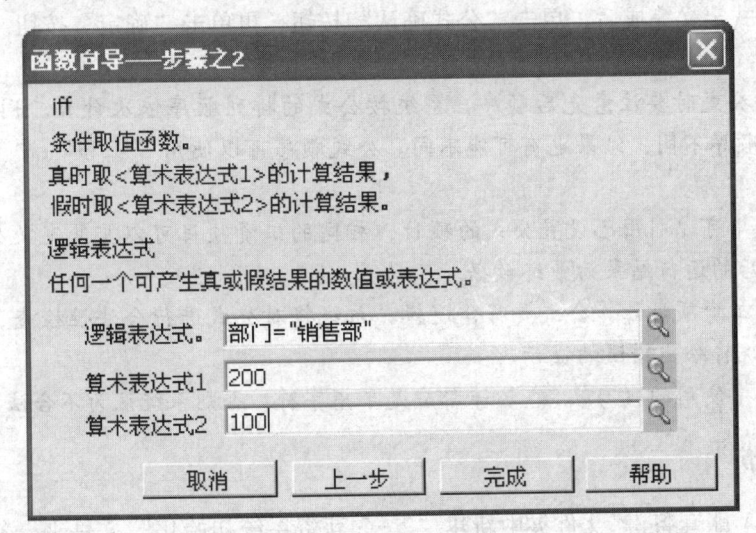

图 5-31 设置算术表达式

（8）单击"完成"按钮，返回"公式设置"选项卡。如图5-32所示。

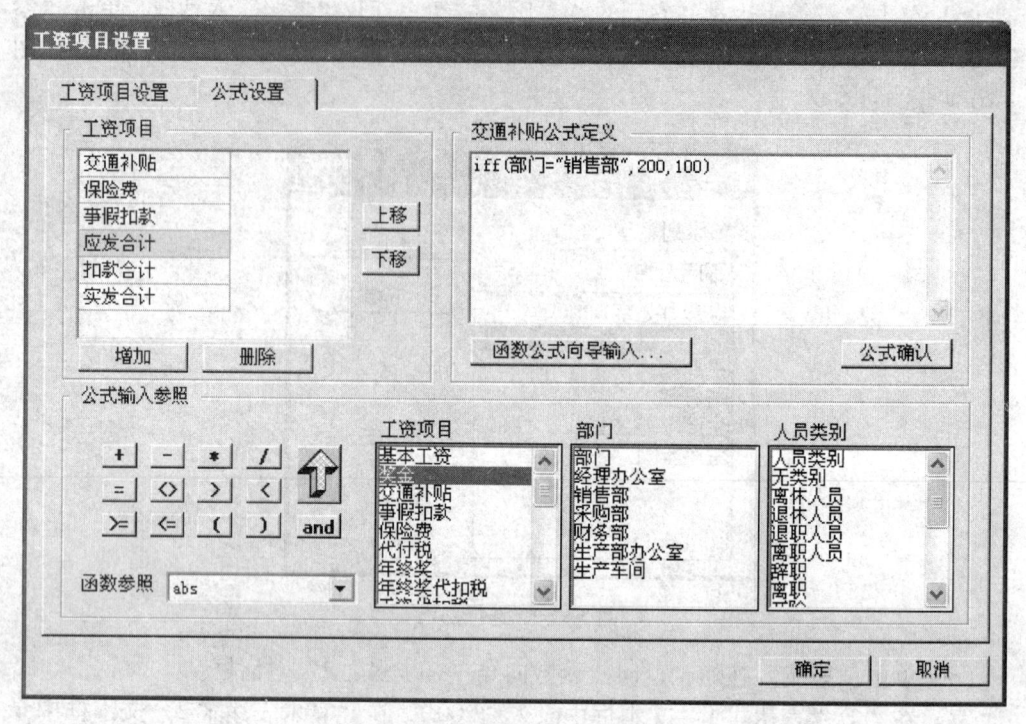

图 5-32　交通补贴公式设置

（9）公式定义完成后，单击"公式确认"按钮，再单击"确定"按钮。

提示：

● 定义公式时要注意先后顺序，系统按公式的排列顺序依次计算。同样的公式，公式排列的顺序不同，结果也有可能不同。公式顺序可以使用"上移"、"下移"按钮调整。

● 公式中可以引用已设置公式的项目，相同的工资项目可以重复定义公式，多次计算，以最后的运行结果为最终数据。

● 定义工资项目计算公式要符合逻辑，系统将对公式进行合法性检查，不符合逻辑的公式系统将给出错误的提示。

● 公式中使用的（）、,、""等都应是半角字符，否则系统认为不合法。

七、账套备份

在"D:\账套备份"文件夹中新建"2-2薪资系统初始化"文件夹，将账套输出至"2-2薪资系统初始化"文件夹中。

第三节　固定资产管理系统初始化

固定资产管理系统初始化是指根据企业的具体情况，建立一个适合企业实际的固定资产账套的过程。固定资产管理系统初始化是使用固定资产系统管理资产的首要操作。

一、固定资产管理系统使用前的准备工作

企业使用固定资产管理系统前，需要整理一下固定资产管理和核算的手工资料，以便正式使用系统时将这些资料录入系统，保持管理和核算的连续性。主要包括：

（1）资产类别整理。企业的固定资产一般都是分类管理的，应将手工状态下的固定资产分类情况整理出来，如分类方式、类别名称、编码方式、使用年限、净残值率、计量单位、计提属性、折旧方法等。

（2）卡片整理。对企业正在使用的卡片样式和卡片项目进行整理，以便在卡片项目定义和卡片样式定义时使用。

（3）折旧方法整理。对企业现行的折旧方法进行整理，看是否能从系统预置的折旧方法中进行选择，如果不能，可自定义折旧方法。系统预置的折旧方法有：不计提折旧、平均年限法（一）、平均年限法（二）、工作量法、年数总和法、双倍余额递减法（一）、双倍余额递减法（二）。

（4）期初数据及其他资料的整理。整理出所有资产截止建账月份的原值、累计折旧、固定资产减值准备等数据，对固定资产卡片需要记录的其他信息也一并进行整理，保证将这些资料录入系统后，与手工账有效衔接。

二、固定资产管理系统初始化设置

固定资产管理系统初始化设置工作主要包括：固定资产账套建立及参数设置、部门对应折旧科目设置、资产类别设置、增减方式设置、使用状况设置、折旧方法设置、卡片项目定义、卡片样式定义、原始卡片录入等。

（一）建立固定资产账套

【操作步骤】

（1）由拥有固定资产管理系统建账权限的操作员登录"企业应用平台"。

（2）在"业务工作"选项卡中，双击"财务会计"—"固定资产"选项，系统弹出如图 5-33 所示的信息提示框。

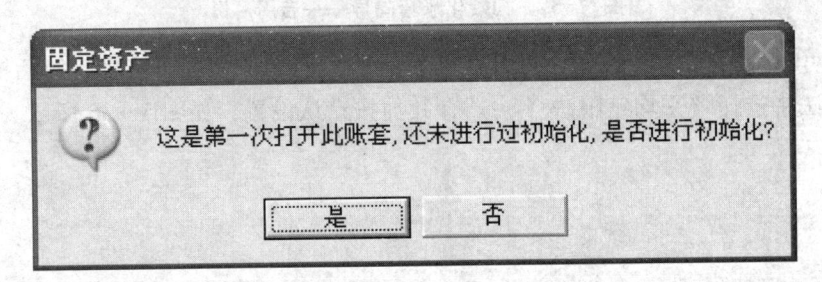

图 5-33　固定资产系统初始化提示信息

（3）单击"是"按钮，打开"初始化账套向导——约定及说明"对话框。如图 5-34 所示。

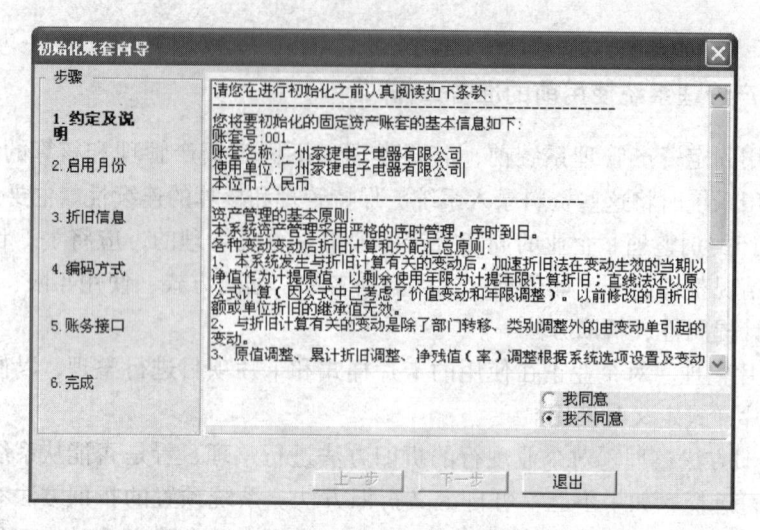

图 5-34 初始化账套向导——约定及说明

（4）单击"我同意"单选按钮，使其为选中状态，单击"下一步"按钮，打开"初始化账套向导——启用月份"对话框。如图 5-35 所示。

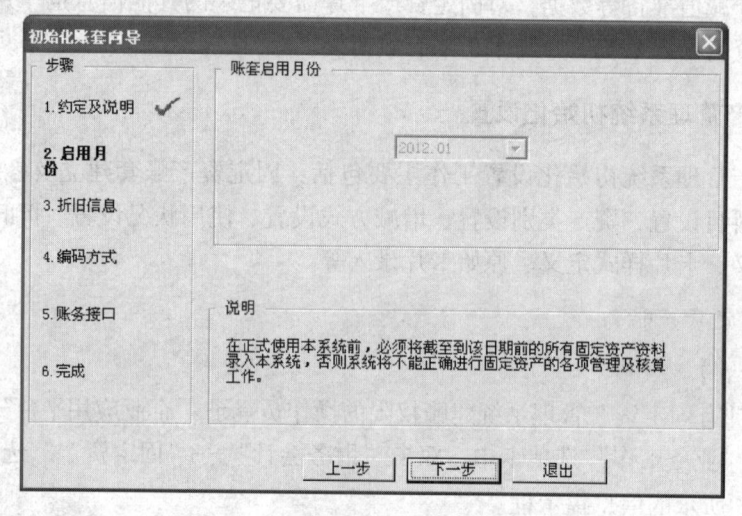

图 5-35 初始化账套向导——启用月份

（5）单击"下一步"按钮，打开"初始化账套向导——折旧信息"对话框，在主要折旧方法中选择"平均年限法（一）"，其他按默认设置，如图 5-36 所示。

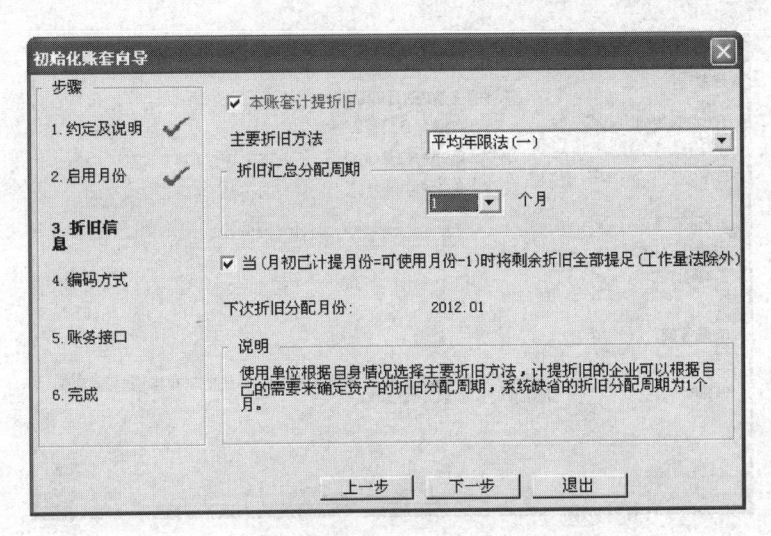

图 5-36 初始化账套向导——折旧信息

（6）单击"下一步"按钮，打开"初始化账套向导——编码方式"对话框，选择资产类别编码方式为"2-1-1-2"，固定资产编码方式为"自动编码"和"类别编号+序号"，序号长度为"3"。如图 5-37 所示。

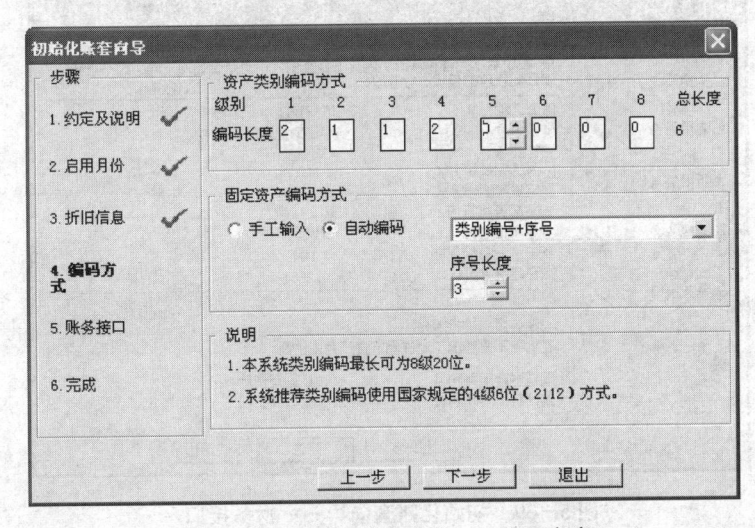

图 5-37 初始化账套向导——编码方案

（7）单击"下一步"按钮，打开"初始化账套向导——财务接口"对话框，在"固定资产对账科目"栏录入或参照选择"1601"、在"累计折旧对账科目"栏录入或参照选择"1602"，单击取消"在对账不平情况下允许固定资产月末结账"复选框中的"√"，如图 5-38 所示。

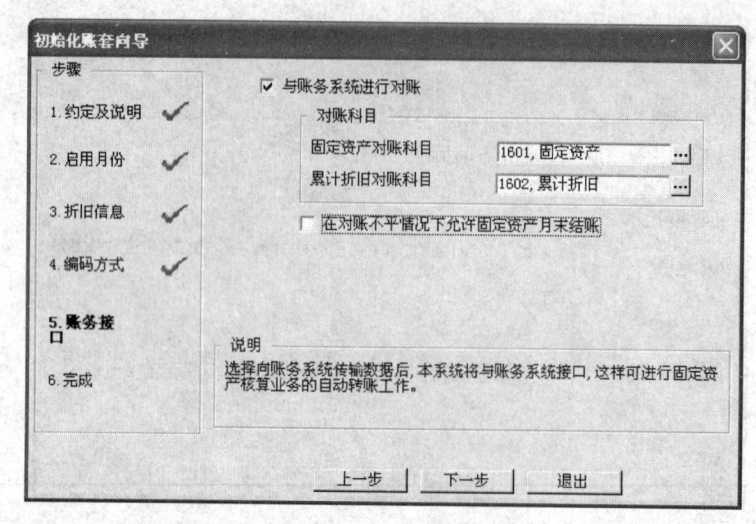

图 5-38　初始化账套向导——财务接口

（8）单击"下一步"按钮，打开"初始化账套向导——完成"对话框，如图 5-39 所示。

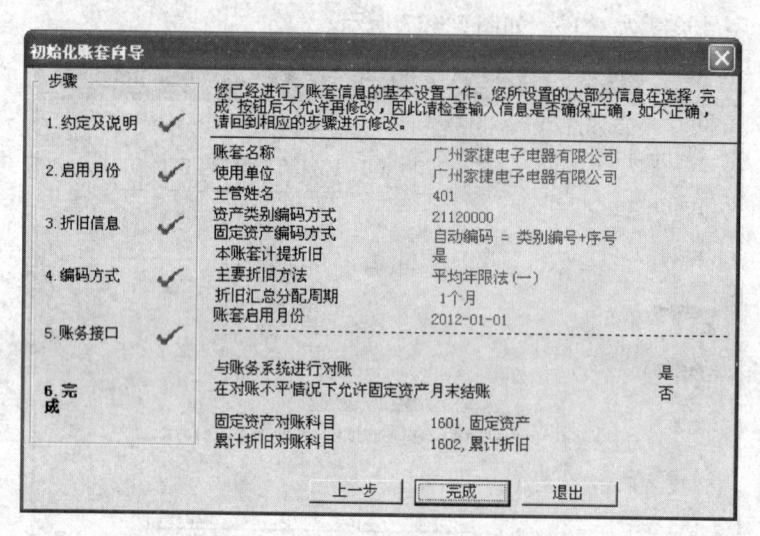

图 5-39　初始化账套向导——财务接口

（9）单击"完成"按钮，系统弹出信息提示框，如图 5-40 所示。

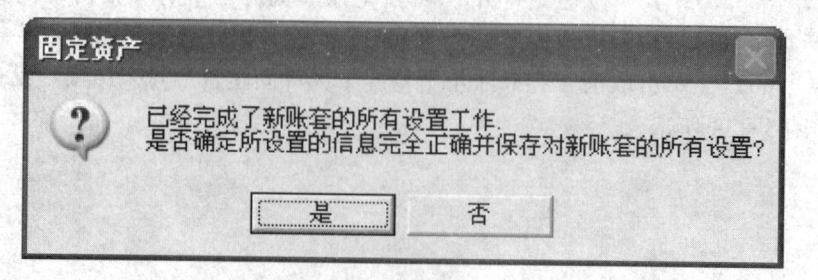

图 5-40　信息提示框 1

(10) 单击"是"按钮，系统弹出信息提示框，如图5-41所示。

图5-41 信息提示框2

(11) 单击"确定"按钮，完成固定资产建账工作。

(二) 固定资产账套参数设置

固定资产账套参数设置是指将企业的固定资产账套按照企业对固定资产管理的特定需求进行个性化设置，它关系到企业后续固定资产管理系统的业务和流程处理。因此，在进行固定资产管理系统参数设置时，企业要全面考虑本身的管理制度与需求。

用友U8在建立固定资产账套时，对账套的部分参数已经进行了选择和设置，但还不全面，如果需要继续完善，可以在"固定资产"—"设置"—"选项"中进行。

"广州家捷电子电器有限公司"在固定资产业务发生后，会计一般会及时填制有关凭证，月末结账前一定要完成所有的制单和登账业务；同时，在固定资产业务凭证填制时，根据会计准则，设置了默认的入账科目。对以上需求的设置过程如下：

(1) 在"业务工作"选项卡中，执行"财务会计"—"固定资产"—"设置"—"选项"命令，打开"选项"对话框。

(2) 单击"编辑"按钮，进入选项编辑状态。"基本信息"选项卡中的数据置灰，说明其只能查看不能修改，其他选项卡中的项目可以根据企业的实际进行对应的设置。

(3) 单击"与财务系统接口"选项卡，在"业务发生后立即制单"复选框中打"√"，在"[固定资产]缺省入账科目"文本框中参照输入"1601"，在"累计折旧缺省入账科目"文本框中参照输入"1602"，如图5-42所示。

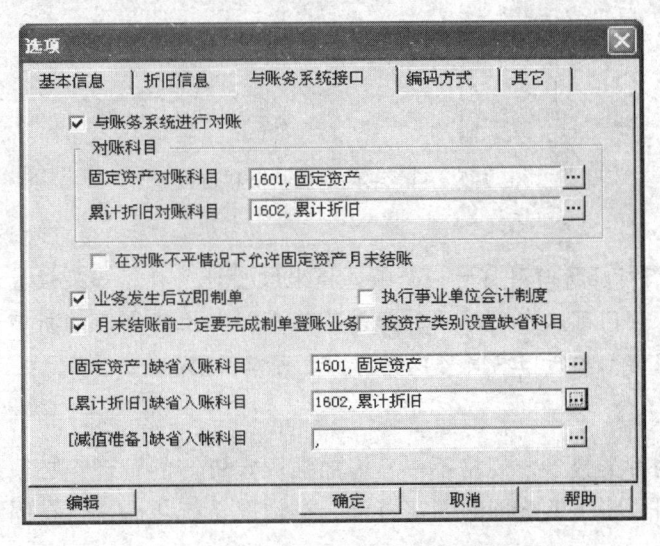

图5-42 "选项——与财务接口"设置

（4）单击"确定"按钮，保存相关设置后返回。

（三）部门对应折旧科目设置

固定资产计提折旧后必须把折旧归入成本或费用。当按部门归集折旧费用时，可以预设部门折旧费用归集的会计科目；当录入固定资产卡片时，该科目会自动按输入的部门显示在对应的折旧科目的位置，不必逐个输入。

【操作步骤】

（1）在"企业应用平台"的"业务工作"选项卡中，执行"财务会计"—"固定资产"—"设置"—"部门对应折旧科目"命令，打开"部门对应折旧科目"设置窗口。

（2）单击"固定资产部门编码目录"下的"经理办公室"，再单击"修改"按钮，进入"单张视图"编辑状态。

（3）在"折旧科目"栏录入或参照输入"660202"，如图5-43所示。

（4）单击"保存"按钮。以此方法继续录入其他部门对应的折旧科目。

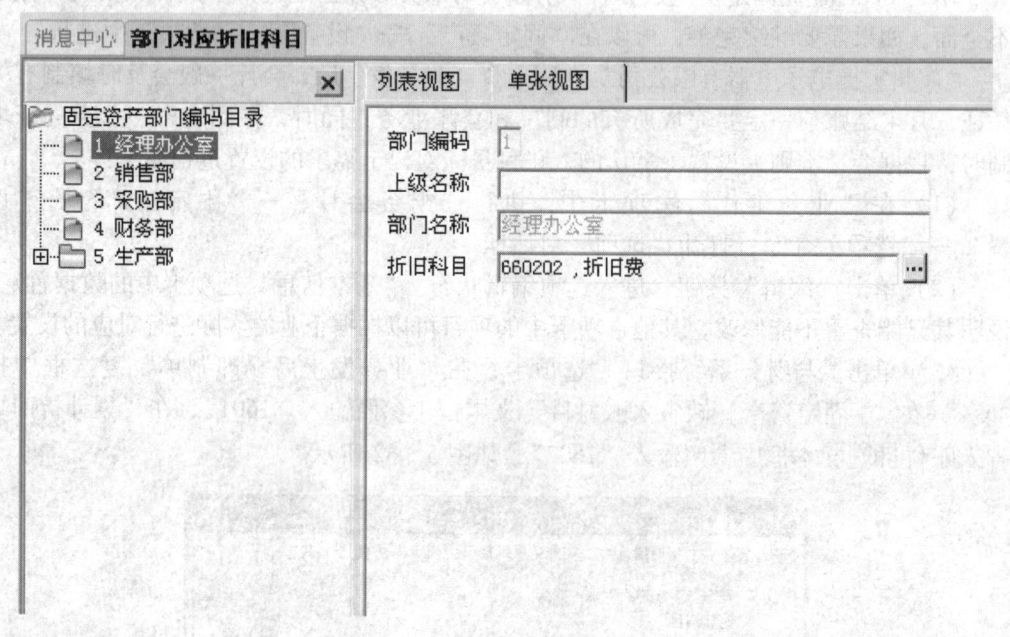

图5-43 部门对应折旧科目设置

提示：

● 设置部门对应折旧科目时，必须选择末级会计科目。如果设置了上级部门的折旧科目，则下级部门可以自动继承；如果下级部门与上级部门的折旧科目不同，可以修改，即上下级部门的折旧科目可以相同，也可以不同。

（四）资产类别设置

固定资产的种类繁多，规格不一，为加强固定资产的管理，必须科学地做好固定资产的分类。可以将手工整理的固定资产分类情况系统化后，再在固定资产管理系统中进行设置。

【操作步骤】

（1）在"企业应用平台"的"业务工作"选项卡中，执行"财务会计"—"固定资产"—"设置"—"资产类别"命令，打开"资产类别"设置窗口。

（2）单击"增加"按钮，进入"单张视图"编辑状态。

（3）根据模拟企业资料，录入数据：类别编号：01；类别名称：房屋及建筑物；使用年限：30；净残值率：5%，其他栏目使用默认值，如图5-44所示。

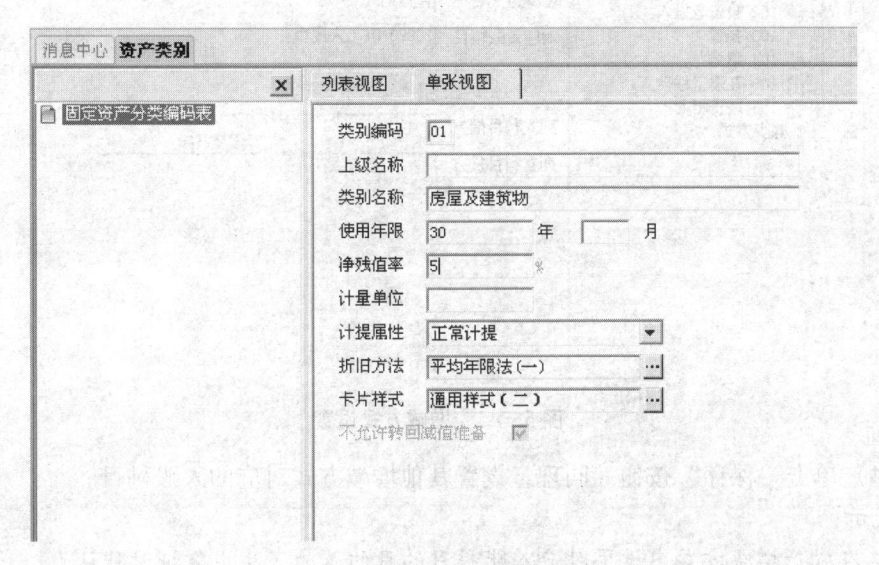

图5-44 资产类别设置

（4）单击"保存"按钮，继续录入下一个资产类别。

提示：

● 固定资产类别为多级时，应建立上级类别后再建立下级类别，下级类别自动继承上级类别的设置，如果下级类别与上级类别的设置不同，可以修改。

● 非明细级类别编码不能修改和删除，明细级类别编码修改时只能修改本级的编码。

● 已使用过类别的计提属性不能修改。

● 系统已使用的类别不允许增加下级和删除。

（五）增减方式设置

固定资产增加的方式主要有：直接购入、投资者投入、捐赠、盘盈、在建工程转入、融资租入等；减少的方式主要有：出售、盘亏、投资转出、捐赠转出、报废、毁损、融资租出、拆分减少等。为了在增减业务发生时，固定资产管理系统能根据不同的增减方式自动地生成记账凭证中的会计科目，就需要按照不同的增减方式预先设置对应的入账科目。

【操作步骤】

（1）在"企业应用平台"的"业务工作"选项卡中，双击"财务会计"—"固定资产"—"设置"—"增减方式"选项，进入"增减方式"设置窗口。

(2) 单击选中"直接购入",再单击"修改"按钮,进入"单张视图"编辑状态。
(3) 在"对应入账科目"栏录入"10020101",如图 5-45 所示。

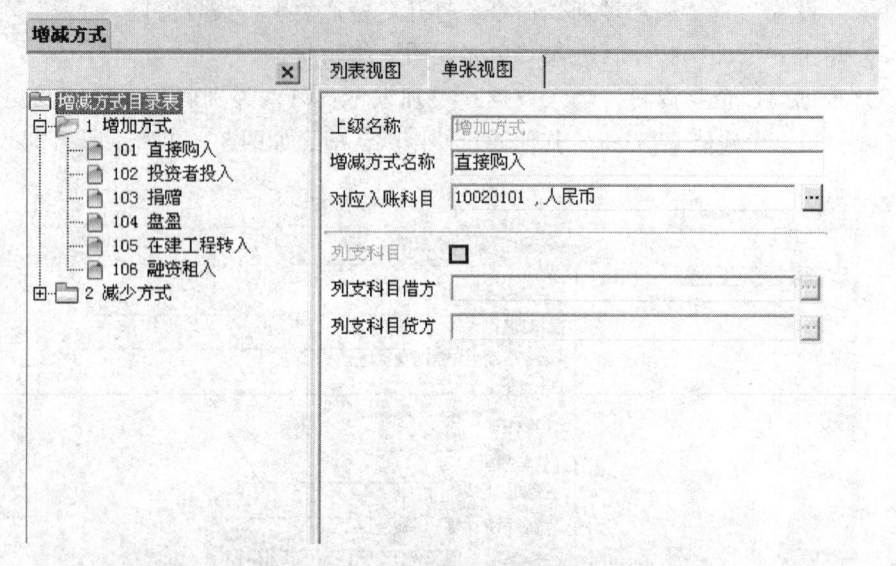

图 5-45 增减方式设置

(4) 单击"保存"按钮。同理,设置其他增减方式对应的入账科目。
提示:
● 在资产增减方式中设置对应入账科目的目的是为了生成凭证时默认。
● 因为本系统提供的报表中有固定资产盘盈盘亏报表,所以增减方式中"盘盈、盘亏、毁损"不能修改和删除。
● 如果系统提供的增减方式目录不能满足核算的需要,可以单击"增加"按钮随时增加。
● 非明细增减方式不能删除;已使用的增减方式不能删除。
● 生成凭证时,如果入账科目发生了变化,可以即时修改。

(六) 使用状况设置

固定资产的使用状况将影响固定资产折旧的计算和计提,为了正确地计算和计提折旧,需要明确固定资产的使用状况;同时,也便于企业统计资产的使用情况,提高资产的利用效率。

系统已预置固定资产主要的使用状况,分为使用中、未使用、不需用三大类,在使用中又分为在用、季节性停用、经营性出租、大修理停用四种状况。用户可根据企业的具体情况增加或修改固定资产使用状况目录,根据不同类别的固定资产使用状况决定是否需要计提折旧。

用户可在"企业应用平台"的"业务工作"选项卡中,双击"财务会计"—"固定资产"—"设置"—"使用状况"选项,进入"使用状况"设置窗口,如图 5-46 所示。

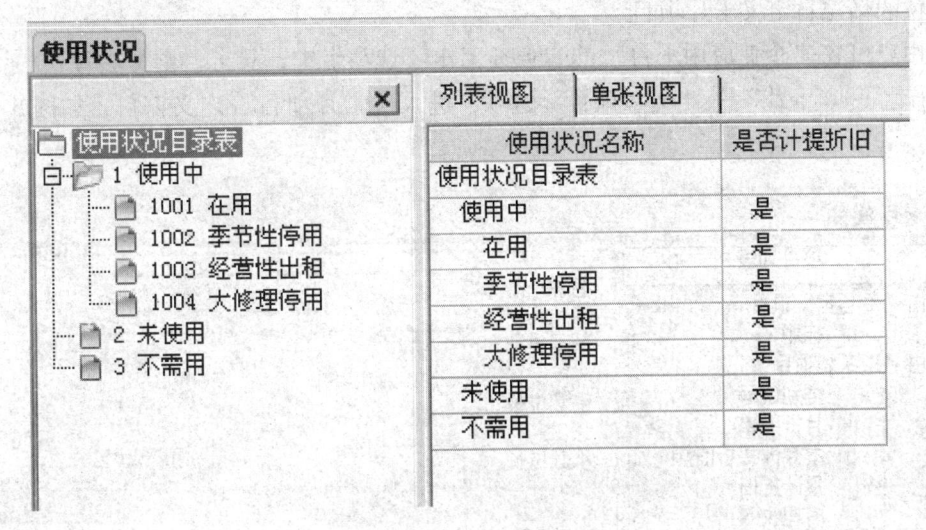

图 5-46 使用状况设置

在"使用状况目录表"中,选中需要增加或修改的类别,单击"增加"或"编辑"按钮进行对应的设置。

(七)折旧方法设置

折旧方法设置是系统自动计算折旧的基础。系统提供了常用的折旧方法,并列出了对应的折旧计算公式,如图 5-47 所示。

图 5-47 折旧方法设置

这几种方法是系统默认的折旧方法,只能选用,不能删除和修改。如果这几种方法不能满足需要,系统提供了折旧方法自定义功能,企业可以定义适合本单位的折旧方法的名称和计算公式。

(八)卡片项目定义

卡片项目是固定资产卡片上用来记录固定资产资料的栏目,如资产编号、资产名称、购入日期、原值、使用年限、折旧方法等。固定资产系统提供了一些常用的卡片必须有的项目,但这些项目不一定能满足企业对资产管理的特殊需要,企业可以根据本单位的情况自定义卡片项目。

用户可在"企业应用平台"的"业务工作"选项卡中,双击"财务会计"—"固定资产"—"卡片"—"卡片项目"选项,进入"卡片项目"定义窗口,如图5-48所示。

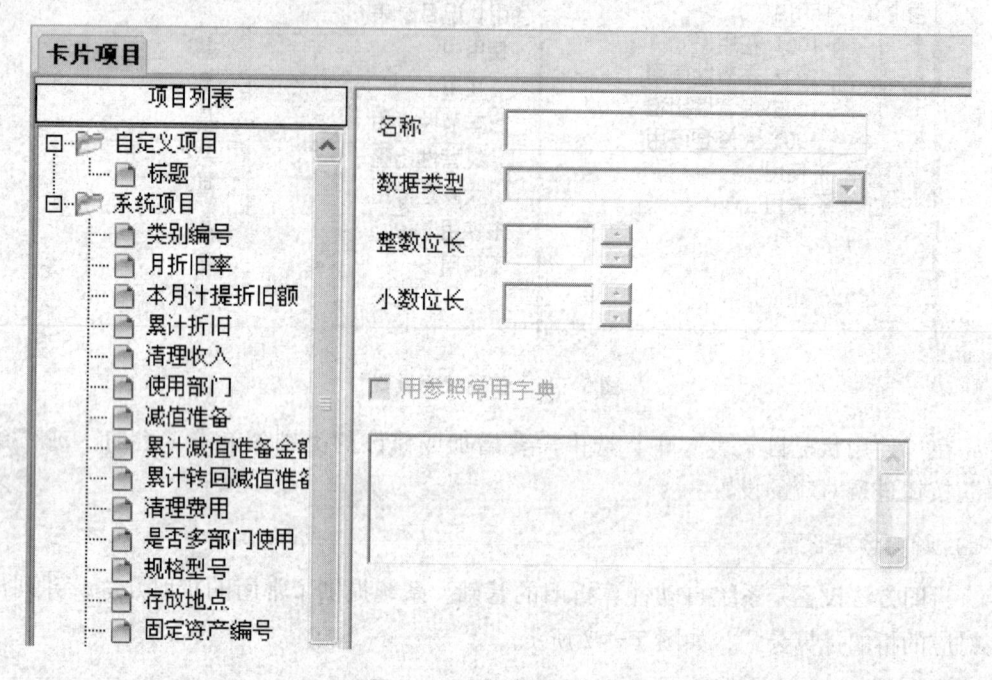

图5-48 卡片项目定义

卡片项目实际上是固定资产卡片文件中的字段,所以定义卡片项目时,需要定义名称、数据类型、整数位长、小数位长。

(九) 卡片样式定义

卡片样式是指卡片的外观形象,包括格式(是否有表格线、对齐方式、字体大小、字型等)、项目和项目的位置。不同企业所需的卡片样式可能不同,企业可以根据需要定义自己的卡片样式。系统默认的卡片样式是通用样式,也可以在通用样式的基础上进行修改。

用户可在"企业应用平台"的"业务工作"选项卡中,双击"财务会计"—"固定资产"—"卡片"—"卡片样式"选项,进入"卡片样式"定义窗口,进行对应的设置。

"广州家捷电子电器有限公司"的固定资产卡片采用"通用样式",不需要另行设置。

(十) 原始卡片录入

在固定资产管理系统启用之前企业已存在的固定资产资料,以原始卡片的形式录入系统。企业在使用固定资产管理系统进行正式核算前,必须将原始卡片资料录入系统,以保持历史资料的连续性。

根据模拟企业资料，录入固定资产原始卡片如下：

【操作步骤】

(1) 在"企业应用平台"的"业务工作"选项卡中，双击"财务会计"—"固定资产"—"卡片"—"录入原始卡片"选项，打开"固定资产类别档案"窗口，如图5-49所示。

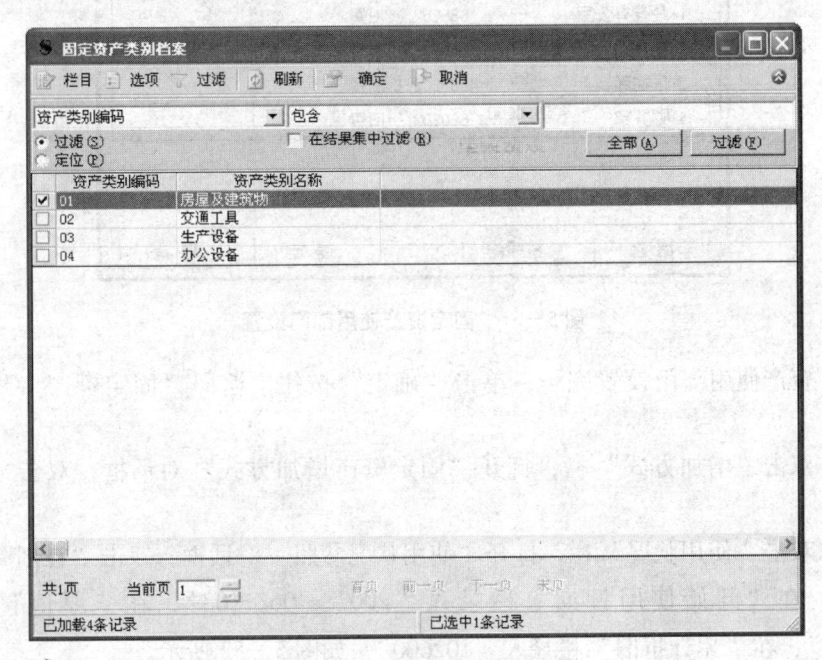

图5-49　固定资产类别档案

(2) 双击"房屋及建筑物"，进入"固定资产卡片"录入窗口。

(3) 在"固定资产名称"栏录入"办公楼"。

(4) 双击"使用部门"栏，打开"固定资产—本资产部门使用方式"对话框，如图5-50所示。

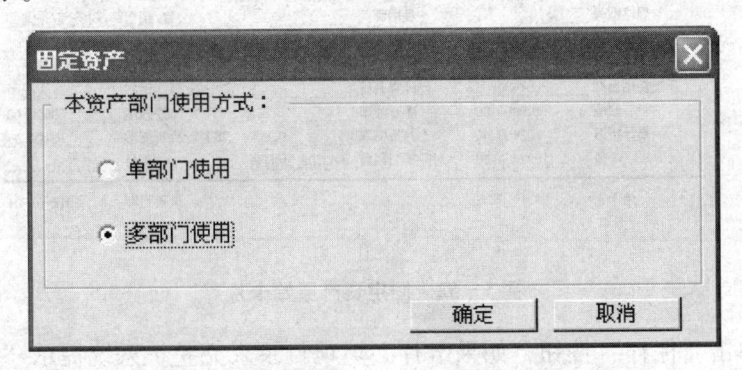

图5-50　"固定资产—本资产部门使用方式"对话框

(5) 选择"多部门使用"，单击"确定"按钮，打开"使用部门"对话框。

(6) 单击"增加"按钮，在使用部门栏单击"…"按钮，选择"经理办公室"；在"使用比例"栏录入"25"；回车确认。重复本步骤，录入本资产的其他使用部门，如图5-51所示。

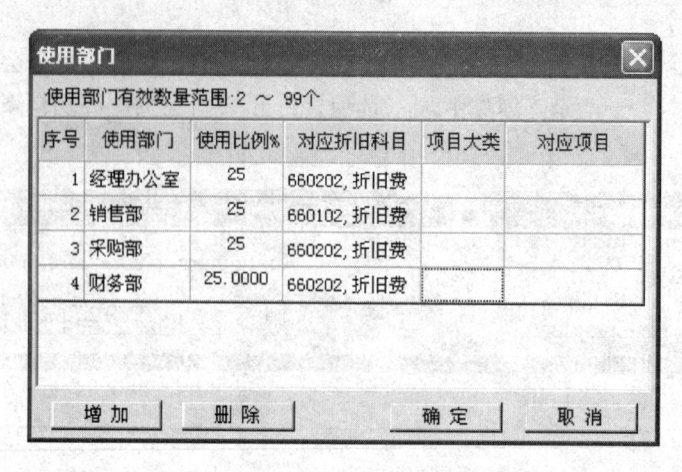

图5-51 固定资产使用部门设置

（7）资产使用部门设置完毕，单击"确定"按钮，返回"固定资产卡片"录入窗口。

（8）双击"增加方式"栏，打开"固定资产增加方式"对话框，双击"直接购入"。

（9）双击"使用状况"栏，打开"使用状况参照"对话框，双击"在用"。

（10）在"开始使用日期"栏录入"2007-06-08"，在"原值"栏录入"1200000"，在"累计折旧"栏录入"102600"，如图5-52所示。

图5-52 固定资产原始卡片

（11）单击"保存"按钮，如果卡片必填项目录入完整，系统提示"数据成功保存！"，否则会提示应录入的项目。

（12）单击"确定"按钮。依此方法录入其他的固定资产卡片。

（13）所有的原始卡片录入完毕，执行"固定资产"—"处理"—"对账"命令，与账务系统对账。结果如图5-53所示。

图 5-53　固定资产对账

提示：
● 在固定资产卡片界面中，除了"固定资产卡片"主卡片外，还有若干的附属选项卡，附属选项卡上的信息只供参考，不参与计算。
● 单个资产对应多个使用部门时，卡片上的对应折旧科目处不能输入，默认为选择使用部门时设置的折旧科目。
● 原始卡片录入完毕，一定要执行"对账"命令，与总账系统核对有关数据是否一致，如果不一致，要检查纠正。

三、账套备份

在"D:\账套备份"文件夹中新建"2-3 固定资产初始化"文件夹，将账套输出至"2-3 固定资产初始化"文件夹中。

第四节　应收款管理系统初始化

应收款管理系统初始化设置主要包括账套参数设置、初始设置、期初余额输入等。

一、账套参数设置

应收款系统运行前，应先设置运行所需要的账套参数，以便系统根据设定的选项进行相应的处理
"广州家捷电子电器有限公司"设置的应收款管理系统的参数为：
● 应收账款的核销方式：按单据
● 单据审核日期依据：单据日期
● 汇兑损益方式：月末处理
● 坏账处理方式：应收账款余额百分比法
● 代垫费用类型：其他应收单
● 应收款核算类型：详细核算

- 受控科目制单依据：明细到客户
- 非受控科目制单方式：汇总方式

【操作步骤】

（1）在"企业应用平台"的"业务工作"选项卡中，执行"财务会计"—"应收款管理"—"设置"—"选项"命令，打开"账套参数设置"窗口。

（2）单击"编辑"按钮，单击"坏账处理方式"栏的下三角按钮，在下拉列表框中选择"应收余额百分比法"，如图5-54所示。

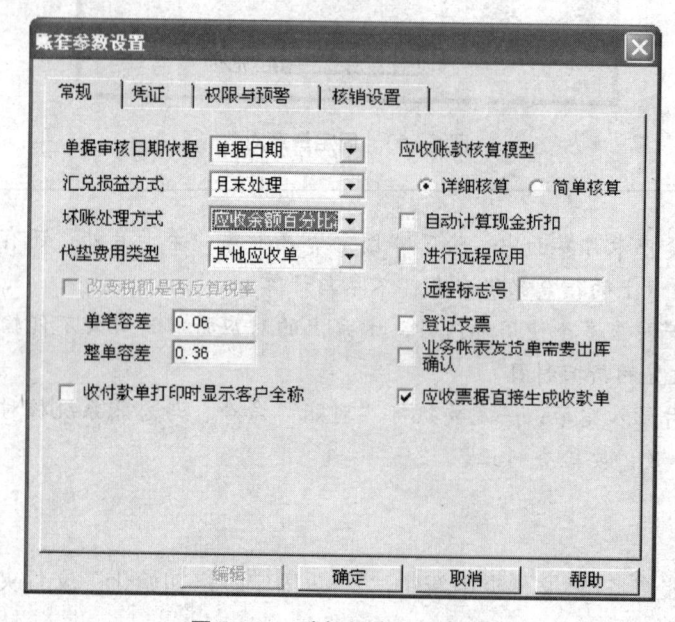

图5-54 选择坏账处理方式

（3）单击"凭证"、"权限与报警"、"核销设置"选项卡，按资料进行对应的设置。

（4）设置完毕，单击"确定"按钮。

账套参数说明：

1．"常规"选项卡

（1）单据审核依据。系统提供两种确认单据审核日期的依据，即单据日期和业务日期。

如果选择单据日期，则在单据处理功能中进行单据审核时，自动将单据的审核日期（即入账日期）记为该单据的单据日期。

如果选择业务日期，则在单据处理功能中进行单据审核时，自动将单据的审核日期（即入账日期）记为当前业务日期（即登录日期）。

提示：

● 因为单据审核后才能记账，故单据审核日期依据单据日期还是业务日期决定了业务总账、业务明细账、余额表等的查询期间取值。如果使用单据日期为审核日期，则月末结账时单据必须全部审核。因为下月无法以单据日期为审核日期。业务日期无此要求。

● 在账套使用过程中，可以随时将选项从按单据日期改成按业务日期。

● 在账套使用过程中，若需要将选项从按业务日期改成按单据日期，则需要判断当前未审核单据中有无单据日期在已结账月份的单据。若有，则不允许修改；否则才允许修改。

（2）汇兑损益方式

系统提供两种汇兑损益的方式，即外币余额结清时计算和月末处理两种方式。

外币余额结清时计算：仅当某种外币余额结清时才计算汇兑损益，在计算汇兑损益时，界面中仅显示外币余额为0且本币余额不为0的外币单据。

月末计算：每个月末计算汇兑损益，在计算汇兑损益时，界面中显示所有外币余额不为0或者本币余额不为0的外币单据。

提示：

● 在账套使用过程中可以修改该参数。

（3）坏账处理方式

系统提供两种坏账处理的方式，即备抵法和直接转销法。

如果选择备抵法，还应该选择具体的方法，系统提供了三种备抵的方法，即应收余额百分比法、销售收入百分比法、账龄分析法三种方法。这三种方法需要在初始设置中录入坏账准备期初和计提比例或输入账龄区间等，并在坏账处理中进行后续处理。

如果选择了直接转销法，当坏账发生时，直接在坏账发生处将应收账款转为费用即可。

提示：

● 在账套使用过程中，如果当年已经计提过坏账准备，则此参数不可以修改，只能下一年度修改。

（4）代垫费用类型

代垫费用类型解决从销售管理系统传递的代垫费用单在应收系统用何种单据类型进行接收的功能。系统默认为其他应收单，用户也可在单据类型设置中自行定义单据类型，然后在系统选项中进行选择。该选项随时可以更改。

（5）应收账款核算模型

系统提供两种应收款管理系统的应用模型，用户可以选择：简单核算、详细核算。用户必须选择其中一种方式，系统缺省选择详细核算方式。

选择简单核算：应收只是完成将销售传递过来的发票生成凭证传递给总账这样的模式（在总账中以凭证为依据进行往来业务的查询）。如果单位的销售业务以及应收账款业务不复杂，或者现销业务很多，则可以选择此方案。

选择详细核算：应收可以对往来进行详细的核算、控制、查询、分析。如果单位的销售业务以及应收款核算与管理业务比较复杂，或者需要追踪每一笔业务的应收款、收款等情况，或者需要将应收款核算到产品一级，那么需要选择详细核算。

提示：

● 该选项在系统启用时或者还没有进行任何业务（包括期初数据录入）才允许从简单核算改为详细核算；从详细核算改为简单核算随时可以进行，但要慎重，一旦有数据，简单核算就改不回详细核算。

（6）是否自动计算现金折扣

用户可以选择计算现金折扣和不计算现金折扣两种方式。

若选择自动计算，需要在发票或应收单中输入付款条件，则在核销处理界面中，系统依据付款条件自动计算该发票或应收单可享受折扣，也可输入本次折扣进行结算，则原币余额＝原币金额－本次结算金额－本次折扣。

提示：

● 在账套使用过程中可以修改该参数。

● 若选择自动计算现金折扣，需要通过单据核销界面中的栏目设置，将可享受折扣和本次折扣栏目进行显示。

（7）是否进行远程应用

用户有两种选择：进行远程应用、不进行远程应用。

如果选择了进行远程应用，则系统在后续处理中提供远程传输收付款单的功能。但必须在此填上远程标识号，远程标识号必须为两位（01-99）。如果本单位在异地有应收业务，则可通过远程应用功能，在两地之间，进行单据等的传递。

如果选择了不进行远程应用，则系统在后续处理中将不提供远程传输单据的功能，且也不需要填上远程标识号。

提示：

● 在账套使用过程中您可以修改该参数。

（8）是否登记支票

是否登记支票是系统提供给用户自动登记支票登记簿的功能。

选择登记支票，则系统自动将具有票据管理的结算方式的付款单登记支票登记簿。

若不选择登记支票登记簿，则用户也可以通过付款单上的"登记"按钮，进行手工填制支票登记簿。

提示：

● 该选项可以随时修改。

（9）改变税额是否反算税率

税额一般不用修改，在特定情况下，如系统和手工计算的税额相差几分钱，用户可以对税额进行调整。

打钩表示改变税额时反算税率，系统默认为不选中，即改变税额时不反算税率。

若选择是，则税额变动反算税率，不进行容差控制。

若选择否，则税额变动不反算税率，系统将进行容差控制。容差是可以接受的误差范围。在调整税额尾差（单笔）、保存（整单）时，系统将检查是否超过容差：超过则不允许修改，未超过则允许修改。请用户设置以下两项容差：

单笔容差：录入，默认为.06。修改税额超过容差时，系统提示超出容差范围，取消修改，恢复原税额。

整单容差：录入，默认为.36。保存单据超过合计容差时，系统提示，返回单据。

提示：

● 税额变动时，系统将变动差额与容差进行比较，如果变动差额大于设置的容差数值，系统提示"输入的税额变化超过容差"，恢复原税额。变动差额＝无税金额×税率－税额。

● 单笔容差根据表体无税金额、税额、税率计算；整单容差根据无税金额合计、税额合计、表头税率计算。

● 若单据表体存在多种税率，则系统不进行合计容差控制。

● 本参数只能在销售系统没有启用时方可设置，如销售系统已启用，则只能查看，不能编辑。

（10）应收票据直接生成收款单

此选项默认选择为是。

如果选择为是，则表示应收票据保存时，则同时生成收款单。

如果选择为否，则表示应收票据保存后，不生成收款单，需在票据界面手工点"生成"按钮才可生成收款单。

（11）收付款单打印显示客户全称

2."凭证"选项卡

（1）受控科目制单方式

用户有两种制单方式供选择：明细到客户、明细到单据。

明细到客户：当将一个客户的多笔业务合并生成一张凭证时，如果核算这多笔业务的控制科目相同，系统将自动将其合并成一条分录。这种方式的目的是在总账系统中能够根据客户来查询其详细信息。

明细到单据：当将一个客户的多笔业务合并生成一张凭证时，系统会将每一笔业务形成一条分录。这种方式的目的是在总账系统中也能查看到每个客户的每笔业务的详细情况。

提示：

● 在账套使用过程中，可以随时修改该参数的设置。

● 受控科目在合并分录时若自动取出的科目相同，辅助项为空，则不予合并成一条分录。

（2）非控科目制单方式

用户有三种制单方式供选择：明细到客户、明细到单据、汇总制单的方式。

明细到客户：当将一个客户的多笔业务合并生成一张凭证时，如果核算这多笔业务的非受控制科目相同、且其所带辅助核算项目也相同，则系统自动将其合并成一条分录。这种方式的目的是在总账系统中能够根据客户来查询其详细信息。

明细到单据：当将一个客户的多笔业务合并生成一张凭证时，系统会将每一笔业务形成一条分录。这种方式的目的是在总账系统中也能查看到每个客户的每笔业务的详细情况。

汇总制单：当将多个客户的多笔业务合并生成一张凭证时，如果核算这多笔业务的非控制科目相同、且其所带辅助核算项目也相同，则系统将自动将其合并成一条分录。这种方式的目的是精简总账中的数据，在总账系统中只能查看到该科目的一个总的发生额。

提示：
● 在账套使用过程中，可以随时修改该参数的设置。
● 非受控科目在合并分录时若自动取出的科目相同，辅助项为空，则不予合并成一条分录。

（3）控制科目依据

应收控制科目指所有带有客户往来辅助核算并受控于应收系统的科目。在会计科目中进行设置。

本系统提供六种设置控制科目的依据：按客户分类、按客户、按地区、按销售类型、按存货分类、按存货。

按客户分类设置：客户分类指根据一定的属性将往来客户分为若干大类，例如，可以将客户根据时间分为长期客户、中期客户和短期客户；也可以根据客户的信用将客户分为优质客户、良性客户、一般客户和信用较差的客户等。在这种方式下，企业可以针对不同的客户分类设置不同的应收科目和预收科目。

按客户设置：可以针对不同的客户在每一种客户下设置不同的应收科目和预收科目。这种设置适合特殊客户的需要。

按地区设置：可以针对不同的地区分类设置不同的应收科目和预收科目。例如，将客户分为华东、华南、东北等地区，可以在不同的地区分类下设置科目。

按销售类型设置：可以针对不同的销售类型设置不同的应收科目和预收科目。

按存货分类设置：可以针对不同的存货分类设置不同的应收科目和预收科目。

按存货设置：可以针对不同的存货设置不同的应收科目和预收科目。

提示：
● 在账套使用过程中，可以随时修改该参数的设置。

用途：

对单据制单时，若单据上有科目，则直接取单据上的科目；若无，则取"控制科目设置"中设置的科目。

若在"控制科目设置"设置处未设置控制科目，则系统将取"设置科目"—"基本科目设置"中设置的应收科目。若在"基本科目设置"中也未设置科目，则将手工输入凭证科目。

（4）销售科目依据

本系统提供了五种设置存货销售科目的依据，即按存货分类、按存货、客户、客户分类、销售类型。在此设置的销售科目，是系统自动制单科目取值的依据。

按存货分类设置：存货分类是指根据存货的属性对存货所划分的大类，例如，可以将存货分为原材料、燃料及动力、半成品及产成品等大类，可以针对这些存货分类设置不同的科目。

按存货设置：如果存货种类不多，可以直接针对不同的存货设置不同的科目。

按客户设置：如果客户不多，可以直接针对不同的客户设置不同的科目。

按客户分类设置：客户分类是指根据客户的属性对客户所划分的大类，可以针对这些客户分类设置不同的科目。

按销售类型设置：可以针对用户的销售类型设置不同的科目。

提示：
- 账套使用过程中，可以随时修改该参数的设置。
- 设置销售科目依据是为了在"产品科目设置"中可以针对不同的存货（存货分类、客户、客户分类、销售类型）设置不同的产品销售收入科目、应交增值税科目。

用途：

系统制单时，若单据上未带科目，则取在"产品科目设置"设置处设置的产品科目，若未设置产品科目，则系统将取"设置科目"—"基本科目设置"中设置的销售科目及税金科目。若在"基本科目设置"中也未设置科目，则将手工输入凭证科目。

（5）月末结转账前是否全部生成凭证

如果选择了月末结账前需要将全部的单据和处理生成凭证，则在进行月末结账时将检查截止到结账月是否有未制单的单据和业务处理。若有，系统将提示不能进行本次月结处理，但可以详细查看这些记录；若没有，才可以继续进行本次月结处理。

如果选择了在月末结账前不需要将全部的单据和处理生成凭证，则在月结时只是允许查询截止到结账月的未制单的单据和业务处理，不进行强制限制。

提示：
- 在账套使用过程中可以修改该参数。

（6）方向相反的分录是否合并

设置科目相同、辅助项相同、方向相反的凭证分录是否合并。

选择合并：在制单时若遇到满足合并分录的要求，且分录的情况如上所描述的，则系统自动将这些分录合并成一条，根据在那边显示为正数的原则来显示当前合并后分录的显示方向。

选择不合并：在制单时若遇到满足合并分录的要求，且分录的情况如上所描述的，则不能合并这些分录，还是根据原样显示在凭证中。

提示：
- 系统缺省选择不合并分录，该选项可以随时修改。
- 即使选择合并分录，在坏账收回制单时也不合并应收账款科目，即该选项对坏账收回制单无效。

（7）核销是否生成凭证

选择否，不管核销双方单据的入账科目是否相同均不需要对这些记录进行制单。

选择是，则需要判断核销双方的单据当时的入账科目是否相同，不相同时，需要生成一张调整凭证。

提示：
- 缺省为否，可以随时修改。

（8）预收冲应收是否生成凭证

选择需要：对于预收冲应收业务，当预收、应收科目不相同时，需要生成一张转账凭证。

选择不需要：对于预收冲应收业务不管预收、应收科目是否相同均不需要生成凭证。

提示：
- 选择需要生成凭证的情况下，月末结账时需要对预收冲应收进行分别检查有无没有制单的记录；在选择不需要生成凭证的情况下，月末结账时不需要检查预收冲应收记录有无制单。
- 系统缺省选择需要进行制单，该选项可以随时修改。

(9) 红票对冲是否生成凭证

若在系统选项中选择"红票对冲需要生成凭证"，则对于红票对冲处理，当对冲单据所对应的受控科目不相同时，需要生成一张转账凭证。

选择不需要：对于红票对冲处理，不管对冲单据所对应的受控科目是否相同均不需要生成凭证。

选择需要生成凭证的情况下，月末结账时需要对红票对冲处理分别检查有无需要制单的记录；在选择不需要生成凭证的情况下，月末结账时不需要检查红票对冲处理制单情况。

提示：
- 系统缺省选择需要进行制单，该选项可以随时修改。

(10) 凭证是否可编辑

选项为空，意味着生成的凭证可以修改；选项不为空，意味着生成的凭证不可修改。

不可修改意味着凭证上的各个项目均不可修改，包括科目、金额、辅助项（项目、部门）、日期等。

(11) 单据审核后是否立即制单

默认选择为是。

选择为是，表示所有单据或业务处理后需要提示是否立即生成凭证。

选择为否，表示所有单据或业务处理后不再提示是否立即生成凭证。

(12) 收付款单制单表体科目不合并

默认为不选择此项。

不选择此项，表示收付款单制单时要依据制单的业务规则进行合并。

选择此项，表示收付款单制单时，表体科目无论是否科目相同、辅助项相同，制单时均不合并。

提示：
- 此选项可随时修改。

(13) 应收单制单表体科目不合并

默认为不选择此项。

不选择此项，表示应收单制单时要依据制单的业务规则进行合并。

选择此项，表示应收单制单时，表体科目无论是否科目相同、辅助项相同，制单时均不合并。

提示：
- 此选项可随时修改。

3. "权限与预警"选项卡

（1）是否启用客户权限

只有在企业门户"控制台—数据权限控制设置"中客户进行记录集数据权限控制时，该选项才可设置。账套参数中对客户的记录集权限不进行控制时，应收系统中不对客户进行数据权限控制。有如下两种选择：

选择启用：在所有的处理、查询中均需要根据该用户的相关客户数据权限进行限制。通过该功能，企业可加强客户管理的力度，提高数据的安全性。

选择不启用：在所有的处理、查询中均不需要根据该用户的相关客户数据权限进行限制。

提示：
- 系统缺省不需要进行数据权限控制，该选项可以随时修改。
- 启用客户数据权限，且在应收系统中查询包括对应供应商数据时不考虑该用户是否对对应供应商是否有权限，即只要该用户对客户有权限就可以查询包含其对应供应商的数据。

（2）是否启用部门权限

只有在企业门户"控制台—数据权限控制设置"中对部门进行记录集数据权限控制时，该选项才可设置。账套参数中对部门的记录集权限不进行控制时，应收款管理系统中不对部门进行数据权限控制。

选择启用：在所有的处理、查询中均需要根据该用户的相关部门数据权限进行限制。通过该功能，企业可加强部门管理的力度，提高数据的安全性。

选择不启用：在所有的处理、查询中均不需要根据该用户的相关部门数据权限进行限制。

提示：
- 系统缺省不需要进行数据权限控制，该选项可以随时修改。

（3）录入发票时显示提示信息

如果选择了显示提示信息，则在录入发票时，系统会显示该客户的信用额度余额以及最后的交易情况。

如果想提高录入的速度，在录入发票时，可以选择不提示任何信息。

提示：
- 在账套使用过程中可以修改该参数。

（4）单据报警

如果选择了根据信用方式报警，则还需要设置报警的提前天数。用户在使用预警平台时会依据这个设置自动将"单据到期日－提前天数＜＝当前注册日期"的已经审核的单据显示出来，以及时通知客户哪些业务应该回款了。

如果选择了根据折扣方式自动报警，则还需要设置报警的提前天数。用户在使用预警平台时会依据这个设置自动将"单据最大折扣日期－提前天数＜＝当前注册日期"

的已经审核的单据显示出来,以及时通知客户哪业务将不能享受现金折扣待遇。

如果选择了超过信用额度报警,则满足上述设置的单据报警条件的同时,还需满足该客户已超过其设置的信用额度这个条件才可报警。

提示:
- 在账套使用过程中可以修改该参数。
- 按信用方式报警,其单据到期日根据客户档案中信用期限而定,按折扣期则根据单据中的付款条件最大折扣日期计算。

(5) 是否信用额度控制

如果选择了进行信用控制,则在应收款管理系统保存录入的发票和应收单时,当"票面金额+应收借方余额-应收贷方余额>信用额度"时,系统会提示本张单据不予保存处理。

如果选择了不进行信用额度的控制,则在保存发票和应收单时不会出现控制信息。

提示:
- 在账套使用过程中可以修改该参数。
- 该参数的作用范围仅限于在本系统中增加发票和应收单的时候。
- 信用额度控制值选自客户档案的信用额度。
- 此选项不影响销售系统,也就是说:应收系统和销售系统可以分别启用或关闭信用控制。

(6) 信用额度报警

信用比率=信用余额/信用额度,信用余额=信用额度-应收账款余额。

信用额度预警时,需要输入预警的提前比率,且可以选择是否包含"信用额度=0"的客户。

当用户使用预警平台预警时,系统根据设置的预警标准显示满足条件的客户记录,即只要该客户的信用比率小于等于设置的提前比率时就对该客户进行报警处理。若选择"信用额度=0"的客户也预警,则当该客户的"应收账款>0"时即进行预警。

提示:
- 该参数的作用范围仅限于在本系统中增加发票和应收单的时候。
- 信用额度控制值选自客户档案的信用额度。

4. "核销设置"选项卡

(1) 应收款核销方式

本系统提供两种应收款的核销方式,即按单据和按产品。两种方式的含义如下:

按单据核销:系统将满足条件的未结算单据全部列出,由用户选择要结算的单据,根据所选择的单据进行核销。

按产品核销:系统将满足条件的未结算单据按存货列出,由用户选择要结算的存货,根据所选择的存货进行核销。

用途:

如果企业付款时,没有指定具体支付是某个存货的款项,则可以采用按单据核销。对于单位价值较高的存货,企业可以采用按产品核销,即付款指定到具体存货上。一般企业，按单据核销即可。

提示：
● 在账套使用过程中可以随时修改该参数。

(2) 规则控制方式

严格：默认为严格，如果选择严格的控制方式，则核销时严格按照选择的核销规则进行核销，如不符合，则不能完成核销。

提示：选择为提示，则核销时不符合核销规则，提示后，由用户选择是否完成核销。

(3) 核销规则

默认为按客户，可按"客户+其他项"进行组合选择。如选择"客户+部门"，则表示核销时，需客户相同，且部门相同。其他以此类推。

可组合的选项有：客户、部门、业务员、合同、订单、项目、发（销）货单。

(4) 收付款单审核后核销

默认为不选择，则表示收付款单审核后不进行立即核销操作。

可修改为选择，并默认为自动核销，表示收付款单审核后进行立即自动的核销操作；选择为手工核销，则表示收付款单审核后，立即自动进入手工核销界面，由用户手工完成核销。

二、初始设置

初始设置的作用是建立应收款管理的基础数据，确定使用哪些单据处理应收业务，确定需要进行账龄管理的账龄区间，确定各个业务类型的凭证科目。应用这些功能，用户可以选择使用自己定义的单据类型，进行单据的录入、处理、统计分析并制单，使应收业务管理更符合用户的需要。

"广州家捷电子电器有限公司"应收款管理系统所做的初始设置如下：

(一) 科目设置

基本科目是在核算应收款项时经常用到的科目。用户如果设置了常用科目，系统将依据制单规则在生成凭证时自动带入。

(1) 在应收款管理系统中，双击"设置"—"初始设置"选项，打开"初始设置"对话框。

(2) 单击"设置科目"—"基本科目设置"，根据会计核算的基本原理进行对应的科目设置，设置结果如图5-55所示。

图 5-55 应收款管理系统基本科目设置

（3）单击图 5-55 左边的"结算方式科目设置"，进入结算方式科目设置窗口，分别对现金支票、转账支票对应的科目进行设置，设置结果如图 5-56 如示。

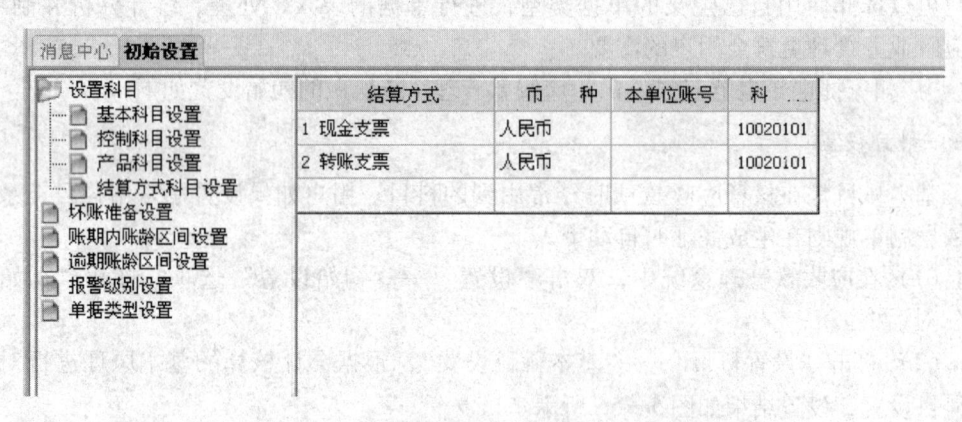

图 5-56 应收款管理系统结算方式科目设置

（4）设置完毕，单击"退出"按钮。

提示：

● 基本科目设置中所设置的应收科目"1122 应收账款"、预收科目"2203 预收账款"，应是总账系统中设置了"客户往来"辅助核算并受控为"应收系统"的科目。如果用户欲对商业承兑科目、银行承兑科目进行对应的设置，其选用的"1121 应收票据"科目也应满足上述条件。

● 如果针对不同的存货分别设置销售收入核算科目，则在此不用设置，可以在"产品科目设置"中进行设置。

● 只有设置了基本科目，在生成凭证时才能直接生成凭证中的会计科目，否则凭证中将没有会计科目，相应的会计科目只能手工录入。

● 以上设置的科目必须是最明细科目。

● 结算科目不能是已经在科目档案中指定为应收款管理系统或者应付款管理系统的受控科目。

(二) 坏账准备设置

【操作步骤】

(1) 在应收款管理系统中，双击"设置"—"初始设置"选项，打开"初始设置"对话框。

(2) 单击"坏账准备设置"，打开"坏账准备设置"窗口，根据所给资料进行设置，结果如图 5-57 所示。

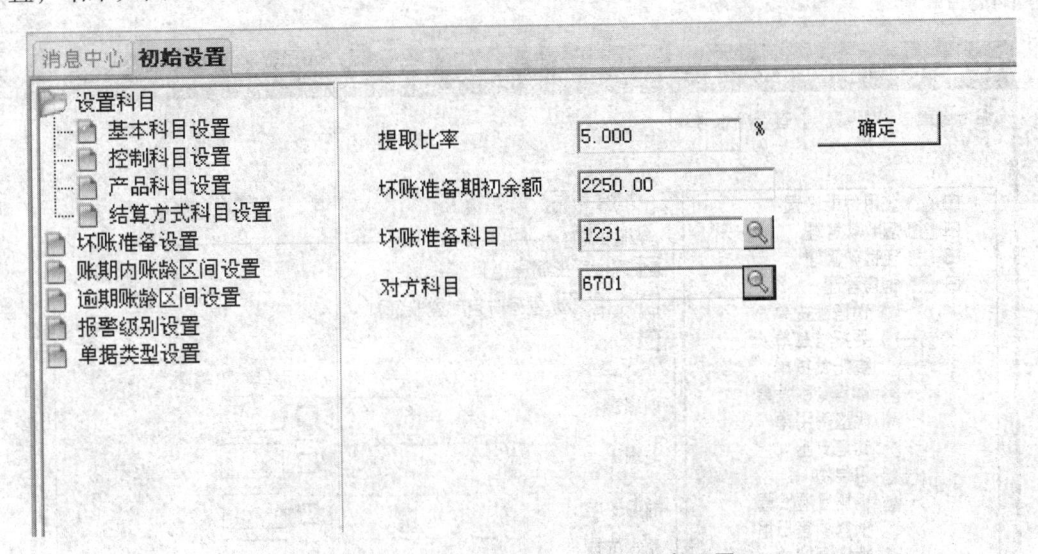

图 5-57　应收款管理系统坏账准备设置

(3) 单击"确定"按钮，弹出"存储完毕"信息提示框，单击"确定"按钮。

提示：

● 如果在"选项"中未选中坏账处理方式为"应收余额百分比法"，则在此处就不能进行"应收余额百分比法"的设置。

● 坏账准备的期初余额应与总账系统中所录入的坏账准备的期初余额相一致。坏账准备的期初余额如果在借方，则用"-"号表示；如果没有期初余额，应将期初余额录为"0"；否则，系统将不予确认。

● 坏账准备期初余额被确认后，只要进行了坏账准备的日常业务处理就不允许再修改。下一年度使用本系统时，可以修改提取比率、区间和科目。

三、单据设置

用友 U8 为了方便用户使用系统，预置了各模块常用单据模板，用户可以自由地定义本企业所需要的单据格式。每一种单据格式设置分为显示单据格式设置和打印单据格式设置。

应收款管理系统涉及销售发票的录入，发票号各地不一样，不能采用系统统一编号，而销售发票模板中的发票号是不能修改的，需要重新设置。

设置步骤如下：

（1）在"企业应用平台"的"基础设置"选项卡中，双击"单据设置"—"单据编号设置"选项，打开"单据编号设置"对话框。

（2）在"编号设置"选项卡中，单击左侧"单据类型"—"销售管理"—"销售专用发票"选项，打开"单据编号设置－［销售专用发票］"对话框，单击"详细信息"上方的"修改"按钮，在"完全手工编号"前面的复选框中打"√"，如图 5-58 所示。

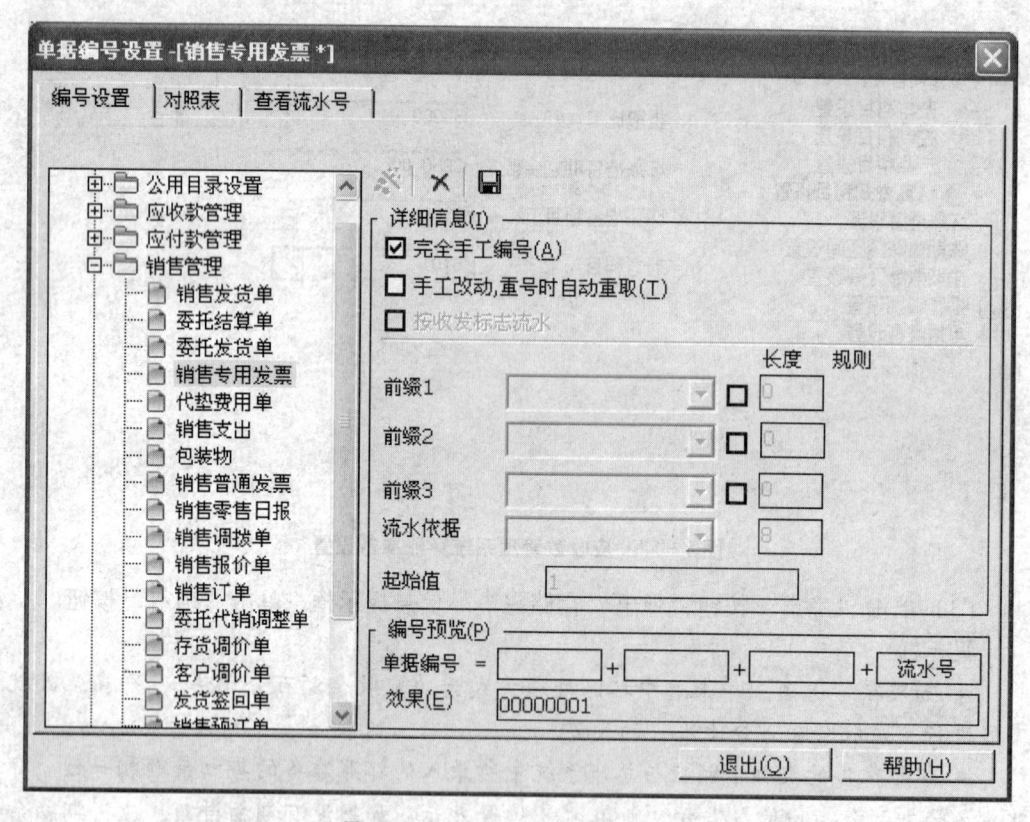

图 5-58 销售专用发票编号设置

（3）单击"保存"按钮，单击"退出"按钮退出。

同理，可对其他需要修改的单据进行对应的设置。

四、输入期初余额

用户可将正式启用账套前的所有应收业务数据录入到系统中,包括未结算完的发票和应收单、预收款单据、未结算完的应收票据以及未结算完毕的合同金额,作为期初建账的数据,系统即可对其进行管理,这样既保证了数据的连续性;又保证了数据的完整性。

当初次使用本系统时,要将上期未处理完全的单据都录入到本系统,以便于以后的处理。当进入第二年度处理时,系统自动将上年度未处理完全的单据转成为下一年度的期初余额,在下一年度的第一个会计期间里,可以进行期初余额的调整。

从"广州家捷电子电器有限公司"的财务数据分析可知,该公司截至2011年12月31日,应收账款余额为48 438元,分别是广州裕隆商场和中山大宇电器所欠货款,这些数据形成了应收款管理系统的期初余额,应将它们录入应收款管理系统。

【操作步骤】

(1) 在"企业应用平台"的"业务工作"选项卡中,双击"财务会计"—"应收款管理"—"设置"—"期初余额"选项,打开"期初余额-查询"对话框。如图5-59所示。

图5-59 "期初余额-查询"对话框

(2) 单击"确定"按钮,打开"期初余额明细表"窗口。
(3) 单击"增加"按钮,打开"单据类别"对话框。
(4) 选择单据名称为"销售发票",单据类型为"销售专用发票",如图5-60

所示。

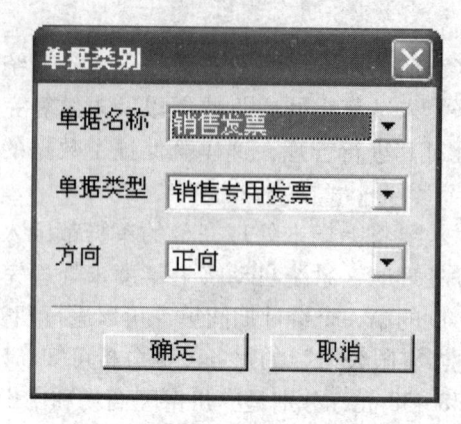

图 5-60 "单据类别"对话框

（5）单击"确定"按钮，打开"销售专用发票"录入窗口。

（6）单击"增加"按钮，根据应收账款明细账，录入广州裕隆商场的数据，结果如图 5-61 所示。

图 5-61 录入期初销售专用发票

（7）单击"保存"按钮。

（8）重复步骤（3）~（7），录入中山大宇电器的数据。

（9）期初余额全部录入完毕，单击工具栏的"对账"按钮，核对应收款系统的数据和总账系统的数据。只有对账正确，才能使用应收款管理系统进行后续的业务处理。对账结果如图 5-62 所示。

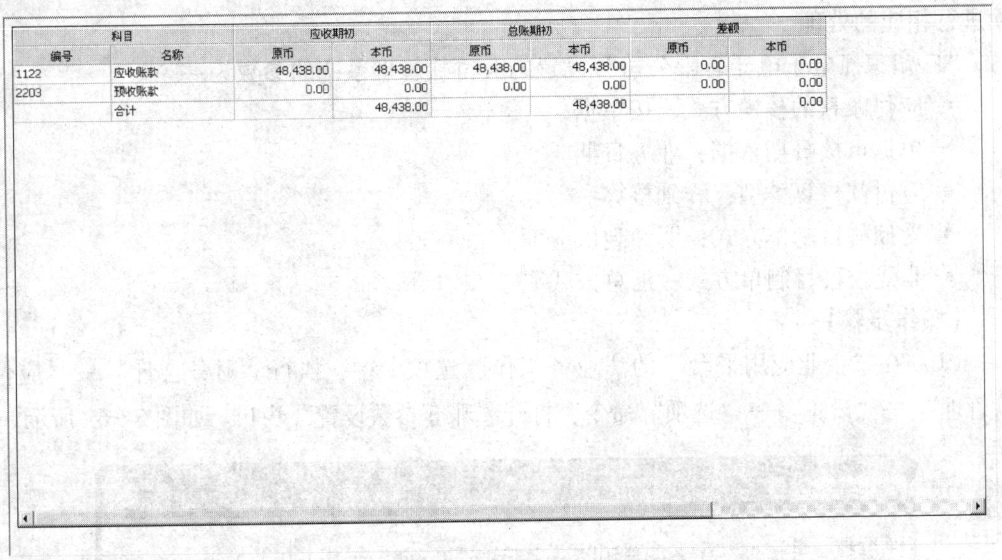

科目		应收期初		总账期初		差额	
编号	名称	原币	本币	原币	本币	原币	本币
1122	应收账款	48,438.00	48,438.00	48,438.00	48,438.00	0.00	0.00
2203	预收账款	0.00	0.00	0.00	0.00	0.00	0.00
	合计		48,438.00		48,438.00		0.00

图 5-62 应收款系统对账

提示：
● 在录入期初余额时，一定要注意期初余额的会计科目，应收款系统与总账系统对账实质上是核对受控会计科目的数据是否一致，如果科目错误将会导致对账错误。
● 如果销售发票的内容相近，可以使用"复制"功能复制后修改，但要注意发票上的会计科目是否录入完整，除表头要录入会计科目外，表体的最后一列也要录入会计科目。
● 系统默认销售专用发票的发票号不允许修改，如果需要修改，要在"单据设置"中进行对应的设置。
● 如果录入的单据没有在"期初余额明细表"窗口中显示，应单击"刷新"按钮。
● 为保证整个系统数据的正确性和连续性，应收款管理系统期初余额录入完毕后，应使用"对账"功能与总账系统核对数据，对账正确后再进行后续的工作。

五、账套备份

在"D:\账套备份"文件夹中新建"2-4 应收初始化"文件夹，将账套输出至"2-4 应收初始化"文件夹中。

第五节 应付款管理系统初始化

应付款管理系统初始化设置主要包括账套参数设置、初始设置、期初余额输入等。

一、账套参数设置

应付款系统运行前，也要先设置运行所需要的账套参数，以便系统根据设定的选

项进行相应的处理

"广州家捷电子电器有限公司"设置的应付款管理系统的参数为:
- 应付账款的核销方式:按单据
- 单据审核日期依据:业务日期
- 应付款核算类型:详细核算
- 受控科目制单方式:明细到供应商
- 非受控科目制单方式:汇总方式

【操作步骤】

(1)在"企业应用平台"的"业务工作"选项卡中,执行"财务会计"—"应付款管理"—"设置"—"选项"命令,打开"账套参数设置"窗口。如图5-63所示。

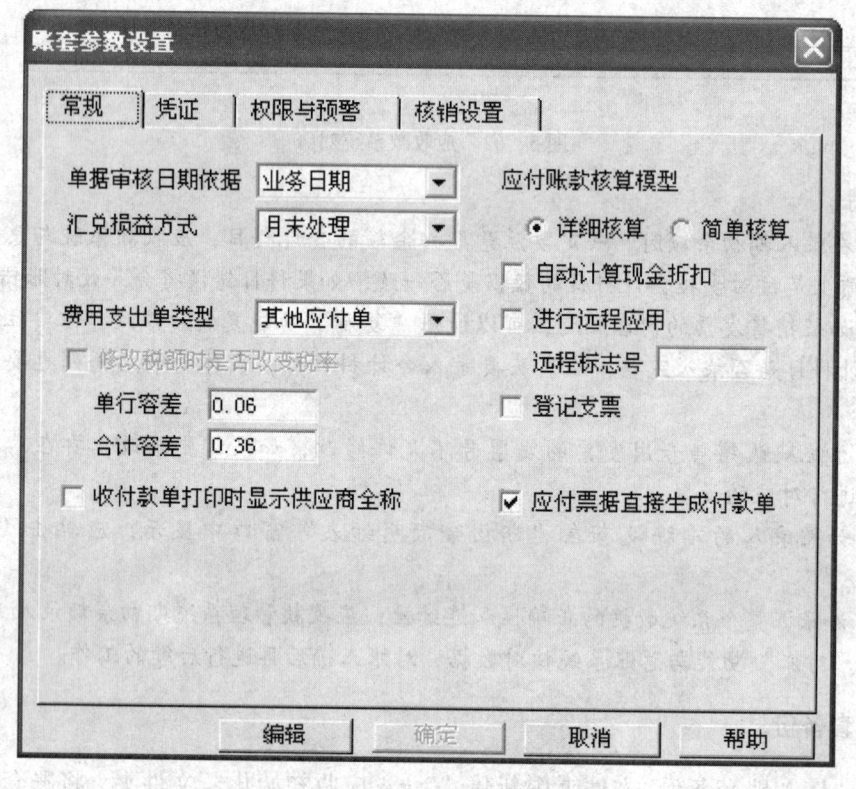

图5-63 应付款管理系统账套参数设置

(2)查看各选项卡的设置与要求是否一致,如果不一致,单击"编辑"按钮进行设置。

(3)设置完毕,单击"确定"按钮。

二、初始设置

原理同应收款管理系统。

"广州家捷电子电器有限公司"应付款管理系统所做的初始设置如下:

基本科目是在核算应付款项时经常用到的科目。用户如果设置了常用科目,系统将依据制单规则在生成凭证时自动带入。

【操作步骤】

(1) 在应付款管理系统中,双击"设置"—"初始设置"选项,打开"初始设置"对话框。

(2) 单击"设置科目"—"基本科目设置",根据会计核算的基本原理进行对应的科目设置,设置结果如图 5-64 所示。

图 5-64 应付款管理系统基本科目设置

(3) 单击图 5-64 左边的"结算方式科目设置",进入结算方式科目设置窗口,分别对现金支票、转账支票等结算方式对应的科目进行设置,设置结果如图 5-65 如示。

图 5-65 应付款管理系统结算方式科目设置

(4) 设置完毕，单击"退出"按钮。

提示：

- 基本科目设置中所设置的应付科目"2202 应付账款"、预付科目"1123 预付账款"，应是总账系统中设置了"供应商往来"辅助核算并受控为"应付系统"的科目。如果用户欲对商业承兑科目、银行承兑科目进行对应的设置，其选用的"2201 应付票据"科目也应满足上述条件。
- 以上设置的科目必须是最明细科目。
- 结算科目不能是已经在科目档案中指定为应收款管理系统或者应付款管理系统的受控科目。

三、单据设置

应付款管理系统涉及采购发票的录入，发票号各地不一样，不能采用系统统一编号，而采购发票模板中的发票号是不能修改的，需要重新设置。

【操作步骤】

(1) 在"企业应用平台"的"基础设置"选项卡中，双击"单据设置"—"单据编号设置"选项，打开"单据编号设置"对话框。

(2) 在"编号设置"选项卡中，单击左侧"单据类型"—"采购管理"—"采购专用发票"选项，打开"单据编号设置 - [采购专用发票]"对话框，单击"详细信息"上方的"修改"按钮，在"完全手工编号"前面的复选框中打"√"，如图 5-66 所示。

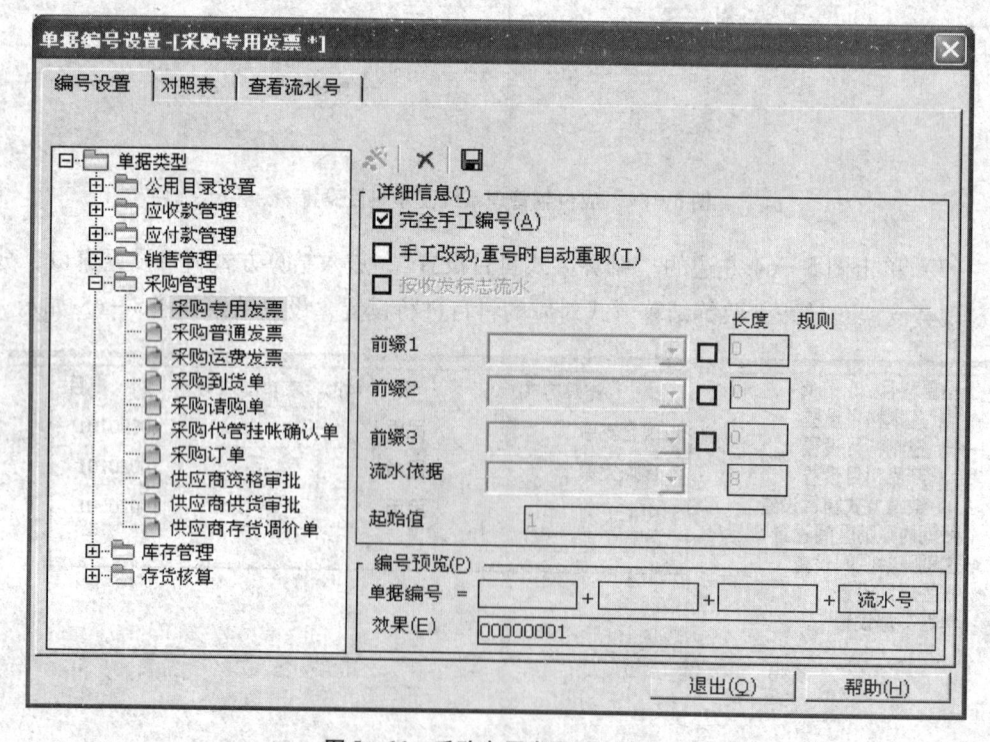

图 5-66 采购专用发票编号设置

（3）单击"保存"按钮，单击"退出"按钮退出。

同理，可对其他需要修改的单据进行对应的设置。

四、输入期初余额

当初次使用应付款管理系统时，用户应将正式启用账套前的所有应付业务数据录入到系统中，包括未处理完的供应商的应付账款、预付账款、应付票据等，作为期初建账的数据，这样既保证了数据的连续性，又保证了数据的完整性。当进入第二年度时，系统自动将上年度未处理完的单据转为下一年度的期初余额，在下一年度的第一个会计期间里，可以进行期初余额的调整。

从"广州家捷电子电器有限公司"的财务数据分析可知，该公司截至 2011 年 12 月 31 日，应付账款余额为 35 100 元，为广州永祥家用电器元件厂和中山凯迪科技有限公司的材料款，这些数据形成了应付款管理系统的期初余额，应将它们录入应付款管理系统。

【操作步骤】

（1）在"企业应用平台"的"业务工作"选项卡中，双击"财务会计"—"应付款管理"—"设置"—"期初余额"选项，打开"期初余额-查询"对话框。如图 5-67 所示。

图 5-67 "期初余额-查询"对话框

（2）单击"确定"按钮，打开"期初余额明细表"窗口。

（3）单击"增加"按钮，打开"单据类别"对话框。

（4）选择单据名称为"采购发票"，单据类型为"采购专用发票"，如图 5-68 所示。

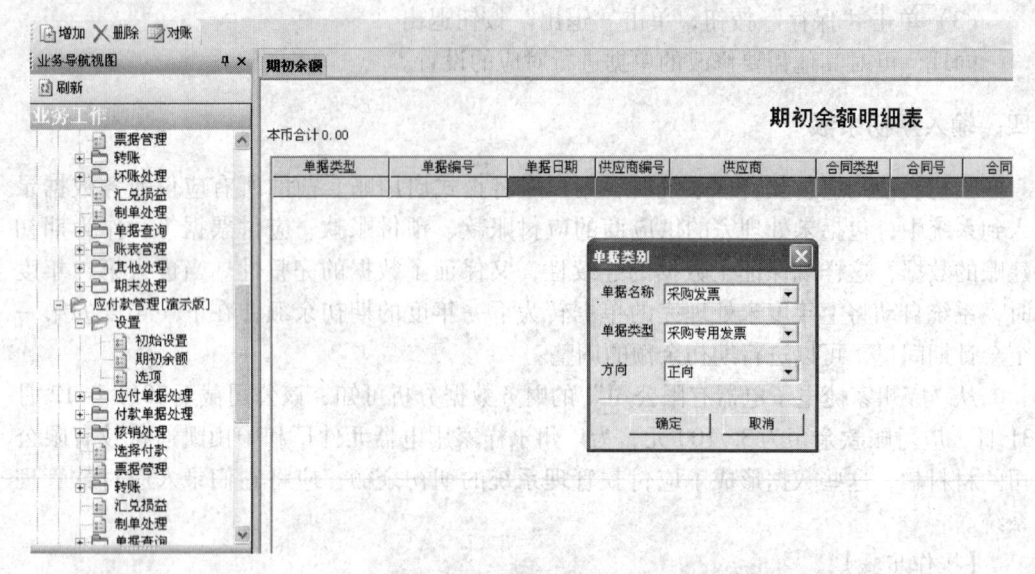

图 5-68 "单据类别"对话框

（5）单击"确定"按钮，打开"采购专用发票"录入窗口。

（6）单击"增加"按钮，根据应付账款明细账，录入广州永祥家用电器元件厂的数据，结果如图 5-69 所示。

图 5-69 录入期初采购专用发票

（7）单击"保存"按钮。

（8）重复步骤（3）～（7），录入中山凯迪科技有限公司的数据。

（9）期初余额全部录入完毕，单击工具栏的"对账"按钮，核对应付款系统的数据和总账系统的数据。只有对账正确，才能使用应付款管理系统进行后续的业务处理。对账结果如图 5-70 所示。

科目		应付期初		总账期初		差额	
编号	名称	原币	本币	原币	本币	原币	本币
1123	预付账款	0.00	0.00	0.00	0.00	0.00	0.00
2202	应付账款	35,100.00	35,100.00	35,100.00	35,100.00	0.00	0.00
	合计		35,100.00		35,100.00		0.00

图 5-70 应付款系统对账

提示：

● 在录入期初余额时，一定要注意期初余额的会计科目，应付款系统与总账系统对账实质上是核对受控会计科目的数据是否一致，如果科目错误将会导致对账错误。

● 系统默认采购专用发票的发票号不允许修改，如果需要修改，要在"单据设置"中进行对应的设置。

● 如果录入的单据没有在"期初余额明细表"窗口中显示，应单击"刷新"按钮。

● 为保证整个系统数据的正确性和连续性，应付款管理系统期初余额录入完毕后，应使用"对账"功能与总账系统核对数据，对账正确后再进行后续的工作。

五、账套备份

在"D:\账套备份"文件夹中新建"2-5应付初始化"文件夹，将账套输出至"2-5应付初始化"文件夹中。

第六节 采购管理系统初始化

采购管理系统初始化设置主要包括采购管理系统参数设置、期初业务数据录入、采购期初记账等。

一、采购管理系统参数设置

采购管理系统在处理日常采购业务之前，需要确定采购业务的范围、类型以及对各种采购业务的核算要求即设置采购管理系统参数，以便系统根据设定的选项进行相应的处理。

"广州家捷电子电器有限公司"设置的采购管理系统的参数为：
- 允许超订单到货及入库
- 专用发票默认税率为17%

【操作步骤】

(1) 在"企业应用平台"的"业务工作"选项卡中，执行"供应链"—"采购管理"—"设置"—"采购选项"命令，打开"采购选项设置"窗口，如图5-71所示。

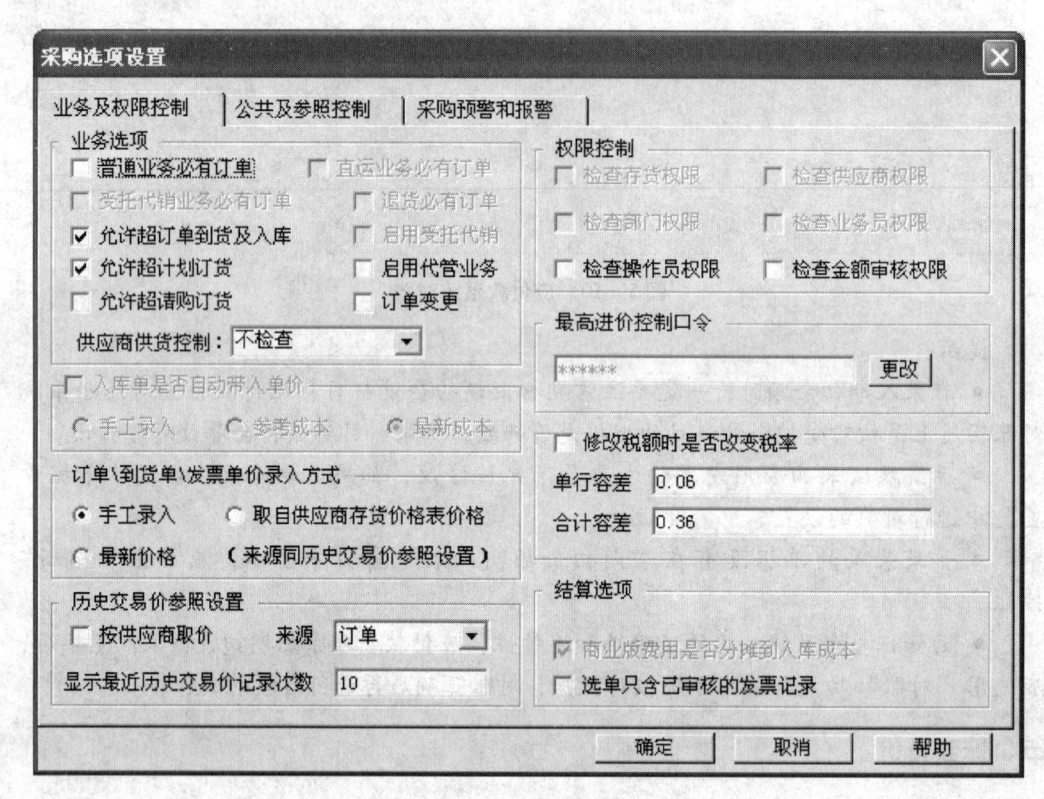

图5-71 采购选项设置1

(2) 在"业务及权限控制"选项卡，选中"允许超订单到货及入库"，其他选项按系统默认设置。

(3) 单击"公共及参照控制"选项卡，设置"单据默认税率"为17%，其他选项按系统默认设置。如图5-72所示。

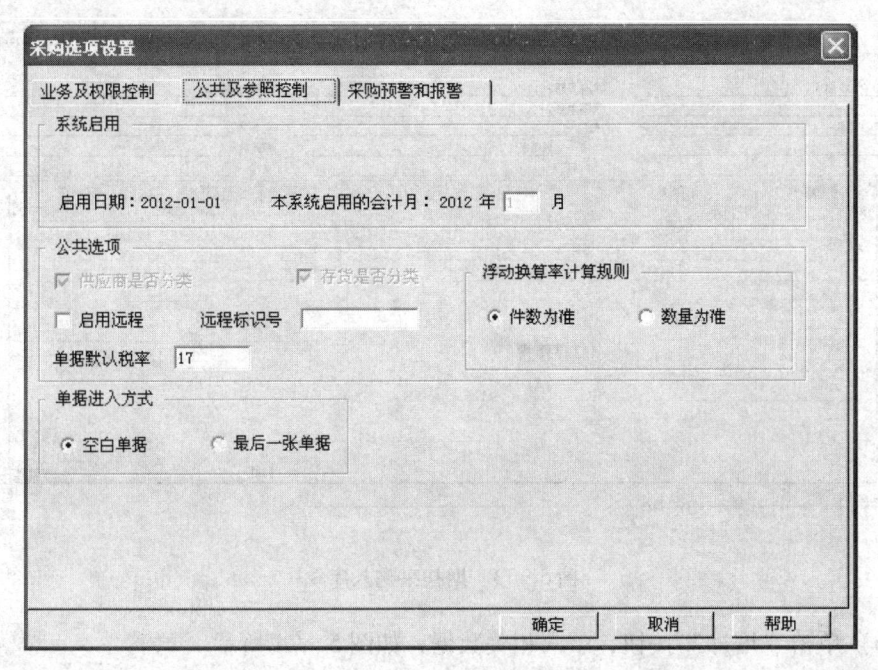

图 5-72 采购选项设置 2

（4）所有参数设定后，单击"确定"按钮，保存系统参数设置。

二、期初业务数据录入

采购管理系统的期初业务数据主要分为两部分：

1. 货到票未到的业务数据

这类数据是指在启用系统之前，已收到采购货物并已入库但尚未收到供货单位采购发票的业务数据。对这一部分业务数据要做期初暂估入库处理，需要录入期初采购入库单。

2. 票到货未到的业务数据

这类数据是指在启用系统之前，已取得供货单位的采购发票但货物没有入库的业务数据。对这一部分业务数据要做期初在途存货处理，需要录入期初采购发票。

根据模拟企业资料，采购管理系统期初业务数据录入的操作步骤如下：

（1）在"企业应用平台"的"业务工作"选项卡中，执行"供应链"—"采购管理"—"采购入库"—"采购入库单"命令，打开"期初采购入库单"窗口。

（2）单击"增加"按钮，录入相关数据，如图 5-73 所示。

（3）单击"保存"按钮保存。

（4）单击"退出"按钮退出"期初采购入库单"录入窗口。

（5）执行"供应链"—"采购管理"—"采购发票"—"采购专用发票"命令，打开"期初专用发票"窗口。

会计电算化教程

图 5-73 期初采购入库单

（6）单击"增加"按钮，录入相关数据，如图 5-74 所示。

图 5-74 期初专用发票

（7）单击"保存"按钮保存。
（8）单击"退出"按钮退出"期初专用发票"录入窗口。

三、采购期初记账

在采购系统初始设置完成后，必须进行期初记账，只有进行期初记账后，才能进行日常业务的处理。期初记账后，期初数据不能增加、修改；如果需要修改，必须取消期初记账。

操作步骤如下：

(1) 执行"供应链"—"采购管理"—"设置"—"采购期初记账"命令,打开"期初记账"对话框,如图 5-75 所示。

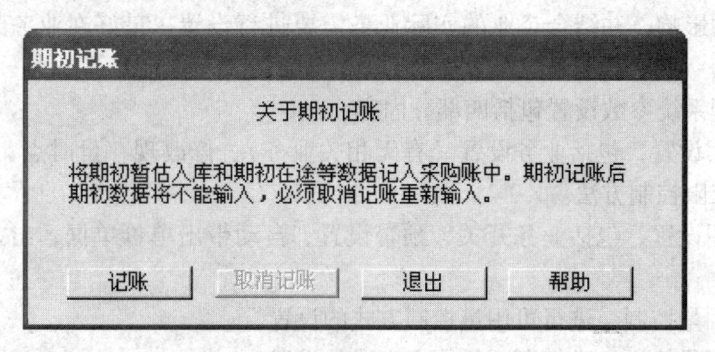

图 5-75 "期初记账"对话框

(2) 单击"记账"按钮,弹出信息提示框,如图 5-76 所示。

图 5-76 期初记账信息提示框

(3) 单击"确定"按钮,完成采购管理系统期初记账工作。

提示:
- 如果没有期初数据,可以不输入期初数据,但必须执行记账操作。
- 如果期初数据是运行"结转上年"功能得到的,为未记账状态,则也需要执行记账功能后才能进行日常业务的处理。

四、账套备份

在"D:\账套备份"文件夹中新建"2-6 采购初始化"文件夹,将账套输出至"2-6 采购初始化"文件夹中。

第七节 库存管理系统初始化

库存管理系统初始化设置主要包括库存管理系统参数设置(选项设置)、期初结存录入。

一、库存管理系统参数设置

库存管理系统在处理日常业务之前,与其他模块一样,用户需要决定使用系统的业务模式、业务流程、数据流向，即对软件进行个性化的设置。由于部分选项在日常业务开始后不能随意更改，因此在进行选项设置之前，一定要详细了解选项开关对业务处理流程的影响，并结合企业的实际业务需要进行设置，最好在业务开始前进行全盘考虑，尤其一些对其他系统有影响的选项的设置更要考虑清楚。

库存管理系统参数设置包括四部分内容：

（1）通用设置，包括业务设置（有无相关业务）、修改现存量时点、换算率规则、业务校验、权限控制方法。

（2）专用设置，包括业务开关、预警设置、自动带出单价单据、出入库成本取价方式的设置。

（3）可用量控制，进行可用量控制方式的设置。

（4）可用量检查，进行可用量检查方式的设置。

根据模拟企业资料，"广州家捷电子电器有限公司"设置的库存管理系统的参数为：

- 有委托代销业务
- 采购入库审核时改现存量
- 销售出库审核时改现存量
- 产成品入库审核时改现存量
- 材料出库审核时改现存量
- 其他出入库审核时改现存量
- 自动带出单价的单据包括全部出库单
- 不允许超可用量出库
- 出入库检查可用量
- 其他设置采用系统默认设置

【操作步骤】

（1）在"企业应用平台"的"业务工作"选项卡中，执行"供应链"—"库存管理"—"初始设置"—"选项"命令，打开"库存选项设置"对话框。

（2）在"通用设置"选项卡中，在"有无委托代销业务"复选框中打"√"；在修改现存量时点的所有选项前打"√"，其他按默认设置。设置结果如图 5-77 所示。

（3）单击"专用设置"选项卡，在"自动带出单价的单据"选项区域中，勾选"销售出库单"、"材料出库单"、"其他出库单"的复选框，其他按默认设置。设置结果如图 5-78 所示。

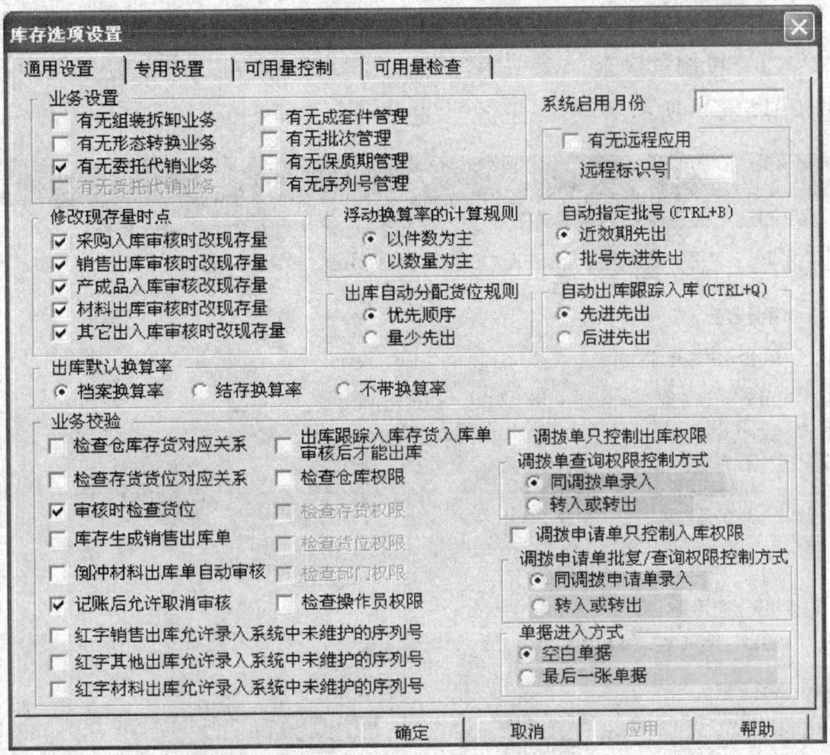

图 5-77 库存选项通用设置

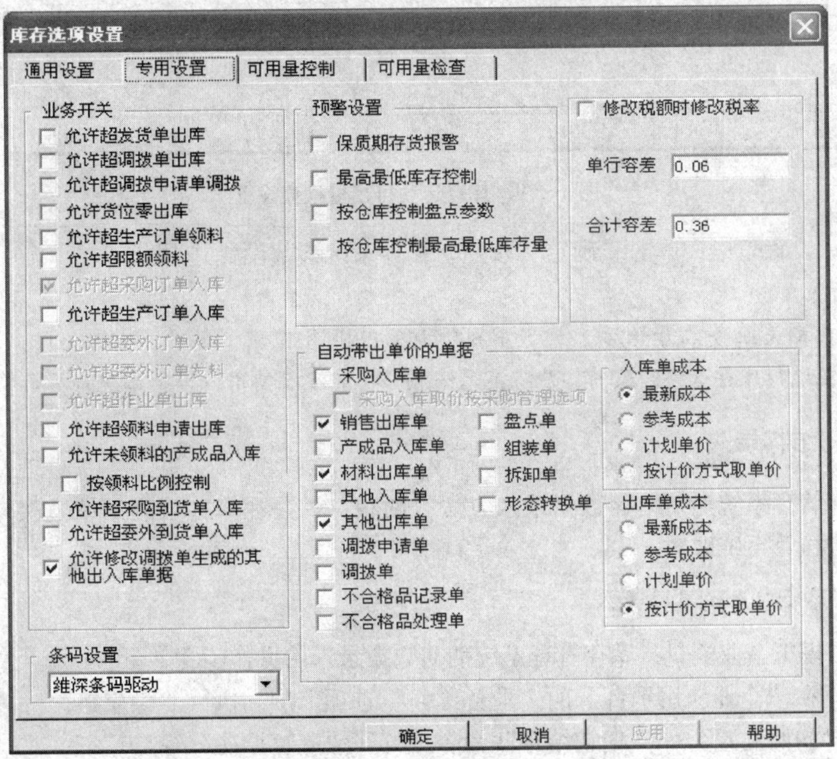

图 5-78 库存选项专用设置

（4）单击"可用量控制"选项卡，系统默认不允许超可用量出库，不需要更改。

（5）单击"可用量检查"选项卡，在"出入库检查可用量"复选框中打"√"。设置结果如图5-79所示。

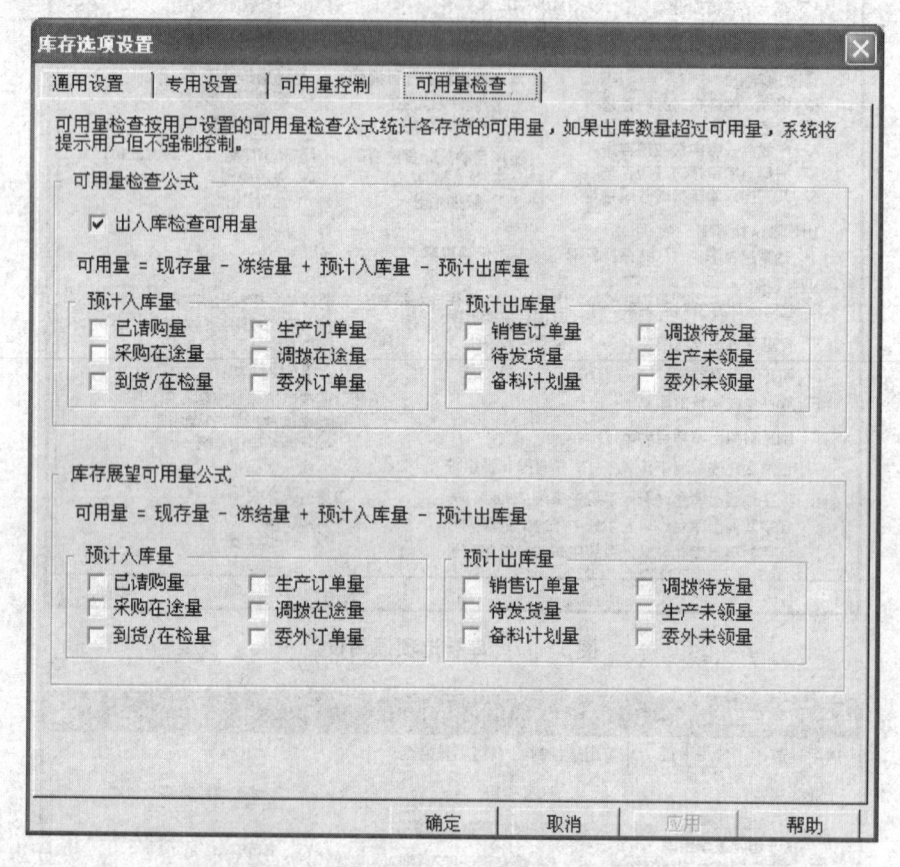

图5-79 库存选项可用量检查设置

（6）设置完毕，单击"确定"按钮，保存系统参数设置并退出。

提示：
- 在相关业务已开始后，最好不要随意修改业务控制参数。
- 在进行库存选项修改前，应确定系统相关功能没有使用，否则系统将提示警告信息。

二、期初结存录入

库存管理系统期初结存数据录入方法有两种：一是在库存管理系统直接录入；二是从存货核算系统取数。

（一）库存管理系统直接录入

根据模拟企业资料，库存管理系统期初数据录入的操作步骤如下：

（1）在"企业应用平台"的"业务工作"选项卡中，执行"供应链"—"库存管理"—"初始设置"—"期初结存"命令，打开"库存期初"窗口。

（2）在右上角选择仓库为"材料库"。

(3) 单击"修改"按钮,根据资料录入"材料库"的相关数据,如图5-80所示。

图5-80 材料库期初结存

(4) "材料库"数据录入完毕,单击"保存"按钮,保存录入的存货信息。

(5) 在右上角选择仓库为"成品库",重复(3)、(4) 步骤,录入"成品库"的期初结存数据。结果如图5-81所示。

图5-81 成品库期初结存

(6) 单击"审核"或"批审"按钮,确认录入的存货信息。

提示:
- 库存管理输入期初结存数据时,可不输入单价、金额,只输入数量即可。
- 库存期初结存数据必须按照仓库分别录入。
- 库存期初结存数据录入完成后,必须进行审核工作。期初结存数据的审核实际是期初记账的过程，如果不审，库存没有现存量数据。

● 库存期初数据的审核是分仓库分存货进行的。"审核"功能是针对一条存货记录进行审核，"批审"功能则对选中仓库的所有存货进行审核，但并非审核所有仓库的存货。

● 审核后的库存期初数据不能修改、删除，但可以弃审后进行修改、删除。

● 如果有期初不合格品数据，也可以录入到期初数据中。执行"初始设置"—"期初不合格品"命令即可，录入完毕后，依然要"审核"。

（二）从存货核算系统取数

当库存管理系统与存货核算系统集成使用时，如果库存与财务上数据一致且存货核算系统已有相关数据，则在"修改"状态下，库存管理系统的期初结存数据，也可以用从存货核算系统取数的方式录入。如果两个系统启用月份相同，则直接取存货核算系统的期初数；如果两个系统启用月份不同，即存货核算系统先启用、库存管理系统后启用，则需要将存货核算系统的期初数据和存货在库存管理系统启用之前的发生数进行汇总求出结存，才能作为存货的期初数据被库存系统读取。

【操作步骤】

（1）在"企业应用平台"的"业务工作"选项卡中，执行"供应链"—"库存管理"—"初始设置"—"期初结存"命令，打开"库存期初"窗口。

（2）在右上角选择仓库。

（3）单击"修改"按钮，再单击"取数"按钮。

（4）单击"保存"按钮，保存录入的存货信息。

（5）所有仓库取数完毕，单击"审核"或"批审"按钮，确认录入的存货信息。

提示：

● 取数只能取出当前仓库的数据，即一次只能取出一个仓库的期初数据。

● 如果当前仓库已经存在期初数据，系统将提示"是否覆盖原有数据"。一般应选择覆盖，否则期初数据会发生重复。

● 只有第一年启用时，才能使用取数功能；以后年度结转上年后，取数功能不能使用，系统自动结转期初数据。

● 取数成功后，也必须对所有仓库的所有存货进行审核，以完成期初记账工作。

三、账套备份

在"D:\账套备份"文件夹中新建"2-7库存初始化"文件夹，将账套输出至"2-7库存初始化"文件夹中。

第八节 销售管理系统初始化

销售管理系统初始化设置主要包括销售管理系统参数设置（选项设置）、期初数据录入。

一、销售管理系统参数设置

销售管理系统参数设置，是指在处理日常销售业务之前，确定销售业务的范围、类型及对各种销售业务的核算要求，由于部分选项在日常业务开始后不能随意更改，因此在进行选项设置之前，一定要详细了解选项对业务处理流程的影响，并结合企业的实际业务需要进行设置。

销售管理系统参数主要包括业务控制、其他控制、信用控制、可用量控制、价格管理五部分内容。

根据模拟企业资料，"广州家捷电子电器有限公司"设置的销售管理系统的参数为：

- 委托代销业务
- 销售生成出库单
- 新增发货单参照订单生成
- 新增退货单、新增发票参照发货单生成
- 其他设置采用系统默认设置

【操作步骤】

（1）在"企业应用平台"的"业务工作"选项卡中，执行"供应链"—"销售管理"—"设置"—"销售选项"命令，打开"销售选项"对话框。

（2）在"业务控制"选项卡中，根据需要进行设置。设置结果如图5-82所示。

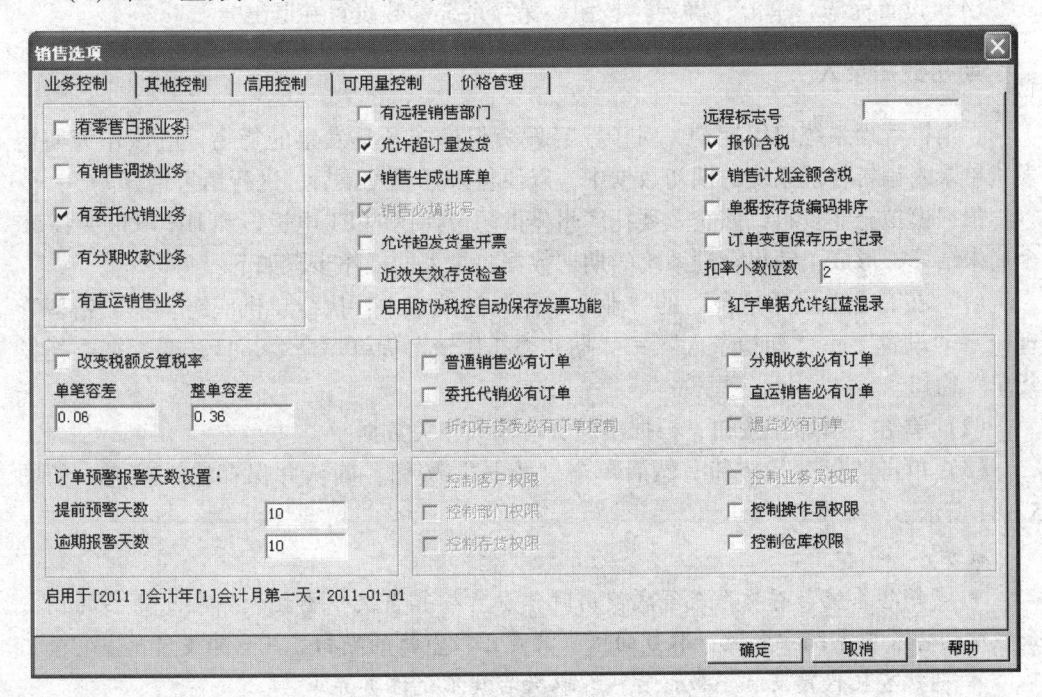

图5-82 销售选项业务控制设置

（3）单击"其他控制"选项卡，"新增发货单默认"选择"参照订单"；"新增退货单默认"选择"参照发货"；"新增发票默认"选择"参照发货"；其他按系统默认设置。设置结果如图5-83所示。

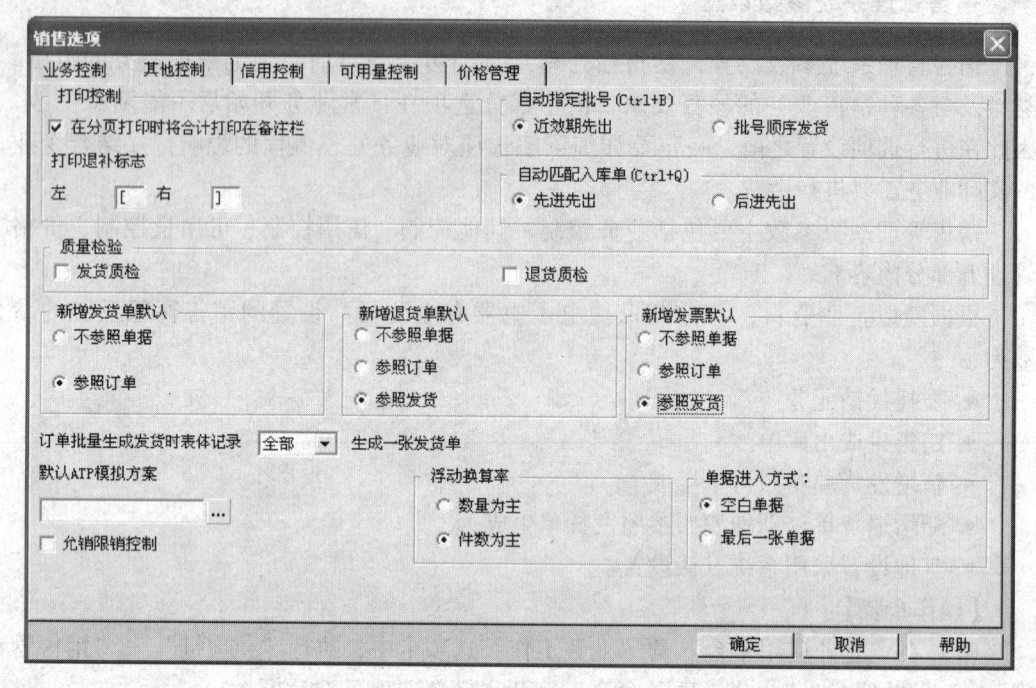

图5-83 销售选项其他控制设置

（4）设置完毕，单击"确定"按钮，保存系统参数设置并退出。

二、期初数据录入

在销售管理系统启用期初，对于已经发货但尚未开具发票的货物，应该作为期初发货单录入销售管理系统的期初数据中，以便将来开具发票后，进行销售结算。

根据模拟企业资料，该企业委托广州盛世超市代销的PT电饭煲和HH电饭煲各50个尚未结算，形成了销售管理系统的期初数据，录入的操作步骤如下：

（1）在"企业应用平台"的"业务工作"选项卡中，执行"供应链"—"销售管理"—"设置"—"期初录入"—"期初委托代销发货单"命令，打开"期初委托发货单"窗口。

（2）单击"增加"按钮，根据实验资料输入相关数据。

（3）单击"保存"按钮，然后单击"审核"按钮，确认并保存输入信息，如图5-84所示。

提示：
- 当销售系统与存货系统集成使用时，存货核算系统中委托代销发出商品的期初余额从销售管理系统中取数，取数的依据就是已经审核的期初委托代销发货单。
- 期初委托代销发货单被存货核算取数后就不允许再弃审。
- 期初委托代销发货单只需录入未完全结算的数据。例如，某期初委托代销发货单A货物原始发货数量为10，在销售管理系统日常业务开始之前已结算数量为3，那么在录入这张期初单据时，A货物的发货数量录入7。

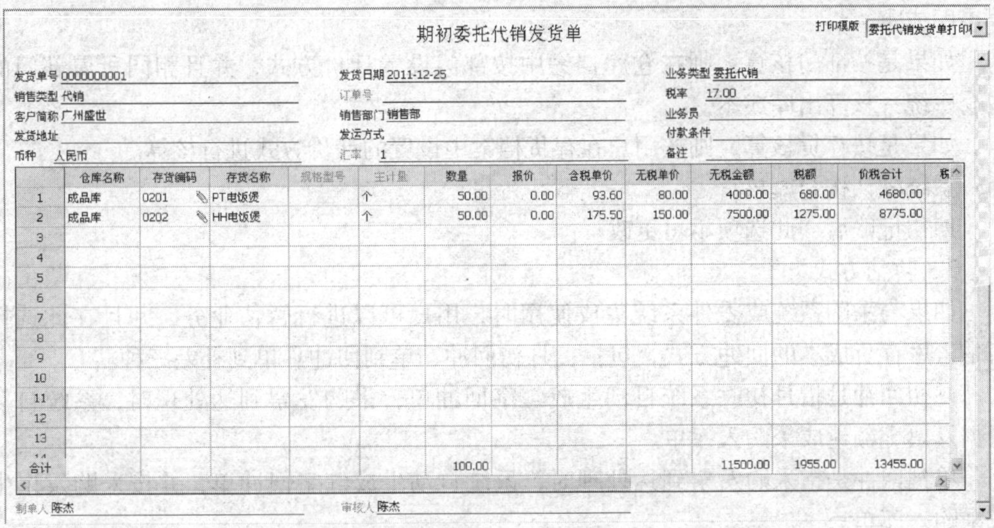

期初委托代销发货单

打印模版 委托代销发货单打印

发货单号 0000000001　发货日期 2011-12-25　业务类型 委托代销
销售类型 代销　订单号　税率 17.00
客户简称 广州盛世　销售部门 销售部　业务员
发货地址　发运方式　付款条件
币种 人民币　汇率 1　备注

	仓库名称	存货编码	存货名称	规格型号	主计量	数量	报价	含税单价	无税单价	无税金额	税额	价税合计
1	成品库	0201	PT电饭煲		个	50.00	0.00	93.60	80.00	4000.00	680.00	4680.00
2	成品库	0202	HH电饭煲		个	50.00	0.00	175.50	150.00	7500.00	1275.00	8775.00
3												
4												
5												
6												
7												
8												
9												
10												
11												
12												
13												
合计						100.00				11500.00	1955.00	13455.00

制单人 陈杰　审核人 陈杰

图 5－84　期初委托代销发货单

在实际业务执行过程中，审核常常是对当前业务完成的确认，有的单据只有经过审核，才是有效单据，才能进入下一流程，才能被其他单据参照或被其他功能、其他系统使用。

三、账套备份

在“D:\ 账套备份”文件夹中新建“2－8 销售初始化”文件夹，将账套输出至“2－8 销售初始化”文件夹中。

第九节　存货核算系统初始化

存货核算系统初始化设置主要包括存货核算系统参数设置（选项设置）、期初数据录入。

一、存货核算系统参数设置

存货核算系统在处理日常业务之前，需要确定存货业务的核算方式、核算要求，由于部分选项在日常业务开始后不能随意更改，因此在进行选项设置之前，一定要详细了解选项参数对业务处理流程的影响，最好是根据单位实际情况和核算要求进行全盘考虑。

存货核算系统参数设置包括三大部分内容：

（一）核算方式定义

1. 核算方式

用户可以在“按仓库核算”、“按部门核算”、“按存货核算”三个选项中选择一种。如果是按仓库核算，则按仓库在仓库档案中设置计价方式，并且每个仓库单独核算出库成本。

如果是按部门核算，则在仓库档案中按部门设置计价方式，并且相同所属部门的各仓库统一核算出库成本。

如果是按存货核算，则按用户在存货档案中设置的计价方式进行核算。

系统默认按仓库核算。

期初记账后，此选项不可更改。

2. 暂估方式

如果与采购系统或委外系统集成使用时，用户可以进行暂估业务，并且在此选择暂估入库存货成本的回冲方式，包括：月初回冲、单到回冲、单到补差三种。

月初回冲是指月初时系统自动生成红字回冲单，采购发票到达处理时，系统自动根据发票金额生成采购入库单。

单到回冲是指采购发票到达处理时，系统自动生成红字回冲单，并按采购发票生成采购入库单。

单到补差是指采购发票到达处理时，系统自动生成一笔调整单，调整金额为实际金额与暂估金额的差额。

用户可根据单位核算要求进行选择，系统默认为月初回冲。

期初记账后，此选项不可更改。

与采购系统或委外系统集成使用时，如果明细账中有暂估业务未报销或本期未进行期末处理，此时，暂估方式将不允许修改。

3. 销售成本核算方式

用户要确定销售出库成本确认标准。普通销售与出口销售共同使用该选项，且为单选项。

当普通销售系统启用而出口管理系统没有启用，用户可以选择按销售发票或销售出库单核算销售成本，系统默认为按销售出库单核算。

当出口管理系统启用，不论普通销售系统是否启用，选项为按销售出库单核算销售成本。

销售出库成本核算方式选项修改的约束条件是在本月没有对销售单据记账前，并且在销售单据（发货单、发票）的业务全部处理完毕（发货单已全部生成出库单和发票，发票全部生成出库单和发货单）后方可修改。

4. 委托代销成本核算方式

单选项，用户可以选择按发出商品业务类型核算，或者按照普通销售方式核算。

5. 零成本出库选择

零成本出库选择是指核算出库成本时，如果出现账中为零成本或负成本，造成出库成本不可计算时，出库成本的取值方式。各方式如下：

上次出库成本：取明细账中此存货的上一次出库单价，作为本出库单据的出库单价，计算出库成本。

参考成本：取存货目录中此存货的参考成本，即参考单价，作为本出库单据的出库单价，计算出库成本。

结存成本：取明细账中的此存货的结存单价，作为本出库单据的出库单价，计算出库成本。注意：当批量记账时，结存成本取批量记账前明细账中的此存货的结存单价，作为本出库单据的出库单价。

上次入库成本：取明细账中此存货的上一次入库单价，作为本出库单据的出库单价，计算出库成本。

手工输入：提示用户输入单价，作为本出库单据的出库单价，计算出库成本。

用户可以随时对零出库成本进行重新选择。

6. 入库单成本选择

入库单成本选择是指对入库单据记明细账时，如果没有填写入库成本即入库成本为空时，入库成本的取值方式。各方式如下：

上次出库成本：取明细账中此存货的上一次出库单价，作为本入库单据的入库单价，计算入库成本。

参考成本：取存货目录中此存货的参考成本，即参考单价，作为本入库单据的入库单价，计算入库成本。

结存成本：取明细账中的此存货的结存单价，作为本入库单据的入库单价，计算入库成本。以全月平均价核算时，最好不要选择按结存成本作为入库单的成本单价，因为全月平均期末处理之前，系统计算的结存成本中会包括已记账的有数量但没有金额的出库单。注意：当批量记账时，结存成本取批量记账前明细账中的此存货的结存单价，作为本出库单据的出库单价。

上次入库成本：取明细账中此存货的上一次入库单价，作为本入库单据的入库单价，计算入库成本。

手工输入：提示用户输入单价，作为本入库单据的入库单价，计算入库成本。

用户可以随时对入库成本进行重新选择。

7. 红字出库单成本选择

红字出库单成本选择是指对先进先出或后进先出方式核算的红字出库单据记明细账时，出库成本的取值方式。各方式如下：

上次出库成本：取明细账中此存货的上一次出库单价，作为本红字出库单据的出库单价，计算出库成本。

参考成本：取存货目录中此存货的参考成本，即参考单价，作为本红字出库单据的出库单价，计算出库成本。

结存成本：取明细账中的此存货的结存单价，作为本红字出库单据的出库单价，计算出库成本。注意：当批量记账时，结存成本取批量记账前明细账中的此存货的结存单价，作为本出库单据的出库单价。

上次入库成本：取明细账中此存货的上一次入库单价，作为本红字出库单据的出库单价，计算出库成本。

手工输入：提示用户输入单价，作为本红字出库单据的出库单价，计算出库成本。

用户可以随时对红字出库成本进行重新选择。

8. 资金占用规划

资金占用规划的选择是指用户确定本企业按某种方式输入资金占用规划，并按此种方式进行资金占用的分析。

资金占用规划的选择包括：按仓库、按存货分类、按存货、按仓库+存货分类、按仓库+存货、按存货分类+存货。

资金占用规划，按存货核算时，选项为按存货分类、按存货、按存货分类+存货三种。用户可以随时对资金占用规划进行重新选择。

（二）控制方式定义

（三）最高最低控制

根据模拟企业资料，"广州家捷电子电器有限公司"设置的存货核算系统的参数为：
- 核算方式：按仓库核算
- 暂估方式：单到回冲
- 销售成本核算方式：按销售发票
- 委托代销成本核算方式：按发出商品核算
- 其他采用系统默认设置

【操作步骤】

（1）在"企业应用平台"的"业务工作"选项卡中，执行"供应链"—"存货核算"—"初始设置"—"选项"—"选项录入"命令，打开"选项录入"对话框。

（2）在"核算方式"选项卡中，按单位需要进行核算参数设置。设置结果如图 5-85 所示。

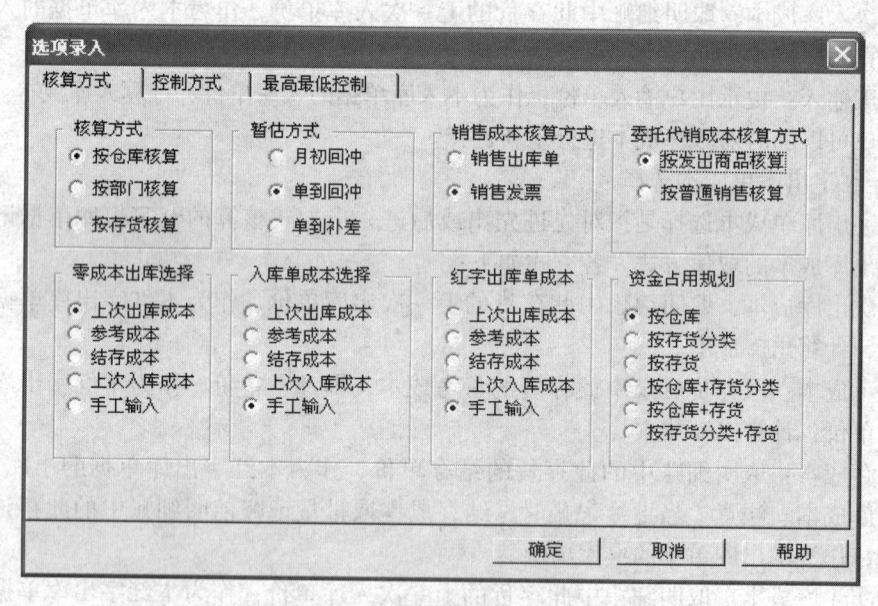

图 5-85 存货核算方式参数设置

（3）设置完毕，单击"确定"按钮，保存系统参数设置并退出。

二、科目设置

为了在将来的企业业务处理时，能够由系统自动生成有关的凭证，在进行期初建账时，应设置相关业务的入账科目。

(一)设置"存货科目"

表 5-1　　　　　　　　　　　存货科目

仓库名称	存货分类	存货科目
材料库	原材料	原材料（1403）
材料库	周转材料	周转材料（1411）
成品库	库存商品	库存商品（1405）

【操作步骤】

(1)在"企业应用平台"的"业务工作"选项卡中,执行"供应链"—"存货核算"—"初始设置"—"科目设置"—"存货科目"命令,打开"存货科目"设置窗口。

(2)单击"增加"按钮,在"仓库编码"中参照输入"材料库",在"存货分类编码"中参照输入"01",在"存货科目编码"中参照输入"1403";同理,设置其他的存货科目编码。设置结果如图 5-86 所示。

(3)单击"保存"按钮保存,再单击"退出"按钮退出。

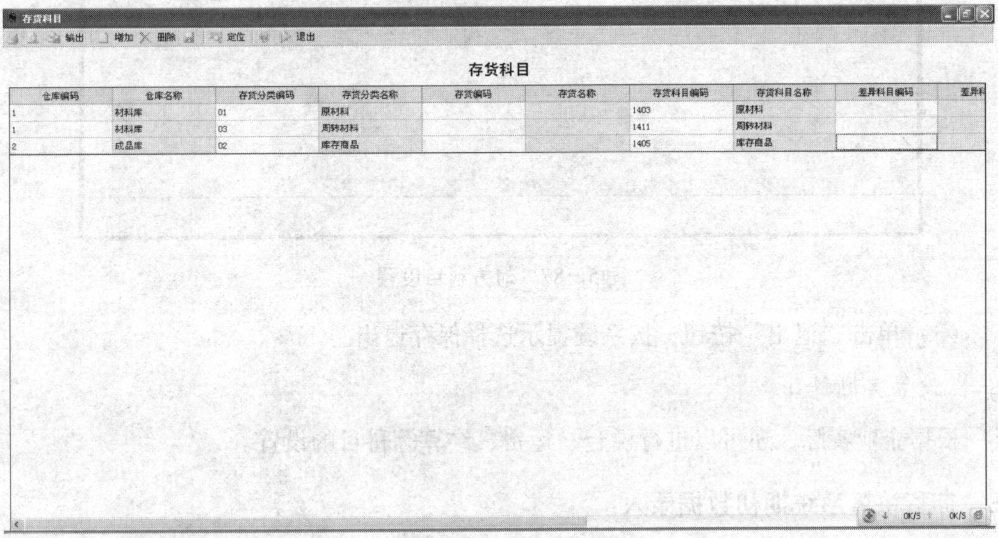

图 5-86　存货科目设置

(二)设置"对方科目"

表 5-2　　　　　　　　　　　对方科目

收发类别	对方科目	暂估科目
采购入库	在途物资（1402）	在途物资（1402）
产成品入库	生产成本（5001）	
盘盈入库	待处理流动资产损溢（190101）	
销售出库	主营业务成本（6401）	
生产领用	生产成本（5001）	
盘亏出库	待处理流动资产损溢（190101）	

【操作步骤】

(1) 在"企业应用平台"的"业务工作"选项卡中,执行"供应链"—"存货核算"—"初始设置"—"科目设置"—"对方科目"命令,打开"对方科目"设置窗口。

(2) 单击"增加"按钮,在"收发类别编码"中参照输入"11(采购入库)",在"对方科目编码"中参照输入"1402",在"暂估科目编码"中参照输入"1402"同理,按上表依次输入其他数据,设置结果如图5-87所示。

收发类别名称	...	部门名称	项目大类名称	项...	项目名称	对方科目编码	对方科目名称	暂估科目编码	暂估科目
采购入库						1402	在途物资	1402	在途物资
产成品入库						5001	生产成本		
盘盈入库						190101	待处理流动...		
销售出库						6401	主营业务成本		
生产领用						5001	生产成本		
盘亏出库						190101	待处理流动...		

图5-87 对方科目设置

(3) 单击"退出"按钮,按系统提示选择保存退出。

(三) 设置其他科目

根据企业实际,还可以进行税金、运费、结算等科目的设置。

三、存货核算系统期初数据录入

存货核算系统的期初数据分为四部分:期初余额、期初差异、期初分期收款发出商品、期初委托代销发出商品。存货核算系统期初数据录入方法与库存管理系统类似,既可以直接录入,也可以从库存管理系统和销售系统取数。

期初余额:录入存货系统使用前各存货的期初结存情况,期初余额和库存的期初余额分开录入,用户可以从库存系统取期初数,并与其对账。

期初差异:按计划成本核算出库成本的存货,一般都有期初差异,初次使用存货核算系统时,需要录入这些存货的期初差异余额。按实际成本核算出库成本的存货,不需要录入此项。

期初分期收款发出商品和期初委托代销发出商品:企业若有分期收款发出商品业务或委托代销发出商品业务,则应录入发出商品期初余额,该数据来源于销售系统,可通过"取数"按钮,从销售系统取期初数(注意:必须是销售管理系统录入审核后才能取数)。除单价、金额外,不能修改、删除。

录入完毕后,单击"记账"按钮记账后,则可进行日常业务核算。

【操作步骤】

(1) 在"企业应用平台"的"业务工作"选项卡中,执行"供应链"—"存货核算"—"初始设置"—"期初数据"—"期初余额"命令,打开"期初余额"窗口。

(2) 单击左上角的仓库下拉列表框,选择"材料库",双击"取数"按钮,系统自动从库存管理系统取出该仓库的期初存货数量,单击"单价"栏,按模拟企业资料输入存货单价。结果如图5-88所示。

存货编码	存货名称	规格型号	计量单位	数量	单价	金额	计划价	计划金额	存货科...	存货科
0101	发热盘		个	1500.00	12.00	18000.00			1403	原材料
0102	限温器		个	1500.00	7.00	10500.00			1403	原材料
0103	保温开关		个	1500.00	3.00	4500.00			1403	原材料
0104	限流电阻		个	2000.00	1.00	2000.00			1403	原材料
0105	指示灯		个	1500.00	3.00	4500.00			1403	原材料
0106	插座		个	1500.00	3.00	4500.00			1403	原材料
0107	内胆		个	1500.00	8.00	12000.00			1403	原材料
0108	微电脑...		块	500.00	40.00	20000.00			1403	原材料
0109	包装箱		个	500.00	5.00	2500.00			1403	原材料
0301	专用工具		套	10.00	50.00	500.00			1403	原材料
合计:				12,010.00		79,000.00				

图5-88 存货核算期初余额设置

(3) 同理,录入"成品库"的期初余额,输入完毕后,单击"退出"按钮退出。

(4) 执行"供应链"—"存货核算"—"初始设置"—"期初数据"—"期初委托代销发出商品"命令,打开"期初委托代销发出商品"窗口。

(5) 单击"取数"按钮,从销售系统取期初数,系统提示"取数完毕"后,单击"查询"按钮,系统显示期初委托代销发出商品数据,单击"单价"栏,输入有关存货的成本数据。如图5-89所示。

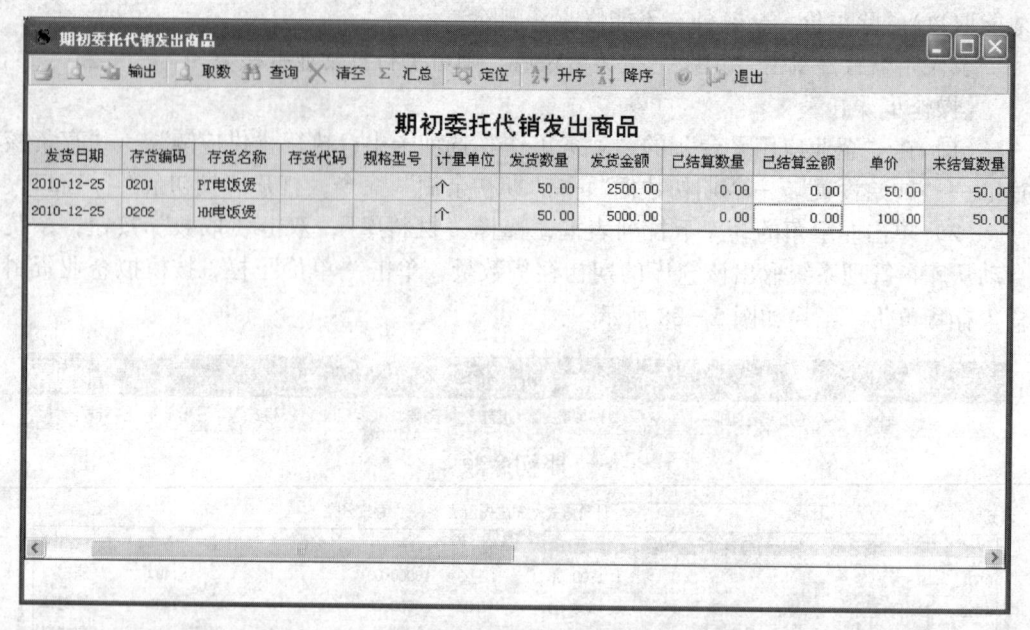

图 5-89 存货核算期初委托代销发出商品设置

(6) 输入完毕,单击"退出"按钮退出。

四、存货核算系统期初记账

存货核算系统所有期初数据全部录入完毕后,必须执行"记账"功能进行系统期初数据记账后,才能进行日常业务处理。

【操作步骤】

(1) 执行"存货核算"—"初始设置"—"期初数据"—"期初余额"命令,打开"期初余额"设置窗口。

(2) 单击工具栏的"记账"按钮,系统出现如图 5-90 提示。

图 5-90 "期初记账"提示框

(3) 单击"确定"按钮,完成期初记账工作。

提示:

● 没有期初数据的用户,可以不输入期初数据,但必须执行记账操作,否则无法进行日常业务处理。

● 期初数据记账是针对所有的仓库的期初数据进行记账操作,因此,用户在进行期初数据记账前,必须确认各仓库的所有期初数据均全部录入完毕并且正确无误后再进行期初记账。

- 当使用存货核算系统时,如果不需要输入期初差异、期初分期收款发出商品、期初委托代销发出商品,可在输入期初余额后,立即进行期初记账;如果需要输入期初差异、期初分期收款发出商品、期初委托代销发出商品,则应保存期初余额并退出,进入相关录入界面,输入完毕后,再进入期初余额进行期初记账。
- 结转上年后,存货的期初数据为未记账状态,用户可修改期初数据,期初记账后就不能修改了。期初记账前可修改计价方式及核算方式。
- 期初余额记账后,其"记账"按钮变为"恢复"按钮,在日常业务处理之前,如发现期初余额有错误,可以单击"恢复"按钮将期初余额恢复到未记账的状态进行修改。如果已经进行了业务核算,则不能恢复记账。
- 供应链管理系统各个子系统集成使用时,采购管理系统先记账,库存管理系统所有仓库中的所有存货必须"审核"确认,最后,存货核算系统记账。

五、账套备份

在"D:\账套备份"文件夹中新建"2-9存货核算初始化"文件夹,将账套输出至"2-9存货核算初始化"文件夹中。

第六章 日常业务处理

第一节 账务处理

账务处理系统是以账—证—表为核心对企业财务信息进行加工的一个系统,其中会计凭证是整个会计核算的主要数据来源,也是整个核算系统的基础。账务处理系统的日常业务主要包括凭证处理、账簿管理、出纳管理等。

凭证处理包括填制凭证、查询凭证、修改凭证、审核凭证、打印凭证、凭证汇总、凭证记账等功能;账簿管理包括总账、明细账、日记账的查询、打印、输出等功能。

当初始设置工作完成并确保正确后,就可以进行账务处理系统的日常业务处理工作了。

一、填制凭证

填制凭证是电算化方式下工作量较大的一项内容,一般根据原始凭证直接在计算机上填制记账凭证。填制凭证的功能包括输入凭证、修改凭证、删除凭证、查询凭证等。

(一) 输入凭证

当经济业务发生后,如果企业只启用了总账系统,没有启用其他功能模块,那么所有的记账凭证均需通过"填制凭证"功能输入总账系统;如果企业在启用总账系统的同时,启用了其他功能模块(如应收款管理、应付款管理、薪资管理、固定资产管理、采购管理、销售管理、存货核算、库存管理等),属于各功能模块处理的业务,其记账凭证由各功能模块产生,不需要直接输入。只有不涉及各功能模块处理的业务的记账凭证才使用"填制凭证"功能输入总账系统。

【操作步骤】:

(1) 在企业应用平台,由拥有凭证填制权限的操作员登录进入企业平台,如"401"或"402"号操作员。

(2) 在"业务工作"选项卡中,执行"总账"—"凭证"—"填制凭证"命令,打开"填制凭证"窗口,如图6-1所示。

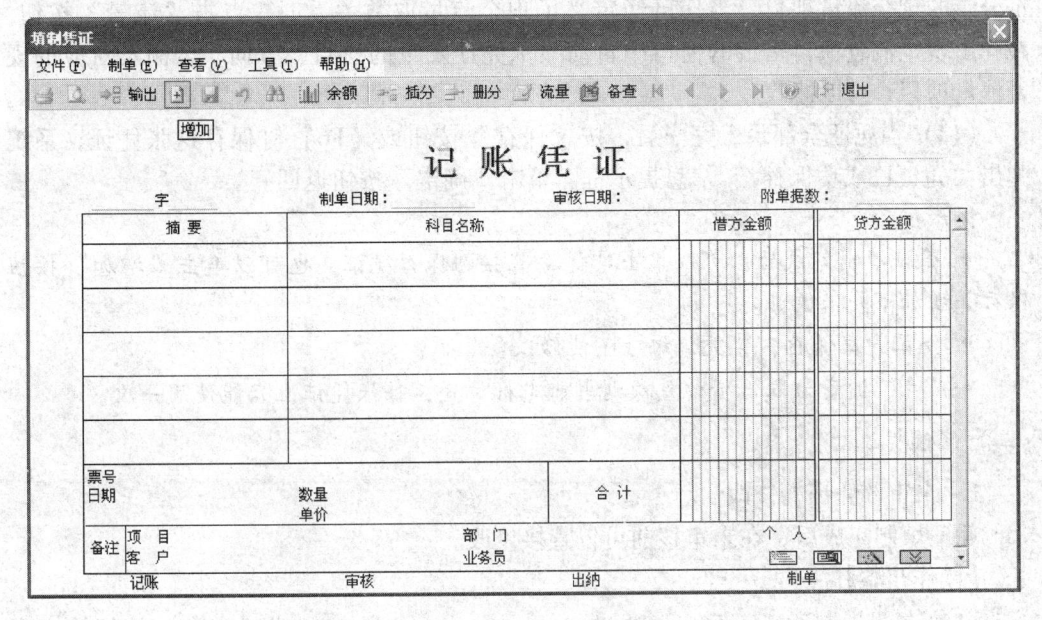

图 6-1 "填制凭证"窗口

（3）单击"增加"按钮或按【F5】键，增加一张新凭证。

（4）光标定位在凭证类别上，输入或参照选择一个凭证类别。

（5）凭证编号方式系统默认为"系统编号"即由系统按时间顺序自动编号。如果采用手工编号，则应执行"总账"—"设置"—"选项"命令，在"凭证"选项卡中选择"凭证编号方式"为"手工编号"。系统允许最大凭证号为 32767。系统规定每页凭证可以有五笔分录，当某号凭证不只一页时，系统自动将在凭证号后标上几分之一。

（6）系统自动取当前登录日期为记账凭证填制的日期，用户可根据业务日期进行修改。

（7）在"附单据数"处输入原始单据张数。当需要将某些图片、文件作为附件链接凭证时，可单击附单据数录入框右侧的图标，选择文件的链接地址即可。

（8）输入凭证分录的摘要。如果设置了常用摘要，按【F2】键或参照按钮可选用常用摘要，常用摘要的选入不会清除原来输入的内容。

（9）输入末级科目代码或按【F2】键参照录入。

注意：若科目为银行科目，且在结算方式设置中确定要进行票据管理，在总账的【选项】中设置了"支票控制"，那么这里会要求输入"结算方式"、"票号"及"发生日期"；如果科目设置了辅助核算属性，则在这里还要输入辅助信息，如部门、个人、项目、客户、供应商、数量等。录入的辅助信息将在凭证下方的备注中显示。

（10）录入该笔分录的借方或贷方本币发生额，金额不能为零，但可以是红字，红字金额以负数形式输入。如果方向不符，可按空格键调整金额方向。

注意：若想放弃当前未完成的分录的输入，可按"删行"按钮或【Ctrl + D】键删除当前分录即可。

（11）如果填制凭证使用的科目为现金流量科目，那么在凭证保存之前要求指定凭证分录的现金流量项目。当您已经定义了现金流量取数关系时，点击"流量"按钮，在弹出现金流量项目指定的窗口中自动显示凭证发生的科目、方向、金额及对应的现金流量项目，可以修改。

（12）当凭证全部录入完毕后，按"保存"按钮或【F6】键保存这张凭证，系统弹出"凭证已成功保存！"信息提示框，单击"确定"按钮返回。

提示：

● 凭证填制完成后，可以单击"保存"按钮保存凭证，也可以单击"增加"按钮保存并增加下一张凭证。

● 凭证一旦保存，其凭证编号不能修改。

● "＝"键意为取借贷方差额到当前光标位置，每张凭证上只能使用一次。

（二）修改凭证

1. 未审核凭证的修改

凭证填制完成后，在未审核前可以直接修改。

【操作步骤】

（1）在"填制凭证"窗口，通过"◁ ◀ ▶ ▷"按钮或"查询"按钮输入查询条件，找到要修改的凭证。

（2）将光标移到需要修改的位置直接修改即可。如果辅助项有错误，可以直接双击要修改的辅助项，在"辅助项"对话框中直接修改相关的内容。

（3）若要修改金额方向，可在当前金额的相反方向，按空格键。

（4）单击"插分"按钮，可在当前分录前增加一条分录；单击"删分"按钮，可删除当前光标所在的分录。

（5）修改完毕后，按"保存"按钮保存当前修改，按"放弃"按钮放弃当前凭证的修改。

提示：

● 如果在总账系统的选项中选中"允许修改、作废他人填制的凭证"，则可以由非原制单人修改或作废他人填制的凭证，被修改凭证的制单人将被修改为当前修改凭证的人，否则只能由原制单人修改或作废凭证。

2. 已审核未记账凭证的修改

已审核未记账的凭证发现错误，应由凭证审核人在"审核凭证"功能中先取消审核，再由原制单人在"填制凭证"窗口进行修改。

3. 已记账凭证的修改

已经记账的凭证发现错误，不能直接修改，但可以采用"红字冲销法"或"补充凭证法"进行修改。

"红字冲销法"是生成一张内容与错误凭证完全相同但金额为"红字"的记账凭证，对错误凭证进行全额冲销，然后再编制一张正确的"蓝字"凭证进行更正的方法。如果凭证只是金额多计，可以将多计的金额填制一张"红字"凭证予以冲销即可。

"补充凭证法"用于记账凭证少计金额的情况，只需将原凭证上少计的金额再按照原来的分录填制一张凭证，补充少计的差额即可。直接使用"填制凭证"功能就可完成。

用友 ERP - U872 提供了自动生成红字冲销凭证的功能，如果需要冲销某张已记账的凭证，可以使用"制单"菜单中的"冲销凭证"功能。

操作步骤如下：

（1）在"填制凭证"窗口中，执行"制单"—"冲销凭证"命令，打开"冲销凭证"对话框，如图 6-2 所示。

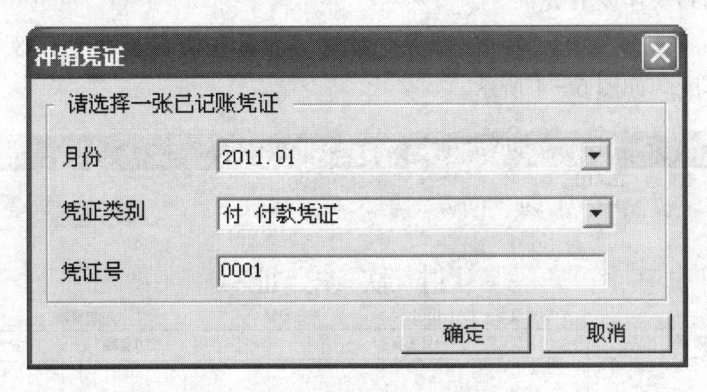

图 6-2 "冲销凭证"对话框

（2）输入要冲销凭证的所在月份、凭证类别和凭证号。

（3）单击"确定"按钮，系统自动生成一张红字冲销凭证，如图 6-3 所示。

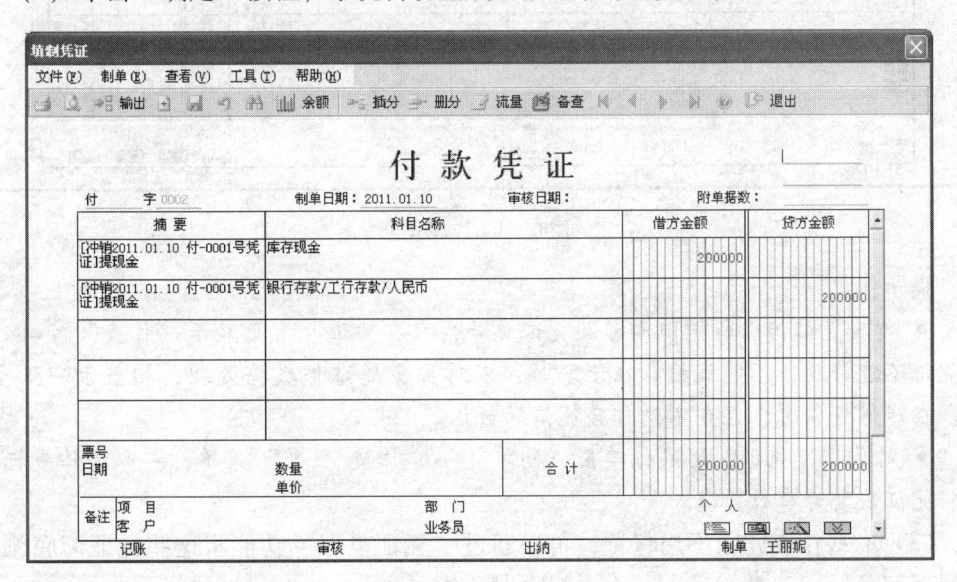

图 6-3 红字冲销凭证

提示：

● 冲销凭证是系统根据选定的已记账凭证自动生成的，金额为全额冲销，如果金额不是全额冲销，可手工修改冲销金额。

● 冲销凭证相当于填制了一张凭证，不需要保存，只要进入新的状态就由系统自动将冲销凭证保存。

● 冲销凭证仍需审核、记账。

（三）作废和删除凭证

在日常操作过程中，若遇到无效凭证需要作废时，可以使用"作废/恢复"功能。操作步骤如下：

（1）在"填制凭证"窗口，通过"◀◀ ◀ ▶ ▶▶"按钮或按"查询"按钮输入查询条件，找到要作废的凭证。

（2）执行"制单"—"作废/恢复"命令，凭证左上角显示"作废"字样，表示已将该凭证作废。如图6-4所示。

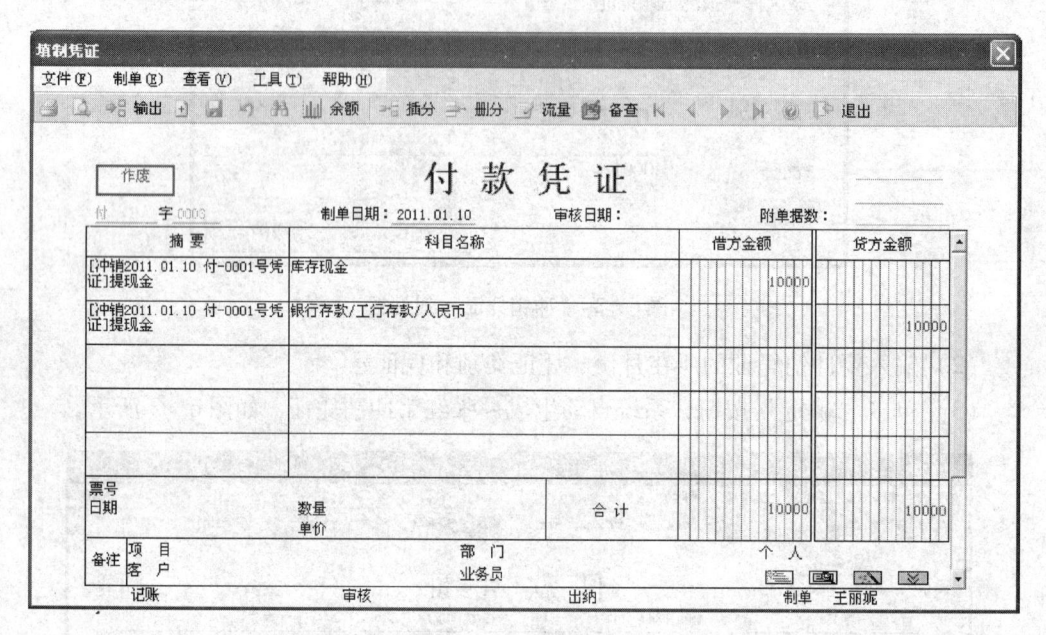

图6-4 作废凭证

提示：

● 作废凭证仍保留凭证内容及凭证编号，只在凭证左上角显示"作废"字样。作废凭证不能修改，不能审核。在记账时，不对作废凭证作数据处理，相当于一张空凭证。在账簿查询时，也查不到作废凭证的数据。

● 对已作废凭证，用鼠标单击"制单"—"作废/恢复"菜单，可取消作废标志，并将凭证恢复为有效凭证。

（3）有些作废凭证不想保留，可以通过"凭证整理"功能将这些凭证彻底删除。执行"制单"—"整理凭证"命令，出现"凭证期间选择"对话框，如图6-5所示。

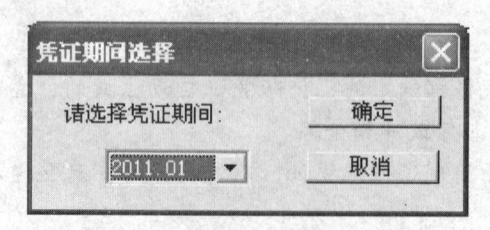

图6-5 "凭证期间选择"对话框

(4) 选择凭证期间后，单击"确定"按钮，出现"作废凭证表"对话框。

(5) 双击"删除栏"，出现"Y"标记，如图 6-6 所示。

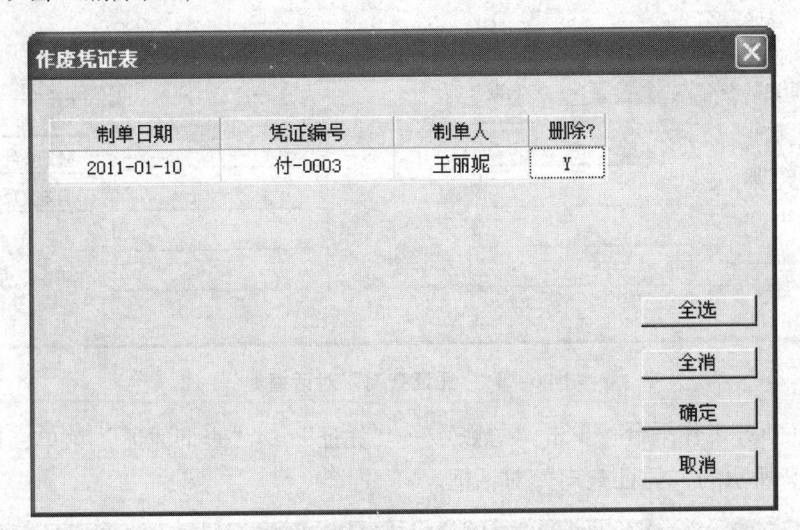

图 6-6 "作废凭证表"对话框

(6) 单击"确定"按钮，系统弹出信息提示框，如图 6-7 所示。

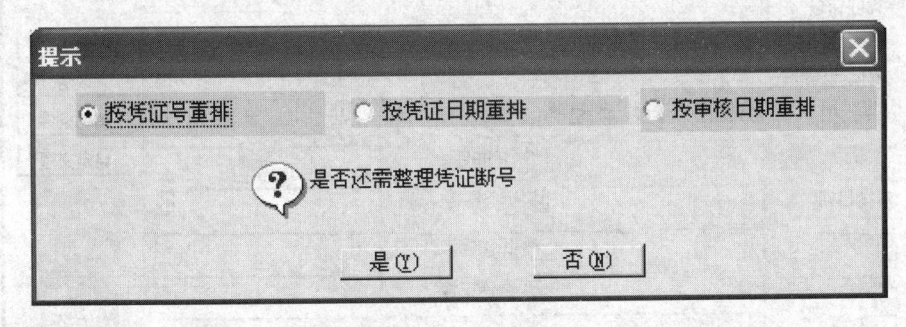

图 6-7 信息提示框

(7) 选择"按凭证号重排"，单击"是"，系统将选定删除的凭证从数据库中删除，并对剩下的未记账凭证重新排号。

提示：
- 若要删除凭证，必须先进行"作废"处理，而后再进行整理。
- 只能对未记账凭证进行凭证整理。
- 若本月有凭证已记账，那么，本月最后一张已记账凭证之前的凭证将不能作凭证整理，只能对其后面的未记账凭证作凭证整理。若想对已记账凭证作凭证整理，要先到"恢复记账前状态"功能中恢复已记账凭证为记账前状态，再作凭证整理。

(四) 查询凭证

用友 ERP-U872 提供了多种形式的凭证查询功能。

(1) 在"填制凭证"窗口中，单击工具栏上的"查询"按钮或者执行"查看"—"查询"命令或者按 F3 键，都会出现如图 6-8 所示的"凭证查询"对话框。

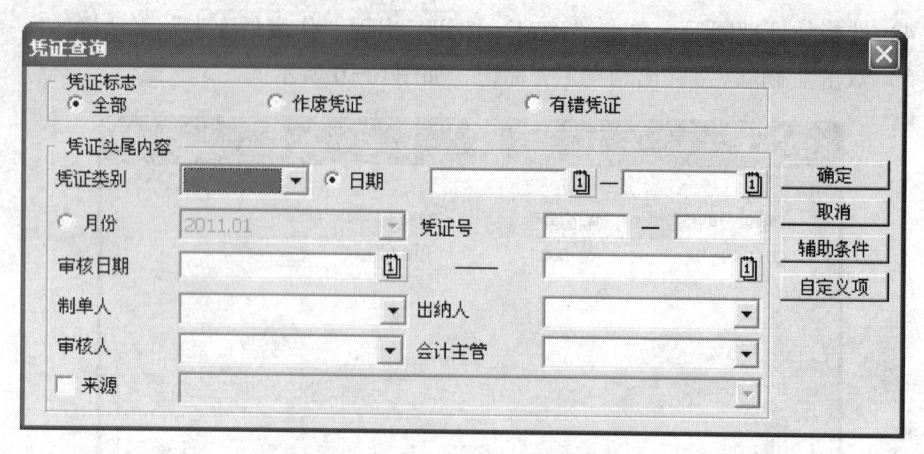

图6-8 "凭证查询"对话框1

（2）在业务工作平台，单击"总账"—"凭证"—"查询凭证"菜单，还可以打开如图6-9所示的"凭证查询"对话框。

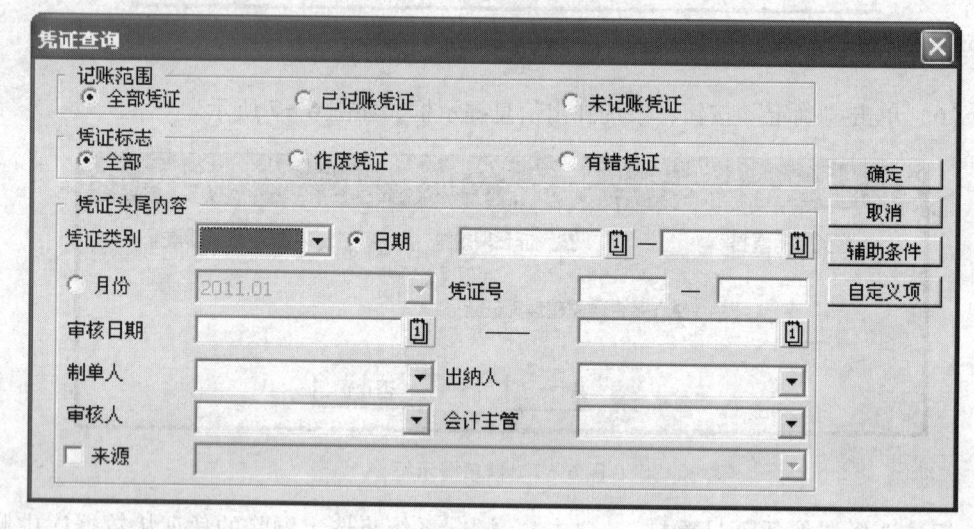

图6-9 "凭证查询"对话框2

用户可以根据查询需要输入查询条件，查找符合条件的凭证。

提示：

● 在"查询凭证"功能中（图6-9），既可以查询已记账凭证，也可以查询未记账凭证。而在"填制凭证"功能中（图6-8），只能查询未记账凭证。

● 已记账凭证除了可以在查询凭证功能中查询外，还可以在查询账簿资料时，以联查的方式查询。

二、审核凭证

审核凭证是由拥有凭证审核权限的操作员按照财会制度，对制单员填制的记账凭证进行检查核对，主要审核记账凭证是否与原始凭证相符，会计分录是否正确等，审查认为有错误或有异议的凭证，应交与凭证填制人员修改后再审核。凭证应逐张审核。

【操作步骤】

（1）重新注册，更换操作员为有凭证审核权的人。

（2）执行"凭证"—"审核凭证"命令，打开"凭证审核"对话框，如图6-10所示。

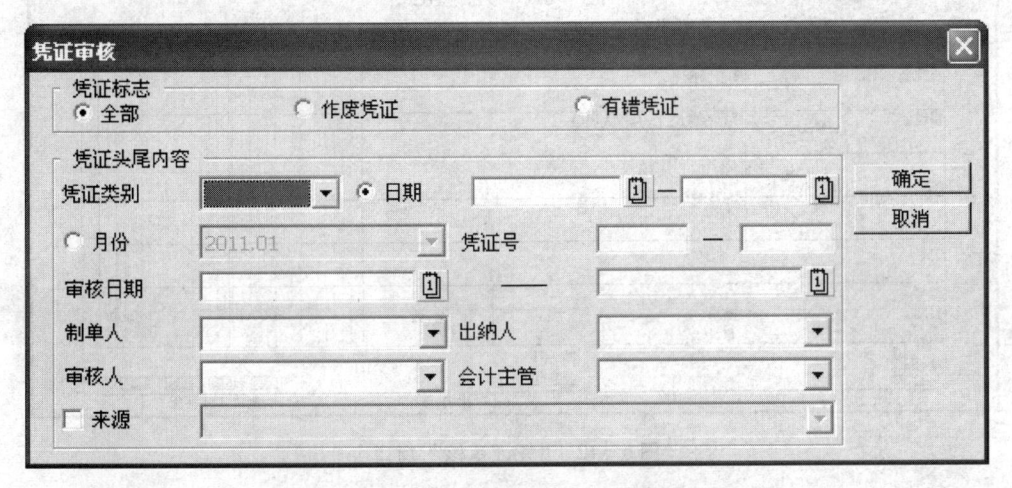

图6-10 "凭证审核"对话框

（3）单击"确定"按钮，进入"凭证审核"列表窗口，如图6-11所示。

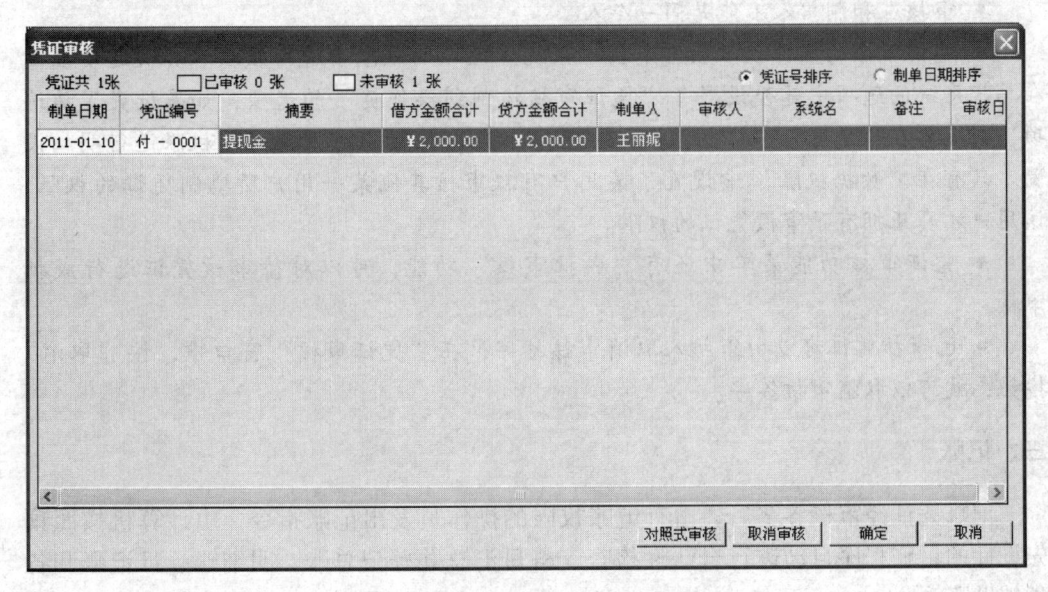

图6-11 "凭证审核"列表窗口

（4）单击"确定"按钮，打开"凭证审核"窗口。

（5）审核凭证，无误后单击"审核"按钮，凭证底部的"审核"处自动签上审核人姓名，如图6-12所示。系统自动翻页到第二张待审核凭证，审核人可以继续审核。

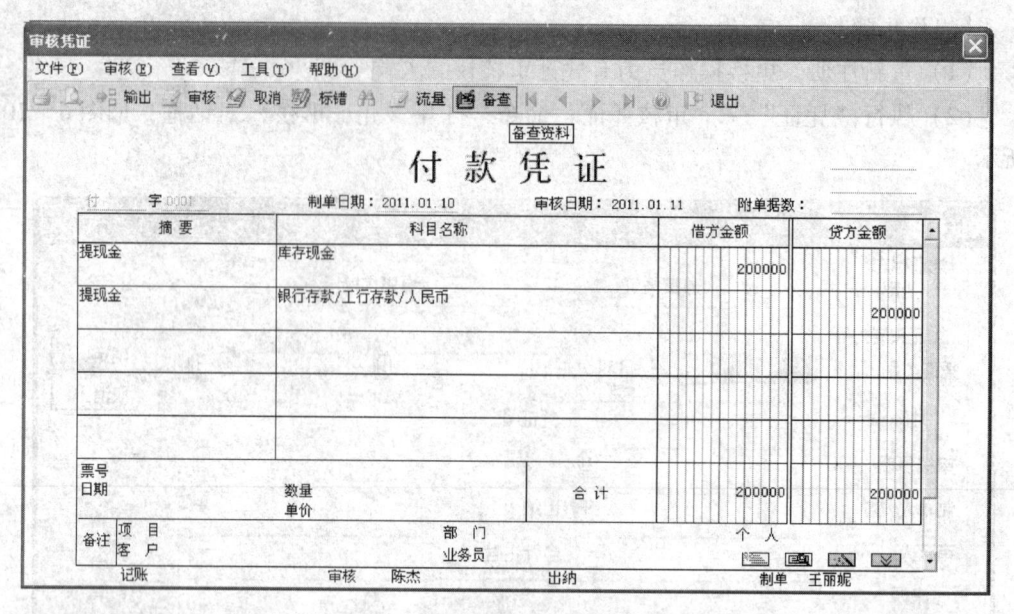

图6-12 "凭证审核"窗口

（6）凭证审核完毕后，单击"退出"按钮退出。

提示：

● 审核人和制单人不能是同一个人。

● 凭证审核的操作权限应首先在"系统管理"的权限中进行赋权。其次还要注意在总账系统的选项中是否设置了"凭证审核控制到操作员"的选项，如果设置了该选项，则还要在"总账"—"设置"—"数据权限分配"中对"用户"权限进行明细设置。只有在"数据权限"中设置了某用户有权审核其他某一用户所填制凭证的权限，该用户才真正拥有了审核凭证的权限。

● 凭证审核功能菜单中还有"成批审核"功能，可以对待审核凭证进行成批审核。

● 已审核凭证可以由审核人取消审核签字，在"凭证审核"窗口中，按"取消"按钮，就可以取消审核签字。

三、记账

记账凭证经审核签字后，由有记账权限的操作员发出记账指令，由计算机按照预先设计的记账程序自动进行合法性检查、科目汇总并登记总账、明细账、日记账和各种辅助账簿。

记账一般采用向导方式，使记账过程更加明确，记账工作由计算机自动进行数据处理，不用人工干预。记账操作每月可进行多次。

【操作步骤】

（1）执行"凭证"—"记账"命令，打开"记账"对话框，如图6-13所示。

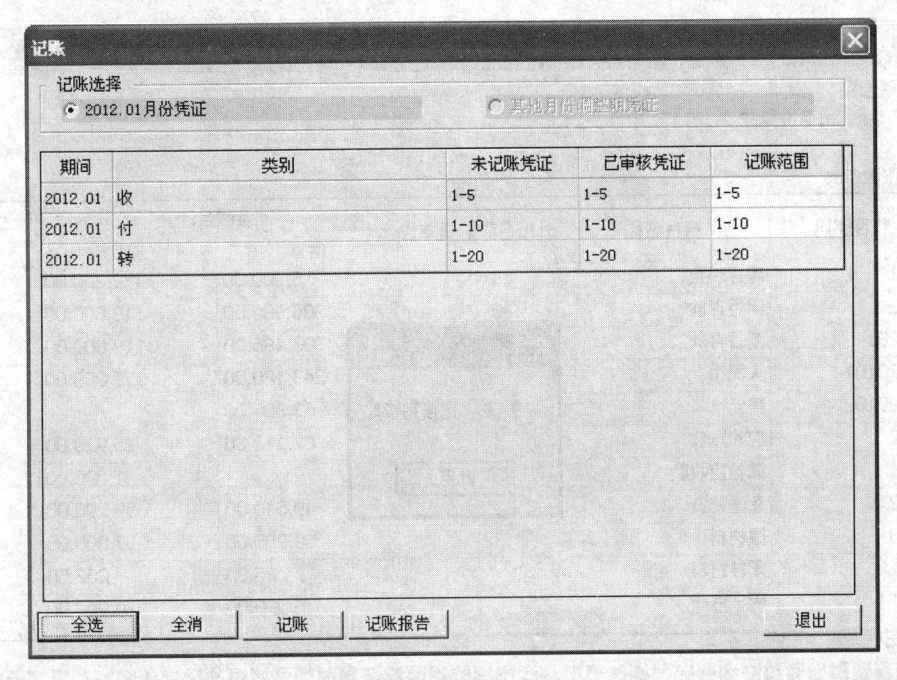

图6-13 "记账"对话框

（2）选择记账月份，并单击"全选"按钮，选择所有要记账的凭证。

（3）单击"记账"按钮，系统显示"期初试算平衡表"对话框，如图6-14所示。

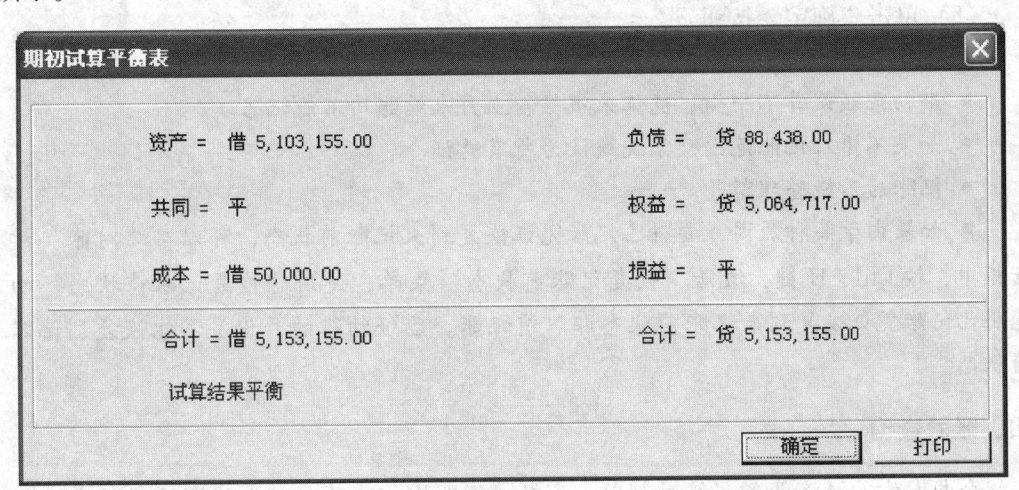

图6-14 "期初试算平衡"对话框

（4）单击"确定"按钮，系统自动进行记账，记账完成后，系统弹出"记账完毕！"信息提示框，如图6-15所示。

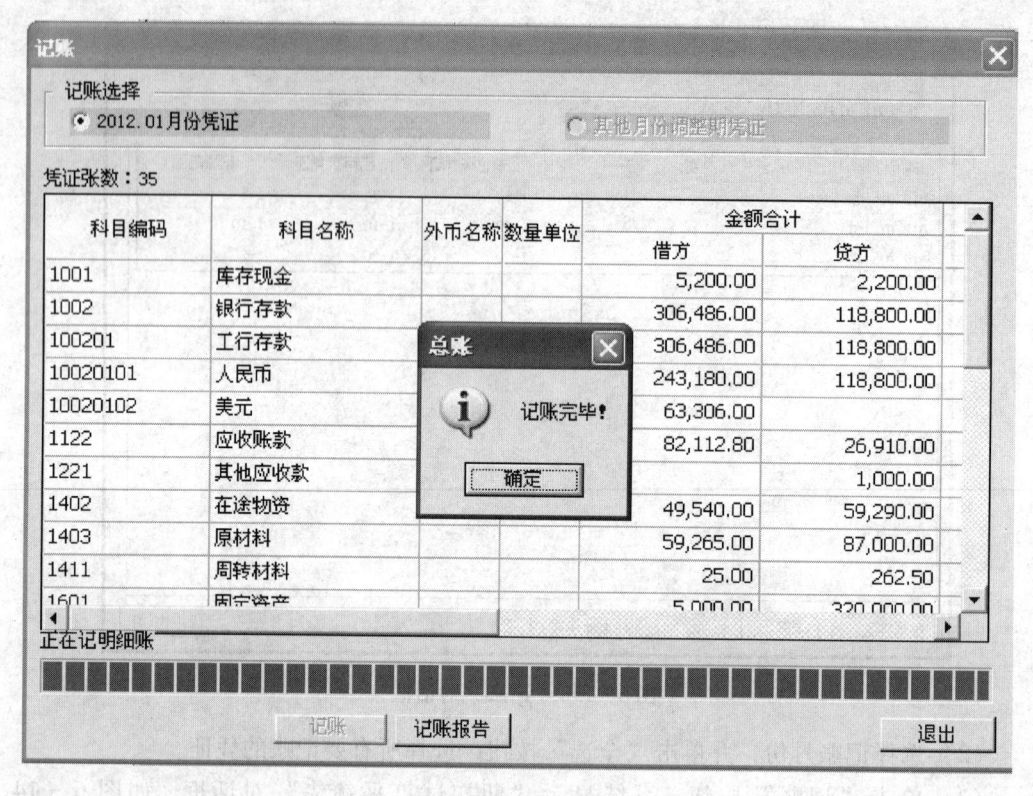

图6-15 记账完毕

（5）单击"确定"按钮。

提示：

- 期初余额试算不平衡、凭证未审核、上月未结账均不能记账。
- 如果不输入记账范围，系统默认为所有凭证。
- 记账后不能整理断号。
- 如果由于某种原因，要将已记账凭证恢复到未记账前状态，可以在"对账"对话框中，按 Ctrl+H 键，激活"恢复记账前状态"菜单，使用"恢复记账前状态"功能将已记账凭证恢复到未记账前状态即取消记账。已经结账的月份，不能恢复到记账前状态。

四、账簿查询

企业发生的经济业务，经过制单、审核、记账操作之后，就形成了正式的会计账簿。为了能够及时地了解账簿中的数据资料，并满足对账簿数据的统计分析及打印的需要，在总账系统中，提供了强大的查询功能。

1. 总账查询

总账查询不但可以查询各总账科目的年初余额、各月发生额合计和月末余额，而且还可以查询二至五级明细科目的年初余额、各月发生额合计和月末余额及明细账中每项明细资料对应的记账凭证。

【例6-1】查询"1122应收账款"总账

【操作步骤】

(1) 在总账系统中,执行"账表"—"科目账"—"总账"命令,打开"总账查询条件"对话框。如图6-16所示。

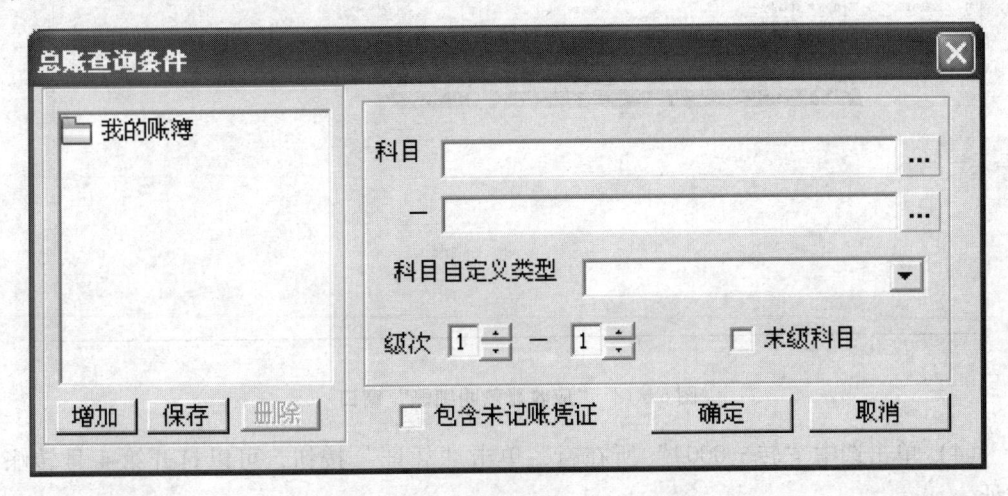

图6-16 "总账查询条件"对话框

(2) 直接录入或参照选择科目编码"1122",单击"确定"按钮,进入"应收账款总账"窗口,如图6-17所示。

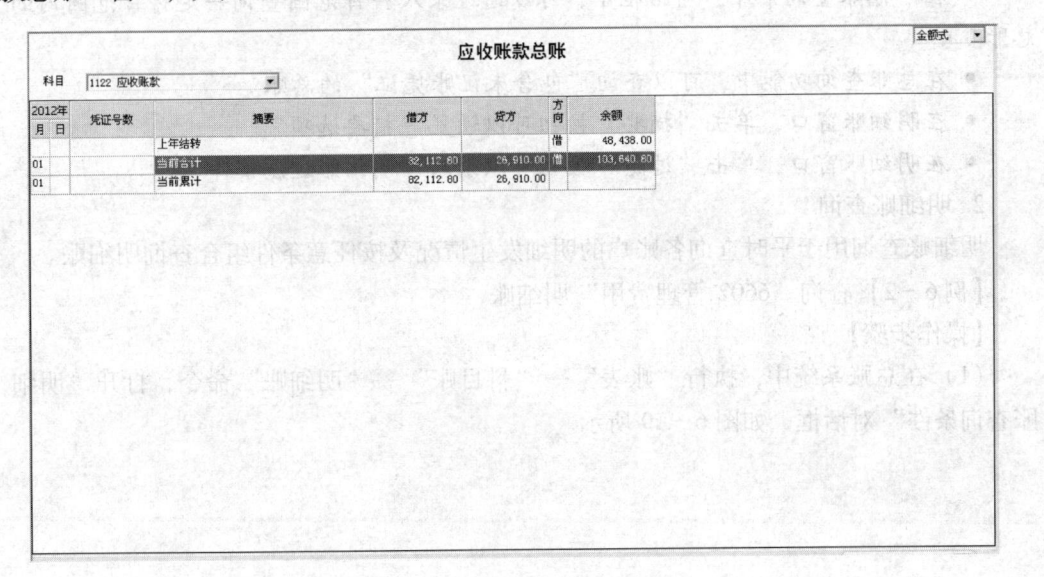

图6-17 "应收账款总账"窗口

(3) 单击选中"当前合计"栏,单击"明细"按钮,进入"应收账款明细账"窗口,如图6-18所示。

图6-18 "应收账款明细账"窗口

（4）单击选中"转-0004"所在行，单击"凭证"按钮，可以打开第4号转账凭证。

（5）单击"退出"按钮退出。

提示：

• 在"总账查询条件"对话框中，可以通过录入科目范围查询一定科目范围内的总账。

• 在总账查询功能中，可以查询"包含未记账凭证"的总账。

• 在明细账窗口，单击"摘要"按钮可以设置"摘要选项"。

• 在明细账窗口，单击"过滤"按钮可以录入"明细账过滤条件"。

2. 明细账查询

明细账查询用于平时查询各账户的明细发生情况及按任意条件组合查询明细账。

【例6-2】查询"6602管理费用"明细账

【操作步骤】

（1）在总账系统中，执行"账表"—"科目账"—"明细账"命令，打开"明细账查询条件"对话框，如图6-19所示。

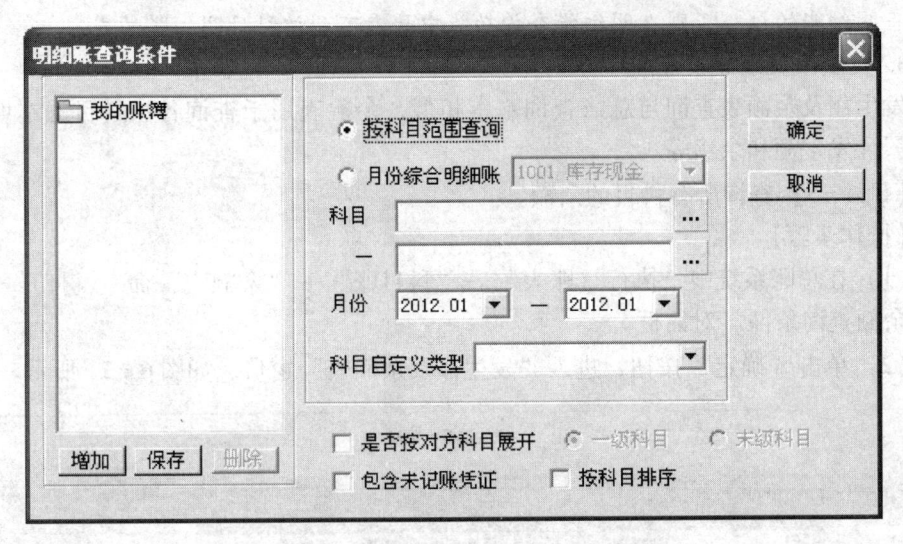

图6-19 "明细账查询条件"对话框

（2）直接录入或参照选择科目编码"6602"，单击"确定"按钮，进入"管理费用明细账"窗口，如图6-20所示。

图6-20 "管理费用明细账"窗口

（3）单击"退出"按钮退出。

提示：
- 在明细账查询功能中，可以查询一定科目范围内的明细账。
- 可以查询"包含未记账凭证"在内的明细账。
- 可以查询月份综合明细账。
- 可以按"对方科目展开"方式查询明细账。
- 在明细账中可以联查到总账及相应的记账凭证。
- 如果在总账系统的"选项"中，选择了"明细账查询权限控制到科目"，则必须在"基础设置"的"数据权限"中设置相应的数据权限。如果某操作员不具备查询

185

某科目明细账的权限，则在明细账查询功能中就看不到该科目明细账的内容。

3. 发生额及余额表查询

发生额及余额表查询与总账查询基本相似，余额表用于查询各级科目的本期发生额、累计发生额和余额等。

【例6-3】查询所有科目的余额。

【操作步骤】

（1）在总账系统中，执行“账表”—“科目账”—“余额表”命令，打开“发生额及余额查询条件”对话框。

（2）单击“确定”按钮，进入“发生额及余额表”窗口，如图6-21所示。

发生额及余额表

金额式

月份：2012.01-2012.01

科目编码	科目名称	期初余额		本期发生		期末余额	
		借方	贷方	借方	贷方	借方	贷方
1001	库存现金	5,000.00		5,200.00	2,200.00	8,000.00	
1002	银行存款	420,988.00		306,486.00	118,980.00	608,494.00	
1122	应收账款	48,438.00		82,112.80	26,910.00	103,640.80	
1221	其他应收款	1,200.00		122.08	1,000.00	322.08	
1231	坏账准备		2,250.00				2,250.00
1402	在途物资	11,700.00		49,540.00	59,290.00	1,950.00	
1403	原材料	78,500.00		59,265.00	87,000.00	50,765.00	
1405	库存商品	68,500.00		187,841.00	98,318.08	158,022.92	
1406	发出商品	7,500.00		52,150.00	29,004.92	30,645.08	
1411	周转材料	500.00		25.00	262.50	262.50	
1601	固定资产	4,965,800.00		5,000.00	320,000.00	4,650,800.00	
1602	累计折旧		502,721.00	51,200.00	15,941.50		467,462.50
1606	固定资产清理			268,800.00	268,800.00		
1901	待处理财产损溢			122.08	122.08		
资产小计		5,608,126.00	504,971.00	1,067,863.96	1,027,829.08	5,612,902.38	469,712.50
2001	短期借款				63,306.00		63,306.00
2202	应付账款		35,100.00	26,700.00	46,217.75		54,617.75
2211	应付职工薪酬		50,000.00	50,000.00	59,500.00		59,500.00
2221	应交税费		3,338.00	8,377.75	17,142.80		12,103.05
负债小计			88,438.00	85,077.75	186,166.55		189,526.80
4001	实收资本		5,000,000.00				5,000,000.00
4101	盈余公积		10,000.00				10,000.00

图6-21 “发生额及余额表”窗口

（3）单击“累计”按钮，可以查询到累计借贷方发生额。将光标定位在具有辅助核算科目所在行，单击“专项”按钮，可以查询到带有辅助核算内容的辅助资料。

（4）查询完毕，单击“退出”按钮退出。

提示：

- 可以查询某个余额范围内的余额情况。
- 可以查询“包含未记账凭证”在内的最新发生额及余额。

4. 多栏式明细账的定义及查询

多栏式明细账的格式是不固定的，不仅有借方多栏式、贷方多栏式、借贷方多栏式的区别，而且明细科目栏的栏数和栏名也是不固定的。因此，财务软件不可能预置多栏账的格式，多栏账只能用户自己定义。用户一般先通过系统提供的生成器去设置多栏账，然后利用“查询条件”、“过滤条件”去查询多栏账。

【例6-4】查询“222101 应交增值税”多栏账

【操作步骤】

（1）在总账系统中，执行“账表”—“科目账”—“多栏账”命令，进入“多栏账”窗口。

(2) 单击"增加"按钮，打开"多栏账定义"对话框。

(3) 单击"核算科目"栏的下三角按钮，选择"222101 应交增值税"，单击"自动编排"按钮，出现栏目定义的内容，如图 6-22 所示。

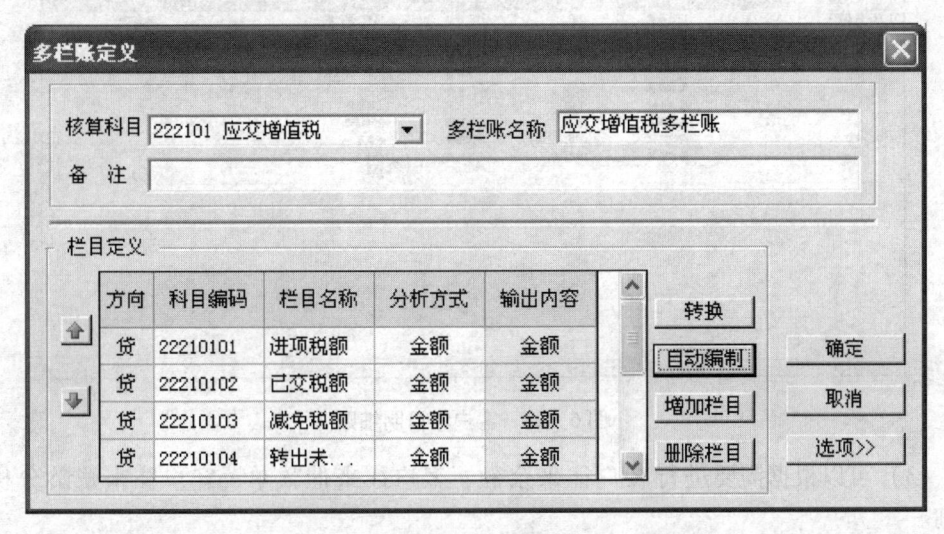

图 6-22 多栏账定义

(4) 单击"确定"按钮，完成应交增值税多栏账的设置。
(5) 单击"查询"按钮，打开"多栏账查询"对话框。
(6) 单击"确定"按钮，显示应交税费多栏账。

提示：

● 在总账系统中，普通多栏账由系统将要分析科目的下级科目自动生成"多栏账"。

● 多栏账的栏目内容可以自定义，可以对栏目的分析方向、分析内容、输出内容进行定义，同时可以定义多栏账格式。

● 自定义多栏账可以根据实际管理需要将不同的科目及不同级次的科目形成新的多栏账，以满足多科目的综合管理。

5. 客户往来明细账中客户科目明细账查询

【操作步骤】

(1) 在总账系统中，执行"账表"—"客户往来辅助账"—"客户往来明细账"—"客户科目明细账"命令，打开"客户科目明细账"查询条件对话框。

(2) 单击"确定"按钮，打开"科目明细账"，如图 6-23 所示。

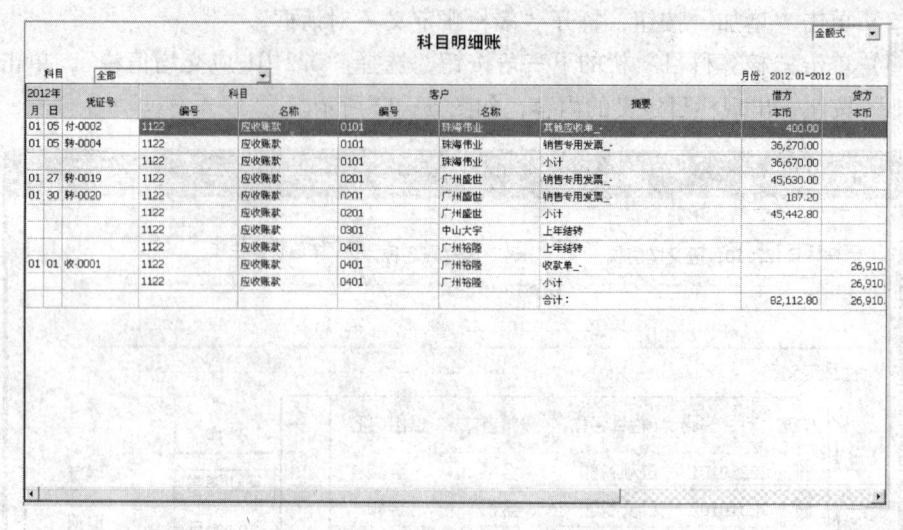

图6-23 客户科目明细账

(3) 可以根据需要进行客户往来余额、客户往来催款单、客户往来账龄分析等查询。

(4) 查询完毕，单击"退出"按钮退出。

提示：

● 在"客户科目明细账"功能中，可以查询所有辅助核算内容为"客户往来"的科目明细账。

● 可以查询各个客户、各个月份的客户科目明细账。

● 可以查询"包含未记账凭证"在内的客户科目明细账。

● 在科目明细账中，可以联查到总账及凭证的内容，还可以进行摘要内容的设置。

● 客户往来辅助账的查询方式较多，可以根据不同需要在不同的查询功能中查找到需要的数据。

6. 部门科目总账查询

【操作步骤】

(1) 在总账系统中，执行"账表"—"部门辅助账"—"部门科目总账"命令，打开"部门科目总账"对话框。

(2) 单击"确定"按钮，打开部门总账。

(3) 查询完毕，单击"退出"按钮退出。

提示：

● 在部门科目总账中，可以单击"累计"按钮查询包含累计借贷方发生额的部门总账，单击"明细"按钮查询部门明细账的资料。

五、出纳管理

出纳管理是总账系统为出纳人员提供的一套管理工具，它可以完成现金和银行存款日记账的输出、支票登记簿的管理和进行银行对账等。

（一）出纳签字

出纳人员可通过出纳签字功能对制单员填制的带有现金银行科目的凭证进行检查核对，主要核对出纳凭证的出纳科目的金额是否正确，审查认为错误或有异议的凭证，应交与填制人员修改后再核对。

出纳签字应先更换操作员，由具有签字权限的出纳人员来进行。对于出纳凭证，可以单个签字，也可以成批签字。

【操作步骤】

（1）在"企业应用平台"窗口，执行左上角"重注册"命令，打开"登录"对话框。

（2）用出纳的身份注册进入企业应用平台。

（3）执行"总账"—"凭证"—"出纳签字"命令，打开"出纳签字"查询条件对话框。

（4）输入查询条件后，单击"确定"按钮，进入"出纳签字"凭证列表窗口。如图6-24所示。

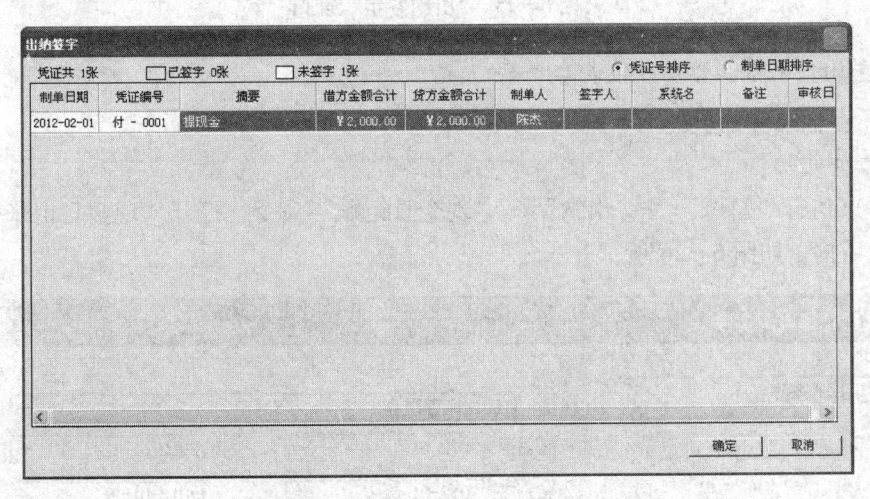

图6-24 "出纳签字"凭证列表窗口

（5）双击某一要签字的凭证或者单击"确定"按钮，进入"出纳签字"窗口。

（6）单击工具栏上的"签字"按钮，凭证底部的"出纳"位置被自动签上出纳人姓名。如图6-25所示。

（7）单击"下张"按钮，对其他凭证签字，签字完毕，单击"退出"按钮退出。

提示：

● 涉及指定为现金科目和银行科目的凭证才需要出纳签字。

● 凭证一经签字，就不能被修改、删除，只有取消签字后才可以修改或删除，取消签字只能由出纳自己进行。

● 凭证签字并非审核的必要步骤。若在设置总账参数时，不选择"出纳凭证必须经由出纳签字"，则可以不执行"出纳签字"功能。

● 可以执行"出纳"—"成批出纳签字"功能对所有凭证进行出纳签字。

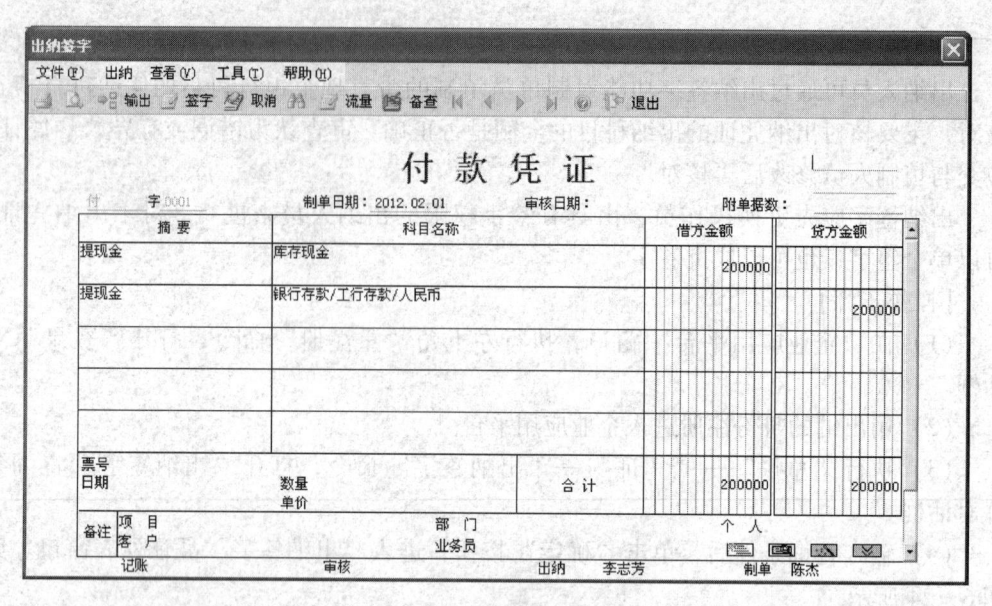

图 6-25 "出纳签字"窗口

(二)查询日记账和资金日报表

1. 查询现金日记账

【操作步骤】

(1) 执行"总账"—"出纳"—"现金日记账"命令,打开"现金日记账查询条件"对话框。如图 6-26 所示。

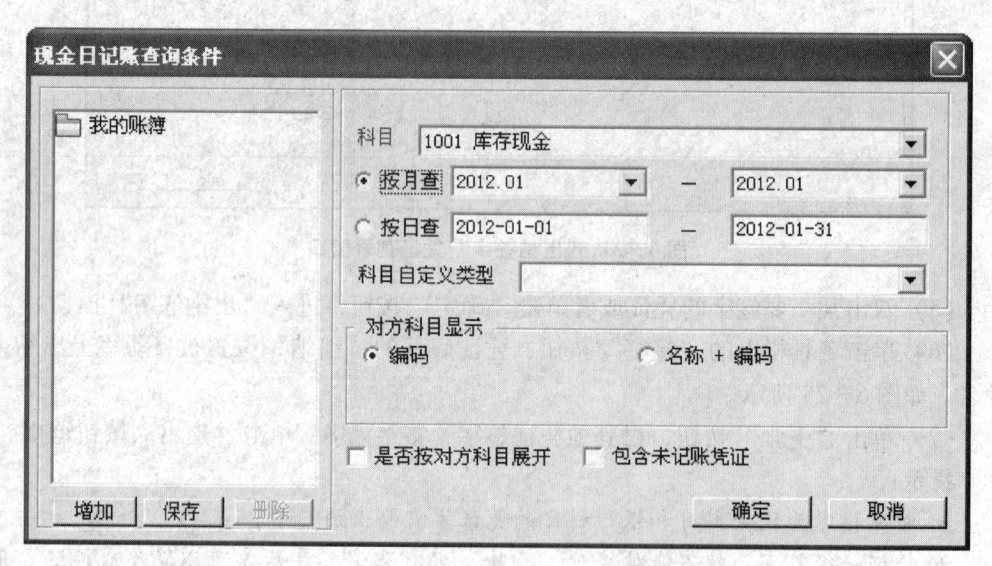

图 6-26 "现金日记账查询条件"对话框

(2) 输入查询条件,单击"确定"按钮,进入"现金日记账"窗口,如图 6-27 所示。

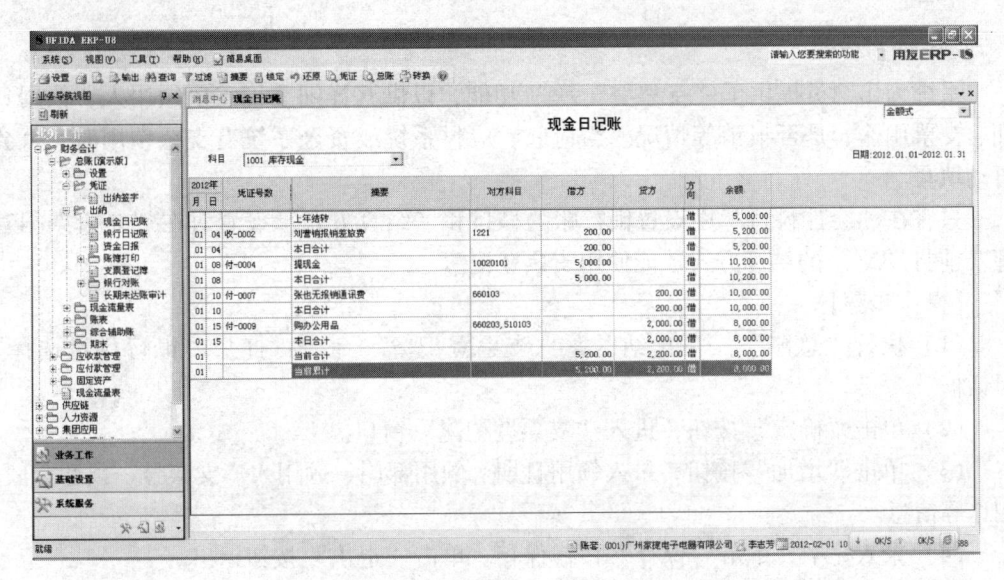

图6-27 "现金日记账"窗口

(3) 单击"退出"按钮退出。

提示：

● 只有在"会计科目"功能中使用"指定科目"功能指定"现金总账科目"及"银行总账科目"，才能查询"现金日记账"及"银行存款日记账"。

● 既可以按日查询，也可以按月查询现金及银行存款日记账。

● 查询日记账时还可以查询包含未记账凭证的日记账。

● 在已打开的日记账窗口中可以通过单击"过滤"按钮，输入过滤条件快速查询日记账的具体内容。

● 在已打开的日记账窗口中可以通过单击"凭证"按钮，查询该条记录所对应的记账凭证。

2. 查询银行存款日记账

银行存款日记账查询与现金日记账查询操作基本相同，所不同的只是银行存款日记账设置了结算号栏，主要是对账时用。

3. 查询资金日报表

资金日报功能可以查询现金、银行存款科目某日的发生额及余额情况。

【操作步骤】

(1) 执行"总账"—"出纳"—"资金日报"命令，打开"资金日报表查询条件"对话框。

(2) 选择日期，单击"确定"按钮，进入"资金日报表"窗口。

(3) 单击"退出"按钮退出。

提示：

● 如果在"资金日报表查询条件"窗口中选中"有余额无发生额也显示"，则即使现金或银行科目在查询日没有发生业务，只有余额也显示。

(三) 支票登记簿

系统为出纳员提供了"支票登记簿"功能，以供其详细登记支票领用人、领用日期、支票用途、是否报销等情况。当应收、应付系统或资金系统有支票领用时，就会自动填写。

只有在"会计科目"中设置银行账的科目和"结算方式"设置时在"是否票据管理"前打"√"的结算方式才能使用支票登记簿。

【操作步骤】

（1）执行"总账"—"出纳"—"支票登记簿"命令，打开"银行科目选择"对话框。

（2）单击"确定"按钮，进入"支票登记簿"窗口。

（3）单击"增加"按钮，录入领用日期、领用部门、领用人、支票号、预计金额、用途等信息。

（4）录入完毕，单击"保存"按钮保存。单击"退出"按钮退出。

提示：

● 支票登记簿中报销日期为空时，表示该支票未报销，否则系统认为该支票已报销。

● 当支票支出后，在填制凭证时输入该支票的结算方式和结算号，系统则会自动在支票登记簿中将该号支票写上报销日期，该支票即为已报销。

● 单击"批删"按钮，输入需要删除已报销支票的起止日期，即可删除此期间的已报销支票。

● 单击"过滤"按钮，可对支票按领用人或者部门进行各种统计。

第二节 薪资管理日常业务处理

薪资管理的日常业务主要包括工资数据管理（录入与计算）、个人所得税的计算与申报、银行代发、工资分摊、工资数据查询统计等。

一、设置个人所得税的计提基数和税率

用友 ERP－U872 提供了个人所得税自动计算功能，用户可自定义所得税税率、纳税基数，系统自动计算个人所得税。

个人所得税计提基数和税率的设置应在工资变动处理之前进行。如果先进行工资变动处理再修改个人所得税的计提基数或税率，就要在修改了个人所得税的计提基数或税率后再进行一次工资的变动处理，否则工资数据将不正确。

2011年9月1日起，修改后的《中华人民共和国个人所得税法》全面实施，个人所得税的起征点调整为3 500元，税率为3%～45%。针对这一变化，需要在薪资管理系统中进行对应的设置。

【操作步骤】

(1) 在用友 ERP – U872 企业应用平台中，执行"人力资源"—"薪资管理"—"设置"—"选项"命令，打开"选项"对话框，如图 6-28 所示。

(2) 单击"扣税设置"选项卡，单击"编辑"按钮，将"实发合计"更换为"应发合计"，如图 6-29 所示。

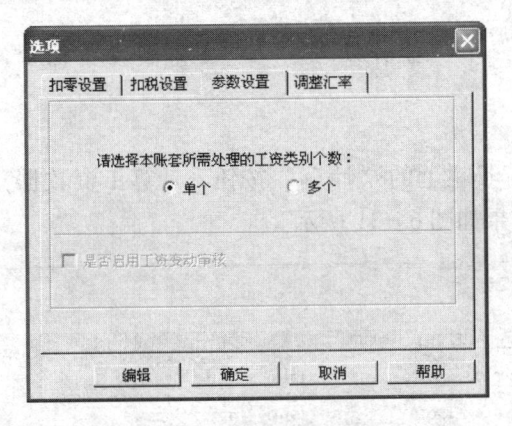

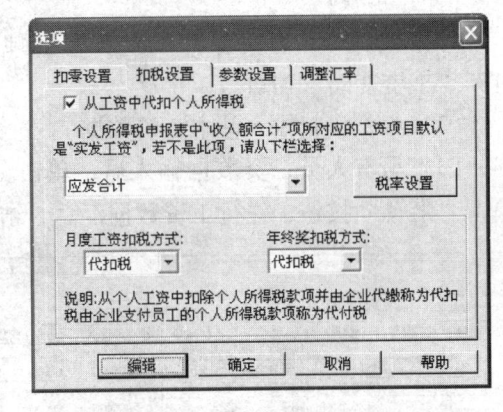

图 6-28 "选项"对话框

图 6-29 "扣税设置"对话框

(3) 单击"税率设置"按钮，打开"个人所得税申报表—税率表"对话框。

(4) 修改"基数"栏为"3500"，并按新税法修改税率表，如图 6-30 所示。

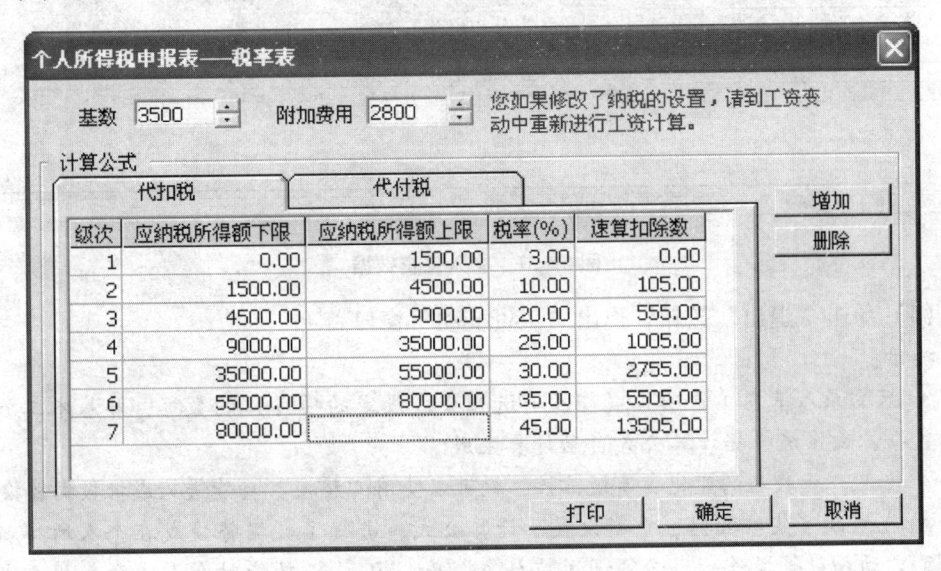

图 6-30 修改纳税基数等参数

(5) 单击"确定"按钮，返回"选项"对话框。
(6) 单击"确定"按钮关闭"选项"对话框。

提示：
● 系统默认以"实发合计"作为收入额合计，用户可以选择其他工资项目作为扣税标准，也可以在定义工资项目时单独为应税所得设置一个工资项目。

二、录入并计算工资数据

第一次使用工资系统必须将所有人员的基本工资数据录入系统。工资数据可以在录入人员档案时直接录入，也可以在薪资管理系统中的"工资变动"功能中录入。

广州家捷电子电器有限公司2012年1月工资基本数据见模拟资料。

【操作步骤】

(1) 执行"人力资源"—"薪资管理"—"业务处理"—"工资变动"命令，打开"工资变动"窗口。

(2) 根据资料输入基本工资数据。

(3) 所有人员工资数据输入后，单击工具栏上的"计算"按钮，计算工资数据，单击"汇总"按钮，进行工资数据汇总，结果如图6-31所示。

选择	人员编号	姓名	部门	人员类别	基本工资	奖金	交通补贴	应发合计	事假扣款	保险费	扣款合计	实发合计	代扣税
	101	梁兴发	经理办公室	企业管理人	5,000.00	500.00	100.00	5,600.00		275.00	380.00	5,220.00	105.00
	102	陈明亮	经理办公室	企业管理人	3,200.00	200.00	100.00	3,500.00		170.00	170.00	3,330.00	
	201	刘营销	销售部	经营人员	4,500.00	300.00	200.00	5,000.00		240.00	285.00	4,715.00	45.00
	202	张也无	销售部	经营人员	2,800.00	200.00	200.00	3,200.00		150.00	150.00	3,050.00	
	301	赵四海	采购部	经营人员	4,500.00	300.00	100.00	4,900.00		240.00	282.00	4,618.00	42.00
	302	孙才沟	采购部	经营人员	2,800.00	200.00	100.00	3,100.00		150.00	150.00	2,950.00	
	401	陈杰	财务部	企业管理人	4,500.00	300.00	100.00	4,900.00		240.00	282.00	4,618.00	42.00
	402	王丽妮	财务部	企业管理人	2,800.00	200.00	100.00	3,100.00		150.00	150.00	2,950.00	
	403	李志芳	财务部	企业管理人	2,800.00	200.00	100.00	3,100.00		150.00	150.00	2,950.00	
	501	成一鸣	生产部办公	车间管理人	4,600.00	300.00	100.00	5,000.00		245.00	290.00	4,710.00	45.00
	502	梁丽丽	生产部办公	车间管理人	2,800.00	200.00	100.00	3,100.00		150.00	150.00	2,950.00	
	503	吴美娟	生产车间	PT生产工人	2,500.00	200.00	100.00	2,800.00		135.00	135.00	2,665.00	
	504	汪伟仁	生产车间	PT生产工人	2,500.00	200.00	100.00	2,800.00		135.00	135.00	2,665.00	
	505	周鸿兵	生产车间	PT生产工人	2,500.00	200.00	100.00	2,800.00		135.00	135.00	2,665.00	
	506	李一凡	生产车间	HH生产工人	2,800.00	200.00	100.00	3,100.00		150.00	150.00	2,950.00	
	507	孙丽英	生产车间	HH生产工人	2,800.00	200.00	100.00	3,100.00		150.00	150.00	2,950.00	
合计					53,400.00	3,900.00	1,800.00	59,100.00	0.00	2,865.00	3,144.00	55,956.00	279.00

当前月份:1月　总人数:16　当前人数:16

图6-31　录入工资数据

(4) 单击"退出"按钮，退出"工资变动"窗口。

提示：

● 只需录入基本工资项目（即没有进行公式设定的项目）的数据，非基本工资项目的数据，由系统根据计算公式自动计算生成。

● 如果工资数据的变化具有规律性，就可以使用"替换"功能进行成批数据替换。

● 在修改了某些数据、重新设置了计算公式、进行了数据替换或在个人所得税中执行了自动扣税等操作后，必须调用"计算"和"汇总"功能对个人工资数据重新计算，以保证数据正确。

三、查看个人所得税

【操作步骤】

(1) 执行"人力资源"—"薪资管理"—"业务处理"—"扣缴所得税"命令，打开"个人所得税申报模板"对话框，如图6-32所示。

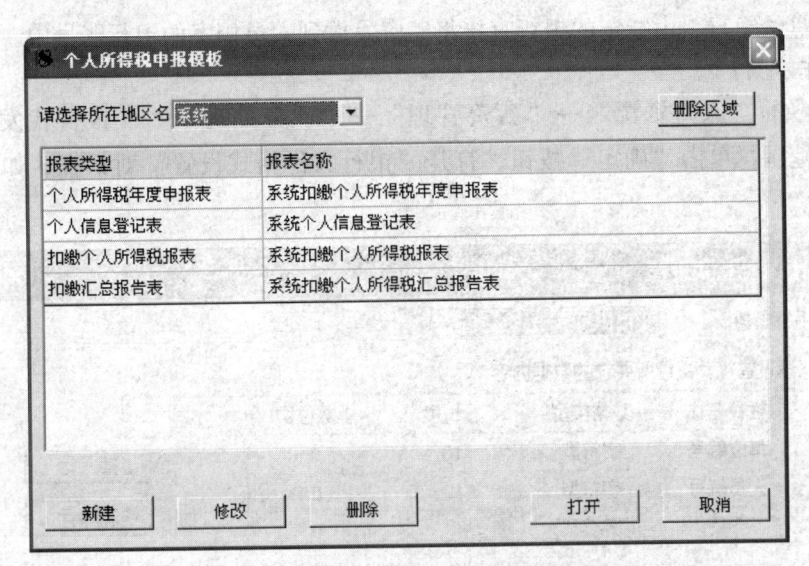

图 6-32 "个人所得税申报模板"对话框

（2）选择"个人所得税年度申报表"，单击"打开"按钮，进入"个人所得税年度申报表"窗口，如图 6-33 所示。

图 6-33 "个人所得税年度申报表"窗口

提示：
● 可以单击工具栏上的"税率"按钮，查看"个人所得税扣缴申报表"中的"基数"和"税率"，此处不能进行调整，调整只能在"薪资管理"—"设置"—"选项"中进行，调整后必须重新计算个人所得税，否则个人所得税数据将产生错误。

四、银行代发

银行代发是指核算单位在月底将工资报表输入成银行所需的数据格式，然后直接打印或报盘给银行，由指定的银行直接将工资发放到人员档案的银行账号中。

【操作步骤】

（1）执行"人力资源"—"薪资管理"—"业务处理"—"银行代发"命令，选择部门范围，单击"确定"按钮，打开"银行文件格式设置"对话框，如图6-34所示。

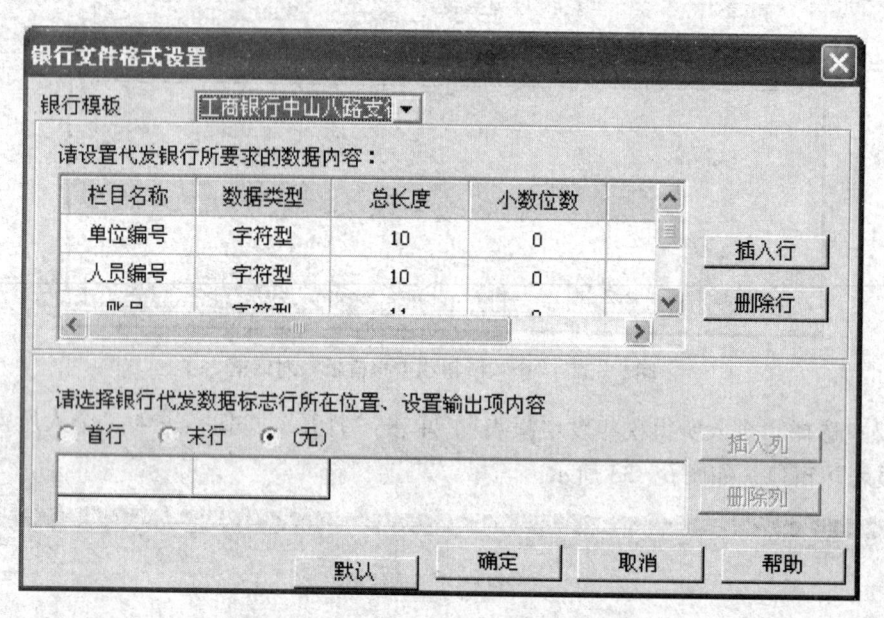

图6-34 "银行文件格式设置"对话框

（2）单击"确定"按钮，系统弹出"确认设置的银行文件格式？"信息提示框。

（3）单击"是"按钮，进入"银行代发一览表"窗口，如图6-35所示。

图6-35 银行代发一览表

（4）在"银行代发一览表"窗口中，单击工具栏中的"方式"按钮可选择该表输出的数据形式——TXT、DAT和DBF；单击"传输"按钮可进行银行文件输出。

五、工资分摊

工资计算处理完毕后,财会人员需要根据不同部门、不同性质的员工工资,汇总分配工资费用,并编制转账凭证,供登账处理之用。

初次使用工资系统时应先进行工资分摊的设置。所有与工资相关的费用均需建立相应的分摊类型名称及分摊比例。

【例6-5】广州家捷电子电器有限公司2012年1月25日计算并分配工资费用。

1. 设置工资分摊类型

表6-1　　　　　　　　　　工资分摊设置

计提类型名称	部门名称	人员类别	借方科目	借方项目	贷方科目
应付职工薪酬	经理办公室	企业管理人员	660201		221101
	销售部	经营人员	660101		221101
	采购部	经营人员	660201		221101
	财务部	企业管理人员	660201		221101
	生产部办公室	车间管理人员	510101		221101
	生产车间	PT生产工人	500102	PT直接人工	221101
	生产车间	HH生产工人	500102	HH直接人工	221101

【操作步骤】

(1) 执行"人力资源"—"薪资管理"—"业务处理"—"工资分摊"命令,打开"工资分摊"对话框,如图6-36所示。

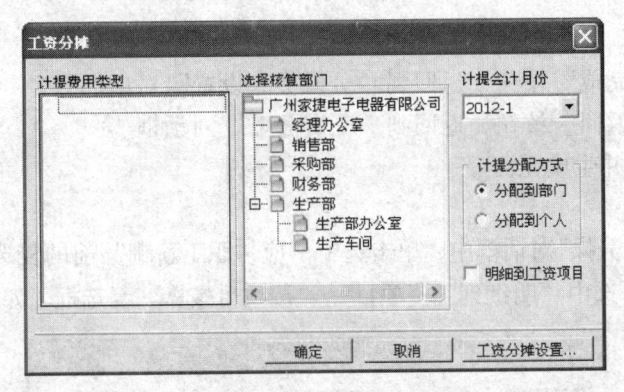

图6-36 "工资分摊"对话框

(2) 单击"工资分摊设置"按钮,打开"分摊类型设置"对话框。

(3) 单击"增加"按钮,打开"分摊计提比例设置"对话框。

(4) 在"计提类型名称"文本框中录入"应付职工薪酬",分摊计提比例:100%。如图6-37所示。

(5) 单击"下一步"按钮,打开"分摊构成设置"对话框。

(6) 在"分摊构成设置"对话框中,按照表6-1设置各个项目的内容,如图6-38所示。

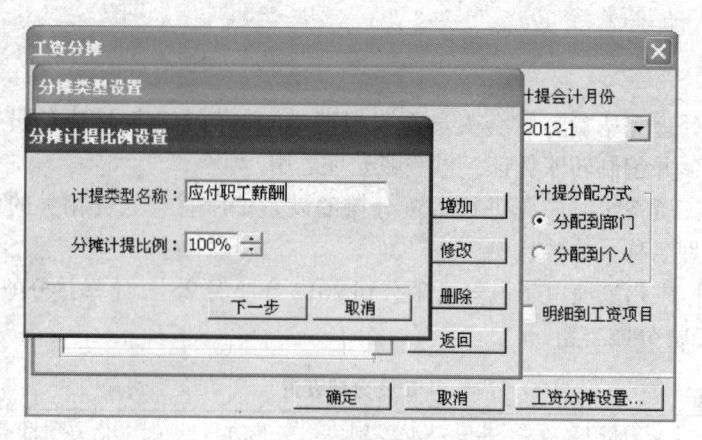

图6-37 "分摊计提比例设置"对话框

图6-38 "分摊构成设置"对话框

(7) 单击"完成"按钮,返回到"分摊类型设置"对话框。
(8) 单击"返回"按钮,返回到"工资分摊"对话框。

2. 工资分摊并生成凭证

【操作步骤】

(1) 在"工资分摊"对话框中,单击选中"应付职工薪酬"前的复选框,并单击选中各个部门,再单击选中"明细到工资项目"、"按项目核算"复选框,如图6-39所示。

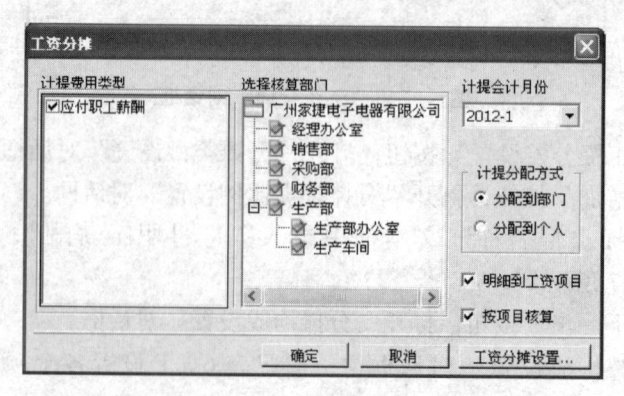

图6-39 "工资分摊"对话框

(2) 单击"确定"按钮，打开"应付职工薪酬一览表"，如图6-40所示。

图6-40 "应付职工的分录"复选框

(3) 单击"制单"按钮，选择凭证类别为"转账凭证"，单击"保存"按钮。生成的凭证如图6-41所示。

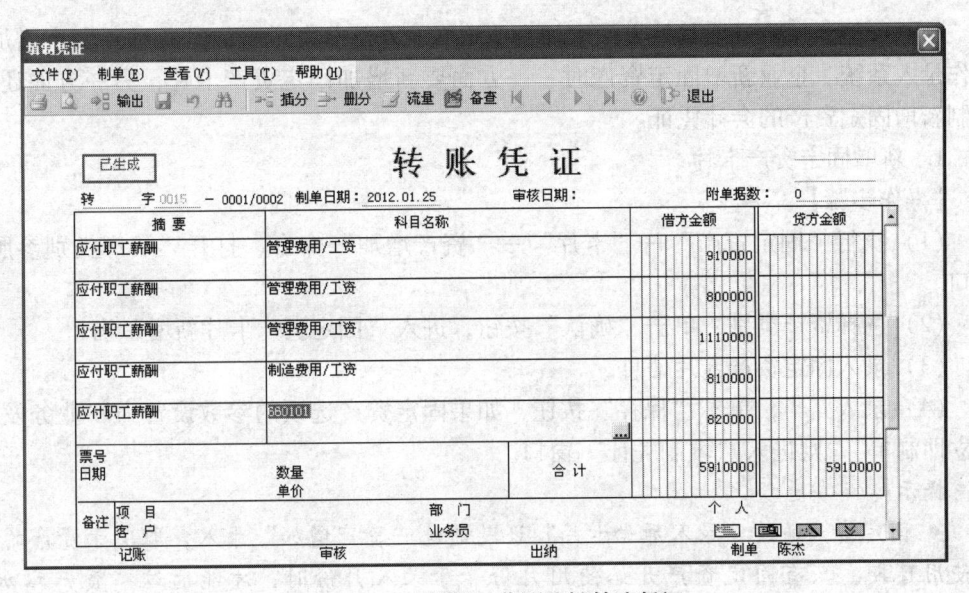

图6-41 应付职工薪酬分摊转账凭证

(4) 单击"退出"按钮。返回"应付职工薪酬一览表"。
(5) 单击"退出"按钮退出。

六、工资数据查询统计

工资数据处理结果最终通过工资报表的形式反映，薪资管理系统提供了主要的工资报表，报表的格式由系统提供，如果对报表提供的固定格式不满意，用户可以通过

"修改表"、"新建表"功能自行设计。

1. 工资表

工资表包括工资发放签名表、工资发放条、工资卡、部门工资汇总表、人员类别工资汇总表、条件汇总表、条件统计表、条件明细表、工资变动明细表、工资变动汇总表等由系统提供的原始表,主要用于本月工资发放和统计。工资表可以进行修改和重建。

2. 工资分析表

工资分析表是以工资数据为基础,对部门、人员类别的工资数据进行分析和比较,产生各种分析表,供决策人员使用。

在薪资管理系统执行相应的菜单命令即可查询工资报表。

第三节　固定资产日常业务处理

固定资产日常业务处理主要包括资产增加、资产减少、资产变动、折旧处理、账表管理等内容。

一、资产增加

企业可能通过购进或其他方式增加企业资产,该部分资产增加时通过"资产增加"操作录入系统。企业新增固定资产时,一方面要新增加固定资产卡片,另一方面还要编制新增固定资产的会计凭证。

1. 新增固定资产卡片

【操作步骤】

(1) 执行"固定资产"—"卡片"—"资产增加"命令,打开"资产类别参照"窗口。

(2) 选择资产类别,单击"确认"按钮,进入"固定资产卡片新增"窗口。

(3) 录入固定资产卡片信息。

(4) 录入完毕,单击"保存"按钮,如果固定资产选项的参数设置为"业务发生后立即制单",则进入"填制凭证"窗口。

提示:

● 固定资产通过"录入原始卡片"还是通过"资产增加"录入,取决于资产的开始使用日期,只有固定资产开始使用月份等于录入月份时,才能通过"资产增加"录入。

● 卡片输入完后,可以不立即制单,以后可以使用"批量制单"命令生成凭证。

2. 生成凭证

【操作步骤】

(1) 执行"固定资产"—"处理"—"批量制单"命令,打开"批量制单"窗口。

(2) 单击"全选"按钮或双击"选择"栏,选中要制单的业务,如图 6-42 所示。

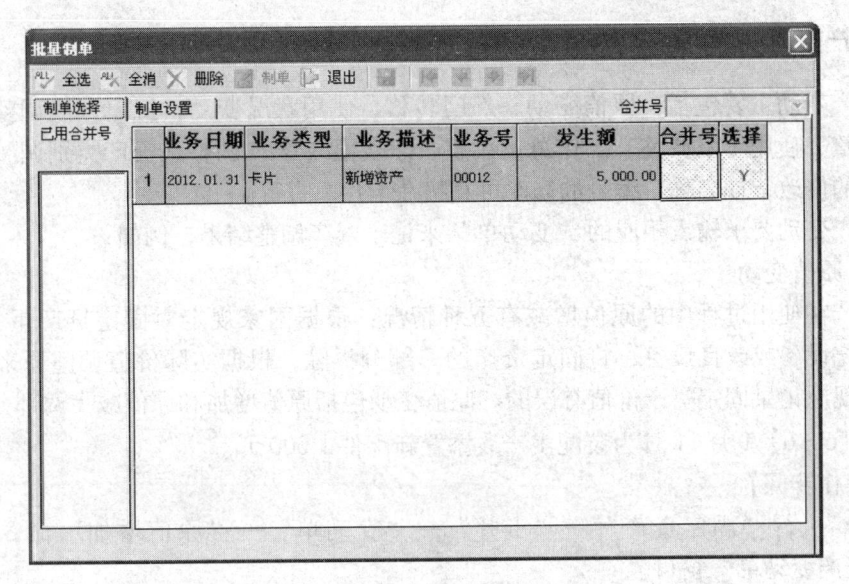

图 6-42　制单选择

(3) 单击"制单设置"选项卡，查看科目设置，如图 6-43 所示。

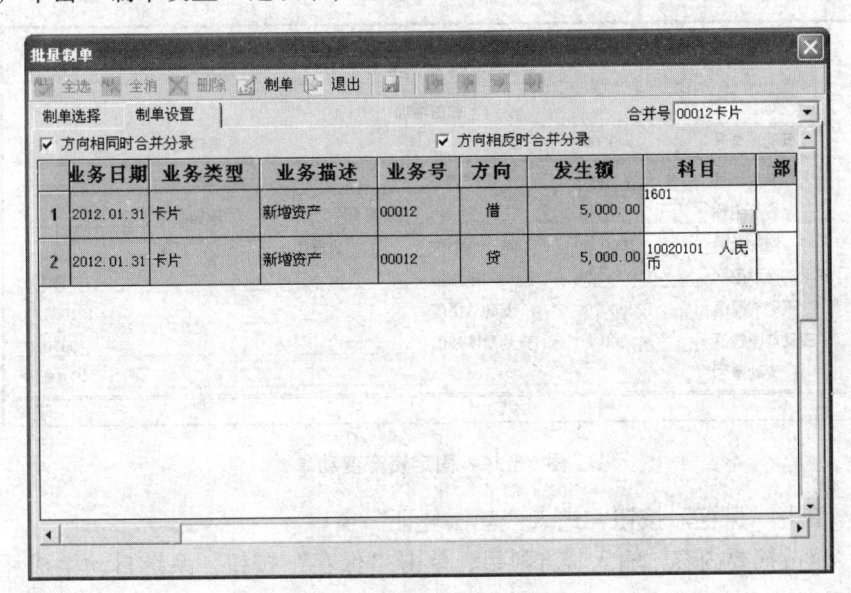

图 6-43　制单设置

(4) 单击"制单"按钮，进入"填制凭证"窗口。
(5) 选择凭证类别，完善凭证内容后，单击"保存"按钮。
提示：
● 凡是固定资产业务发生时没有制单的，均可以使用"批量制单"功能生成相应业务的凭证。
● 本系统所产生的凭证的查询、修改和删除可通过"处理"菜单中的"凭证查询"命令完成。

二、资产变动

资产变动主要包括：原值变动、部门转移、使用状况变动、折旧方法调整、累计折旧调整、使用年限调整、工作总量调整、净残值（率）调整、资产类别调整等。其他项目的修改，如名称、编号的修改可直接在卡片上进行。

资产变动要求输入相应的"变动单"来记录资产调整结果，例如：

1. 原值变动

资产在使用过程中的原值增减有五种情况：根据国家规定对固定资产重新估价，增加补充设备或改良设备，将固定资产的一部分拆除，根据实际价值调整原来的暂估价，发现原记录固定资产价值有误的。原值变动包括原值增加和原值减少两部分。

【例6-6】1月31日为装配生产线添置新配件1 000元。

【操作步骤】

（1）执行"固定资产"—"卡片"—"变动单"—"原值增加"命令，打开"固定资产变动单"窗口。

（2）参照输入卡片编号"00003"，输入增加金额"1 000"，输入变动原因"增加配件"，如图6-44所示。

固定资产变动单
— 原值增加 —

变动单编号	00001	变动日期	2012-01-31
卡片编号	00003	资产编号	03001	开始使用日期	2007-06-08
资产名称		装配生产线	规格型号	
增加金额	1000.00	币种	人民币	汇率	1
变动的净残值率	3%	变动的净残值		30.00
变动前原值	120000.00	变动后原值		121000.00
变动前净残值	3600.00	变动后净残值		3630.00
变动原因			增加配件
		经手人	陈杰

图6-44 固定资产变动单

（3）单击"保存"按钮，进入"填制凭证"窗口。

（4）修改摘要内容，输入贷方科目，单击"保存"按钮，系统自动生成凭证，如图6-45所示。

提示：

- 变动单不能修改，保存后发现错误，只有删除后重做，保存前请仔细检查。
- 资产原值变动须生成相应的凭证。
- 资产变动并不一定都生成凭证。

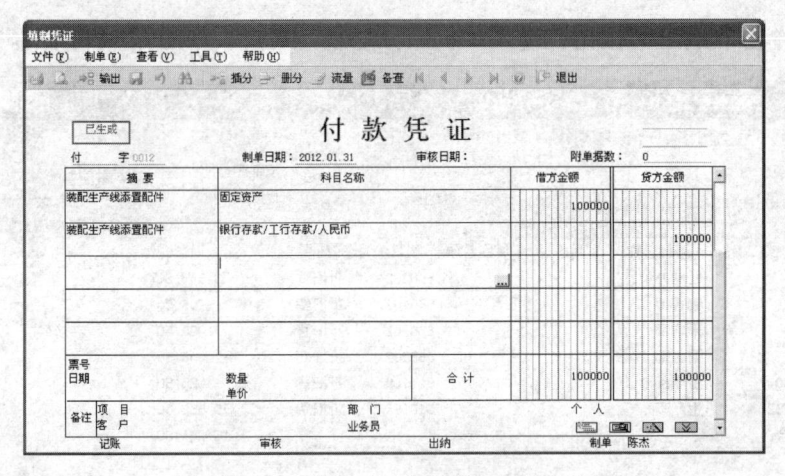

图6-45 固定资产原值增加凭证

三、折旧处理

固定资产在使用过程中，随着时间或工作量的增加，其价值会越来越小，这就是折旧。自动计提折旧是固定资产系统的主要功能之一。系统每期计提折旧一次，根据录入系统的资料自动计算每项资产的折旧，并自动生成折旧分配表，制作记账凭证，将本期的折旧费用自动登账。

【操作步骤】

（1）执行"固定资产"—"处理"—"计提本月折旧"命令，系统弹出"是否要查看折旧清单"信息提示框。

（2）单击"是"按钮，系统弹出"本操作将计提本月折旧，并花费一定时间，是否继续？"信息提示框。

（3）单击"是"按钮，进入"折旧清单"窗口，如图6-46所示。

图6-46 "折旧清单"窗口

(4) 单击"退出"按钮,进入"折旧分配表"窗口,如图6-47所示。

图6-47 "折旧分配表"窗口

(5) 单击"凭证"按钮,系统自动生成一张凭证。
(6) 选择凭证类别为"转账凭证"。
(7) 单击"保存"按钮,生成计提本月折旧凭证,如图6-48所示。

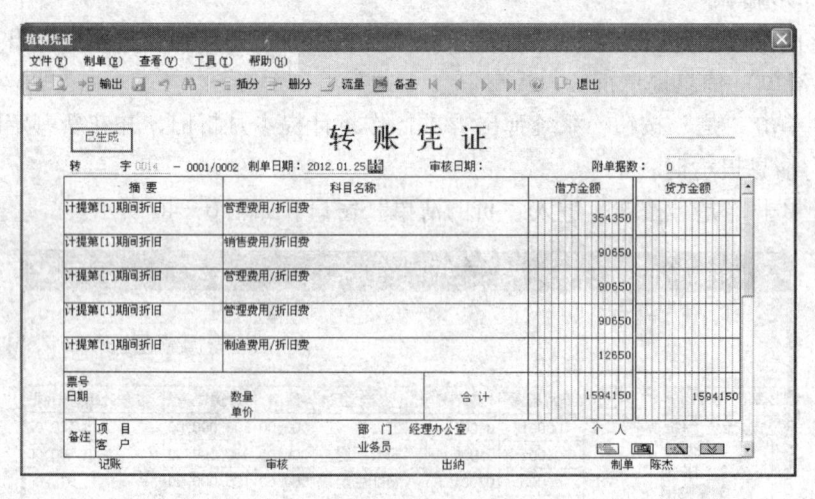

图6-48 计提折旧凭证

提示:
- 计提折旧功能对各项资产每期计提一次折旧。
- 部门转移和类别调整的资产当月计提的折旧分配到变动后的部门和类别。
- 在一个期间内可以多次计提折旧,每次计提折旧后,只是将计提的折旧累加到月初的累计折旧上,不会重复累计。
- 若上次折旧已制单,则必须删除该凭证才能重新计提折旧。
- 计提折旧后又对账套进行了影响折旧计算或分配的操作,必须重新计提折旧,否则系统不允许结账。

● 计提折旧的凭证,可以在折旧分配表界面单击"凭证"按钮生成,也可以在以后利用"批量制单"功能生成。

四、资产减少

资产在使用过程中由于毁损、出售、盘亏等原因而退出企业,要做资产减少处理。资产减少需将减少的资产输入资产减少表并说明减少原因,生成资产减少的凭证。

【例6-7】1月26日,将奥迪A4轿车出售,卖价18万元。
【操作步骤】

(1) 执行"固定资产"—"卡片"—"资产减少"命令,打开"资产减少"窗口,如图6-49所示。

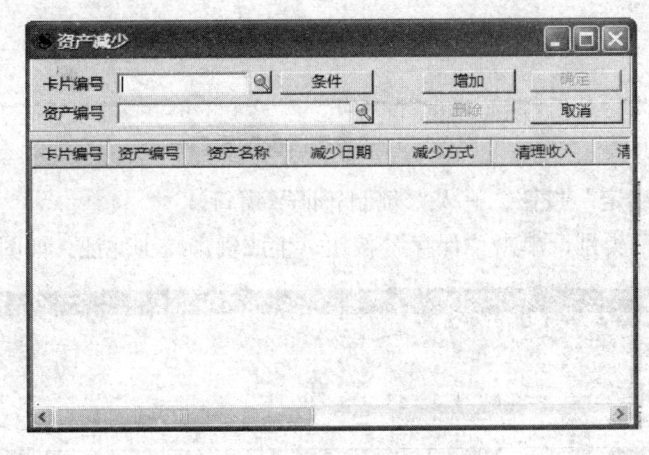

图6-49 "资产减少"窗口

(2) 双击"卡片编号"或者"资产编号"参照按钮,打开"固定资产卡片档案"窗口,如图6-50所示。

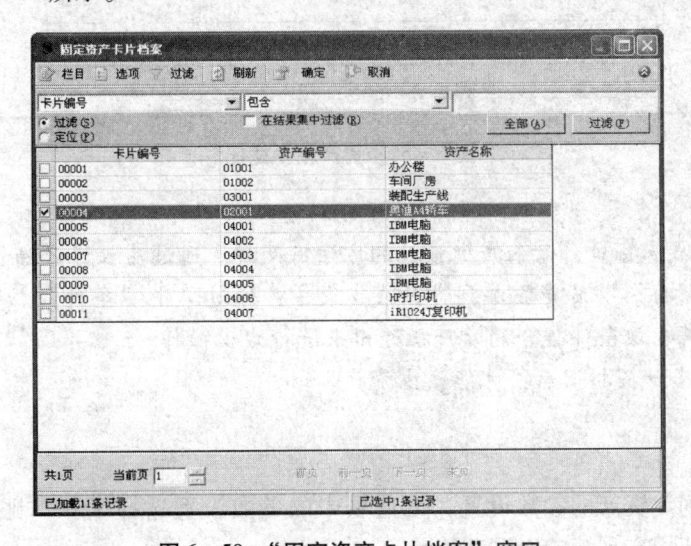

图6-50 "固定资产卡片档案"窗口

(3) 双击"00004 奥迪 A4 轿车",返回"资产减少"窗口。

(4) 单击"增加"按钮,将"00004 奥迪 A4 轿车"增加到资产减少表中。

(5) 双击"减少方式"栏,激活"减少方式"参照按钮,单击"减少方式"参照按钮,双击"出售",清理收入栏录入180000,如图6-51所示。

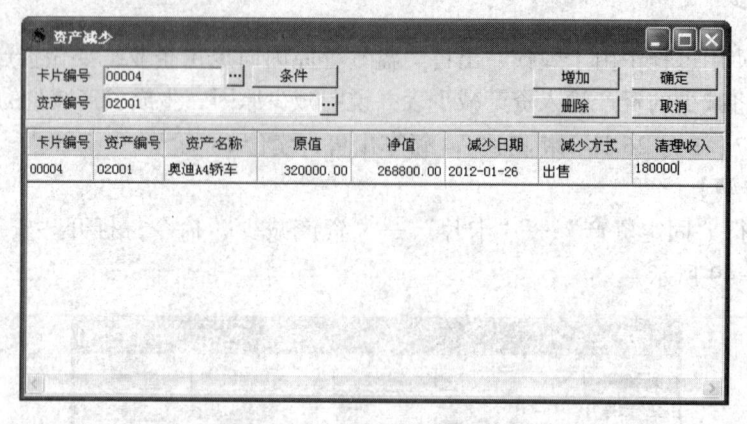

图6-51 "资产减少"窗口

(6) 单击"确定"按钮,进入"填制凭证"窗口。

(7) 选择凭证类别,单击"保存"按钮。生成资产减少凭证,如图6-52所示。

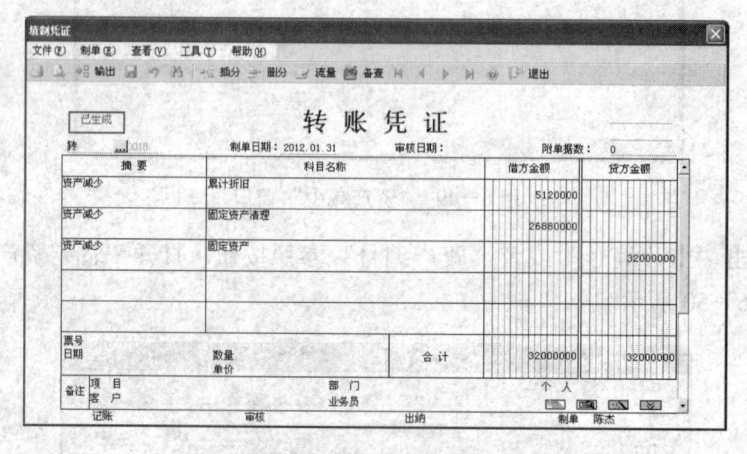

图6-52 资产减少凭证

提示:

● 在资产减少窗口,输入减少资产的方法有两种:通过输入资产编号或卡片编号,单击"增加"按钮,将资产添加到资产减少表中;通过单击"条件"按钮,输入一些查询条件,将符合该条件集合的资产挑选出来进行减少操作。

● 只有账套计提折旧后,才能减少资产。

五、对账

初次启动固定资产的参数设置,或选项中的参数设置选择了"与账务系统对账"参数,才可以使用本系统的对账功能。

为保证固定资产系统的资产价值与总账系统中固定资产科目的数值相等，用户可随时使用对账功能对两个系统进行审查。系统在执行月末结账时自动对账一次，并给出对账结果。

【操作步骤】

执行"固定资产"—"处理"—"对账"命令，系统自动完成对账工作并给出对账结果。

第四节 应收（付）款日常业务处理

应收（付）款管理系统日常业务处理主要包括：应收（付）单据处理、收（付）款单据处理、核销处理、票据管理、转账处理、坏账处理、制单处理、汇兑损益等。

一、应收（付）单据处理

应收（付）单据处理指用户进行单据录入和单据管理的工作。通过单据录入、单据管理，用户可记录各种应收（付）业务单据的内容，查阅各种应收（付）业务单据，完成应收（付）业务管理的日常工作。

应收（付）单据的处理流程如图6-53所示。

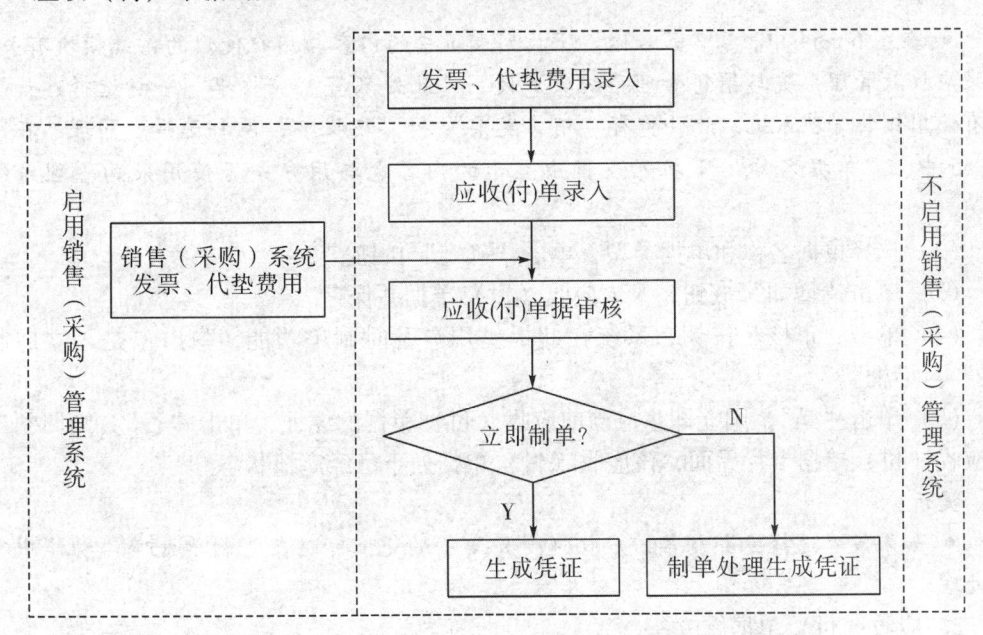

图6-53 应收（付）单据处理流程

1. 应收（付）单据录入

用户使用的系统业务模型不同，单据录入的类型也不同：

如果应收（付）款管理系统和销售（采购）管理系统集成使用，则发票和代垫费用产生的应收（付）单据在销售（采购）系统录入，应收（付）系统只能对这些单据进行审核、弃审、查询、核销、制单等处理。在应收（付）系统需要录入的单据仅限于应收（付）单。

如果没有使用销售（采购）系统，则各类发票和应收（付）单均应在应收（付）系统中录入。

【操作步骤】

（1）执行"应收（付）款管理"—"应收（付）单据处理"—"应收（付）单据录入"命令，打开"单据类别"窗口，如图6-54、图6-55所示。

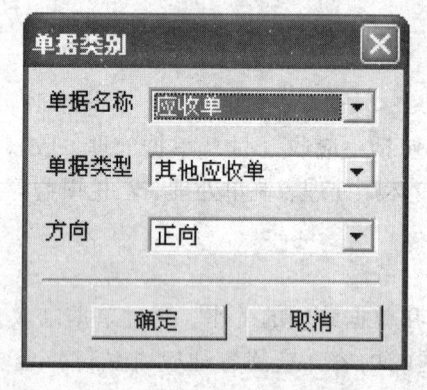

图6-54 应收单据类别　　　　图6-55 应付单据类别

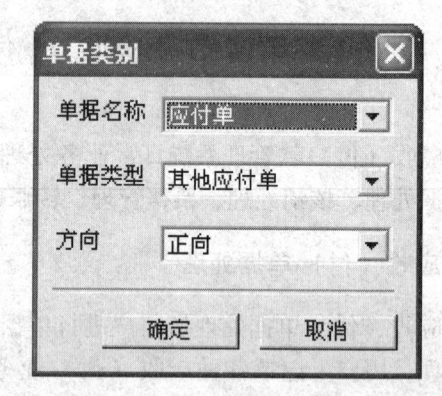

提示：

● 在图6-54中，"单据名称"下拉列表框中的内容与用户使用的系统模块有关，如果应收款管理系统与销售管理系统集成使用，此处只有"应收单"一种选择；如果没有使用销售管理系统，此处将有"销售发票"和"应收单"两种选择。同理，在图6-55中，"单据名称"下拉列表框中显示的内容也与用户是否使用采购管理系统有关。

（2）选择单据名称和单据类型，单击"确定"按钮。

（3）单击"增加"按钮，录入应收（付）单据并保存。

（4）单击"审核"按钮，系统在此提供用户及时制单功能，弹出"是否立即制单？"对话框。

（5）单击"是"，则立即生成当前应收（付）单据的凭证，单击"否"，则回到当前应收（付）单据卡片界面，该应收（付）单据处于已经审核状态。

提示：

● 如果没有选择立即制单，应收（付）单据的凭证可以在"制单处理"功能中集中处理。

2. 应收（付）单据修改

【操作步骤】

（1）在"应收（付）单据录入"主界面，可单击"｜◀ ◀ ▶ ▶｜"按钮查找需要修改的单据，或单击"定位"按钮，输入查询条件查找需要修改的单据，找到后，单击"修改"按钮进行修改。

（2）修改完成后，按"保存"按钮保存当前修改结果。如果需要修改的单据很多，用户可以重复此操作，直至修改结束。

提示：
- 单据的名称和类型不能进行修改。
- 已经审核过的单据不允许修改。

3. 应收（付）单据删除

【操作步骤】

在"应收（付）单据录入"主界面，通过"⇤ ⇐ ⇒ ⇥"按钮查找所需要删除的单据，或单击"定位"按钮，输入查询条件查找需要修改的单据，找到后，单击"删除"按钮删除。

提示：
- 从销售（采购）系统中传入的应收（付）单据不允许删除。
- 已经审核过的单据不允许删除。

4. 应收（付）单据审核

【操作步骤】

（1）如果当前处于"应收（付）单据录入"主界面，则通过"⇤ ⇐ ⇒ ⇥"按钮或"定位"按钮，查找所需要审核的单据，找到后，单击"审核"按钮审核。

（2）如果不在"应收（付）单据录入"主界面，则执行"应收（付）款管理"—"应收（付）单据处理"—"应收（付）单据审核"命令，进行应收（付）单据的审核。

提示：
- 当选项中设置审核日期的依据为单据日期时，该单据的审核入账日期选用自己的单据日期。审核时若发现该单据日期所在会计月已经结账，则系统将提示不能审核该单据，除非修改审核方式为业务日期。
- 当选项中设置审核日期的依据为业务日期时，该单据的审核入账日期选用当前的登录日期。
- 不能在已结账月份中进行审核处理，不能在已结账月份中进行弃审处理。
- "应收（付）单据审核"功能可以显示所有已审核、未审核的单据，但已进行后续处理的应收（付）单据需要在单据列表中查询。
- 已经审核过的单据不能进行重复审核。
- 已审核的单据可以在单据审核界面单击"弃审"按钮取消审核。但未经审核的单据不能进行弃审处理，已经做过后续处理（如核销、转账、坏账、汇兑损益等）的单据不能进行弃审处理。

二、收（付）款单据处理

收（付）款单据处理主要是对结算单据［收款单、付款单、红字收（付）款单］进行管理，包括收款单、付款单的录入、审核。

应收系统的收款单用来记录企业所收到的客户款项，款项性质包括应收款、预收款、其他费用等。其中应收款、预收款性质的收款单将与发票、应收单、付款单进行核销勾对。

应收系统付款单用来记录发生销售退货时，企业开具的退付给客户的款项。该付款单可与应收、预收性质的收款单、红字应收单、红字发票进行核销。

应付系统的付款单用来记录企业所支付的款项，当支付每一笔款项时，应知道该款项是结算供应商货款还是提前支付供应商的预付款，或是支付供应商其他费用。系统用款项类型来区别不同的用途。在录入付款单时，需要指定其款项用途。如果同一张付款单，包含不同用途的款项，则应在表体记录中分行显示。对于不同用途的款项，系统提供的后续业务处理不同：对于冲销应付款以及形成预付款的款项，需要进行付款结算，即将付款单与其对应的采购发票或应付单进行核销勾对，进行冲销企业债务的操作；对于其他费用用途的款项则不需要进行核销。

应付系统收款单用来记录发生采购退货时，收到供应商退回企业的款项。同样，需要指明红字付款单是应付款项退回、预付款退回，还是其他费用退回。应付、预付用途的红字付款单可与应付、预付用途的付款单、红字应付单、红字发票进行核销。

1. 收（付）款单据录入

收款单据录入，是将已收到的客户款项或退回客户的款项，录入到应收款管理系统，包括收款单与付款单（即红字收款单）的录入。

付款单据录入，是将支付给供应商的款项或供应商退回的款项，录入到应付款管理系统，包括付款单与收款单（即红字付款单）的录入。

【操作步骤】

（1）执行"应收（付）款管理"—"收（付）款单据处理"—"收（付）款单据录入"命令，打开"收（付）款单"窗口。

（2）单击"增加"按钮可新增收（付）款单，单击"切换"按钮则可新增付（收）款单。

（3）输入单据中的各个项目，录入完毕后单击"保存"按钮保存。

2. 收（付）款单据修改

【操作步骤】

（1）执行"应收（付）款管理"—"收（付）款单据处理"—"收（付）款单据录入"命令，打开"收（付）款单"窗口。

（2）单击"｜◆ ◆ ◆ ◆｜"按钮查找需要修改的单据，或单击"定位"按钮，输入查询条件查找需要修改的单据，找到后，单击"修改"按钮进行修改。

（3）修改完成后，按"保存"按钮保存当前修改结果。如果需要修改的单据很多，可以重复此操作，直至修改结束。

3. 收（付）款单据删除

【操作步骤】

（1）执行"应收（付）款管理"—"收（付）款单据处理"—"收（付）款单据录入"命令，打开"收（付）款单"窗口。

（2）单击"｜◆ ◆ ◆ ◆｜"按钮查找所需要删除的单据，或单击"定位"按钮，输入查询条件查找需要修改的单据，找到后，单击"删除"按钮，系统提示"单据删除后不能恢复,是否继续?"。

(3) 单击"是"按钮。

4. 收(付)款单据审核

【操作步骤】

(1) 如果当前处于"收(付)款单据录入"主界面,则通过"|← ← → →|"按钮或"定位"按钮,查找所需要审核的单据,找到后,单击"审核"按钮审核。

(2) 如果不在"收(付)款单据录入"主界面,则执行"应收(付)款管理"—"收(付)款单据处理"—"收(付)款单据审核"命令,进行收(付)款单据的审核。

三、核销处理

应收款核销是指收款核销应收款的处理,用户需要指明每一次收款是收的哪几笔销售业务的款项。应付款核销是指付款核销应付款的处理,需要指明每一次付款是付的哪几笔采购业务的款项。

核销处理有手工核销和自动核销两种方式。

手工核销是指由用户手工确定系统内收(付)款与应收(付)款的对应关系,选择进行核销。本功能可以根据查询条件选择需要核销的单据,然后手工核销,加强了往来款项核销的灵活性。

自动核销是指系统自动确定系统内收(付)款与应收(付)款的对应关系,选择进行核销。本功能可以根据查询条件选择需要核销的单据,然后系统自动核销,加强了往来款项核销的效率性。

【操作步骤】

(1) 执行"应收(付)款管理"—"核销处理"—"手工核销"命令,打开"核销条件"对话框。

(2) 在"客户(供应商)"栏录入已收(付)款的客户(供应商)。

(3) 单击"确定"按钮,进入"单据核销"窗口,上半部分列表显示可以核销的收付款单记录,下半部分列表显示符合核销条件的对应单据。

(4) 录入结算金额。

(5) 单击"保存"按钮,系统自动保存该收付款单核销信息。

(6) 单击"退出"按钮退出单据核销功能。

提示:

● 在"收(付)款单录入"界面,收(付)款单录入并审核后,单击工具栏的"核销"按钮也可以进行核销处理。

● 已核销的收(付)款单,可通过"取消操作"恢复到核销前状态。

四、制单处理

制单即生成凭证,并将凭证传递至总账系统记账。系统对不同的单据类型或不同的业务处理提供实时制单的功能。除此之外,系统还提供了一个统一制单的平台,可以在此快速、成批生成凭证,并可依据规则进行合并制单等处理。

【操作步骤】

（1）在应收（付）款管理系统中，执行"制单处理"命令，进入"制单查询"窗口。

（2）在左边制单类型列表中，选择需要制单的类型。

（3）单击"确定"按钮，进入"制单"窗口。

（4）单击"全选"按钮，再单击"制单"按钮，生成记账凭证。

（5）单击"保存"，系统正式生成凭证并传递给总账系统。

提示：

● 应收（付）款管理系统生成的凭证，通过本系统的"凭证查询"功能查看、修改、删除、冲销。

五、票据管理

票据管理功能可以对银行承兑汇票和商业承兑汇票进行日常业务管理，包括记录票据详细信息、记录票据处理情况。

在应收款管理系统主要进行票据的收入、结算、贴现、背书、转出、计息等处理。

在应付款管理系统主要进行票据的取得、结算、背书、转出、计息等处理。

六、坏账处理

坏账处理指系统提供的计提应收款坏账准备处理、坏账发生后的处理、坏账收回后的处理等功能。

1. 发生坏账

【操作步骤】

（1）执行"应收款管理"—"坏账处理"—"坏账发生"命令，打开"坏账发生"对话框，如图6-56所示。

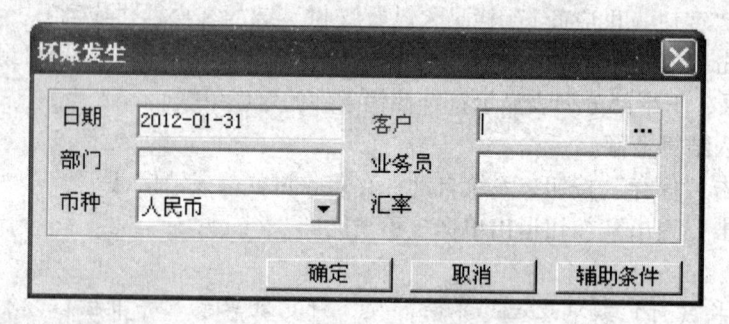

图6-56 "坏账发生"对话框

（2）输入相关信息后，单击"确定"按钮，进入"坏账发生单据明细"窗口。

（3）系统将满足条件的所有单据全部列出，如图6-57所示。

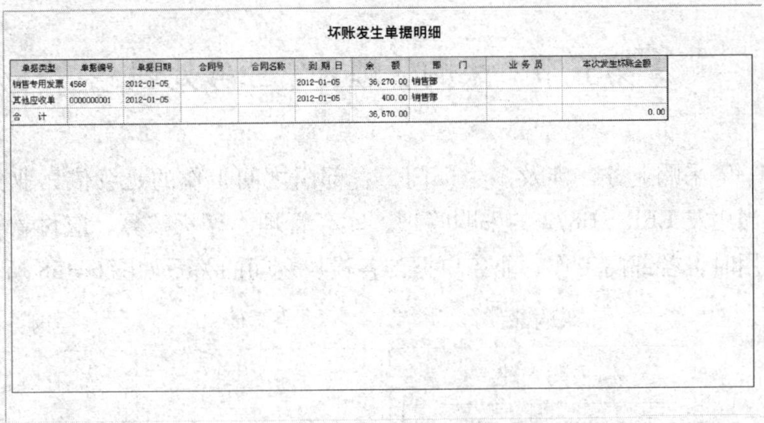

坏账发生单据明细

单据类型	单据编号	单据日期	合同号	合同名称	到期日	余额	部门	业务员	本次发生坏账金额
销售专用发票	4568	2012-01-05			2012-01-05	36,270.00	销售部		
其他应收单	0000000001	2012-01-05			2012-01-05	400.00	销售部		
合　计						36,670.00			0.00

图6-57　坏账发生单据明细

(4) 在“本次发生坏账金额”栏中直接输入本次坏账发生金额。本次坏账发生金额只能小于等于单据余额。

(5) 单击“确认”按钮，出现“是否立即制单”提示。

(6) 单击“是”按钮，生成发生坏账的记账凭证。

提示：

● 已进行坏账处理的单据，可以通过“取消操作”取消其坏账发生的处理，恢复至坏账处理前状态。

2. 坏账收回

【操作步骤】

(1) 执行“应收款管理”—“收款单据录入”命令，填制收款单。

(2) 执行“应收款管理”—“坏账处理”—“坏账收回”命令，打开“坏账收回”对话框。

(3) 在对话框中录入收回坏账的客户及结算单号。

(4) 单击“确定”按钮，系统提示“是否立即制单?”。

(5) 单击“是”按钮，系统自动生成坏账收回的凭证。

提示：

● 在录入一笔坏账收回的款项时，应该注意不要把该客户的其他收款业务与该笔坏账收回业务录入到同一张收款单中。

● 坏账收回时，制单不受系统选项中“方向相反分录是否合并”选项控制。

● 进行坏账处理的单据，可以不即时制单，以后通过“制单处理”再生成相关凭证。

3. 计提坏账准备

执行“应收款管理”—“坏账处理”—“计提坏账准备”命令，系统根据用户设置的坏账准备计提方法，自动计提坏账准备并提示制单。

第五节 采购管理日常业务处理

企业的一笔采购业务,涉及多个部门,各部门之间工作的延续依靠业务单据的传递来完成。当用友 ERP-U872 的采购管理、库存管理、存货核算、应付款管理、总账模块集成使用时,各部门工作、业务单据与各模块之间的关系如图 6-58 所示。

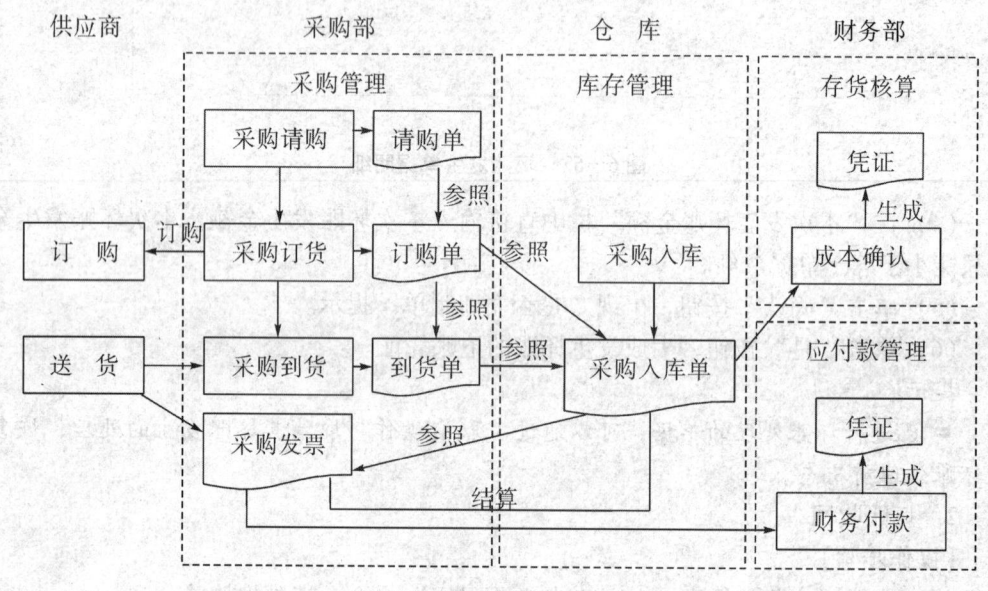

图 6-58 采购业务流程图

由图 6-58 可知,企业采购业务涉及的业务单据,分别在四个模块管理:采购管理、库存管理、存货核算、应付款管理。

- 采购管理:提供请购、订货、到货、入库、开票、采购结算的完整采购流程,用户可根据实际情况进行采购流程的定制。可完成请购单、采购订单、采购到货单的填制与审核工作,录入采购发票,完成采购结算(根据采购发票、采购入库单确认采购成本)。
- 库存管理:生成并审核采购入库单,登记库存账。
- 存货核算:核算存货的入库成本及计算结存余额,并生成相应的会计凭证。
- 应付款管理:审核采购发票,录入并审核其他应付单、付款单等单据,生成相应的会计凭证。

一、采购请购

采购请购是指企业内部向采购部门提出采购申请,或采购部门汇总企业内部采购需求提出采购清单。

因有的企业采购时,不一定要经过请购环节,所以采购请购单是可选单据,用户可以根据业务需要选用。

当企业采购需要经过请购时，就要录入请购单。

【例6-8】广州家捷电子电器有限公司2012年1月30日申请采购限流电阻1 000个，要求2月5日到货。

【操作步骤】

（1）执行"采购管理"—"请购"—"请购单"命令，打开"采购请购单"窗口。

（2）单击"增加"按钮，填写请购单。

（3）填写完毕，单击"保存"按钮保存。

（4）单击"审核"按钮审核。如图6-59所示。

图6-59 "采购请购单"窗口

提示：
- 审核后的请购单不能直接修改，如果要修改，需先"弃审"。
- 没有审核的请购单可以直接删除，已审核的请购单需先"弃审"才能删除。

二、采购订货

采购订货是指企业采购部门根据采购请购单或企业的采购计划遴选供应商并生成采购订单的过程。采购订单是企业与供应商之间签订的采购合同、购销协议等，主要内容包括采购什么货物、采购多少、由谁供货、什么时间到货、到货地点、运输方式、价格、运费等。它可以是企业采购合同中关于货物的明细内容，也可以是一种订货的口头协议。

当企业采购部门与供应商签订了采购合同或达成了购销协议，就要录入采购订单。采购订单可以直接输入，也可以根据请购单拷贝生成。

1. 直接输入采购订单

【操作步骤】

（1）执行"采购管理"—"采购订货"—"采购订单"命令，打开"采购订单"窗口。

(2) 单击"增加"按钮，填制采购订单。

(3) 填制完毕，单击"保存"按钮保存。

(4) 单击"审核"按钮审核。如图6-60所示。

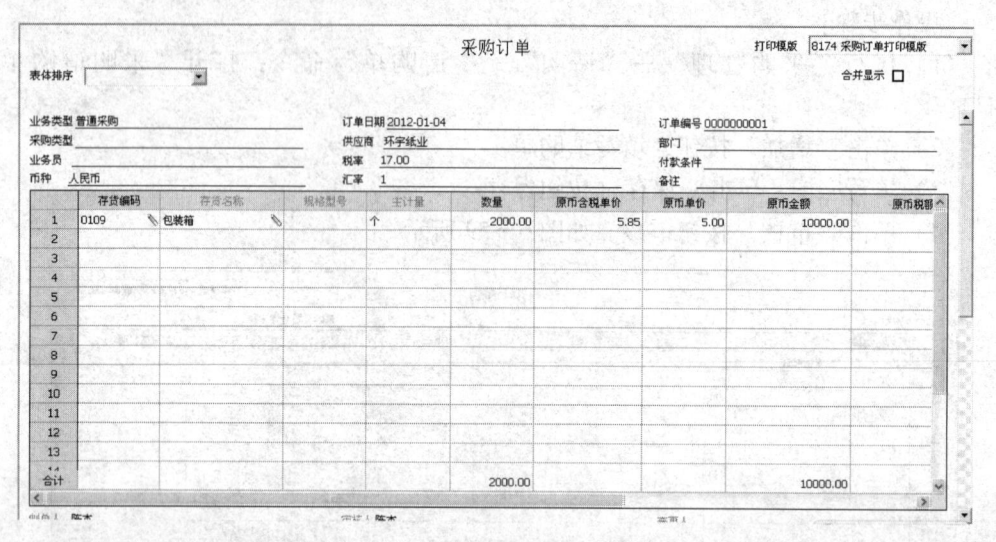

图6-60 "采购订单"窗口

2. 根据请购单自动生成采购订单

【操作步骤】

(1) 执行"采购管理"—"采购订货"—"采购订单"命令，打开"采购订单"窗口。

(2) 单击"增加"按钮，修改订单日期为业务日期。

(3) 单击"生单"按钮，选择"请购单"，打开"过滤条件选择"对话框，如图6-61所示。

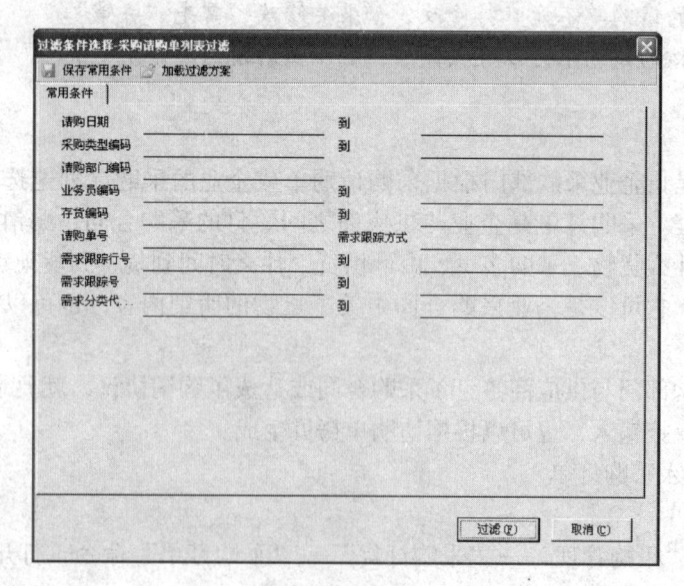

图6-61 "过滤条件选择"对话框

(4) 单击"过滤"按钮,打开"拷贝并执行"窗口,如图 6-62 所示。

图 6-62 "拷贝并执行"窗口

(5) 双击需要拷贝的请购单,即在"选择"栏打上"Y"选中标志,如图 6-63 所示。

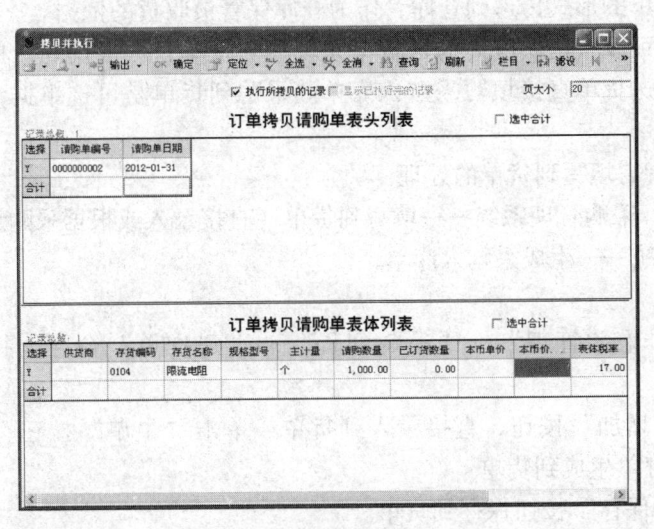

图 6-63 "拷贝并执行"窗口

(6) 单击"确定"按钮,选中的"请购单"资料自动传递到采购订单中,如图 6-64 所示。

(7) 补充录入"供货商"、"计划到货日期",如果订单内容与请购单内容不完全相同,可修改相关栏目的信息。

(8) 修改完毕,单击"保存"按钮保存。

(9) 单击"审核"按钮审核。

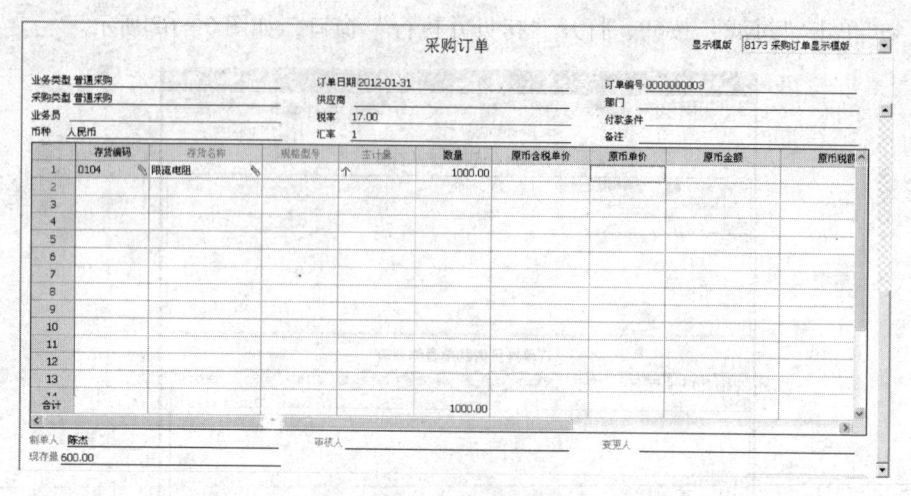

图6-64 "采购订单"窗口

三、采购到货

当采购的货物到达企业后，采购业务员要确认供应商所送货物的数量、价格等信息，以入库通知单的形式传递到仓库，作为仓库保管员收货的依据。

采购业务员可以根据供应商的送货单先填写到货单，再根据到货单生成采购入库单；也可以根据送货单直接填写采购入库单。采购到货单是可选单据，用户可以根据业务需要选用。

1. 采购到货需填写到货单的处理

【处理流程】采购管理系统——填写到货单（直接录入或根据采购订单拷贝生成）
库存管理系统——生成采购入库单

【操作步骤】

（1）执行"采购管理"—"采购到货"—"到货单"命令，打开"到货单"窗口。

（2）单击"增加"按钮，直接录入到货单或单击"生单"按钮，选择"采购订单"，拷贝采购订单生成到货单。

（3）单击"保存"按钮保存到货单。

（4）单击"退出"按钮。

（5）执行"库存管理"—"入库业务"—"采购入库单"命令，打开"采购入库单"窗口。

（6）单击"生单"按钮，选中"采购到货单"。

（7）单击"过滤"按钮，打开"到货单生单列表"窗口。

（8）双击欲选到货单的"选择"栏，使其出现"Y"，如图6-65所示。

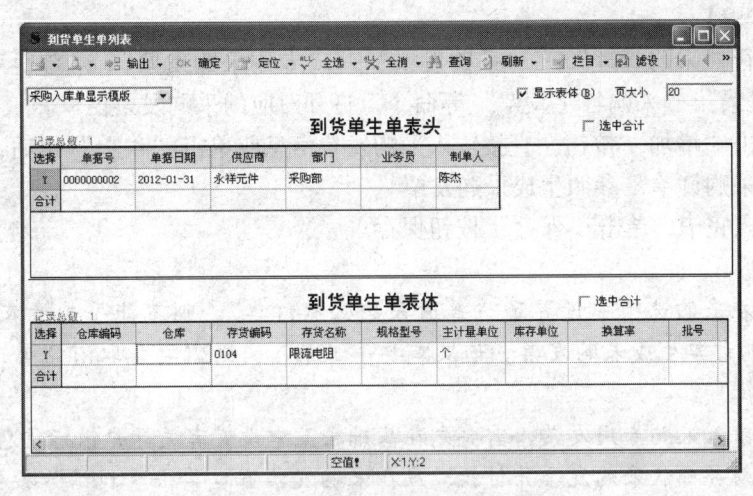

图6-65 "到货单生单列表"窗口

（9）单击"确定"按钮，系统参照生成采购入库单，在表头中输入"仓库"信息。

（10）单击"保存"按钮，单击"审核"按钮。

2. 采购到货不需填写到货单

【处理流程】库存管理系统——录入采购入库单

【操作步骤】

（1）执行"库存管理"—"入库业务"—"采购入库单"命令，打开"采购入库单"窗口。

（2）单击"增加"按钮，输入"采购入库单"。

（3）单击"保存"按钮。

（4）单击"审核"按钮。

提示：

- 当采购管理系统与库存管理系统集成使用时，采购入库单在库存管理系统中录入，如果采购管理系统没与库存管理系统集成使用，采购入库单在采购管理系统中录入。
- 已经生成下游单据的单据不能直接删除和修改，需要将下游单据删除后，才能修改和删除。
- 已审核的单据不能直接删除和修改，需先"弃审"后，才能修改和删除。
- 业务单据一般经过审核后才能成为有效单据。
- 采购到货单不需要审核。

四、录入采购发票

从供货单位取得的采购发票（增值税专用发票、普通发票、运费发票等）需要录入采购管理系统，系统根据采购发票确认采购成本、付货款或登记应付账款。

采购发票可以直接录入，也可以根据采购订单或采购入库单生成。采购发票按业务性质分为蓝字发票和红字发票。

【操作步骤】

（1）执行"采购管理"—"采购发票"—"专用采购发票"、"普通采购发票"、"采购运费发票"、"采购红字发票"等命令，打开对应的采购发票窗口。

（2）单击"增加"按钮，直接输入采购发票信息或单击"生单"按钮，选择"入库单"或"采购订单"参照生成采购发票。

（3）输入完毕，单击"保存"按钮保存。

提示：

● 如果在采购选项中设置了"普通采购必有订单"，则不能手工录入采购发票，只能参照采购订单生成采购发票。如果需要手工录入，则需要先取消"普通业务必有订单"选项。

● 如果录入采购专用发票，需要先在基础档案中设置有关开户银行信息。

● 如果财务确认采购发票并付款，应在采购发票窗口单击"现结"按钮，对采购发票做现结处理。

五、采购结算

采购结算也叫采购报账，在手工业务中，采购业务员拿着经主管领导审批过的采购发票和仓库确认的入库单到财务部门，由财务人员确定采购成本。在用友 ERP－U872 系统中，采购结算是针对采购入库单，根据发票确定其采购成本。采购结算的结果是生成采购结算单，它是记载采购入库单记录与采购发票记录对应关系的结算对照表。采购结算分为自动结算和手工结算。

采购自动结算是由系统自动将符合条件的采购入库单记录和采购发票记录进行结算。系统按照三种结算模式进行自动结算：入库单和发票结算、红蓝入库单结算、红蓝发票结算。

【操作步骤】

（1）执行"采购管理"—"采购结算"—"自动结算"命令，打开"采购自动结算"对话框。

（2）根据需要输入结算过滤条件和结算模式，单击"过滤"按钮，系统自动进行结算。

提示：

● 系统自动对采购入库单和采购发票相同，供货单位、存货相同且数量相等的单据进行结算。

● 结算模式为复选，可以同时选择一种或多种结算模式。

● 已执行采购结算的单据不能修改和删除。

● 已经结算的发票和采购入库单，可以在"结算单列表"中打开对应的结算单，单击"删除"按钮，取消其采购结算。

● 已经结算的采购入库单直接传递到库存管理系统和存货核算系统。

● 已经结算的采购发票直接传递到应付款管理系统。

使用"手工结算"功能可以进行正数入库单与负数入库单结算、正数发票与负数发票结算、正数入库单与正数发票结算、费用发票单独结算。手工结算时可以结算入库单中部分货物,未结算的货物可以在今后取得发票后再结算,可以同时对多张入库单和多张发票进行报账结算。手工结算还支持到下级单位采购,付款给其上级主管单位的结算,支持三角债结算,即支持甲单位的发票可以结算乙单位的货物。

在实际工作中,有时费用发票在货物发票已经结算后才收到,为了将该笔费用计入对应存货的采购成本,需要采用费用发票单独结算的方式。

六、采购入库业务

采购入库业务按货物和发票到达的先后,划分为单货同行、货到票未到(暂估入库)、票到货未到(在途存货)三种类型,不同的业务类型相应的处理方式有所不同。

1. 单货同行

当采购管理、库存管理、存货核算、应付款管理、总账集成使用时,单货同行业务处理流程如图6-66所示。

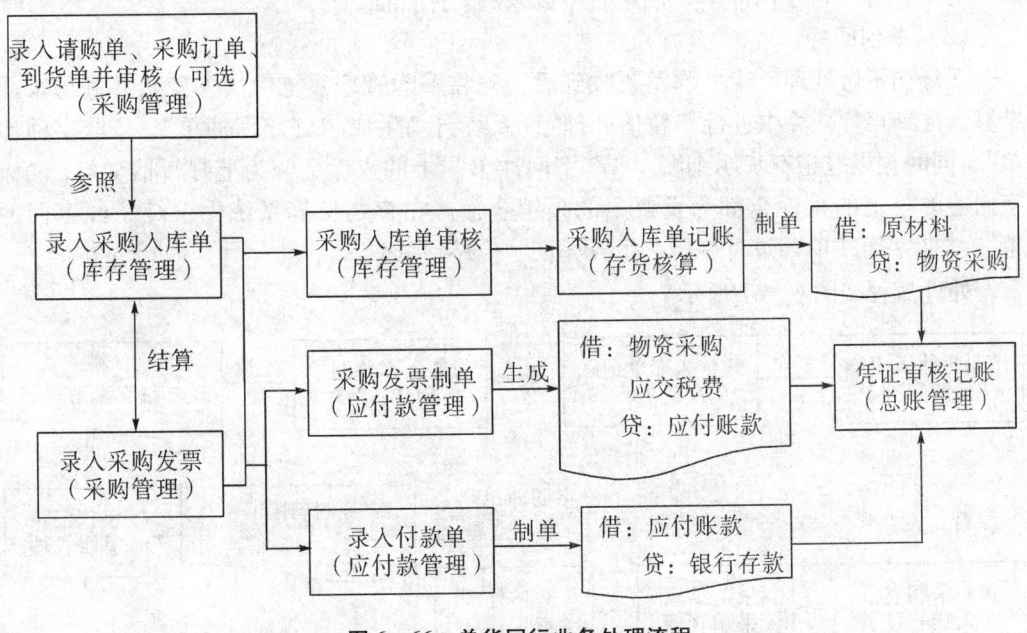

图6-66 单货同行业务处理流程

（1）库存管理系统——生成采购入库单。
（2）采购管理系统——录入采购发票。
（3）采购管理系统——采购结算。
（4）存货核算系统——业务核算——正常单据记账（采购入库单记账,确认采购成本）。
（5）存货核算系统——财务核算——生成凭证（采购入库单凭证）。
（6）应付款管理系统——应付单据审核（审核采购发票）。
（7）应付款管理系统——制单处理（生成采购发票对应凭证）。

提示:
● 如果是现付业务（即采购业务发生时立即付款,由供货单位开具发票）,录入采购发票时，要对采购发票做现付处理，该发票生成凭证时要选择现结制单。

2. 货到票未到（暂估入库）

暂估是指本月存货已经运到，但采购发票到月底仍未收到，为了正确核算企业的库存成本，月底需要将这部分存货暂估入账，形成暂估凭证。对暂估业务，系统提供了三种不同的处理方法。

（1）月初回冲

进入下月后，存货核算系统自动生成与暂估入库单完全相同的"红字回冲单"，同时登记相应的存货明细账，冲回存货明细账中的上月暂估入库。对"红字回冲单"制单，冲回上月的暂估凭证。

收到采购发票后，录入采购发票，对采购入库单和采购发票作采购结算，结算完毕后，进入存货核算系统，执行"暂估处理"功能，暂估处理后，系统根据发票自动生成一张"蓝字回冲单"，其上的金额为发票上的报销金额，同时登记存货明细账，使库存增加。对"蓝字回冲单"制单，生成采购入库凭证。

（2）单到回冲

下月初不做处理，待采购发票收到后，先在采购管理系统中录入发票并进行采购结算，再到存货核算中进行"暂估处理"，系统自动生成"红字回冲单"、"蓝字回冲单"，同时据以登记存货明细账。"红字回冲单"上的入库金额为上月暂估金额，"蓝字回冲单"上的入库金额为发票上的报销金额。在存货核算系统中，对"红字回冲单"、"蓝字回冲单"进行制单，生成凭证，传递到总账。

处理流程如图 6-67 所示。

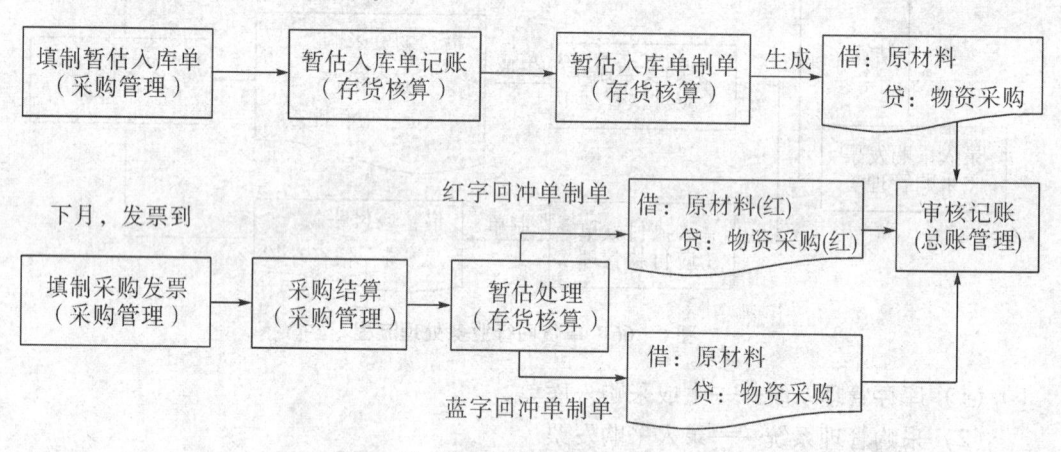

图 6-67　单到回冲暂估业务处理流程

（3）单到补差

下月初不做处理，采购发票收到后，先在采购管理系统中录入发票并进行采购结算，再到存货核算中进行"暂估处理"。如果报销金额与暂估金额的差额不为零，则生成"调整单"，一张采购入库单生成一张调整单，用户确认后，自动记入存货明细账；如果差额为零，则不生成"调整单"，最后对"调整单"制单，生成凭证，传递到总账。

注意：
● 对于暂估业务，在月末暂估入库单记账前，要对所有的没有结算的入库单填入暂估单价，然后才能记账。

3. 票到货未到（在途存货）

如果先收到了供货单位的发票，而没有收到供货单位的货物，可以对发票进行压单处理，待货物到达后，再一并输入计算机做报账结算处理。但如果需要实时统计在途货物的情况，就必须将发票输入计算机，待货物到达后，再填制入库单并做采购结算。

七、采购退货业务（采购管理系统与库存管理系统集成使用）

由于材料质量不合格、企业转产等原因，企业可能发生退货业务，针对退货业务发生的不同时机，采用不同的解决方法。

（一）货收到未办入库手续

如果尚未录入采购入库单，此时只要把货退还给供应商即可，软件中不用做任何处理。

（二）采购入库单的处理

1. 已录入采购入库单但尚未记账

（1）未录入采购发票

如果是全部退货，可删除"采购入库单"；如果是部分退货，可直接修改"采购入库单"。

（2）已录入采购发票但未进行采购结算

如果是全部退货，可删除"采购入库单"和"采购发票"；如果是部分退货，可直接修改"采购入库单"和采购发票。

（3）已录入采购发票并执行了采购结算

若结算后的发票没有付款，此时可取消采购结算，再删除或修改"采购入库单"和"采购发票"；若结算后的发票已付款，则必须录入退货单。

2. 采购入库单已记账

此时无论是否录入"采购发票"，"采购发票"是否结算，结算后的"采购发票"是否付款，都需要录入退货单。

（三）采购发票的处理

1. 采购发票未付款

当入库单尚未记账时，直接删除"采购入库单"和"采购发票"，已结算的"采购发票"需先取消结算再删除。当入库单已经记账时，必须录入退货单。

2. 采购发票已付款

此时无论入库单是否记账，都必须录入退货单。

（四）退货业务处理流程

对需要录入退货单的退货业务的处理，流程如图 6-68 所示。

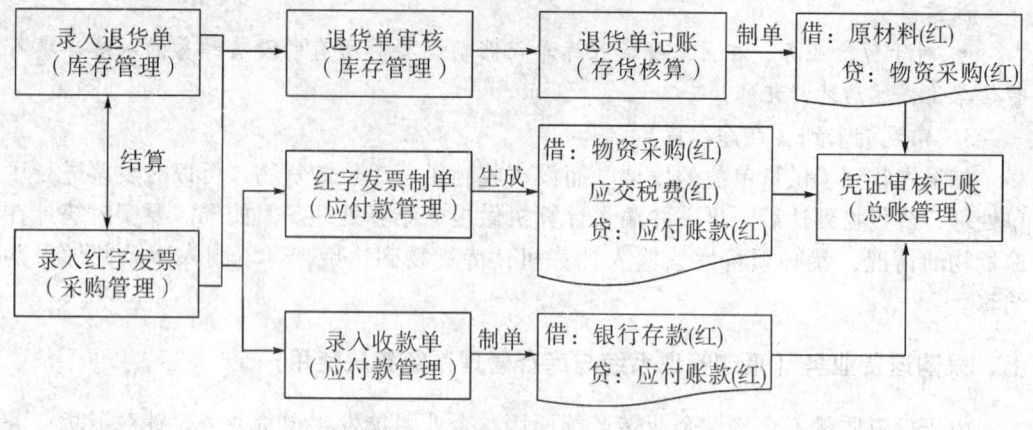

图 6-68 退货业务处理流程

(1) 库存管理系统——录入并审核退货单。
(2) 采购管理系统——录入红字采购发票。
(3) 采购管理系统——采购结算。
(4) 存货核算系统——业务核算——单据记账（退货单记账）。
(5) 存货核算系统——财务核算——生成凭证（退货单凭证）。
(6) 应付款管理系统——应付单据审核（审核红字采购发票）。
(7) 应付款管理系统——录入并审核收款单、生成收款单凭证。
(8) 应付款管理系统——制单处理（生成红字采购发票、收款单对应凭证）。

第六节 销售管理日常业务处理

企业的销售业务，涉及多个部门，各部门之间工作的延续依靠业务单据的传递来完成。当用友 ERP-U872 的销售管理、库存管理、存货核算、应收款管理、总账模块集成使用时，各部门工作、业务单据与各模块之间的关系如图 6-69 所示。

由图 6-69 可知，企业销售业务涉及的业务单据，分别在四个模块管理，即销售管理、库存管理、存货核算、应收款管理。

- 销售管理：提供了报价、订货、发货、开票的完整销售流程，支持普通销售、委托代销、分期收款、直运、零售、销售调拨等多种类型的销售业务，并可对销售价格和信用进行实时监控。
- 库存管理：生成并审核销售出库单，登记库存账。
- 存货核算：核算存货的出库成本及计算结存余额，并生成相应的会计凭证。
- 应收款管理：审核销售发票，录入并审核除销售发票及代垫费用以外的其他应收单、收款单等单据，生成相应的会计凭证。

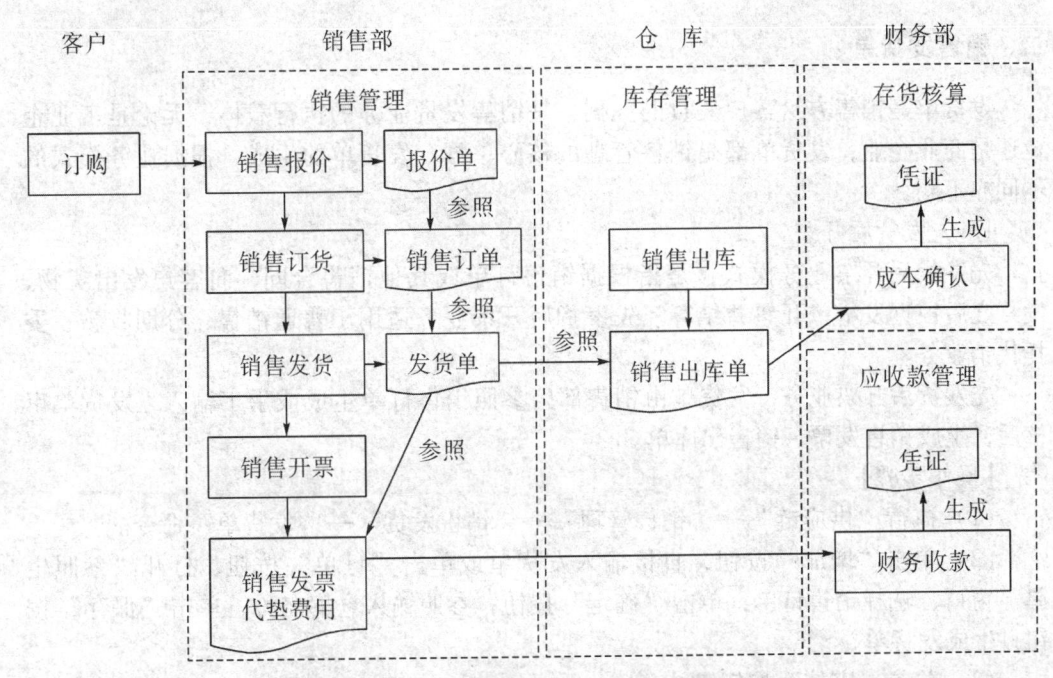

图 6-69　先发货后开票业务处理流程图

一、销售订单

销售订单是反映由购销双方确认的客户要货需求的单据，可以是企业销售合同中关于货物的明细内容，也可以是一种订货的口头协议。

销售订单是可选单据，但如果在"销售选项—业务控制"中选中了"普通销售必有订单"、"委托代销必有订单"、"分期收款必有订单"、"直运销售必有订单"等选项时，销售订单必有。

必有订单业务模式的销售管理是标准、规范的销售管理模式。订单是整个销售业务的核心，必须依据订单填制发货单、发票，通过销售订单可以跟踪销售的整个业务流程。必有订单时，发货单、发票、委托代销发货单不可手工填制单据，只能参照生成，不允许增行。

（一）录入并审核销售订单

【操作步骤】

（1）执行"供应链"—"销售管理"—"销售订货"—"销售订单"命令。

（2）单击"增加"按钮，录入销售订单。

（3）录入完毕，单击"保存"按钮保存。

（4）单击"审核"按钮审核。

（二）销售订单查询统计

可利用系统提供的"销售订单列表"、"销售订货统计表"、"订单执行统计表"、"销售订单预警和报警"等功能对订单的执行情况进行查询和统计。

二、销售发货单

发货单是销售方给客户发货的凭据，是销售发货业务的执行载体，无论是工业企业还是商业企业，发货单都是销售管理的核心单据。发货单的生成，根据业务模式的不同亦不同。

1. 先发货后开票

先发货后开票业务模式，是指根据销售订单或其他销售合同，向客户发出货物，发货之后根据发货单开票并结算。先发货后开票业务适用于普通销售、分期收款、委托代销业务。

先发货后开票业务，发货单由销售部门参照销售订单生成或手工输入，发货单审核后，生成销售发票、销售出库单。

【操作步骤】

（1）执行"供应链"—"销售管理"—"销售发货"—"发货单"命令。

（2）单击"增加"按钮，直接输入发货单或单击"订单"按钮，打开"参照生单"窗口，选择销售订单，单击"确定"按钮，参照输入仓库名称，单击"保存"按钮，生成发货单。

（3）单击"审核"按钮审核。

提示：

● 销售发货单可以手工增加，也可以参照销售订单生成。必有订单业务模式，销售发货单不可手工新增，只能参照生成。

● 销售发货单可以修改、删除、审核、弃审、关闭、打开。

● 已审核未关闭的销售发货单可参照生成销售发票。

● 与"库存管理"集成时，"销售选项—业务控制"中如果设置了销售生成出库单，则销售发货单审核时系统自动生成销售出库单；否则要在"库存管理"根据发货单生成出库单。

2. 开票直接发货

开票直接发货业务，是指根据销售订单或其他销售合同，向客户开具销售发票，客户根据发票到指定仓库提货。开票直接发货业务只适用于普通销售。

开票直接发货业务，发货单由审核后的销售发票自动生成，发货单可以浏览，不能进行修改、删除、弃审等操作，但可以关闭、打开；销售出库单根据自动生成的发货单生成。开票直接发货单据流程如图6-70所示。

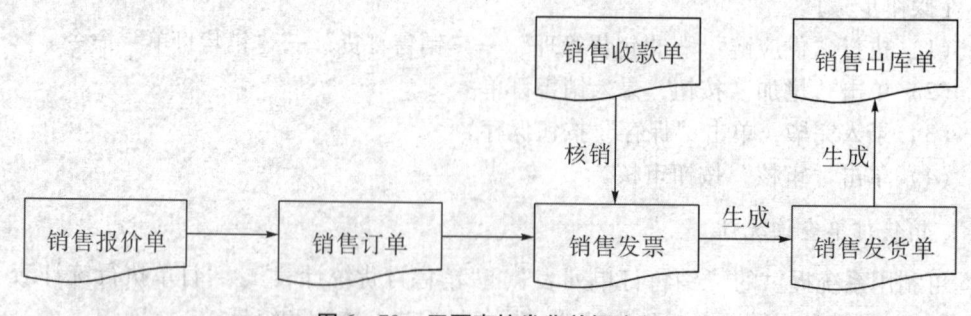

图6-70 开票直接发货单据流程

【操作步骤】
(1) 执行"供应链"—"销售管理"—"销售开票"—"销售专用发票"命令。
(2) 单击"增加"按钮，系统打开"过滤条件选择-发票参照发货单"对话框。
(3) 单击"取消"按钮，进入"销售专用发票"窗口。
(4) 直接输入发票信息或单击"生单"下三角按钮，选中"参照订单"生成销售发票。
(5) 单击"保存"按钮。
(6) 单击"复核"按钮，系统自动生成销售发货单。
提示：
- 销售发票复核时，自动生成销售发货单。
- 销售发货单不可以修改、删除、弃审，但可以关闭、打开。
- 与"库存管理"集成时，"销售选项—业务控制"中如果设置了销售生成出库单，则销售发票复核时系统自动生成销售出库单；否则要在"库存管理"根据发货单生成出库单。

三、销售发票

销售发票是在销售开票过程中所开具的原始销售单据，包括增值税专用发票、普通发票及其所附清单。对于未录入税号的客户，可以开具普通发票，不可开具专用发票。

销售发票复核后通知财务部门的"应收款管理"核算应收账款，在"应收款管理"审核登记应收明细账，制单生成凭证。

销售发票的生成与业务模式相关。

1. 先发货后开票

参照销售发货单生成销售发票；根据委托代销发货单进行委托结算时自动生成委托代销发票。参照发货单开票、委托代销结算时，可以设置"蓝字记录按出库数开票/结算"。

销售发票可以修改、删除、复核、弃复。

2. 开票直接发货

销售发票可以手工增加，也可以参照销售订单生成；必有订单业务模式，销售发票不可手工新增，只能参照生成；直运业务时，直运销售发票可参照直运采购发票生成。

销售发票可以修改、删除、复核、弃复。

销售发票复核时生成销售发货单；弃复时删除生成的发货单。

与"库存管理"集成时，如果"设置—销售选项—业务控制"中选择了"销售生成出库单"，则销售发票复核时同时生成销售出库单；否则在"库存管理"中根据销售发票生成的发货单生成出库单。

四、普通销售业务

普通销售业务支持两种业务模式：先发货后开票业务模式和开票直接发货业务

模式。

（一）先发货后开票业务模式

【处理流程】业务处理流程如图6-71所示。

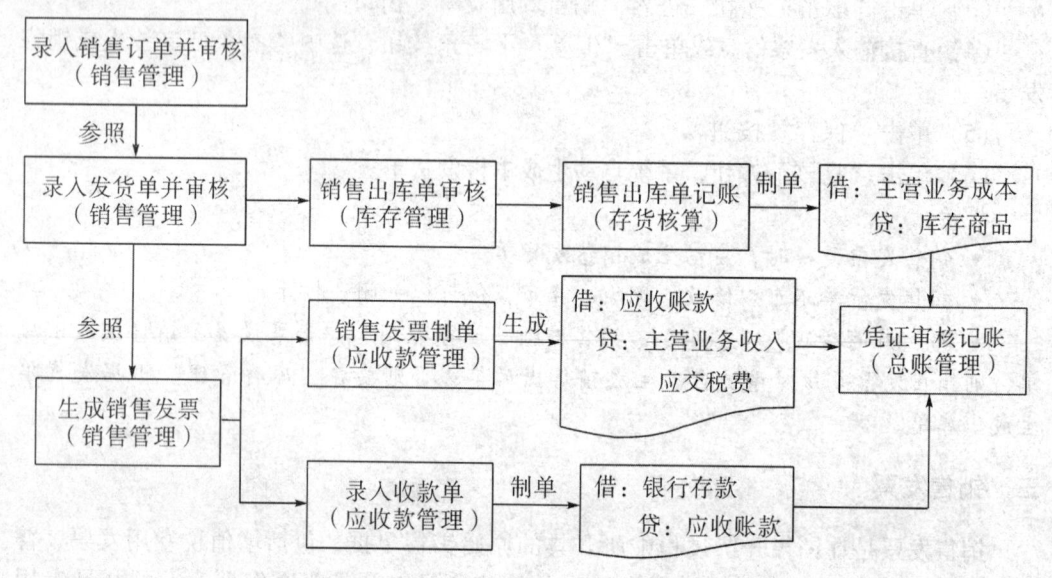

图6-71　先发货后开票业务模式业务处理流程

(1) 销售管理——销售订货——填制销售订单并审核（可选）。
(2) 销售管理——销售发货——填制销售发货单（可参照销售订单生成）并审核。
(3) 库存管理——出库业务——生成销售出库单（参照销售发货单）并审核。
(4) 存货核算——单据记账并生成凭证（销售出库单记账、制单）。
(5) 销售管理——销售开票——生成销售发票（参照销售发货单）并复核。
(6) 应收款管理——审核应收单并制单（发票制单、收款单制单）。

（二）开票直接发货

【处理流程】

(1) 销售管理——销售订货——填制销售订单并审核（可选）。
(2) 销售管理——销售开票——开具销售发票（可参照销售订单生成）并复核。
(3) 库存管理——出库业务——生成销售出库单（参照销售发货单）并审核。
(4) 应收款管理——审核应收单并制单（发票制单、收款单制单）。
(5) 存货核算——单据记账并生成凭证（销售出库单记账、制单）。

五、委托代销业务

委托代销业务，指企业将商品委托他人进行销售，但商品所有权仍归本企业的销售方式。委托代销商品销售后，受托方与企业进行结算，并开具正式的销售发票，形成销售收入，商品所有权转移。

只有"库存管理"与"销售管理"集成使用时，才能在"库存管理"中处理委托代销业务。委托代销业务只能先发货后开票，不能开票直接发货。

(一) 委托代销业务参数设置

如果企业存在委托代销业务，在进行业务处理前，需要在销售管理和库存管理系统中进行选项参数设置。只有设置了委托代销业务参数后，才能处理委托代销业务，账表查询中才增加相应的委托代销账表。

"销售管理"系统参数：

设置—销售选项—业务控制—启用委托代销业务

设置—销售选项—业务控制—委托代销必有订单

"库存管理"系统参数：

初始设置—选项—通用设置—有无委托代销业务

提示：

● 用户可以在"库存管理"系统中设置，也可以在"销售管理"系统中设置，在其中一个系统的设置，同时改变在另一个系统的选项。

(二) 委托代销发货单

委托代销发货单由销售部门根据购销双方的委托代销协议产生，经审核后通知仓库备货，委托代销发货单是委托代销业务的核心单据。

委托代销发货单单据流程：

(1) 委托代销发货单可以手工增加，也可以参照委托代销订单生成；必有订单业务模式，委托代销发货单不可手工新增，只能参照生成。

(2) 委托代销发货单可以修改、删除、审核、弃审。

(3) 已审核未全部结算的委托代销发货单，可参照生成委托代销结算单。

(4) 与"库存管理"集成时，"设置—销售选项—业务控制"中如果选中"销售生成出库单"，则委托代销发货单审核时生成销售出库单；否则在"库存管理"根据委托代销发货单生成出库单。

(三) 委托代销结算单

委托代销结算单是记录委托给客户的代销货物结算信息的单据，作为双方确认结算的货物明细清单。

委托代销结算单单据流程：

(1) 委托代销结算单参照已审核未全部结算的委托代销发货单填制，可以设置"蓝字记录按出库数结算"。

(2) 委托代销结算单可以修改、删除、审核、弃审。

(3) 委托代销结算单审核后自动生成销售发票；弃审后删除生成的发票。

注意：

● 根据委托代销结算单生成的销售发票一经复核，将不允许对委托代销结算单进行弃审操作。

(四) 委托代销业务处理基本流程

(1) 销售管理——填制、审核委托代销发货单（可参照委托代销订单生成）。

(2) 库存管理——生成销售出库单（可参照委托代销发货单生成）。

（3）销售管理——填制、审核委托代销结算单（可参照委托代销发货单生成）。
（4）销售管理——复核销售发票。
（5）应收款管理——审核销售发票并制单。
（6）存货核算——销售出库单在存货核算系统记账，进行成本处理并生成凭证。

六、代垫费用

在销售业务中，代垫费用指随货物销售所发生的，不通过发票处理而形成的，暂时代垫将来需向客户收取的费用项目，如运杂费、保险费等。

代垫费用实际上形成了用户对客户的应收款，代垫费用的收款核销由"应收款管理"处理。

代垫费用单单据流程：

（1）代垫费用单可以执行"销售管理"—"代垫费用"—"代垫费用单"命令直接录入，可分摊到具体的货物；也可以在销售发票、销售调拨单、零售日报中单击"代垫"按钮录入，与发票建立关联，可分摊到具体的货物。
（2）代垫费用单可以修改、删除、审核、弃审。
（3）代垫费用单审核后，在"应收款管理"生成其他应收单；弃审时删除生成的其他应收单。
（4）与"应收款管理"集成使用时，在"应收款管理"已核销处理的代垫费用单，不可弃审。

提示：
- 代垫费用单的税额为0，不能做现结处理。
- 红字发票中也可输入负数的代垫费用。

七、销售退货业务

销售退货业务是指客户因货物质量、品种、数量不符合要求或者其他原因，将已购货物退回给本单位的业务。

销售退货业务包括普通销售退货和委托代销退货业务的处理，分为开具发票前退货和开具发票后退货，委托代销结算前退货和委托代销结算后退货。不同阶段发生的退货业务其业务处理不完全相同。

（一）开具发票前退货

1. 未开票未出库：直接修改或作废发货单
2. 未开票已出库

【处理流程】

（1）销售管理——填制并审核销售退货单。
（2）库存管理——生成红字销售出库单并审核。
（3）存货核算——红字销售出库单记账并生成凭证。

(二) 开具发票后退货

【处理流程】

(1) 销售管理——填制并审核销售退货单。
(2) 库存管理——根据退货单生成红字销售出库单。
(3) 存货核算——红字销售出库单记账并生成凭证。
(4) 销售管理——生成红字销售发票（参照销售退货单）。
(5) 应收款管理——审核红字销售发票并制单。

1. 委托代销结算前退货处理流程
(1) 销售管理——填制并审核委托代销退货单。
(2) 库存管理——根据委托代销退货单生成红字销售出库单。
(3) 存货核算——红字销售出库单在存货核算系统记账并生成凭证。

2. 委托代销结算后退货处理流程
(1) 销售管理——填制并审核委托代销结算退回单。
(2) 销售管理——复核红字销售发票。
(3) 应收款管理——审核红字销售发票并制单。
(4) 销售管理——填制并审核委托代销退货单。
(5) 库存管理——根据委托代销退货单生成红字销售出库单。
(6) 存货核算——红字销售出库单在存货核算系统记账并生成凭证。

提示：
- 销售退货与正常销售的流程基本相同。
- 参照订单生成的退货单、直接填制的退货单可以生成发票。
- 参照发货单生成退货单，退货单冲减发货单的发货数量，退货单不能生成发票。
- 参照发货单生成红字发票：默认"红字开票数量＝开票数量＋已退货数量－原发货单数量"，可修改，修改数量没有限制；默认红字开票数量≤0时，不可参照。

第七节 库存管理日常业务处理

当库存管理与采购管理、销售管理、存货核算及总账管理等系统集成使用时，库存管理的主要功能是对采购管理系统、销售管理系统及库存管理系统所填制的各种出入库单据的审核，并对存货的出入库数量的管理。

库存管理系统与采购管理系统、销售管理系统的关系如图6-72所示。

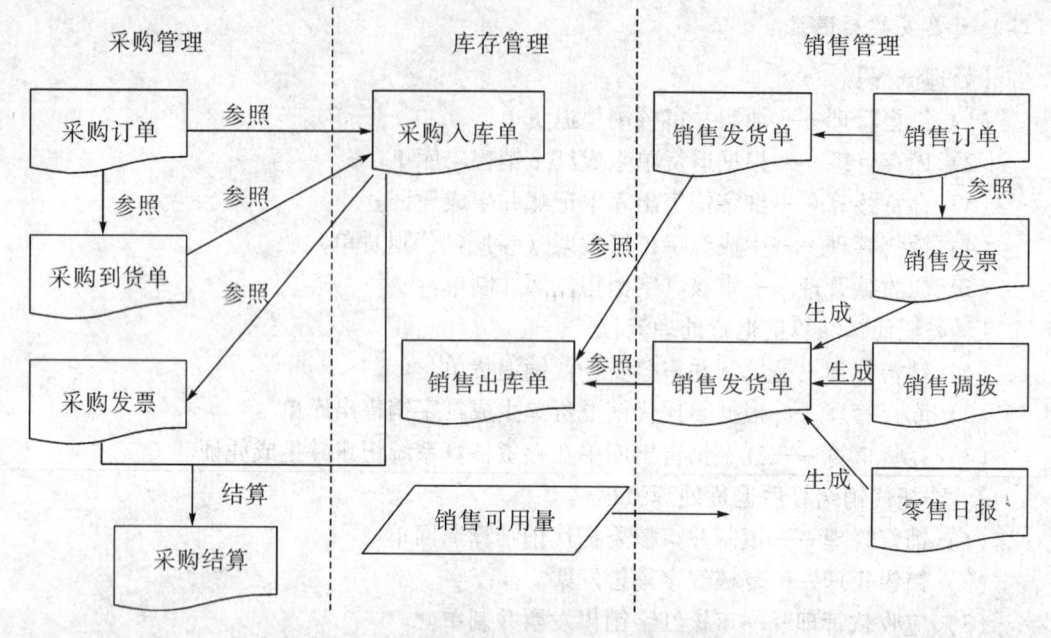

图6-72　库存管理与采购管理、销售管理关系图

库存管理系统与存货管理系统的关系如图6-73所示。

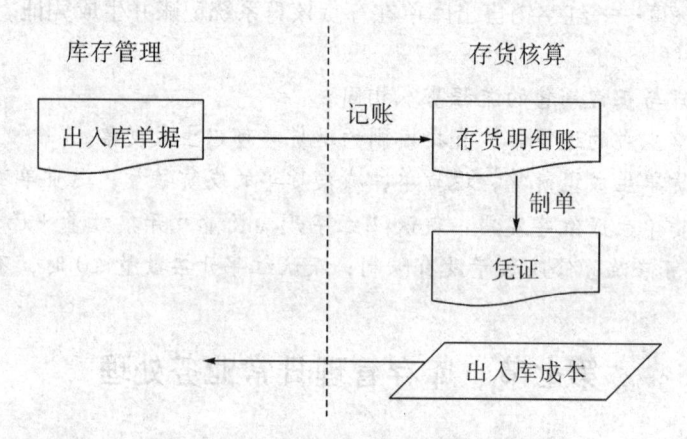

图6-73　库存管理与存货核算关系图

一、入库业务处理

1. 采购入库

当采购的货物到达企业，经验收合格后，需要办理入库手续，填写采购入库单，并登记库存账。

采购入库单按进出仓库方向分为：蓝字采购入库单、红字采购入库单。红字入库单是采购入库单的逆向单据。在采购业务活动中，如果发现已入库的货物因质量等因素要求退货，则对采购业务进行退货单处理。

如果发现已审核的入库单数据有错误（多填数量等），也可以填制退货单（红字入库单），原数冲抵原入库单数据。原数冲回是将原错误的入库单，以相等的负数量填单。

如果库存管理系统与采购管理系统集成使用，采购入库单由仓库管理员在库存管理系统输入；如果库存管理系统没有与采购管理系统集成使用，采购入库单则由采购人员在采购管理系统中输入。

采购入库单单据流程：

（1）采购入库单可以手工增加，也可以参照采购订单、采购到货单（到货退回单）、委外订单、委外到货单（到货退回单）生成。

（2）采购入库单可以修改、删除、审核、弃审。

（3）根据修改现存量时点设置，采购入库单保存或审核后更新现存量。

（4）与委外订单关联的采购入库单保存时，如果有倒冲料则系统自动生成材料出库单。

2. 产成品入库

对于工业企业，产成品入库单一般指产成品验收入库时所填制的入库单据。

产成品一般在入库时无法确定产品的总成本和单位成本，所以在填制产成品入库单时，一般只有数量，没有单价和金额。

【操作步骤】

（1）执行"库存管理"—"入库业务"—"产成品入库单"命令。

（2）单击"增加"按钮，录入"产成品入库单"。

（3）录入完毕，单击"保存"按钮保存。

（4）单击"审核"按钮审核。

提示：

● 产成品入库单可以手工增加，也可以参照"生产订单"的生产订单（父项产品及产出品）生成。

● 与"质量管理"集成使用时，可以参照产品检验单、产品不良品处理单生成。

● 产成品入库单可以修改、删除、审核、弃审。

● 根据修改现存量时点设置，产成品入库单保存或审核后更新现存量。

● 与生产订单关联的产成品入库单保存时，如果有倒冲料则系统自动生成材料出库单。

3. 其他入库

其他入库是指除了采购入库、产成品入库之外的其他入库业务，如调拨入库、盘盈入库、组装拆卸入库、形态转换入库等。调拨入库、盘盈入库、组装拆卸入库、形态转换入库等业务可以自动形成相应的其他入库单，除此之外的其他入库单由用户填制。

二、出库业务处理

1. 销售出库

销售出库单是销售出库业务的主要凭证，在"库存管理"用于存货出库数量核算，在"存货核算"用于存货出库成本核算（如果"存货核算"销售成本的核算选择依据销售出库单)。

销售出库单按进出仓库方向分为：蓝字销售出库单、红字销售出库单；按业务类型分为：普通销售出库单、委托代销出库单、分期收款出库单。

根据修改现存量时点设置，销售出库单保存或审核后更新现存量。

销售出库单单据流程：

（1）手工填制。如果"销售管理"未启用可直接填制销售出库单，就不可手工填制。

（2）与"销售管理"集成使用时，如果选项设置为不由库存生成销售出库单，对于发货单中需要检验的记录，由库存参照生成销售出库单；否则发货单或退货单审核后由系统自动生成销售出库单。

（3）与"销售管理"集成使用时，如果选项设置为由库存生成销售出库单，则使用"生单"或"生单"下拉箭头中"销售生单"进行参照生单，包括：

• 参照发货单生成。先发货后开票业务，根据"销售管理"的发货单生成销售出库单。

• 参照销售发票生成。开票直接发货业务，根据"销售管理"的销售发票生成销售出库单。

• 参照销售调拨单生成。根据"销售管理"的销售调拨单生成销售出库单。

• 参照零售日报生成。根据"销售管理"的销售日报生成销售出库单。

提示：

• 销售发票、销售调拨单、零售日报在"销售管理"复核时，同时生成发货单。参照发货单窗口，以上三种单据都有发货单号、发票号，单据类型分别为相应的销售发票、销售调拨单、零售日报，所以也可统称为参照发货单。

2. 材料出库

材料出库单是工业企业领用材料时填制的出库单据，材料出库单也是进行日常业务处理和记账的主要原始单据之一。

【操作步骤】

（1）执行"库存管理"—"出库业务"—"材料出库单"命令。

（2）录入出库单信息。

（3）单击"保存"按钮保存，单击"审核"按钮审核。

3. 其他出库

其他出库是指除销售出库、材料出库之外的其他出库业务，如调拨出库、盘亏出库、组装出库、拆卸出库、形态转换出库等。调拨出库、盘亏出库、组装出库、拆卸出库、形态转换出库等业务可以自动形成相应的其他出库单，除此之外的其他出库单由用户填制。

三、盘点业务处理

为了保证企业库存资产的安全和完整，做到账实相符，企业必须对存货进行定期或不定期的清查，查明存货盘盈、盘亏、损毁的数量以及造成的原因，并据以编制存货盘点报告表，按规定程序，报有关部门审批。

经有关部门批准后，企业应进行相应的账务处理，调整存货账的实存数，使存货的账面记录与库存实物核对相符。

盘点时系统提供多种盘点方式，如按仓库盘点、按批次盘点、按类别盘点、对保质期临近多少天的存货进行盘点等，还可以对各仓库或批次中的全部或部分存货进行盘点，盘盈、盘亏的结果自动生成其他出入库单。

盘点还可以分为普通仓库盘点和倒冲仓库盘点。倒冲仓库盘点指对现场仓或委外仓进行盘点，盘点单审核后，盈亏数分摊到生产订单或委外订单中，生成材料出库单；普通仓库盘点审核后盈亏数生成其他出入库单。

盘点业务流程：
(1) 选择盘点类型，增加一张新的盘点表。
(2) 打印空盘点表。
(3) 进行实物盘点，并将盘点的结果记录在盘点表的盘点数和原因中。
(4) 实物盘点完成后，根据盘点表，将盘点结果输入计算机的盘点表中。
(5) 打印盘点表，并将打印出的盘点报告按规定程序报经有关部门批准。
(6) 将经有关部门批准后的盘点表进行审核处理。

盘点单是用来进行仓库存货的实物数量和账面数量核对工作的单据，用户可使用空盘点单进行实盘，然后将实盘数量录入系统，与账面数量进行比较。

【操作流程】
(1) 进入盘点单界面。
(2) 单击"增加"按钮，系统增加一张空白盘点单。
(3) 选择盘点类型（普通仓库盘点或倒冲仓库盘点），录入盘点表头栏目，指定盘点仓库。
(4) 可直接录入要盘点的存货，也可单击"盘库"、"选择"按钮批量增加存货，系统将自动带出对应存货不同自由项、批次的账面数量、账面件数、账面金额等。
(5) 单击"保存"按钮，保存盘点单。
(6) 将盘点表打印出来，到仓库中进行实物盘点。
(7) 实物盘点后，打开盘点单，单击"修改"按钮。
(8) 输入盘点数量/件数，单击"保存"按钮保存盘点单。
(9) 单击"审核"按钮对盘点单进行审核。

提示：
- 如果先进行实物盘点，后输入盘点单，则可以省略第(5)、(6)、(7)步。

第八节 存货核算日常业务处理

存货核算是从资金的角度管理存货的出入库业务，主要用于核算企业的入库成本、出库成本、结余成本。反映和监督存货的收发、领退和保管情况；反映和监督存货资金的占用情况。

存货核算系统的功能包括：添加或修正存货暂估价格；对存货价格、价值进行调整；对采购入库单、销售出库单、库存管理系统生成的各种业务单据进行记账处理；对记账单据按照存货计价方法进行计算，为成本计算提供数据等。

存货核算系统生成的凭证，最终传递到总账系统进行账务处理。

存货核算系统的业务流程如图6-74所示。

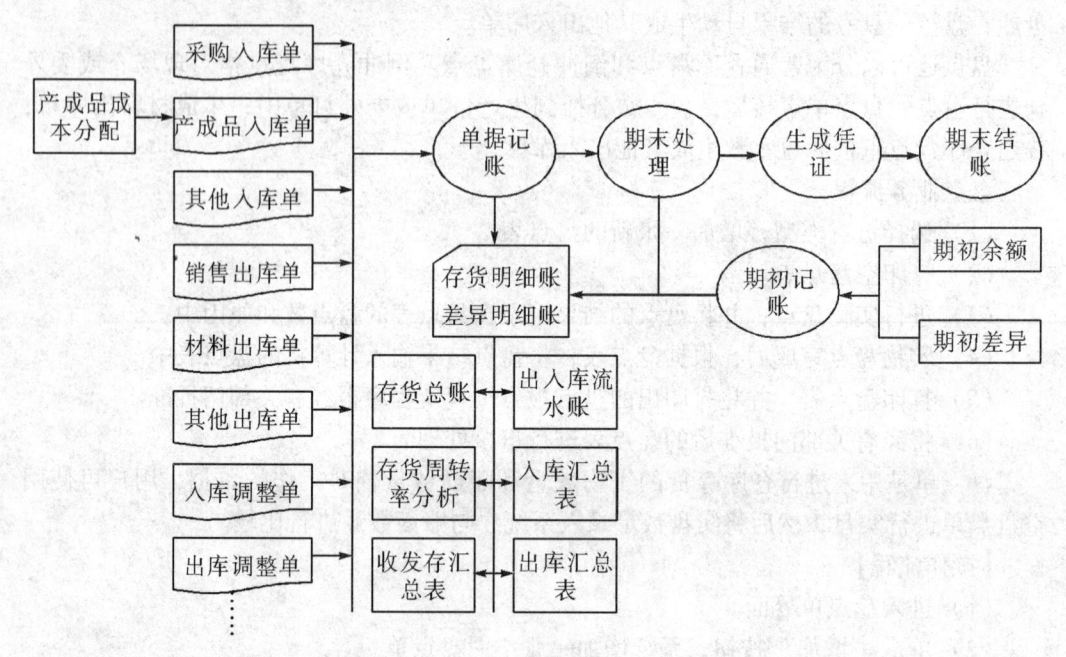

图6-74 存货核算系统业务流程图

一、入库业务处理

入库业务包括采购入库、产成品入库和其他入库。

采购入库单在库存管理系统中录入，在存货核算系统中可以修改采购入库单上的入库金额，采购入库单上"数量"的修改只能在该单据填制的系统进行。

产成品入库单在填制时一般只填写数量，单价与金额既可以通过修改产成品入库单直接填入，也可以由存货核算系统的产成品成本分配功能自动计算填入。

大部分其他入库单都是由相关业务直接生成的，如果与库存管理系统集成使用，可以对盘盈入库业务生成的其他入库单的单价进行输入或修改。

二、出库业务处理

出库单据包括销售出库、材料出库和其他出库。在存货核算系统中可修改出库单据上的单价或金额。

三、暂估处理

在存货核算系统中，对采购暂估入库业务提供了月初回冲、单到回冲、单到补差三种方式。暂估处理方式一旦选择就不可修改。无论采用哪种方式，待采购发票到达后，都要遵循以下步骤：

(1) 采购管理——填制发票。
(2) 采购管理——采购结算。
(3) 存货核算——业务核算——结算成本处理。
(4) 存货核算——财务核算——生成凭证。

四、单据记账

单据记账是将各种出入库单据记入存货明细账、差异明细账等。单据记账应注意以下几点：

(1) 无单价的入库单据不能记账。记账前应对暂估入库存货的成本单价、产成品入库单的成本单价进行确认或修改。

(2) 单据记账时应注意记账顺序。

(3) 已记账单据不能修改和删除。如果发现已记账单据有错误，在本月未结账状态下可以恢复记账。如果已记账单据已生成凭证，只有删除相关联的凭证后才能恢复记账。

单据记账处理流程如图 6-75 所示。

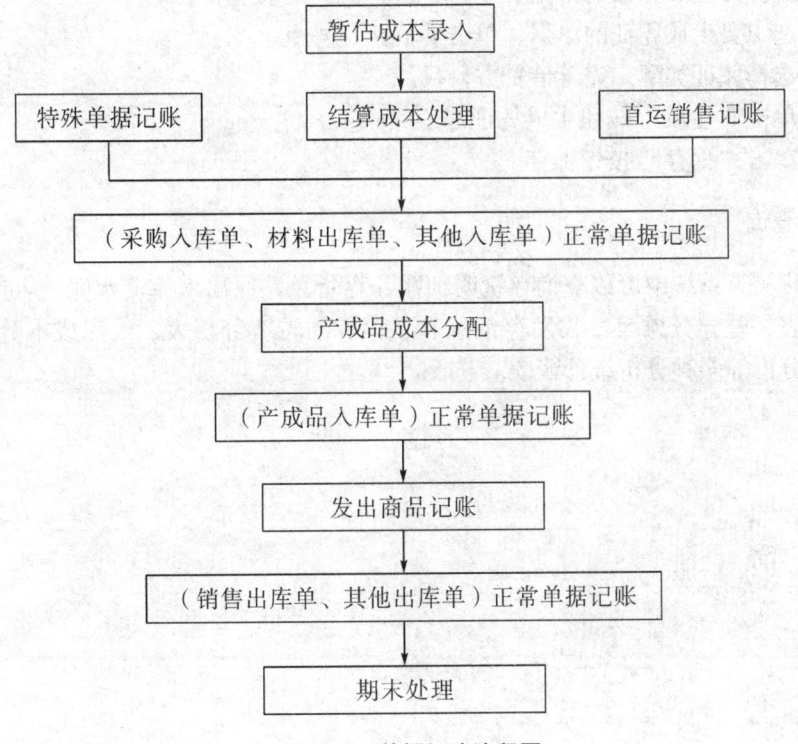

图 6-75 单据记账流程图

五、调整业务

出入库单据记账后，发现单据金额错误，如果是录入错误，通常采用修改方式进行调整。但如果遇到由于暂估入库后发生零出库业务等原因所造成的出库成本不准确，或库存数量为零而仍有库存金额的情况，就需要利用调整单据进行调整。

调整单据包括入库调整单和出库调整单。它们都只针对当月存货的出入库成本进行调整，并且只调整存货的金额，不调整存货的数量。

出入库调整单保存即记账，因此已保存的单据不可修改和删除。

六、生成凭证

存货核算系统将各种出入库单据中涉及存货增减和价值变动的单据生成凭证传递到总账。

对比较规范的业务，在存货核算系统的初始设置中，可以事先设置好凭证上的存货科目和对方科目，系统将自动采用这些科目生成相应的出入库凭证，并传送到总账。

在执行生成凭证操作时，一般由在总账中有填制凭证权限的操作员来完成。

【操作步骤】

（1）执行"存货核算"—"财务核算"—"生成凭证"命令，打开"生成凭证"窗口。

（2）单击"选择"按钮，打开"查询条件"对话框。

（3）选择要生成凭证的单据类型，单击"确定"按钮。

（4）选中要生成凭证的单据，单击"确定"按钮。

（5）选择凭证类型，完善借贷方科目。

（6）单击"生成"按钮生成凭证。

（7）单击"保存"按钮保存。

七、账表查询

在存货核算系统中可以查询存货明细账、存货总账、出入库流水账、入库汇总表、出库汇总表、差异分摊表、收发存汇总表、存货周转率分析表、入库成本分析、暂估材料余额分析等多种分析统计账表。

第七章　期末业务处理

每个会计期末，财务人员为了及时总结企业的经营活动，满足会计核算和会计报告的需要，都要处理转账与结账业务。对使用财务软件处理会计日常业务的企业来说，从人工转账、结账转变为计算机自动转账和结账，极大地提高了工作效率。

在用友 ERP-U872 中，各业务管理子系统的期末处理业务各自不同，主要包括期末转账、期末对账和期末结账。

在多个系统集成使用时，因系统之间有关联关系，期末结账必须按一定的顺序进行。一般是业务管理系统先结账，总账系统最后结账。

本教材是以采购管理、销售管理、库存管理、存货核算、薪资管理、固定资产管理、应收款管理、应付款管理、总账系统集成使用为前提编写的，期末结账业务处理的流程如图 7-1 所示。

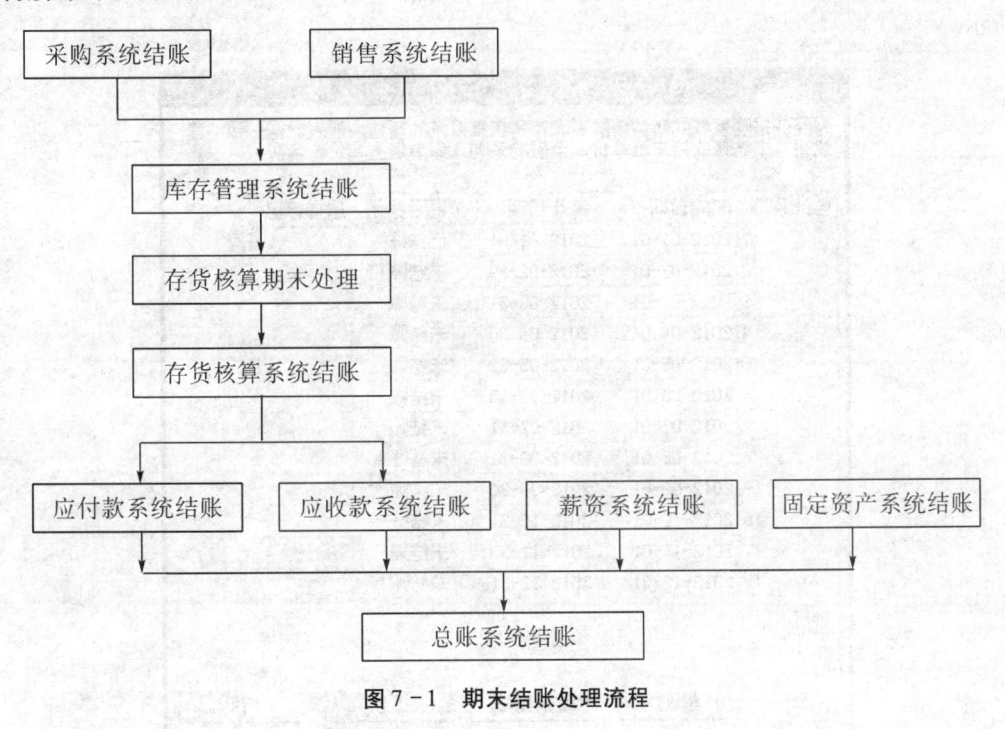

图 7-1　期末结账处理流程

第一节 供应链系统期末业务处理

在用友 ERP-U872 中，供应链系统期末业务处理是自动完成的，主要是进行各系统的月末结账。

一、采购管理系统月末结账

采购管理系统月末结账是指采购管理系统逐月将每月的单据数据封存，并将当月的采购数据记入有关账表中的工作。

【操作步骤】

（1）执行"供应链"—"采购管理"—"月末结账"命令，打开"月末结账"对话框。

（2）选择结账的月份（必须连续选择，否则不允许结账）。

（3）单击"结账"按钮，系统自动进行月末结账。结账完毕，系统弹出"月末结账完毕！"信息提示框。

（4）单击"确定"按钮，1月份"是否结账"栏显示"已结账"，如图 7-2 所示。

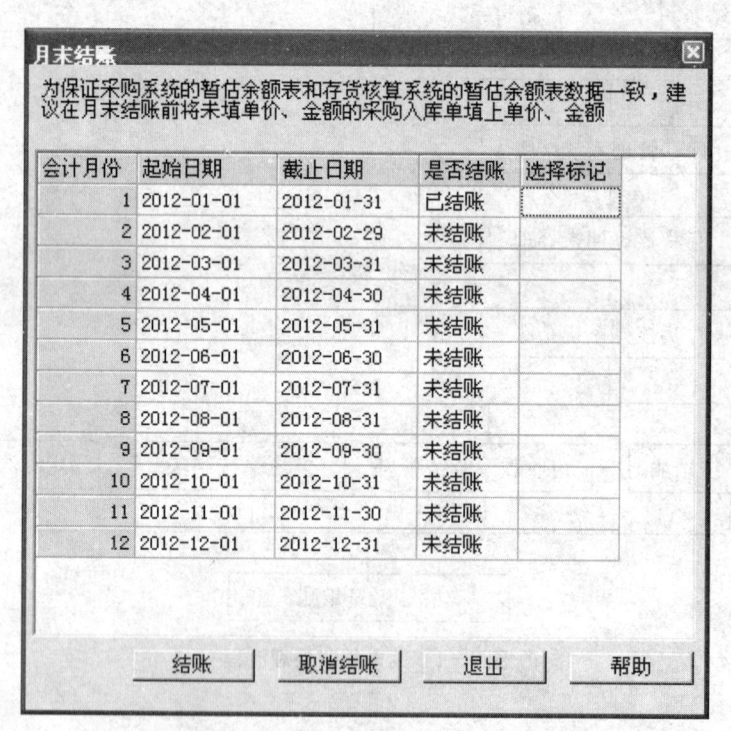

图 7-2 采购管理"月末结账"对话框

提示：
- 月末结账后，如果发现本月结账错误，可取消结账。在图7-2的界面中，选中已结账最后月份，单击"取消结账"按钮，就可取消该月的月末结账。
- 结账前用户应检查本会计月工作是否已全部完成，只有在当前会计月所有工作全部完成的前提下，才能进行月末结账，否则会遗漏某些业务。
- 月末结账之前一定要进行数据备份，否则数据一旦发生错误，将造成无法挽回的后果。
- 没有期初记账，将不允许月末结账。
- 不允许跳月结账，只能从未结账的第一个月逐月结账；不允许跳月取消月末结账，只能从最后一个月逐月取消。
- 上月未结账，本月单据可以正常操作，不影响日常业务的处理，但本月不能结账。
- 月末结账后，已结账月份的"采购管理"的入库单、采购发票不可修改、删除。
- "采购管理"月末结账后，才能进行"库存管理"、"存货核算"、"应付管理"的月末结账。
- 如果"采购管理"要取消月末结账，必须先通知"库存管理"、"存货核算"、"应付管理"的操作人员，要求他们的系统取消月末结账。
- 如果"库存管理"、"存货核算"、"应付管理"的任何一个系统不能取消月末结账，那么也不能取消"采购管理"的月末结账。

二、销售管理系统月末结账

销售管理系统月末结账是指销售管理系统逐月将每月的单据数据封存，并将当月的销售数据记入有关报表中的工作。

【操作步骤】

（1）执行"供应链"—"销售管理"—"月末结账"命令，打开"月末结账"对话框。

（2）单击"月末结账"按钮，系统开始进行合法性检查。

（3）如果检查通过，系统立即进行结账处理，结账后结账月份的"是否结账"栏显示为"是"，如图7-3所示。如果检查未通过，系统会提示不能结账的原因。

图7-3 销售管理"月末结账"对话框

提示：

● 当某月结账后发现结账错误，可以在图7-3界面，选择该月份，单击"取消结账"按钮恢复至结账前状态。不允许跳月取消月末结账，只能从已结账的最后一个月逐月取消。

● 上月未结账，本月单据可以正常操作，不影响日常业务的处理，但本月不能结账。

● 本月还有未审（复）核单据时，结账时系统会提示"存在未审核的单据，是否继续进行月末结账？"，用户可以选择继续结账或取消结账，即有未审核的单据仍可月末结账。

● 如果"应收款管理"系统按照单据日期记账，"销售管理"系统本月有未复核的发票，月末结账后，这些未复核的发票在"应收款管理"系统就不能按照单据日期记账了，除非在"应收款管理"系统将"单据审核日期依据"选项改成按业务日期记账。

● 结账前用户应检查本会计月工作是否已全部完成，只有在当前会计月所有工作全部完成的前提下，才能进行月末结账，否则会遗漏某些业务。

● 月末结账之前用户一定要进行数据备份，否则数据一旦发生错误，将会造成无法挽回的后果。

● 只能对当前会计月进行结账，即只能对最后一个结账月份的下一个会计月进行结账。

● 月末结账后将不能再做当前会计月的业务，只能做下个会计月的日常业务。

● 本功能为独享功能，与系统中所有功能的操作互斥，即在操作本功能前，应确定其他功能均已退出；在网络环境下，要确定本系统所有的网络用户退出了所有的功能。

● 系统集成使用时，“采购管理”、“销售管理”月末结账后，才能进行“库存管理”、“存货核算”、“应付款管理”、“应收款管理”的月末结账。

● 如果“采购管理”、“销售管理”要取消月末结账，必须先通知“库存管理”、“存货核算”、“应付款管理”、“应收款管理”的操作人员，要求他们的系统取消月末结账。

● 如果“库存管理”、“存货核算”、“应付款管理”、“应收款管理”中的任何一个系统不能取消月末结账，那么也不能取消“采购管理”、“销售管理”的月末结账。

三、库存管理系统月末结账

库存管理系统月末结账是指销售管理系统将每月的出入库单据逐月封存，并将当月的出入库数据记入有关账表中的工作。

【操作步骤】

（1）执行“供应链”—“库存管理”—“月末结账”命令，打开“月末结账”对话框。

（2）光标位于未结账的第一个月，单击“结账”按钮，系统对该月进行结账合法性检查。

（3）检查通过，系统自动进行结账处理，并将“已经结账”栏标记为“是”，如图 7－4 所示。若未通过检查，系统提示错误信息。

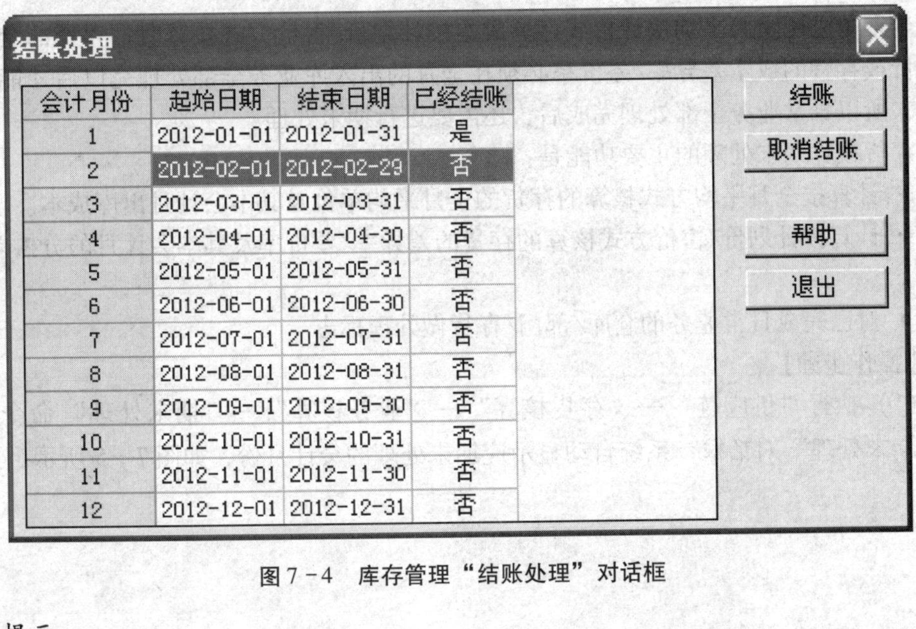

会计月份	起始日期	结束日期	已经结账
1	2012-01-01	2012-01-31	是
2	2012-02-01	2012-02-29	否
3	2012-03-01	2012-03-31	否
4	2012-04-01	2012-04-30	否
5	2012-05-01	2012-05-31	否
6	2012-06-01	2012-06-30	否
7	2012-07-01	2012-07-31	否
8	2012-08-01	2012-08-31	否
9	2012-09-01	2012-09-30	否
10	2012-10-01	2012-10-31	否
11	2012-11-01	2012-11-30	否
12	2012-12-01	2012-12-31	否

图 7－4　库存管理“结账处理”对话框

提示：

● 当结账后发现结账错误，可以在图 7－4 界面，单击“取消结账”按钮恢复至结账前状态。
- 结账前用户应检查本会计月工作是否已全部完成，只有在当前会计月所有工作全部完成的前提下，才能进行月末结账，否则会遗漏某些业务。
- 不允许跳月结账，只能从未结账的第一个月逐月结账；不允许跳月取消月末结账，只能从已结账的最后一个月逐月取消。
- 上月未结账，本月单据可以正常操作，不影响日常业务的处理，但本月不能结账。
- 月末结账后将不能再做已结账月份的业务，只能做未结账月的日常业务。
- 月末结账之前一定要进行数据备份，否则数据一旦发生错误，将造成无法挽回的后果。
- 如果用户认为目前的现存量与单据不一致，可通过"整理现存量"功能将现存量调整正确。
- 本功能与系统中所有功能的操作互斥，即在操作本功能前，应确定其他功能均已退出；在网络环境下，要确定本系统所有的网络用户退出了所有的功能。
- 当"库存管理"和"采购管理"、"销售管理"集成使用时，只有在"采购管理"、"销售管理"结账后，"库存管理"才能进行结账。
- 当"库存管理"和"存货核算"集成使用时，"存货核算"必须是当月未结账或取消结账后，"库存管理"才能取消结账。

四、存货核算期末业务处理

存货核算系统期末业务包括期末处理和月末结账两部分。

（一）期末处理

当存货采用全月平均法计价或存货成本按计划价/售价方式核算时，存货的全月平均单价或存货的成本差异率/差价率必须在全月的出入库业务全部处理完以后才能计算准确，所以日常业务全部处理完成后，还需要进行期末处理。

存货核算期末处理的主要功能是：
- 计算按全月平均方式核算的存货的全月平均单价及其本会计月出库成本。
- 计算按计划价/售价方式核算的存货的差异率/差价率及其本会计月的分摊差异/差价。
- 对已完成日常业务的仓库/部门/存货做处理标志。

【操作步骤】

（1）执行"供应链"—"存货核算"—"业务核算"—"期末处理"命令，打开"期末处理"对话框，系统自动显示应期末处理的会计月份，如图7-5所示。

第七章 期末业务处理

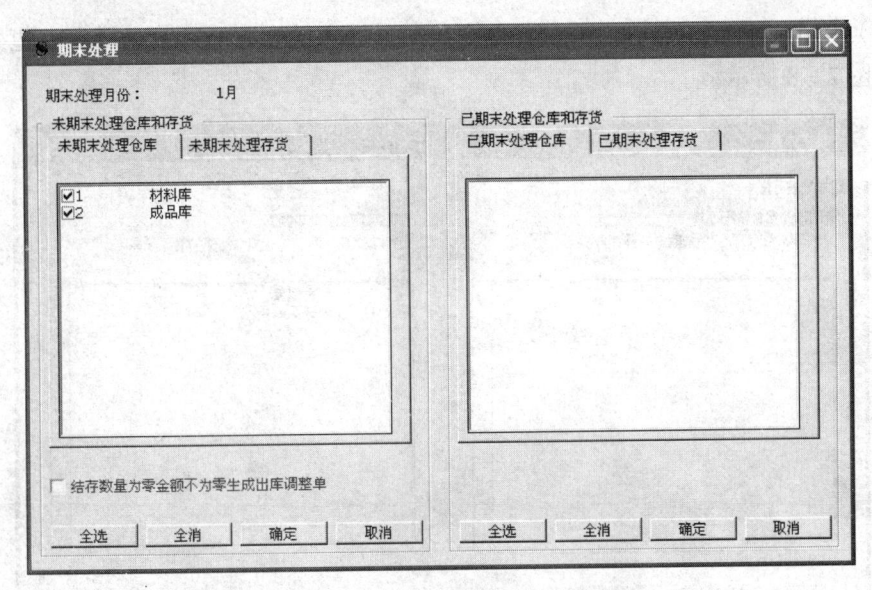

图7-5 存货核算"期末处理"对话框1

（2）在左边"未期末处理仓库和存货"列表框中选择要处理的仓库或存货。如果要对期末处理后结存数量为零、结存金额不为零的存货自动生成出库调整单，则可以选择"结存数量为零金额不为零自动生成出库调整单"选项。

（3）单击"确定"按钮，系统打开"月平均单价计算表"，如图7-6所示。

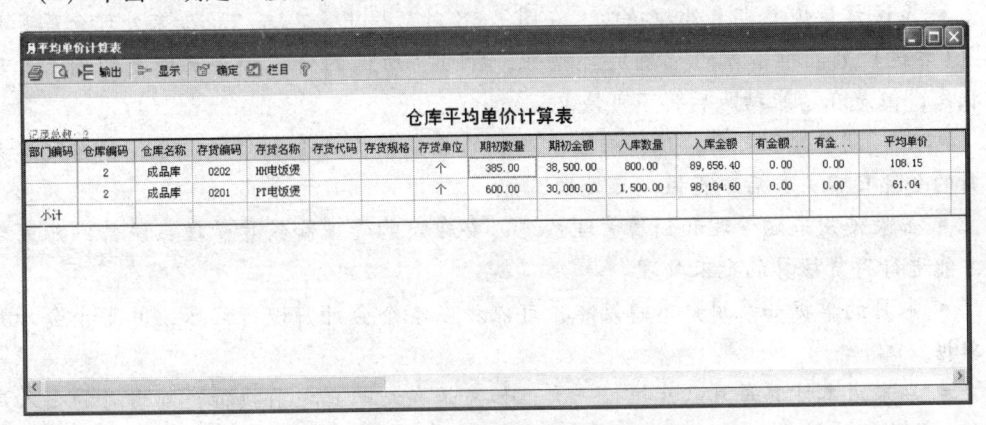

图7-6 "月平均单价计算表"窗口

（4）单击"确定"按钮，系统弹出"期末处理完毕！"信息提示框，如图7-7所示。

图7-7 "存货核算"信息提示框

245

(5) 单击"确定"按钮，系统将已完成期末处理的仓库和存货显示在右边列表框中，如图 7-8 所示。

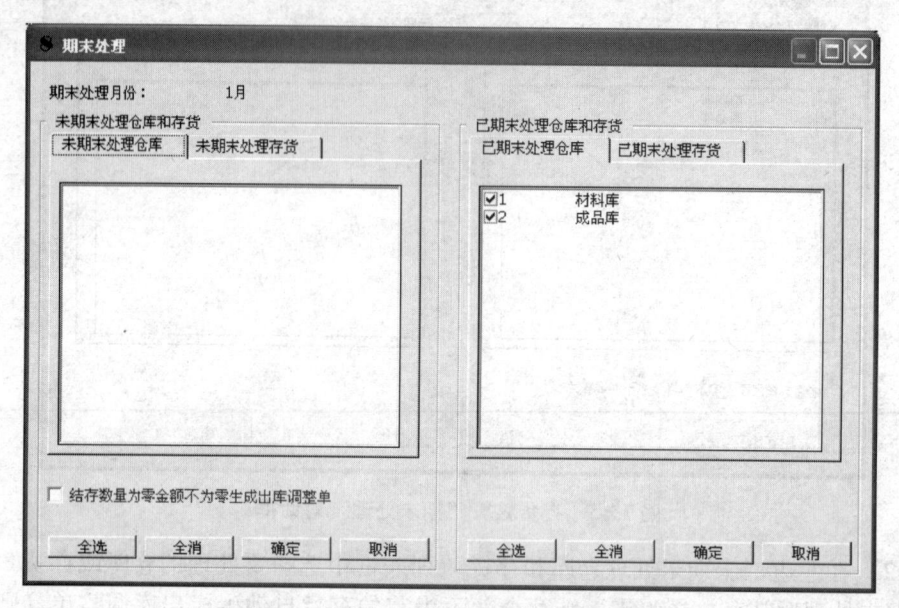

图 7-8　存货核算"期末处理"对话框 2

提示：

● 系统提供恢复期末处理功能，在图 7-8 对话框中，单击"已期末处理仓库和存货"（右边）列表框下方的"确定"按钮，即可将所选的仓库和存货恢复到期末处理前状态，但是在总账结账后将不可恢复。

● 进行期末处理之前，应仔细检查本月的业务单据是否已全部记账，应做完本会计月的全部日常业务后，再做期末处理工作。

● 如果使用采购管理和销售管理系统，要在采购管理和销售管理系统作结账处理后才能进行存货核算的期末处理。

● 本月的单据如果用户不想记账，可以放在下个会计月进行记账，算下个会计月的单据。

● 期末成本计算每月只能执行一次，如果是在结账日之前执行，则当月的出入库单将不能在本会计期间录入。

（二）月末结账

存货核算系统期末处理完成后，就可以进行月末结账。如果是集成应用模式，必须在采购管理、销售管理、库存管理全部结账后，存货核算系统才能结账。结账只能每月进行一次，结账后本月不能再填制单据。

【操作步骤】

(1) 执行"供应链"—"存货核算"—"业务核算"—"月末结账"命令，打开"月末结账"对话框，系统自动显示月末结账的会计月份，如图 7-9 所示。

图7-9 存货核算"月末结账"对话框

（2）选择"月末结账"，单击"确定"按钮，系统开始进行合法性检查。

（3）如果检查通过，系统立即进行结账操作，结账完毕，弹出如图7-10所示信息提示框，单击"确定"按钮返回；如果检查未通过，系统会提示不能结账的原因。

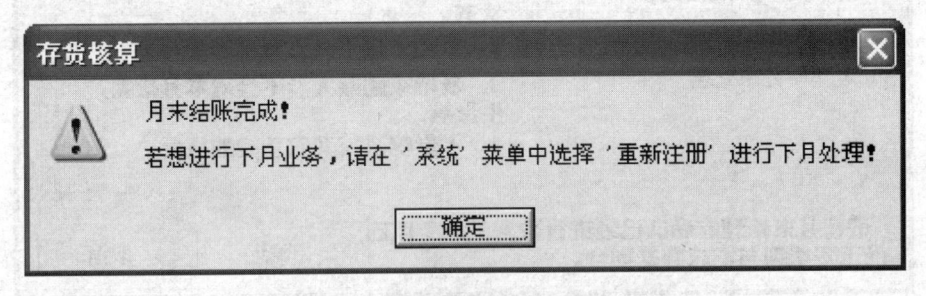

图7-10 存货核算"月末结账"对话框

提示：
- 当结账后发现结账错误，可以在图7-9界面，选择"取消结账"并单击"确定"按钮恢复至结账前状态。
- 结账前用户应检查本会计月工作是否已全部完成，只有在当前会计月所有工作全部完成的前提下，才能进行月末结账，否则会遗漏某些业务。
- 结账只能由有结账权的人进行。
- 只能对当前会计月进行结账，即只能对最后一个结账月份的下一个会计月进行结账。
- 月末结账之前用户一定要进行数据备份，否则数据一旦发生错误，将造成无法挽回的后果。
- 月末结账后将不能再做当前会计月的业务，只能做下个会计月的日常业务。

第二节 薪资管理和固定资产系统期末业务处理

一、薪资管理期末处理

（一）月末处理

月末处理是将当月数据经过处理后结转至下月，每月工资数据处理完毕后均可进行月末结转。在工资项目中,有的工资项目数据是固定的,即每月基本相同;有的工资项目数据是变动的,即每月的数据均不相同。在每月工资处理时,固定工资项目的数据可以从上月复制过来,变动工资项目的数据需要清零,重新输入。在用友薪资管理系统中,月末处理时可以选择清零项,非清零项的数据直接复制到下期。

【操作步骤】

(1) 执行"人力资源"—"薪资管理"—"业务处理"—"月末处理"命令,打开"月末处理"对话框,系统自动显示月末结账的会计月份,如图7-11所示。

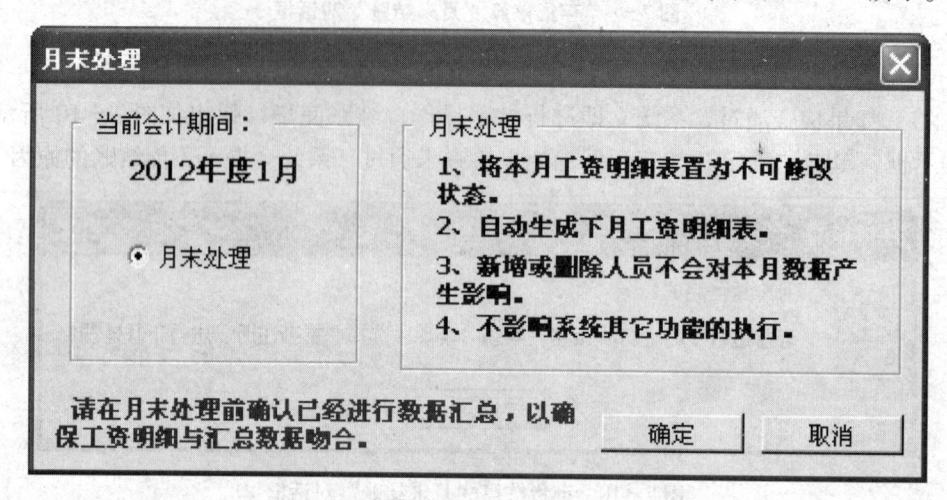

图7-11 薪资管理"月末处理"对话框

(2) 单击"确定"按钮,系统弹出如图7-12所示信息提示框。

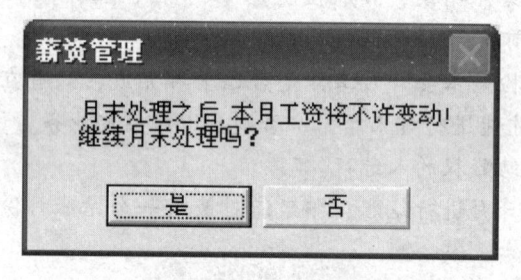

图7-12 薪资管理月末处理信息提示框

(3) 单击"是"按钮,系统提示"是否选择清零项?",如图7-13所示。

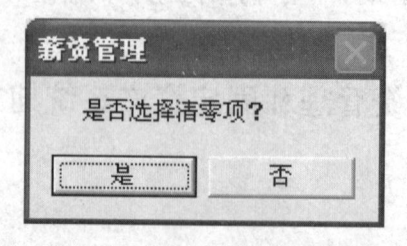

图7-13 选择清零项信息提示框

(4) 单击"是"按钮,打开"选择清零项目"对话框。

(5) 在"请选择清零项目"列表框中，单击鼠标选择"奖金"、"事假扣款"、"事假天数"，单击">"按钮，将所选项目移动到右边列表框中，如图7-14所示。

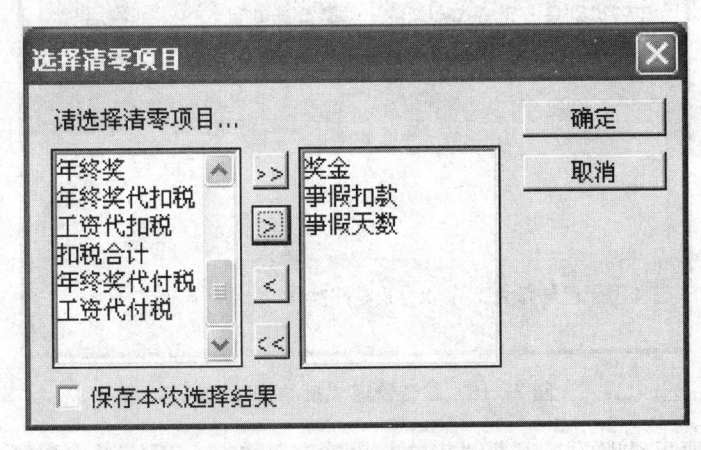

图7-14 "选择清零项目"对话框

(6) 单击"确定"按钮，系统弹出"月末处理完毕！"信息提示框。
(7) 单击"确定"按钮返回。

提示：
- 月末结转只在会计年度的1月至11月进行。
- 若处理多个工资类别，则应打开工资类别，分别进行月末结转。
- 若本月工资数据未汇总，系统将不允许进行月末结转。
- 进行期末处理后，当月数据将不再允许变动。
- 月末结账后，选择的需清零的工资项系统将予以保存，不用每月再重新选择。
- 月末处理功能只有主管人员才能执行。
- 在多次发放的工资类别下，各个发放次数的结账要按照打开工资类别界面中设置的顺序依次进行。
- 同一个工资类别中必须将当月所有未停用的发放次数全部月结后，才能进行下月业务处理。
- 若已启用工资变动审核控制，则只有该工资类别的工资数据全部审核后才允许进行月末处理。

(二) 反结账

在工资管理系统结账后，发现还有一些业务或其他事项需要在已结账月进行账务处理，此时需要使用反结账功能，取消已结账标记。

【操作步骤】
(1) 执行"人力资源"—"薪资管理"—"业务处理"—"反结账"命令，打开"反结账"对话框，如图7-15所示。

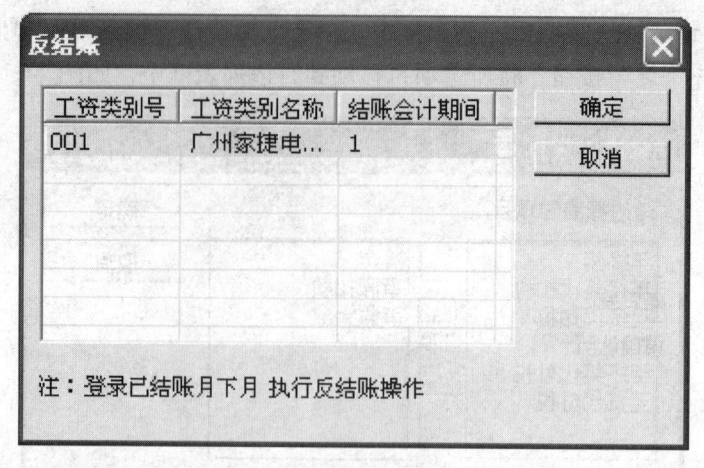

图7-15　薪资管理"反结账"对话框

（2）选择要反结账的工资类别，单击"确定"按钮，系统弹出如图7-16信息提示框。

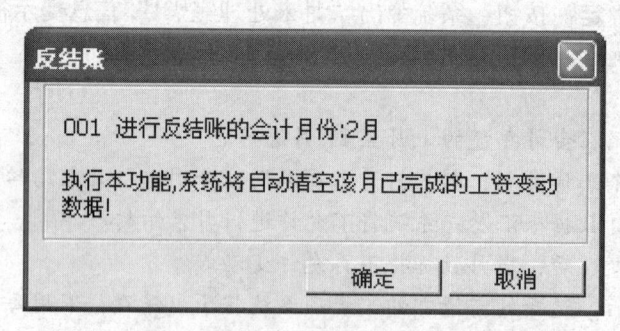

图7-16　薪资管理"反结账"信息提示框

（3）单击"确定"按钮，系统提示"反结账已成功完成"。
（4）单击"确定"按钮返回。
提示：
● 有下列情况之一，不允许反结账：总账系统已结账；汇总工资类别的会计月份与反结账的会计月份相同，并且包括反结账的工资类别。
● 本月工资分摊、计提凭证传输到总账系统，如果总账系统已审核并记账，需做红字冲销凭证后，才能反结账；如果总账系统未做任何操作，只需删除此凭证即可。如果凭证已经由出纳签字/主管签字，应取消出纳签字/主管签字，并删除该张凭证后，才能反结账。

二、固定资产系统期末处理

（一）月末结账

当固定资产管理系统完成了本月全部制单业务后，可以进行月末结账。月末结账每月进行一次，结账后当期数据不能修改。如果在固定资产系统的选项设置中，选择了"在对账不平的情况下允许固定资产月末结账"，在对账不平的情况下可以执行月末结账，否则对账不平时不能执行月末结账。

【操作步骤】

（1）执行"财务会计"—"固定资产"—"处理"—"月末结账"命令，打开"月末结账"对话框，如图7－17所示。

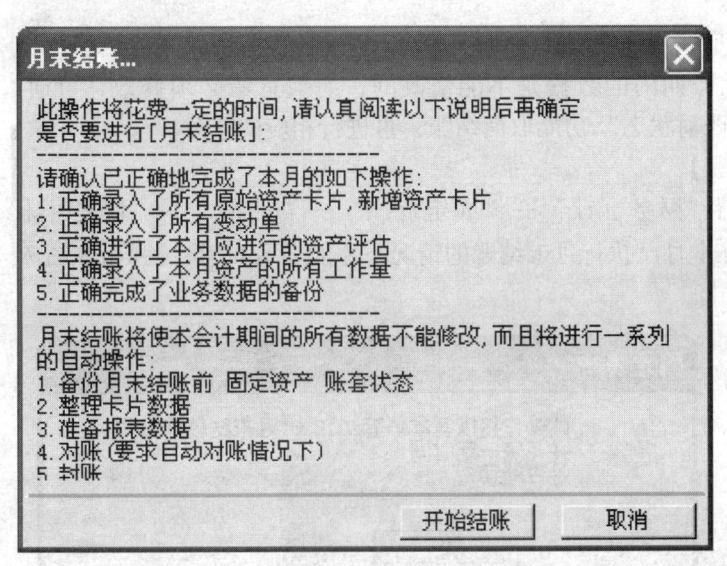

图7－17　固定资产"月末结账"对话框

（2）单击"开始结账"按钮，系统显示与账务对账的结果，如图7－18所示。

图7－18　固定资产与账务对账结果

（3）单击"确定"按钮，系统提示"月末结账成功完成！"。

（4）单击"确定"按钮，出现系统提示，如图7－19所示。

图7－19　固定资产月末结账后系统提示信息

(5) 单击"确定"按钮返回。

提示：
- 本会计期间月末没有结账，系统将不允许处理下一个会计期间的业务。
- 月末结账前一定要进行数据备份，否则数据一旦丢失，将造成无法挽回的后果。

(二) 取消结账

结账后结账期内的数据是不能修改的，如果有错必须修改，可通过系统提供的"恢复月末结账前状态"功能取消结账，再进行相应的修改。

【操作步骤】

(1) 执行"财务会计"—"固定资产"—"处理"—"恢复月末结账前状态"命令（只有在本月已执行月末结账的情况下才能显示），系统弹出如图7-20所示信息提示对话框。

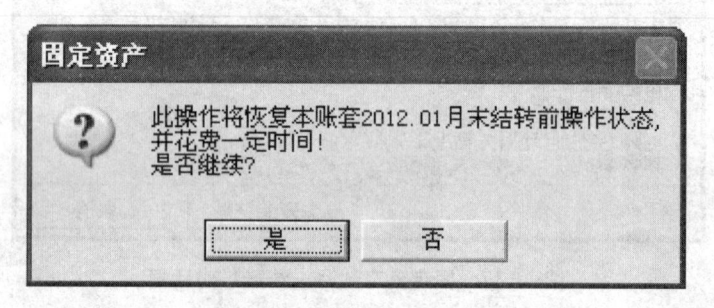

图7-20　固定资产恢复月末结账前状态信息提示框

(2) 单击"是"按钮，系统弹出"成功恢复月末结账前状态！"信息提示对话框。

(3) 单击"确定"按钮返回。

提示：
- 不能跨年度恢复数据，即本系统年末结转后，不能利用本功能恢复年末结转前状态。
- 因为成本管理系统每月从本系统提取折旧费用数据，因此一旦成本管理系统提取了某期的数据，该期不能反结账。
- 恢复到某个月月末结账前状态后，本账套内对该结账后所做的所有工作都无删除痕迹。

第三节　应收款管理和应付款管理系统期末业务处理

一、应收款管理系统期末处理

应收款管理系统期末处理指用户进行的期末结账工作。如果当月业务已全部处理完毕，就需要执行月末结账功能，只有月末结账后，才可以开始下月工作。

(一) 月末结账

如果已经确认本月的各项处理已经结束，可以选择执行月末结账功能。当执行了月末结账功能后,该月将不能再进行任何处理。

【操作步骤】

(1)执行"应收款管理"—"期末处理"—"月末结账"命令,打开"月末处理"对话框。

(2)选择结账月份,双击"结账标志"一栏,使其显示"Y",如图7-21所示。

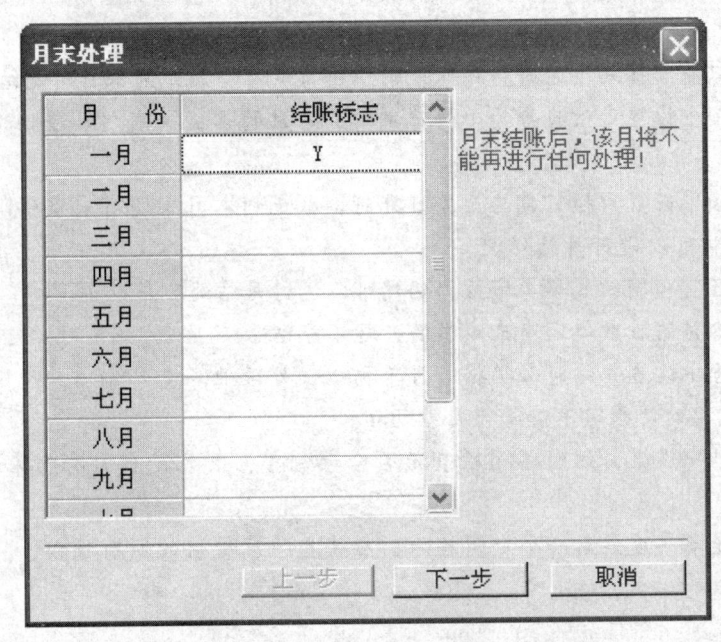

图7-21 应收款管理"月末处理"对话框

(3)单击"下一步"按钮,系统将月末结账的检查结果列示,如图7-22所示。

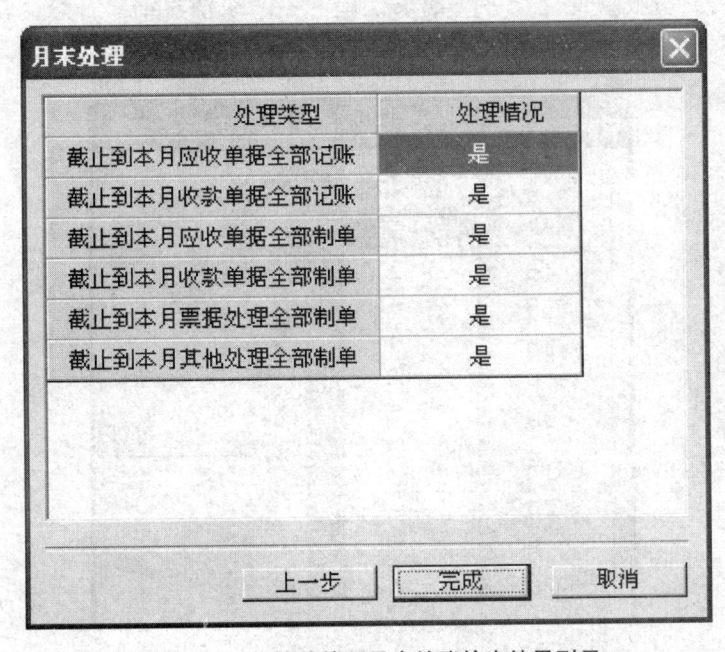

图7-22 应收款管理月末结账检查结果列示

(4) 单击"完成"按钮，执行结账功能，系统提示"××月份结账成功"。

(5) 单击"确定"按钮返回。系统自动在对应结账月份的"结账标志"栏中显示"已结账"字样。

提示：

● 应收款管理系统与销售管理系统集成使用时，只有在销售管理系统结账后，才能对应收系统进行结账处理。

● 一次只能选择一个月进行结账，前一个月没有结账，则本月不能结账。

● 当选项中设置审核日期为单据日期时，本月的单据（发票和应收单）在结账前应该全部审核。

● 当选项中设置审核日期为业务日期时，截止到本月末还有未审核单据（发票和应收单），照样可以进行月结处理。

● 就算还有合同结算单未审核，仍然可以进行月结处理。

● 如果本月的收款单还有未审核的，就不能结账。

● 当选项中设置月结时必须将当月单据以及处理业务全部制单，否则月结时若检查当月有未制单的记录时不能进行月结处理。

● 当选项中设置月结时不用检查是否全部制单，则无论当月有无未制单的记录，均可以进行月结处理。

● 如果是本年度最后一个期间结账，应将本年度进行的所有核销、坏账、转账等处理全部制单。

(二) 取消结账

【操作步骤】

(1) 执行"应收款管理"—"期末处理"—"取消月结"命令，打开"取消结账"对话框，如图 7-23 所示。

图 7-23 应收款管理"取消结账"对话框

(2)选择需要取消结账月份。

(3)单击"确定"按钮,系统弹出"取消结账成功"信息提示框,如图7-24所示。

图7-24 应收款管理取消结账成功信息框

(4)单击"确定"按钮返回。

二、应付款管理系统期末处理

应付款管理系统期末处理指用户进行的应付款期末结账工作。如果当月业务已全部处理完毕,就需要执行月末结账功能,只有月末结账后,才可以开始下月工作。

(一)月末结账

当本月的各项处理已经结束后,就可以执行月末结账功能。执行月末结账功能后,该月将不能再进行任何处理。

【操作步骤】

(1)执行"应付款管理"—"期末处理"—"月末结账"命令,打开"月末处理"对话框。

(2)选择结账月份,双击"结账标志"一栏,使其显示"Y",如图7-25所示。

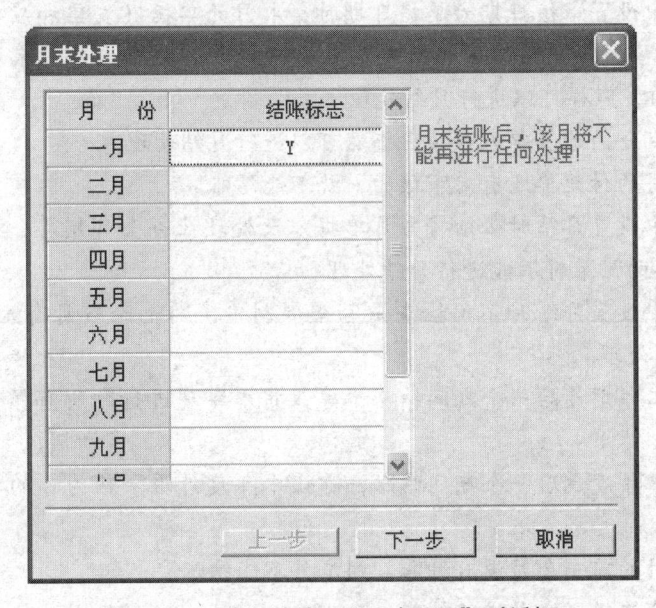

图7-25 应付款管理"月末处理"对话框

(3) 单击"下一步"按钮，系统将月末结账的检查结果列示，如图7-26所示。

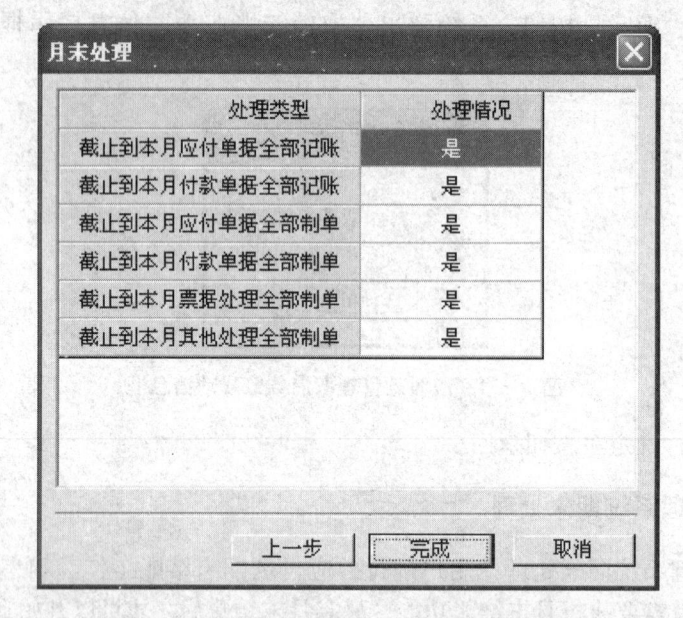

处理类型	处理情况
截止到本月应付单据全部记账	是
截止到本月付款单据全部记账	是
截止到本月应付单据全部制单	是
截止到本月付款单据全部制单	是
截止到本月票据处理全部制单	是
截止到本月其他处理全部制单	是

图7-26　应付款管理月末结账检查结果列示

(4) 单击"完成"按钮，执行结账功能，系统提示"××月份结账成功"。

(5) 单击"确定"按钮返回。系统自动在对应结账月份的"结账标志"栏中显示"已结账"字样。

提示：

● 应付款管理系统与采购管理系统集成使用，只有在采购管理系统结账后，才能对应付款系统进行结账处理。

● 当选项中设置审核日期为单据日期时，本月的单据（发票和应付单）在结账前应该全部审核。当选项中设置审核日期为业务日期时，截止到本月末还有未审核单据（发票和应付单），照样可以进行月结处理。

● 就算还有合同结算单未审核，仍然可以进行月结处理。

● 如果本月的付款单还有未审核的，就不能结账。

● 当选项中设置月结时必须将当月单据以及处理业务全部制单，否则月结时若检查当月有未制单的记录时不能进行月结处理。

● 当选项中设置月结时不用检查是否全部制单，则无论当月有无未制单的记录，均可以进行月结处理。

● 如果是本年度最后一个期间结账，建议将本年度进行的所有核销、转账等处理全部制单。

● 如果是本年度最后一个期间结账，建议本年度外币余额为0的单据的本币余额结转为0。

● 如果本月的前一个月没有结账，则本月不能结账。

● 一次只能选择一个月进行结账。

（二）取消结账

【操作步骤】

（1）执行"应付款管理"—"期末处理"—"取消月结"命令，打开"取消结账"对话框。

（2）选择需要取消结账月份。

（3）单击"确定"按钮，系统弹出"取消结账成功"信息提示框。

（4）单击"确定"按钮返回。

第四节 总账系统期末业务处理

总账系统的期末业务主要包括银行对账、自动转账、对账、月末处理等。

一、银行对账

【例 7-1】广州家捷电子电器有限公司 2012 年 1 月银行期初数据如下：工行人民币户企业日记账余额为 294 970 元，银行对账单期初余额为 321 880 元，银行已收企业未收的未达账 26 910 元。2012 年 1 月银行对账单如表 7-1 所示。

表 7-1　　　　　　　　中国工商银行企业存款对账单

账号：432361324001　　户名：广州家捷电子电器有限公司　　币种：人民币

日期	结算方式	票号	借方金额(元)	贷方金额(元)	余额(元)
2012-01-03	电汇			11 700	310 180
2012-01-07	转账支票	78916		11 700	298 480
2012-01-08	现金支票	2156		5 000	293 480
2012-01-10	转账支票	78917		15 000	278 480
2012-01-10	转账			50 000	228 480
2012-01-13	转账支票	56906	36 270		264 750
2012-01-15	现金支票	2157		5 000	259 750
2012-01-25	转账			20 000	

1. 输入银行对账期初数据

【操作步骤】

（1）以出纳身份登录企业应用平台。

（2）执行"总账"—"出纳"—"银行对账"—"银行对账期初录入"命令，打开"银行科目选择"对话框，如图 7-27 所示。

（3）选择银行科目，单击"确定"按钮，进入"银行对账期初"窗口。

（4）录入单位日记账调整前余额：294 970；录入银行对账单调整前余额：321 880。

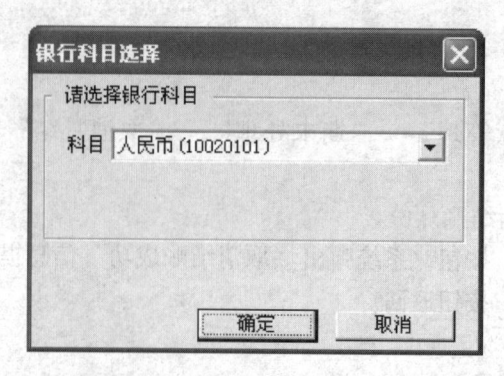

图 7-27 "银行科目选择"对话框

(5) 单击"对账单期初未达项"按钮,进入银行方期初窗口,单击"增加"按钮,录入银行对账单期初未达账数据,如图 7-28 所示。

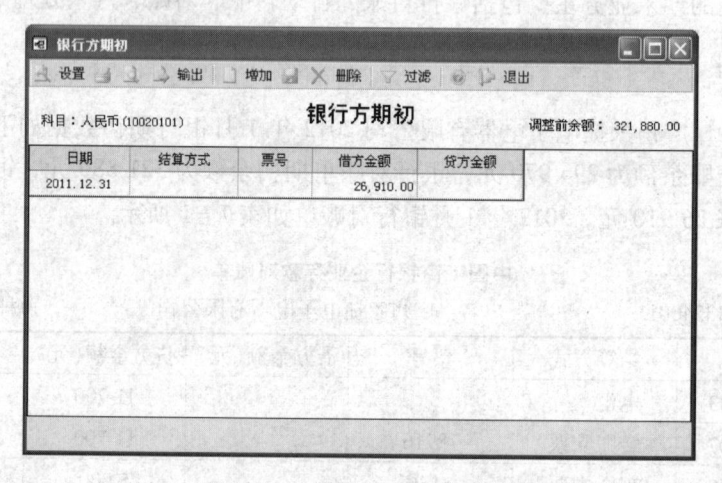

图 7-28 "银行方期初"窗口

(6) 单击"保存"按钮保存,单击"退出"按钮返回"银行对账期初"窗口,如图 7-29 所示。

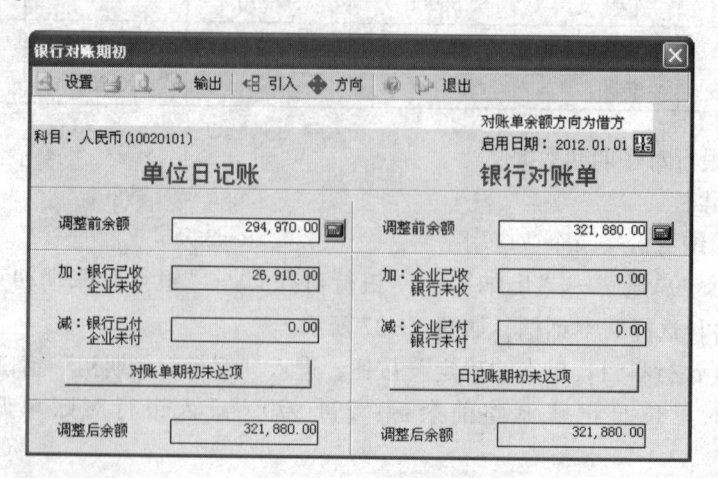

图 7-29 "银行对账期初"窗口

(7) 单击"退出"按钮退出。

提示：

● 在第一次使用银行对账功能时，应录入单位日记账及银行对账单的期初数据，包括期初余额及期初未达账项。

● 系统默认银行对账单余额方向为借方，即银行对账单中借方发生额为银行存款增加，贷方发生额为银行存款减少。按"方向"按钮可以调整银行对账单余额方向，如果把余额方向调整为贷方，则银行对账单中借方发生额为银行存款减少，而贷方发生额为银行存款增加。

● 系统会根据调整前余额及期初未达项自动计算出银行对账单与单位日记账的调整后余额。

2. 录入银行对账单

【操作步骤】

(1) 执行"总账"—"出纳"—"银行对账"—"银行对账单"命令，打开"银行科目选择"对话框。

(2) 选择科目"人民币（10020101）"，月份"2012.01 - 2012.01"，单击"确定"按钮，进入"银行对账单"窗口。

(3) 单击"增加"按钮，录入表 7-1 所示银行对账单数据，如图 7-30 所示。

银行对账单

科目：人民币(10020101)　　　　　　　　　　　　　　　　　　对账单账面余额：239 750.00

日期	结算方式	票号	借方金额	贷方金额	余额
2012.01.03	5			11 700.00	310 180.00
2012.01.07	2	78916		11 700.00	298 480.00
2012.01.08	1	2156		5 000.00	293 480.00
2012.01.10	2	78917		15 000.00	278 480.00
2012.01.10				50 000.00	228 480.00
2012.01.13	2	56906	36 270.00		264 750.00
2012.01.15	1	2157		5 000.00	259 750.00
2012.01.25				20 000.00	239 750.00

□ 已勾对　　□ 未勾对

图 7-30　"银行对账单"窗口

(4) 单击"保存"按钮保存，单击"退出"按钮返回。

3. 银行对账

【操作步骤】

(1) 执行"总账"—"出纳"—"银行对账"—"银行对账"命令，打开"银行科目选择"对话框。

(2) 选择科目"人民币（10020101）"，月份"2012.01 - 2012.01"，单击"确定"按钮，进入"银行对账"窗口，如图 7-31 所示。

(3) 单击"对账"按钮，打开"自动对账"对话框，如图 7-32 所示。

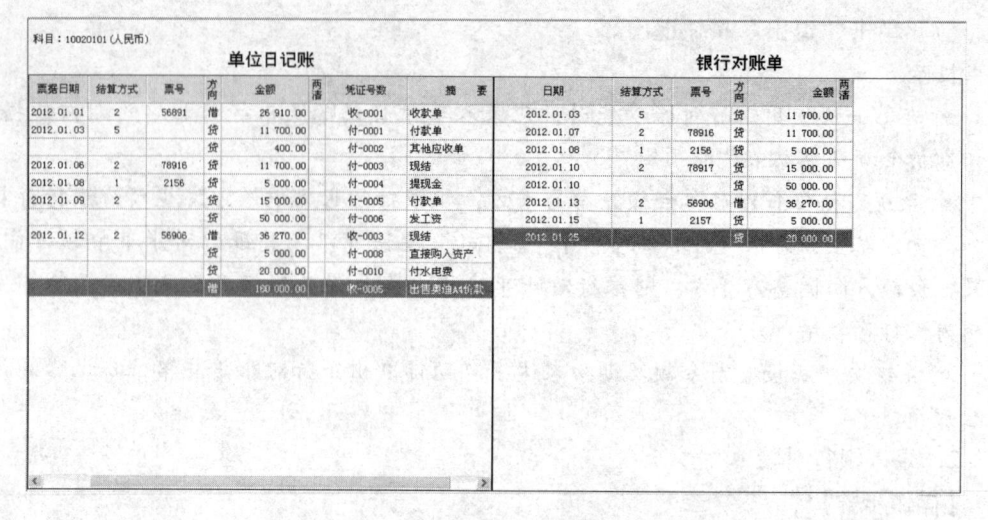

图 7-31 "银行对账"窗口

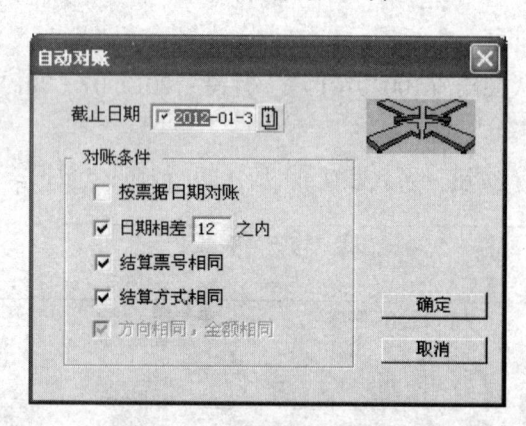

图 7-32 "自动对账"对话框

（4）单击"确定"按钮，显示自动对账结果，如图 7-33 所示。

图 7-33 银行自动对账结果

(5) 分别双击单位日记账"2012.01.09 15 000"一行的两清栏和银行对账单"2012.01.10 15 000"一行的两清栏,进行手工对账。

(6) 同理,分别双击单位日记账"5 000 直接购入资产"一行的两清栏和银行对账单"2012.01.15 5 000"一行的两清栏,进行手工对账,结果如图7-34所示。

科目:10020101(人民币)

		单位日记账						银行对账单			
票据日期	结算方式	票号	方向	金额	两清	凭证号数	摘要	日期	结算方式	票号	方向	金额	两清
2012.01.01	2	56891	借	26 910.00		收-0001	收款单	2012.01.03	5		贷	11 700.00	○
2012.01.03	5		贷	11 700.00	○	付-0001	付款单	2012.01.07	2	78916	贷	11 700.00	○
			贷	400.00		付-0002	其他应收款	2012.01.08	1	2156	贷	5 000.00	○
2012.01.06	2	78916	贷	11 700.00	○	付-0003	现结	2012.01.10	2	78917	贷	15 000.00	Y
2012.01.08	1	2156	贷	5 000.00	○	付-0004	提现金	2012.01.10			贷	50 000.00	○
2012.01.09	2		贷	15 000.00	Y	付-0005	付款单	2012.01.13	2	56906	借	36 270.00	○
			贷	50 000.00	○	付-0006	发工资	2012.01.15	1	2157	贷	5 000.00	Y
2012.01.12	2	56906	借	36 270.00	○	收-0003	现结	2012.01.25			贷	20 000.00	
			贷	5 000.00	Y	付-0008	直接购入资产						
			贷	20 000.00	○	付-0010	付水电费						
			借	180 000.00		收-0005	出售奥迪A4价款						

图7-34 银行对账结果

(7) 单击"检查"按钮,进行对账平衡检查。

(8) 单击"确定"按钮。

提示:

● 如果在银行对账期初中默认银行对账单方向为借方,则对账条件为方向相同、金额相同的日记账与对账单进行勾对。如果在银行对账期初中将银行对账单的余额方向修改成了贷方,则对账条件为方向相反、金额相同的日记账与对账单进行勾对。

● 银行对账包括自动对账和手工对账两种形式。自动对账是系统根据对账依据自动进行核对、勾销,自动对账两清的标志为"○"。手工对账是对自动对账的一种补充,手工对账两清的标志为"Y"。

● 在自动对账后如果发现一些应勾对而未勾对上的账项,可以分别双击"两清"栏,直接进行手工调整。

● 如果在对账单中有两笔以上记录同日记账对应,则所有对应的对账单都应标上两清标记。

● 如果想取消对账可以采用自动取消和手工取消两种方式。单击"取消"按钮可以自动取消所有的两清标记,如果手工取消,则可以双击要取消对账标志业务的"两清"栏,取消两清标志。

4. 输出余额调节表

【操作步骤】

(1) 执行"总账"—"出纳"—"银行对账"—"余额调节表查询"命令,进入"银行存款余额调节表"窗口。

(2) 选择科目"人民币"(10020101)。

(3) 单击"查看"按钮或双击该行,即可显示该银行账户的银行存款余额调节表,如图7-35所示。

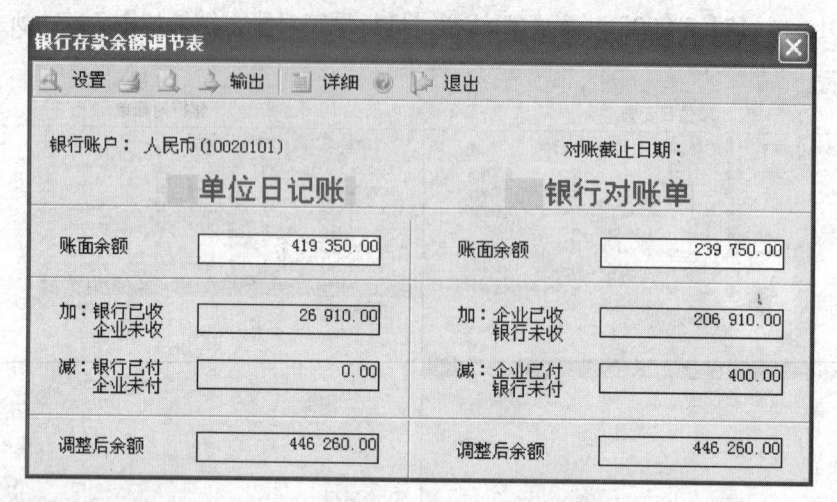

图7-35 银行存款余额调节表

(4) 单击"详细"按钮,可打开"余额调节表(详细)"窗口。

(5) 单击"退出"按钮退出。

提示:

● 银行存款余额调节表应显示账面余额平衡,如果不平衡,应分别查看银行对账期初、银行对账单及银行对账是否正确。

● 在银行对账之后可以查询对账勾对情况,如果确认银行对账结果是正确的,可以使用"核销银行账"功能核销已达账。

二、自动转账

企业期末账务处理的业务大部分具有重复性、程序化的特点,并且处理方法相对固定,如各种费用的计提、分摊,损益类科目的结转等,因此可以为这些相对固定的期末业务预先定义好凭证模板,月末调用凭证模板由系统自动生成转账凭证,这个过程被称为账务处理系统的自动转账。用友 ERP-U872 软件提供了自定义转账、对应结转、销售成本结转、售价(计划价)销售成本结转、汇兑损益结转、期间损益结转六种自动转账模式。

自动转账包括转账定义和转账生成两部分。

(一) 转账定义

1. 自定义转账设置

【例7-2】广州家捷电子电器有限公司第34笔业务是按工时标准分配制造费用,根据该账套会计科目设置,其会计分录为:

借:生产成本——PT 制造费用
　　　　　——HH 制造费用

贷：制造费用——工资
　　　　　　——折旧费
　　　　　　——办公费
　　　　　　——水电费
　　　　　　——其他

【操作步骤】

(1) 执行"总账"—"期末"—"转账定义"—"自定义转账"命令,打开"自定义转账设置"窗口。

(2) 单击"增加"按钮,打开"转账目录"对话框。

(3) 输入转账序号"0001",转账说明"制造费用分配";选择凭证类别"转账凭证",如图7-36所示。

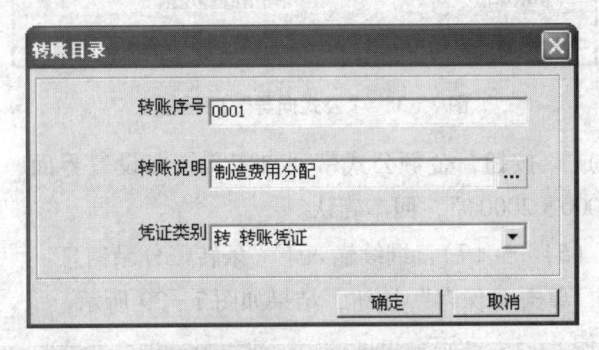

图7-36 "转账目录"对话框

(4) 单击"确定"按钮,返回"自定义转账设置"窗口。

(5) 单击"增行"按钮,选择科目编码"5001",项目"PT制造费用",方向"借",双击金额公式栏,激活并单击参照按钮,打开"公式向导"对话框1,如图7-37所示。

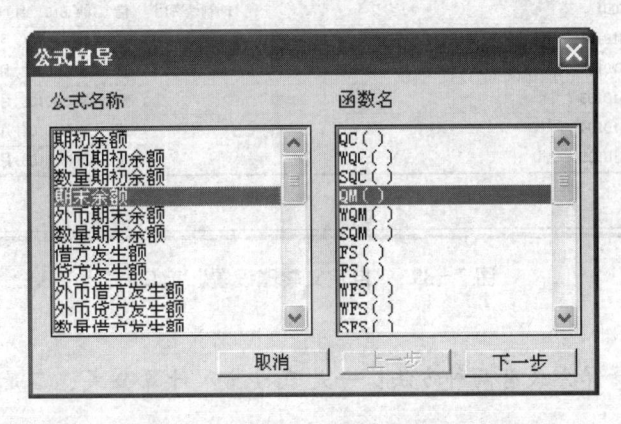

图7-37 "公式向导"对话框1

(6) 双击"期末余额"函数,打开"公式向导"对话框2,选择科目"5101",其他采用系统默认,如图7-38所示。

263

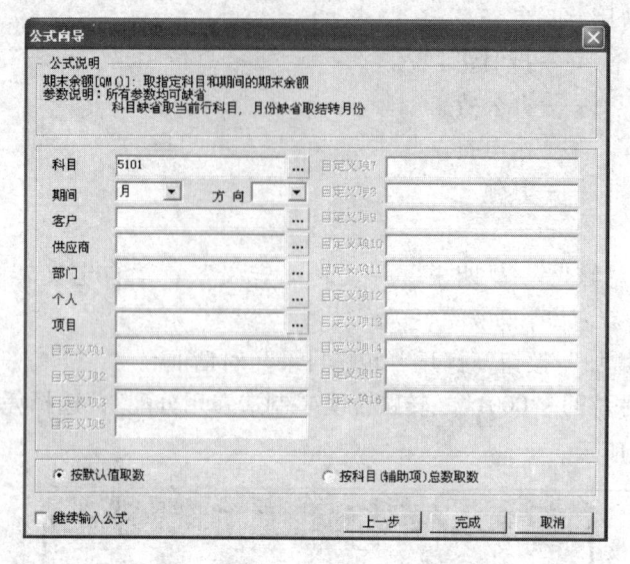

图7-38 "公式向导"对话框2

(7) 单击"完成"按钮,金额公式带回自定义转账设置界面,将光标移至末尾,输入"*3000/(3000+2000)",回车确认。

(8) 重复步骤(5)~(7),继续输入下一条转账分录信息。

(9) 输入完毕,单击"保存"按钮,结果如图7-39所示。

图7-39 "自定义转账设置"窗口

提示:

● 输入转账计算公式有两种方法:一是直接输入计算公式;二是利用公式向导引导输入。

● 直接输入计算公式时,公式中的所有符号均为半角字符(英文状态)。

2. 汇兑损益结转设置

汇兑损益结转用于期末自动计算外币账户的汇兑损益,并在转账生成中自动生成汇兑损益转账凭证。汇兑损益处理以下外币账户：外汇存款户；外币现金；外币结算的各项债权、债务，不包括所有者权益类账户、成本类账户和损益类账户。

【操作步骤】

（1）执行"总账"—"期末"—"转账定义"—"汇兑损益"命令，打开"汇兑损益结转设置"窗口。

（2）设置"凭证类型"为"转账凭证"，"汇兑损益入账科目"为"6603 财务费用"，双击"是否计算汇兑损益"为"Y"，如图7-40所示。

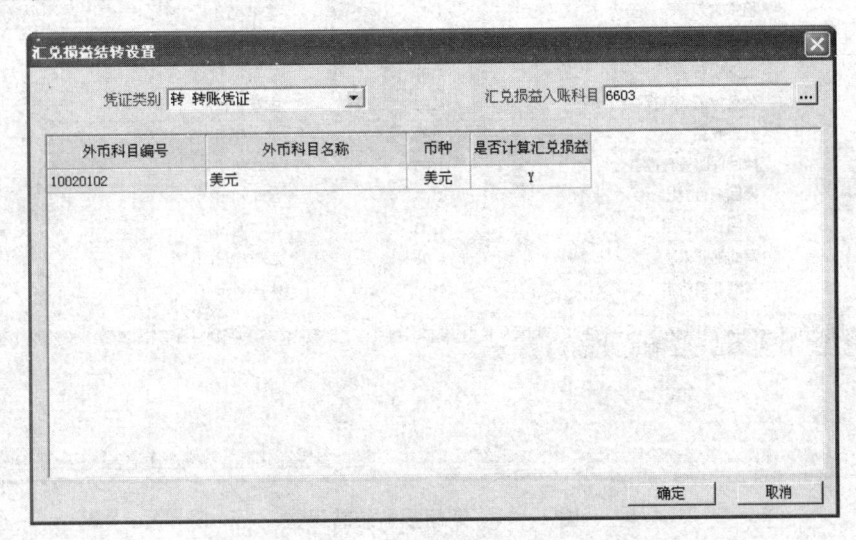

图7-40 汇兑损益结转设置

（3）单击"确定"按钮。

提示：

● 为了保证汇兑损益计算正确，填制某月的汇兑损益凭证时必须先将本月的所有未记账凭证先记账。

● 汇兑损益入账科目若有辅助核算，则必须与外币科目的辅助账类一致或少于外币科目的辅助账类，且不能有数量金额外币核算。

● 若启用了应收（付）系统，且在应收（付）的选项中选择了"详细核算"，应先在应收（付）系统做汇兑损益，生成凭证并记账，再在总账作相应科目的汇兑损益。

3. 期间损益结转设置

为了及时反映企业利润的盈亏情况，在一个会计期间终了时，需要将损益类科目的余额结转到本年利润科目中。主要是管理费用、销售费用、财务费用、销售收入、营业外收支等科目向本年利润的结转。

【操作步骤】

（1）执行"总账"—"期末"—"转账定义"—"期间损益"命令，打开"期间损益结转设置"对话框。

（2）选择"凭证类型"为"转账凭证"，"本年利润科目"为"4103 本年利润"，如图7-41所示。

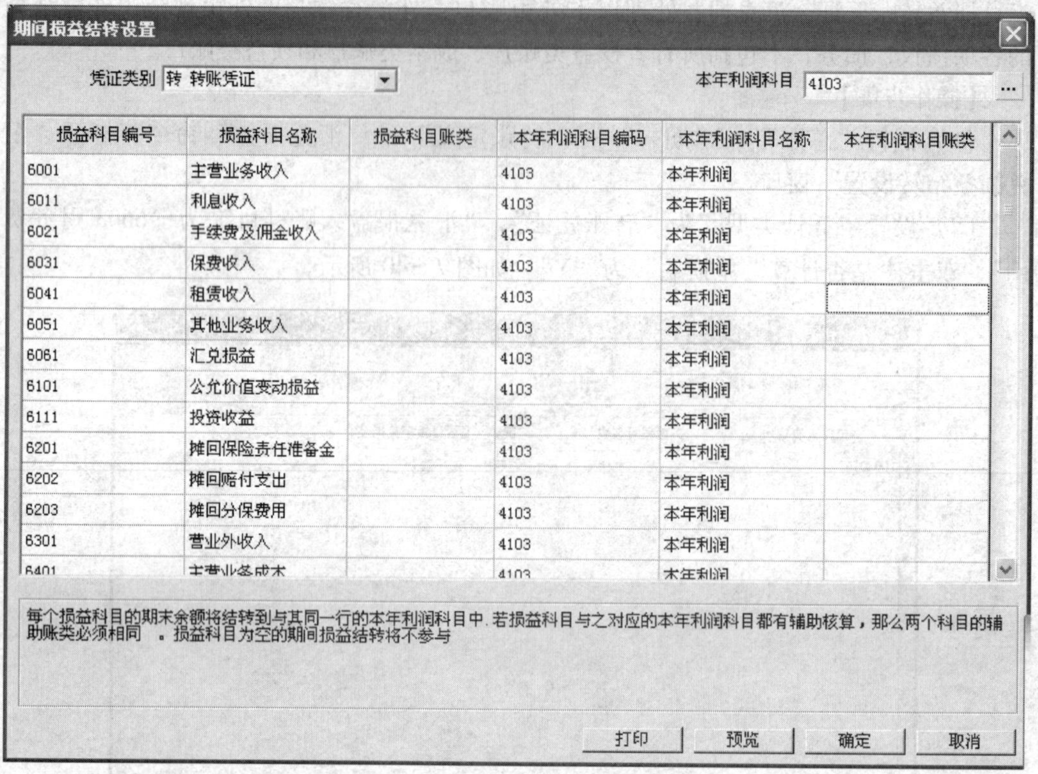

图7-41 期间损益结转设置

(3) 单击"确定"按钮。

（二）转账生成

在定义完转账凭证后，每月月末只需执行本功能即可快速生成转账凭证，生成的转账凭证将自动追加到未记账凭证中去。

1. 自定义转账凭证生成

【操作步骤】

(1) 执行"总账"—"期末"—"转账生成"命令，打开"转账生成"对话框。

(2) 在左边选择"自定义转账"单选按钮，在右边列表框双击"是否结转"栏，出现"Y"，或单击"全选"按钮选择。如图7-42所示。

(3) 单击"确定"按钮，生成转账凭证。

(4) 单击"保存"按钮，凭证左上角显示"已生成"字样，系统自动将当前凭证追加到未记账凭证中。

提示：

● 由于转账是按照已记账凭证的数据进行计算的，所以在进行月末转账工作之前，要先将所有未记账凭证记账；否则，生成的转账凭证数据可能有误。

● 转账凭证每月只生成一次。

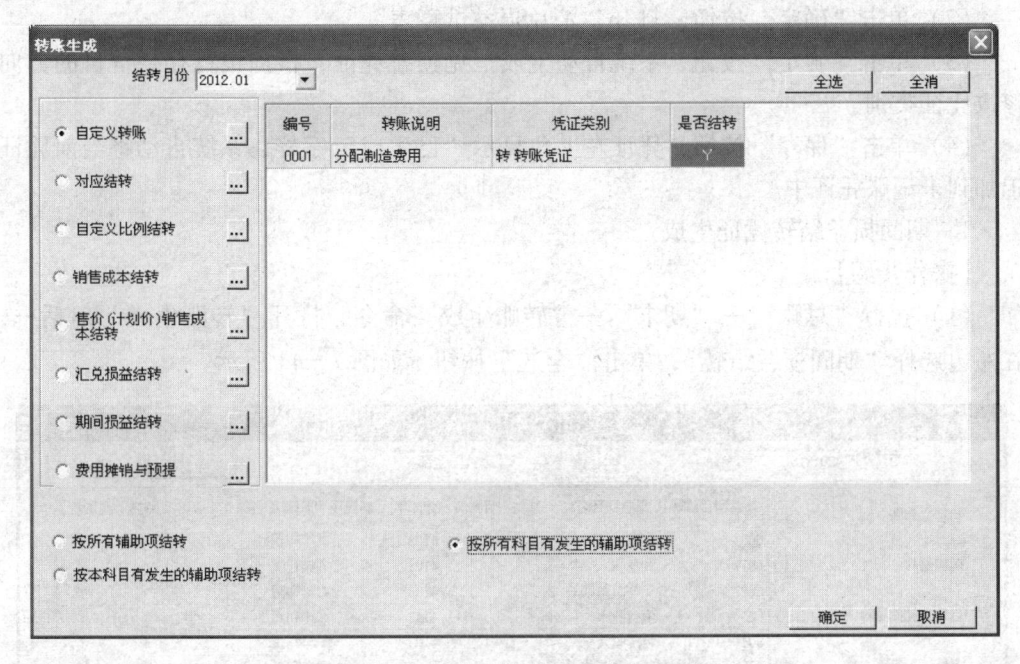

图 7-42 自定义转账凭证生成对话框

2. 汇兑损益结转凭证生成

【操作步骤】

(1) 执行"总账"—"期末"—"转账生成"命令,打开"转账生成"对话框,在左边选择"汇兑损益结转",双击右边列表框中的"是否结转"栏为"Y",如图 7-43 所示。

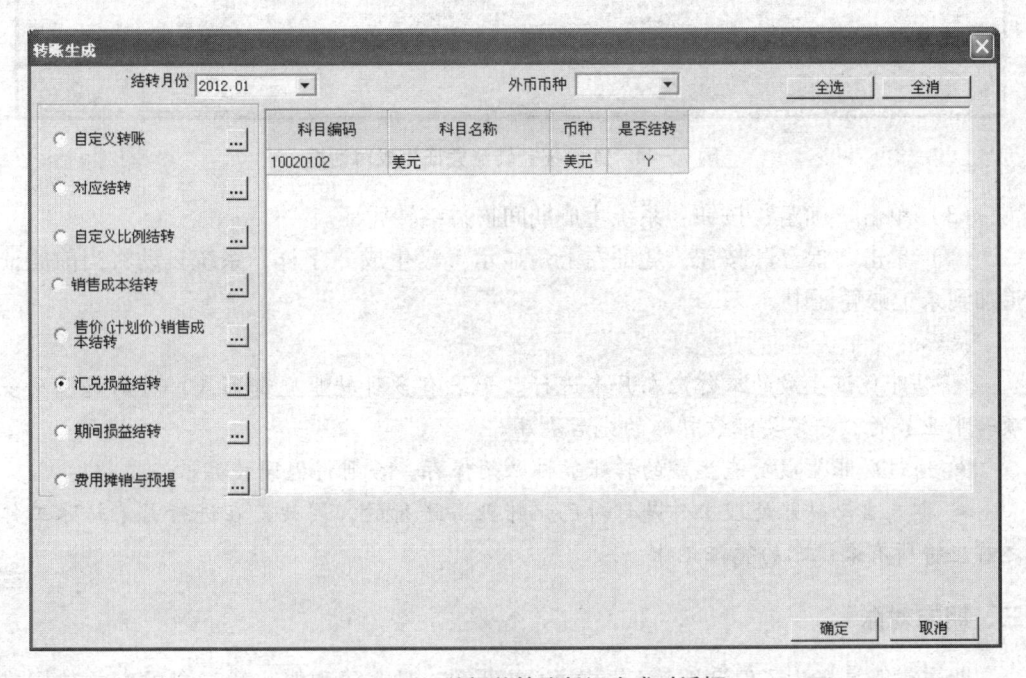

图 7-43 汇兑损益转账凭证生成对话框

(2) 单击"确定"按钮,打开"汇兑损益试算表"。

(3) 单击"确定"按钮,系统自动生成汇兑损益凭证,根据银行存款科目的方向修改凭证类别。

(4) 单击"保存"按钮,凭证左上角显示"已生成"字样,系统自动将当前凭证追加到未记账凭证中。

3. 期间损益结转凭证生成

【操作步骤】

(1) 执行"总账"—"期末"—"转账生成"命令,打开"转账生成"对话框,在左边选择"期间损益结转",单击"全选"按钮,如图7-44所示。

图7-44 期间损益转账凭证生成对话框

(3) 单击"确定"按钮,系统生成期间损益结转凭证。

(4) 单击"保存"按钮,凭证左上角显示"已生成"字样,系统自动将当前凭证追加到未记账凭证中。

提示:

● 转账凭证生成的工作应在月末进行。如果有多种转账凭证形式,特别是涉及多项转账业务的,一定要注意转账的先后次序。

● 通过转账生成功能生成的转账凭证必须保存,否则将视同放弃。

● 期末自动转账处理工作是针对已记账业务进行的,因此,在进行月末转账工作之前应将所有未记账的凭证记账。

三、期末对账

期末对账是指为了保证账簿记录的真实可靠,对账簿和账户所记录的有关数据进行检查和核对，以确保账簿记录的正确性。

一般来说，只要记账凭证录入正确，计算机自动记账后各种账簿都应是正确、平衡的，但由于非法操作、计算机病毒或其他原因有时可能会造成某些数据被破坏，因而引起账账不符，为了保证账证相符、账账相符，用户应经常使用本功能进行对账，至少一个月一次，一般可在月末结账前进行。

【操作步骤】

（1）执行"总账"—"期末"—"对账"命令，打开"对账"对话框。

（2）光标移到要对账的月份，单击"选择"按钮，选中对账月份的是否对账栏出现"Y"标志。

（3）单击"对账"按钮，系统开始自动对账，并显示对账结果。

（4）单击"试算"按钮，可以对各科目类别余额进行试算平衡，显示试算平衡表。

（5）单击"确定"按钮。

四、期末结账

期末结账是指在将一定时期内发生的经济业务全部登记入账的基础上，结算出每个账户的本期发生额和期末余额，并将期末余额转入下期或下年新账的工作。结账后，不能再处理已结账月份的业务。

【操作步骤】

（1）执行"总账"—"期末"—"结账"命令，打开"结账"对话框，如图7-45所示。

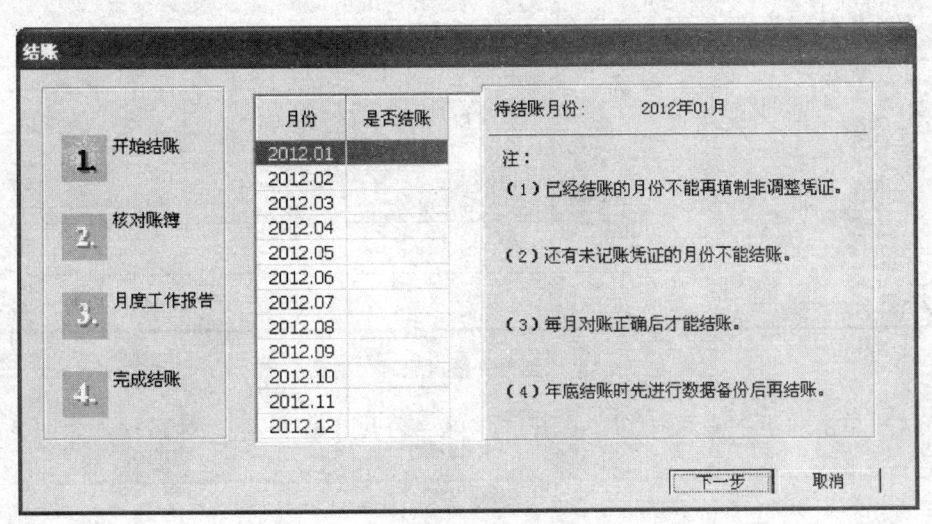

图7-45 "结账—开始结账"对话框

（2）单击"下一步"按钮，打开"结账—核对账簿"对话框，如图7-46所示。

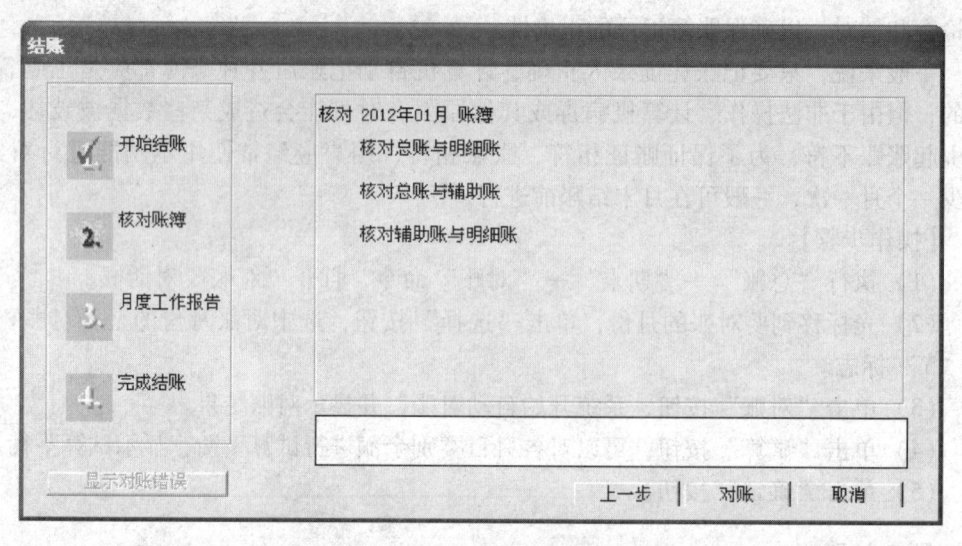

图7-46 "结账—核对账簿"对话框1

(3) 单击"对账"按钮,系统进行对账,并显示对账结果,如图7-47所示。

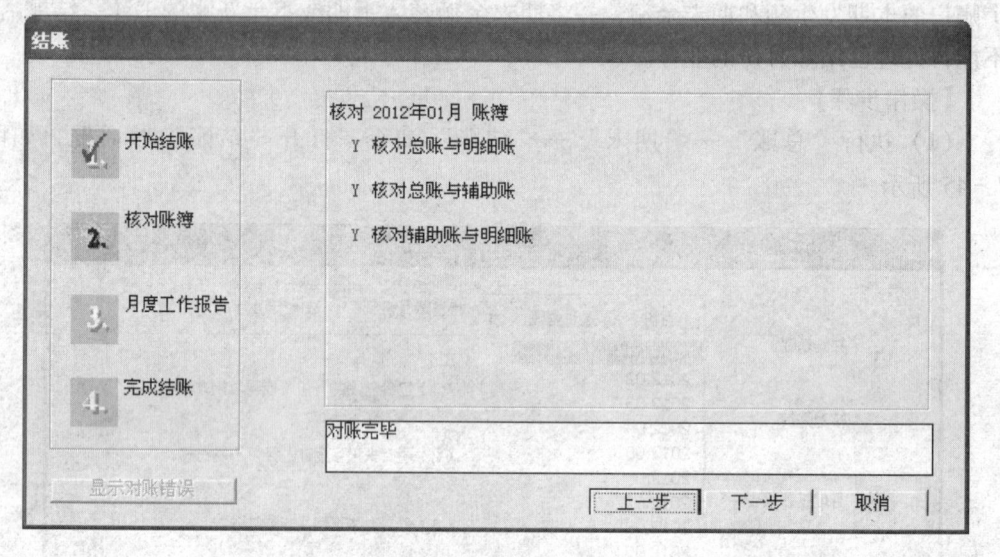

图7-47 "结账—核对账簿"对话框2

(4) 单击"下一步"按钮,打开"结账—月度工作报告"对话框,如图7-48所示。

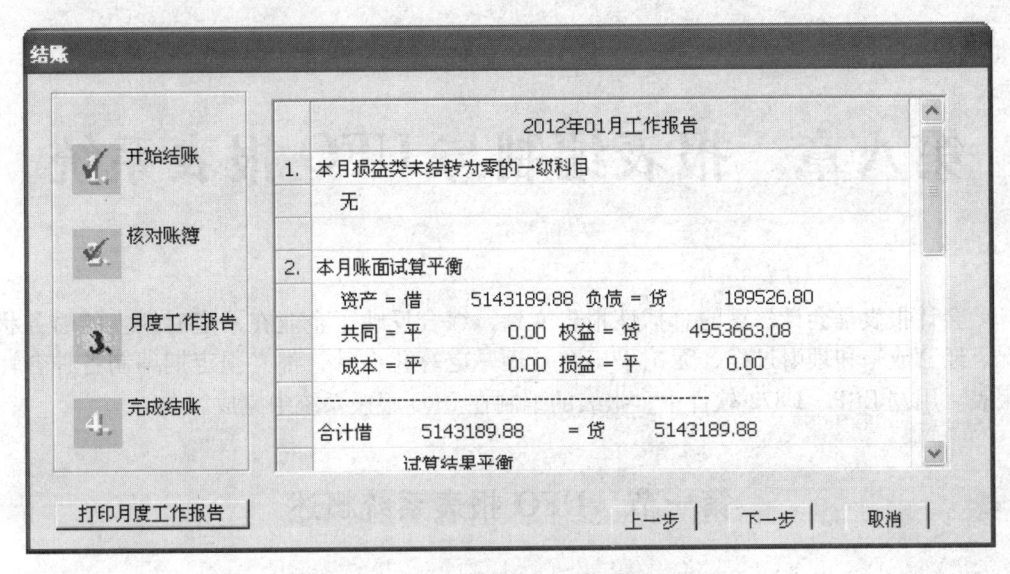

图 7-48 "结账—月度工作报告"对话框

(5) 单击"下一步"按钮,打开"结账—完成结账"对话框,如图 7-49 所示。

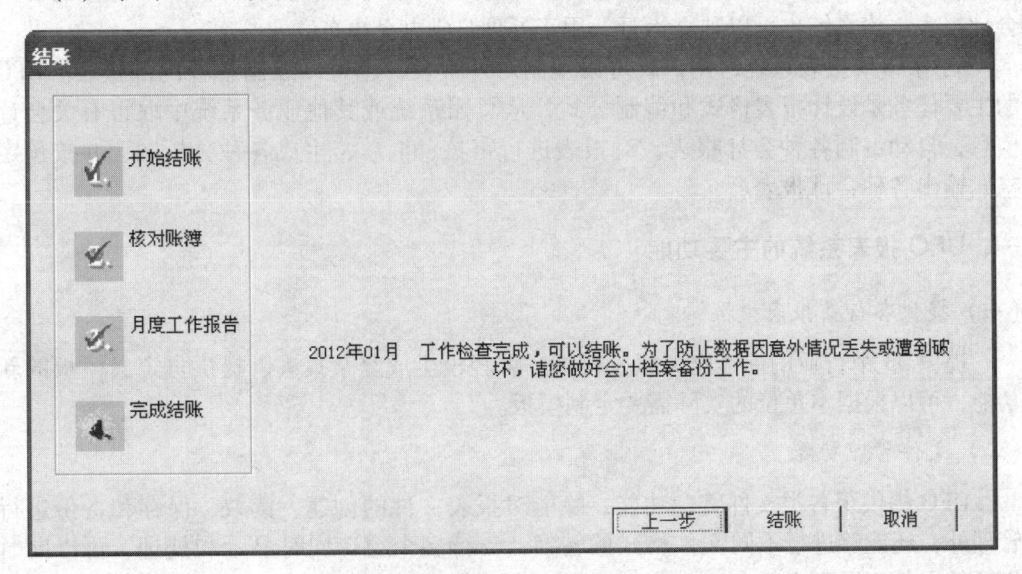

图 7-49 "结账—完成结账"对话框

(6) 单击"结账"按钮,完成结账操作。

提示:
- 结账后,除查询外,不得再对本月业务进行任何操作
- 结账必须在月末进行。
- 每月只能结账一次,而且结账必须按月连续进行。
- 结账前,应做好账套数据的备份工作,以免数据被非正常操作破坏。
- 如果因某种原因需要取消本月结账,可由账套主管在"结账"界面按"Ctrl + Shift + F6"键进行反结账。

第八章 报表编制与 UFO 报表系统

会计报表是会计核算的总括性报告文件，综合反映了企业在一定时期内的财务状况、经营成果和理财过程，无论手工会计还是电算化会计，都必须定期编制各种会计报表。用友 ERP–U872 软件中，报表的编制在 UFO 报表系统中完成。

第一节 UFO 报表系统概述

用友 ERP–U872 软件中的 UFO 报表系统是报表处理的工具。它与用友账务等各系统有完善的接口，具有方便的自定义报表功能、数据处理功能，内置多个行业的常用会计报表。该系统也可以独立运行，用于处理日常办公事务。

利用 UFO 报表系统，用户既可以编制对外报表，也可以编制各种内部报表。UFO 的主要任务是设计报表格式和编制公式，从总账系统或其他业务系统中取得有关会计信息，自动编制各种会计报表，对报表进行审核、汇总，生成各种分析图，并按预定格式输出各种会计报表。

一、UFO 报表系统的主要功能

（一）提供各行业报表模板

提供 33 个行业的标准财务报表模板，可轻松生成复杂报表，提供自定义模板的新功能，可以根据本单位的实际需要定制模板。

（二）文件管理功能

UFO 提供了各类文件管理功能，除能对报表文件的创建、读取、保存和备份进行管理外，还能够进行不同文件格式的转换；支持多个窗口同时显示和处理，可以同时打开的文件和图形窗口多达 40 个；提供了标准财务数据的"导入"和"导出"功能，可以和其他流行财务软件交换数据。

（三）格式管理功能

提供了丰富的格式设计功能，如定义组合单元、画表格线（包括斜线）、调整行高和列宽、设置字体和字体颜色、设置显示比例等，可以制作各种要求的报表。

（四）数据处理功能

UFO 以固定的格式管理大量不同的表页，能将多达 99 999 张具有相同格式的报表资料统一在一个报表文件中管理，并且在每张表页之间建立有机的联系；提供了排序、审核、舍位平衡、汇总功能；提供了绝对单元公式和相对单元公式，可以方便、迅速地定义计算公式;提供了种类丰富的函数,可以从用友账务及其他业务系统中提取数据,生成财务报表。

(五) 图表功能

UFO 可以将数据表以图形的形式进行表示。采用图文混排的方式,可以很方便地对数据进行图形组织和分析,制作包括直方图、立体图、圆饼图、折线图等多种分析图表,并能编辑图表的位置、大小、标题、字体、颜色,然后打印输出。

(六) 打印功能

采用"所见即所得"的打印,报表和图形都可以打印输出;提供"打印预览"功能,可以随时观看报表或图形的打印效果。

报表打印时,可以打印格式或数据,可以设置表头和表尾,可以在 0.3~3 倍之间缩放打印,可以横向或纵向打印等。

支持对象的打印及预览(包括 UFO 生成的图表对象和插入 UFO 中的嵌入和链接对象)。

(七) 二次开发功能

提供批命令和自定义菜单,自动记录命令窗中输入的多个命令,可以将有规律性的操作过程编制成批命令文件。提供了 Windows 风格的自定义菜单,综合利用批命令,可以在短时间内开发出本企业的专用系统。

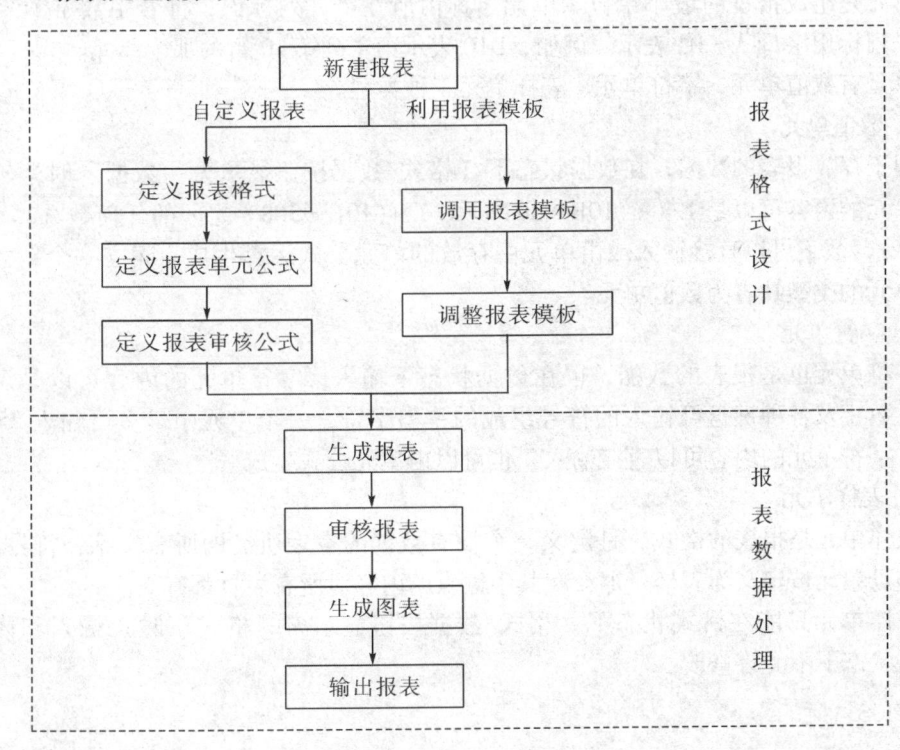

二、UFO 报表处理流程

UFO 报表处理流程如图 8-1 所示。

图 8-1 UFO 报表处理流程

三、UFO 报表系统的基本概念

（一）格式状态和数据状态

UFO 将报表编制过程分为两大部分来处理，即报表格式设计与报表数据处理。报表格式设计和报表数据处理是在不同的状态下进行的。

报表工作区的左下角有一个"格式/数据"按钮，单击这个按钮可以在"格式"状态和"数据"状态之间切换。

1. 格式状态

在格式状态下设计报表的格式，如定义表尺寸、设置行高列宽、设置单元属性、设置单元风格、定义组合单元、设置关键字、定义可变区等。报表的三类公式：单元公式（计算公式）、审核公式、舍位平衡公式也在格式状态下定义。

在格式状态下时，只能看到报表的格式，报表的数据全部都隐藏了。

在格式状态下所做的操作对本报表所有的表页都发生作用，在格式状态下不能进行数据的录入、计算等操作。

2. 数据状态

在数据状态下管理报表的数据，如输入数据、增加或删除表页、审核、舍位平衡、制作图形、汇总、合并报表等。在数据状态下不能修改报表的格式。

在数据状态下时，看到的是报表的全部内容，包括格式和数据。

（二）单元

单元是组成报表的最小单位。单元名称由所在行、列标识，行号用数字 1～9999 表示，列标用字母 A－IU 表示。例如，D10 表示第 4 列第 10 行的那个单元。

单元有数值单元、字符单元、表样单元三种类型。

1. 数值单元

用于存放报表的数据，在数据状态下（格式/数据按钮显示为"数据"时）输入。数值单元的内容可以是 $1.7*(10E-308) \sim 1.7*(10E+308)$ 之间的任何数（15 位有效数字），数字可以直接输入或由单元中存放的单元公式运算生成。建立一个新表时，所有单元的类型缺省为数值单元。

2. 字符单元

字符单元也是报表的数据，也在数据状态下输入。字符单元的内容可以是汉字、字母、数字及各种键盘可输入的符号组成的一串字符，一个单元中最多可输入 255 个字符。字符单元的内容可以直接输入，也可以由单元公式生成。

3. 表样单元

表样单元是报表的格式，是定义一个没有数据的空表所需的所有文字、符号或数字。一旦单元被定义为表样，那么在其中输入的内容对所有表页都有效。

表样单元只能在格式状态下（格式/数据按钮显示为"格式"时）输入和修改，在数据状态下不允许修改。

（三）组合单元

组合单元由相邻的两个或更多的单元组成，这些单元必须是同一种单元类型（表样、数值、字符），UFO 在处理报表时将组合单元视为一个单元。

组合单元的名称可以用区域的名称或区域中的单元的名称来表示。

例如：把 A1 到 A3 定义为一个组合单元，这个组合单元可以用"A1"、"A3"或"A1:A3"表示。

（四）区域

区域由一张表页上的相邻单元组成，自起点单元至终点单元是一个完整的长方形矩阵。

在 UFO 中，区域是二维的，最大的区域是一个二维表的所有单元（整个表页），最小的区域是一个单元。区域用"起点单元:终点单元"表示，如"B3:D10"表示 B3 到 D10 的长方形区域。

（五）表页

一个 UFO 报表最多可容纳 99 999 张表页，一个报表中的所有表页具有相同的格式，但其中的数据不同。表页在报表中的序号在表页的下方以标签的形式出现，称为"页标"，页标用"第 1 页"~"第 99999 页"表示，当前表的第 2 页，可以表示为"@2"。

（六）二维表和三维表

确定某一数据位置的要素称为"维"。在一张有方格的纸上填写一个数，这个数的位置可通过行和列（二维）来描述。如果将一张有方格的纸称为表，那么这个表就是二维表，通过行（横轴）和列（纵轴）可以找到这个二维表中的任何位置的数据。

如果将多个相同的二维表叠在一起，找到某一个数据的要素需增加一个，即表页号（Z 轴）。这一叠表称为一个三维表。

如果将多个不同的三维表放在一起，要从这多个三维表中找到一个数据，又需增加一个要素，即表名。三维表中的表间操作称为"四维运算"，因此，在 UFO 中要确定一个数据的所有要素为：＜表名＞、＜列＞、＜行＞、＜表页＞，如利润表第 2 页的 C5 单元，表示为"利润表"－＞C5@2。

（七）固定区及可变区

固定区指组成一个区域的行数和列数是固定的数目。一旦设定好以后，在固定区域内其单元总数是不变的。

可变区是指一个区域的行数或列数是不固定的数字，可变区的最大行数或最大列数是在格式设计中设定的。在一个报表中只能设置一个可变区，或是行可变区或是列可变区。行可变区是指可变区中的行数是可变的，列可变区是指可变区中的列数是可变的。

有可变区的报表称为可变表，没有可变区的报表称为固定表。

（八）关键字

关键字是游离于单元之外的特殊数据单元，可以唯一标识一个表页，用于在大量表页中快速选择表页。

UFO 共提供了以下六种关键字，分别是"单位名称"、"单位编号"、"年"、"季"、"月"、"日"。除此之外，UFO 有自定义关键字功能，可以用于业务函数中。

关键字的显示位置在格式状态下设置，关键字的值则在数据状态下录入，每个报表可以定义多个关键字。

（九）函数

企业常用的财务报表数据一般来源于总账系统或报表系统本身，取自于报表的数据又可以分为从本表取数和从其他报表取数。财务报表系统中，取数是通过函数实现的。

1. 自总账取数的函数（账务函数）

账务函数的基本格式为：

函数名（"科目编码"，会计期间，["方向"]，[账套号]，[会计年度]，[编码1]，[编码2]）

- 科目编码：也可以是科目名称，且必须用双引号括起来。
- 会计期间：可以是"年"、"季"、"月"等变量，也可以是具体表示年、季、月的数字。
- 方向：即"借"或"贷"，可以省略。
- 账套号：为数字，缺省时默认为 999 账套。
- 会计年度：即数据取数的年度，可以省略。
- [编码1]，[编码2]：与科目编码的核算账类有关，可以取科目的辅助账，如职员编码、项目编码等，如无辅助核算则省略。

账务取数函数主要有：

总账函数	金额式	数量式	外币式
期初额函数	QC( )	SQC( )	WQC( )
期末额函数	QM( )	SQM( )	WQM( )
发生额函数	FS( )	SFS( )	WFS( )
累计发生额函数	LFS( )	SLFS( )	WLFS( )
条件发生额函数	TFS( )	STFS( )	WTFS( )
对方科目发生额函数	DFS( )	SDFS( )	WDFS( )
净额函数	JE( )	SJE( )	WJE( )
汇率函数	HL( )		

2. 自本表本表页取数的函数

自本表本表页取数的函数主要有：

数据合计	PTOTAL( )
平均值	PAVG( )
最大值	PMAX( )
最小值	PMIN( )

3. 自本表其他表页取数的函数

对于取自于本表其他表页的数据，用户可以利用某个关键字作为表页定位的依据或者直接以页标号作为定位依据，指定取某张表页的数据。

可以使用 SELECT（）函数从本表其他表页取数。

如 C1 单元取自于上个月的 C2 单元的数据：C1 = SELECT（C2，月@ = 月 + 1）；

Cl 单元取自于第二张表页的 C2 单元数据可表示为：C1 = C2@2。

4. 自其他报表取数的函数

对于取自于其他报表的数据，用户可以用"'报表[.REP]'->单元"格式指定要取数的某张报表的单元。

（十）公式

UFO 有三类公式：计算公式（单元公式）、审核公式、舍位平衡公式。公式的定义在格式状态下进行。

- 计算公式：定义了报表数据之间的运算关系，在报表数值单元中键入"="就可直接定义计算公式，所以称为单元公式。
- 审核公式：用于审核报表内或报表之间的钩稽关系是否正确。
- 舍位平衡公式：用于报表数据进行进位或小数取整时调整数据，避免破坏原数据平衡。例如，将以"元"为单位的报表数据变成以"万元"为单位的报表数据，表中的平衡关系仍然成立。

第二节　UFO 报表处理

一、启动 UFO

【操作步骤】

（1）在企业应用平台"业务工作"选项卡中，执行"财务会计"—"UFO 报表"命令，关闭"日积月累"对话框，进入 UFO 报表系统。

（2）执行"文件"—"新建"命令，进入报表"格式"状态窗口，如图 8-2 所示。

二、报表格式设计

报表格式在格式状态下设计，可自己定义，也可以调用报表模板生成。报表格式对整个报表都有效。

（一）自定义报表

通过报表格式定义和公式定义可以设置个性化的自定义报表。处理流程基本如下：

（1）设置表尺寸，即设定报表的行数和列数。

（2）定义行高和列宽。

（3）定义组合单元。

（4）画表格线。

（5）输入表样内容。

（6）设置单元属性。把固定内容的单元如"项目"、"行次"、"期初数"、"期末数"等定为表样单元；把需要输入数字的单元定为数值单元；把需要输入字符的单元定为字符单元。

（7）设置单元风格。设置单元的字型、字体、字号、颜色、图案、折行显示等。

（8）确定关键字在表页上的位置，如单位名称、年、月等。

（9）定义报表公式。

（二）调用报表模板生成

用友 UFO 为用户提供了 33 个行业的各种标准财务报表格式。利用报表模板可以迅速建立一张符合需要的财务报表。另外，对于一些本企业常用但报表模板中没有提供的报表，用户可在自定义完这些报表的格式和公式后，将其定义为报表模板，以后可以直接调用。

三、报表数据处理

报表格式中的各类公式定义好之后，就可以录入数据并进行处理了。报表数据处理在数据状态下进行，主要包括以下操作：

（1）追加表页。新建的报表只有一张表页，需要时可追加多个表页。

（2）录入关键字。如果报表中定义了关键字，则录入每张表页上关键字的值。

（3）在数值单元或字符单元中录入数据或利用公式运算生成数据。

（4）如果报表中有可变区，可变区初始只有一行或一列，需要追加可变行或可变列，并在可变行或可变列中录入数据。

随着数据的录入，当前表页的单元公式将自动运算并显示结果。如果报表有审核公式和舍位平衡公式，则执行审核和舍位。需要的话，做报表汇总和合并报表。

四、报表图形处理

报表数据生成之后，为了对报表数据进行直观的分析和了解，方便对数据的对比、趋势和结构分析，用户可以利用图形对数据进行直观显示。UFO 图表格式提供了直方图、圆饼图、折线图、面积图四大类共十种格式的图表。

选取报表数据后可以制作各种图形，图形可随意移动，图形的标题、数据组可以按照需要设置。图形设置好之后可以打印输出。

图表是利用报表文件中的数据生成的，图表与报表数据存在着密切的联系，报表数据发生变化时，图表也随之变化；报表数据删除后，图表也随之消失。

五、报表输出

报表的输出包括报表的屏幕输出和打印输出，输出时可以针对报表格式输出，也可以针对某一特定表页输出。输出报表格式须在格式状态下操作，而输出表页须在数据状态下操作，输出表页时，格式和报表数据一起输出。

输出表页数据时会涉及表页的相关操作，如表页排序、查找、透视等。屏幕输出时可以对报表的显示风格、显示比例加以设置。打印报表之前可以在预览窗口预览，打印时还可以进行页面设置和打印设置等操作。

第三节 UFO 报表处理示例

一、自定义报表

广州家捷电子电器有限公司的资产负债表格式如表 8-1 所示，使用自定义报表功能制作该表的操作步骤如下：

表 8-1　　　　　　　　　　　　　资产负债表

会企 01 表

编制单位：广州家捷电子电器有限公司　　2012 年 01 月 31 日　　　　　　单位：元

资产	期末余额	年初余额	负债和所有者权益（或股东权益）	期末余额	年初余额
流动资产：			流动负债：		
货币资金			短期借款		
交易性金融资产			交易性金融负债		
应收票据			应付票据		
应收账款			应付账款		
预付款项			预收款项		
应收利息			应付职工薪酬		
应收股利			应交税费		
其他应收款			应付利息		
存货			应付股利		
一年内到期的非流动性资产			其他应付款		
其他流动资产			一年内到期的非流动负债		
流动资产合计			其他流动负债		
非流动资产：			流动负债合计		
可供出售金融资产			非流动负债：		
持有至到期投资			长期借款		
长期应收款			应付债券		
长期股权投资			长期应付款		
投资性房地产			专项应付款		
固定资产			预计负债		
在建工程			递延所得税负债		
工程物资			其他非流动负债		
固定资产清理			非流动负债合计		
生产性生物资产			负债合计		
油气资产			所有者权益（或股东权益）：		
无形资产			实收资本（或股本）		

表8-1(续)

资产	期末余额	年初余额	负债和所有者权益 （或股东权益）	期末余额	年初余额
开发支出			资本公积		
商誉			减：库存股		
长期待摊费用			盈余公积		
递延所得税资产			未分配利润		
其他非流动资产			所有者权益(或股东权益)合计		
非流动资产合计					
资产总计			负债和所有者权益 （或股东权益）总计		

1. 启动 UFO

（1）在企业应用平台"业务工作"选项卡中，执行"财务会计"—"UFO 报表"命令，关闭"日积月累"对话框，进入 UFO 报表系统。

（2）执行"文件"—"新建"命令，进入报表"格式"状态窗口。

2. 设置报表尺寸

（1）执行"格式"—"表尺寸"命令，打开"表尺寸"对话框。

（2）输入行数"37"，列数"6"，如图 8-2 所示。

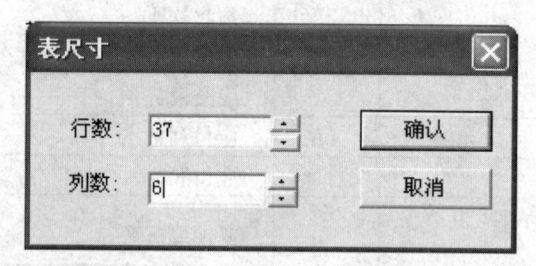

图 8-2 "表尺寸"对话框

（3）单击"确认"按钮，出现 37 行 5 列的表格。

提示：

- 报表行数包括报表表头、表体、表尾。

3. 定义行高和列宽

（1）单击选中 A1 单元，执行"格式"—"行高"命令，打开"行高"对话框。

（2）录入 A1 单元所在行的行高"10"，如图 8-3 所示。

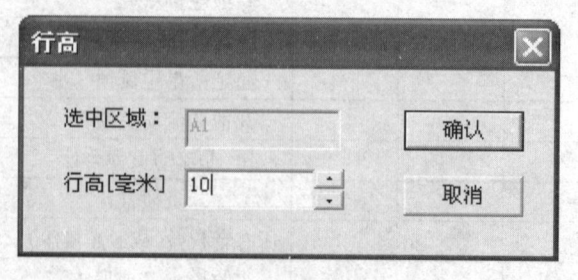

图 8-3 "行高"对话框

(3) 单击"确认"按钮。同理，设置 A4、A37 的行高为"12"。

(4) 单击选中 A5 单元后拖动鼠标到 F37 单元，执行"格式"—"行高"命令，打开"行高"对话框。

(5) 录入"A5:F37"区域的行高为"6"。

(6) 单击"确认"按钮。

(7) 单击选中 A1 单元，执行"格式"—"列宽"命令，打开"列宽"对话框。

(8) 录入 A1 单元所在列的列宽为"55"，如图 8-4 所示。

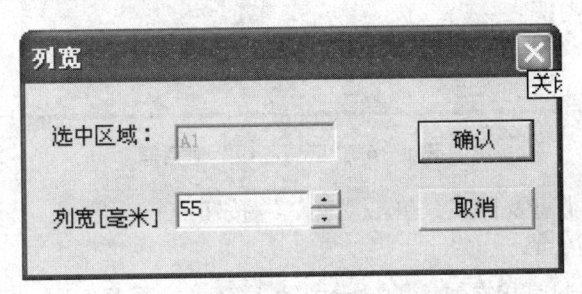

图 8-4 "列宽"对话框

(9) 单击"确认"按钮。

(10) 同理，设置 B、C、E、F 列的列宽为"35"，D 列的列宽为"55"。

提示：

- 设置列宽应以能够放下本栏最宽数据为原则；否则，生成报表时会产生数据溢出的错误。
- 用鼠标拖动行线和列线也可以改变行高和列宽。

4. 定义组合单元

(1) 单击选中 A1 单元后拖动鼠标到 F1 单元，执行"格式"—"组合单元"命令，打开"组合单元"对话框，如图 8-5 所示。

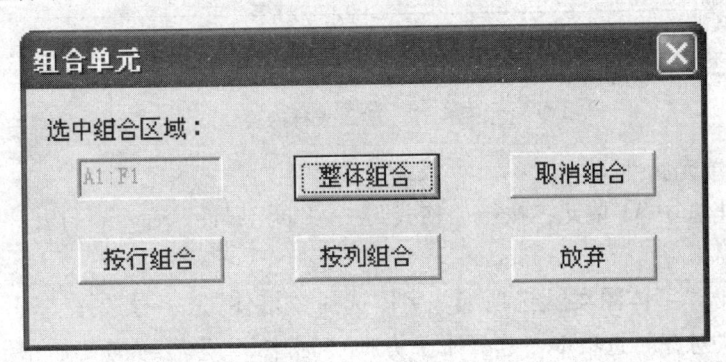

图 8-5 "组合单元"对话框

(2) 单击"按行组合"按钮，将第 1 行组合为一个单元。同理，将第 2 行组合为一个单元，将"C3:D3"组合为一个单元。

5. 画表格线

(1) 单击选中 A4 单元后拖动鼠标到 F37 单元，执行"格式"—"区域画线"命令,打开"区域画线"对话框,如图8-6所示。

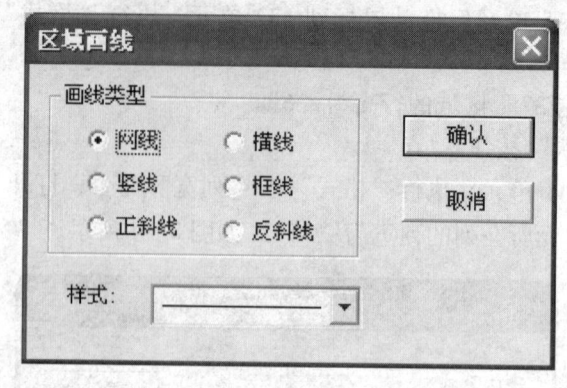

图8-6 "区域画线"对话框

(2) 选择画线类型及样式,单击"确认"按钮。

6. 输入表样内容

按表8-1的资料直接在对应的单元中输入除"编制单位"、"年"、"月"、"日"以外的所有表样内容,如图8-7所示。

图8-7 输入表样内容

7. 设置单元属性

(1) 单击选中A1单元,执行"格式"—"单元属性"命令,打开"单元格属性"对话框。

(2) 单击"字体图案"选项卡,字体选择"楷体",字号选择"20",如图8-8所示。单击"对齐"选项卡,选择水平方向"居中"、垂直方向"居中",如图8-9所示。

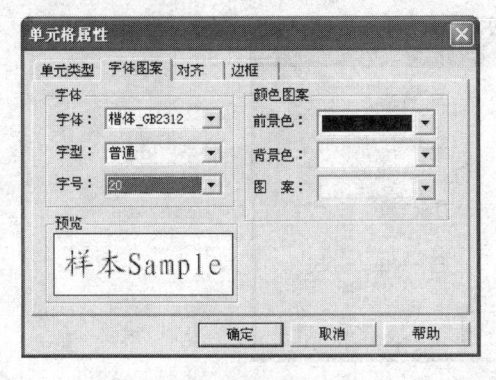

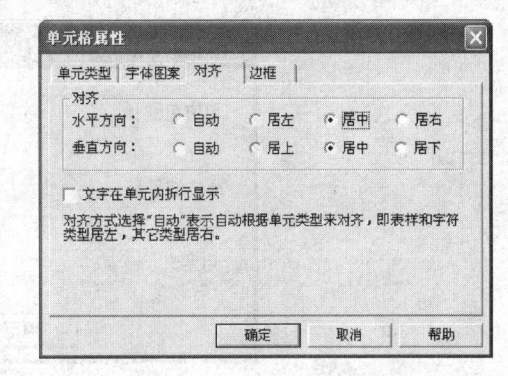

图 8-8 "字体图案"选项卡　　　　　图 8-9 "对齐"选项卡

(3) 同理，设置 A2 单元：字体"宋体"，字号"11"，水平"居右"，垂直"居中"；设置 F3 单元：字体"宋体"，字号"11"，水平"居右"，垂直"居下"；设置"A4:F4"单元：字体"宋体"，字号"12"，水平"居中"，垂直"居中"，"文字在单元内折行显示"。

8. 设置关键字

(1) 单击 A3 单元，执行"数据"—"关键字"—"设置"命令，打开"设置关键字"对话框，系统默认为"单位名称"，如图 8-10 所示。

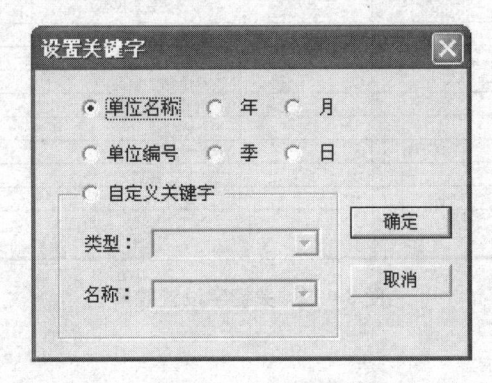

图 8-10　设置关键字

(2) 单击"确定"按钮，A3 中显示红色的"单位名称：××××××××"。

(3) 同理，在 C3 单元中设置关键字"年"、"月"、"日"。

(4) 保持光标仍在 C3 单元，执行"数据"—"关键字"—"偏移"命令，打开"定义关键字偏移"对话框，设置偏移量：年 -160；月 -130；日 -100。如图 8-11 所示。

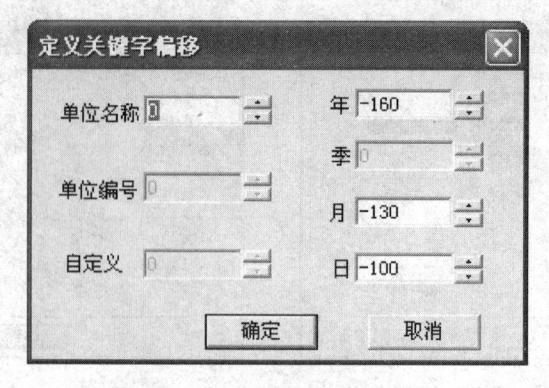

图 8-11　定义关键字偏移

(5) 单击"确定"按钮,关键字设置效果如图 8-12 所示。

图 8-12　关键字设置效果

提示:
- 一个关键字在一个表中只能定义一次。
- 关键字在格式状态下设置,如果设置错误可以取消。
- 同一个单元或组合单元的关键字定义完以后,可能会重叠在一起,如果造成重叠,可以设置关键字的相对偏移量,偏移量为负数时表示向左移,偏移量为正数时表示向右移。

9. 定义报表公式

(1) 定义单元公式

①单击 B6 单元,即"货币资金"的期末数。

②执行"数据"—"编辑公式"—"单元公式"命令,打开"定义公式"对话框。

③单击"函数向导",打开"函数向导"对话框,如图 8-13 所示。

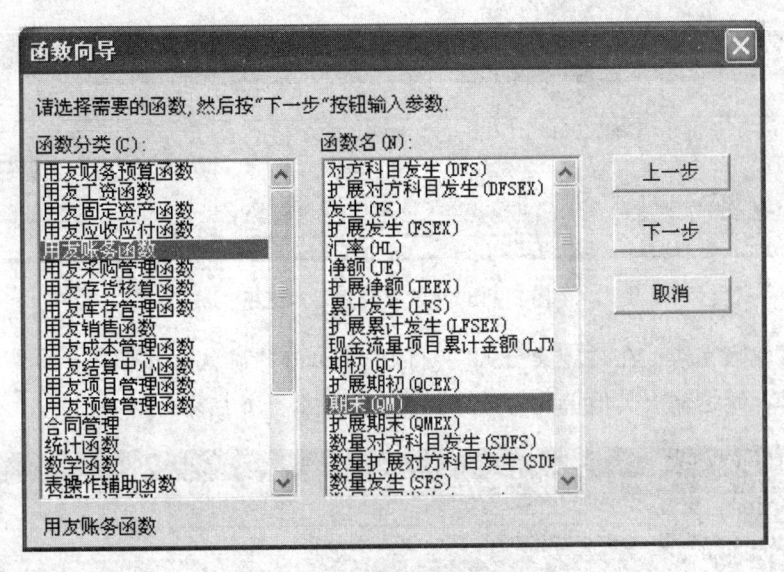

图 8-13 "函数向导"对话框

④在函数分类列表中选择"用友账务函数",在函数名列表中双击"期末(QM)",打开"账务函数"对话框,如图 8-14 所示。

图 8-14 "账务函数"对话框

⑤选择科目"1001",其余各项均采用系统默认,单击"确定"按钮,返回"定义公式"对话框。

⑥键入"+",重复步骤(2)~(5),选择科目为"1002",同理再加"1012"的期末数。如图 8-15 所示。

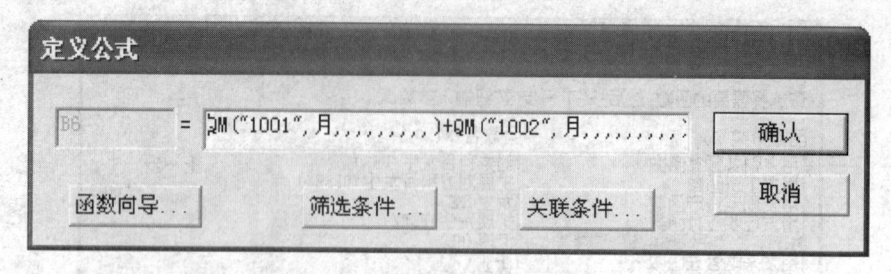

图8-15 "定义公式"对话框

⑦公式输入完毕，在"定义公式"对话框，单击"确认"按钮。

⑧同理，继续输入其他单元的计算公式，如图8-16所示。

图8-16 定义单元公式

提示：
- 必须在英文状态下录入计算公式。
- 计算公式可以直接录入，也可以利用函数向导参照录入。
- 已定义公式单元，在格式状态显示"公式单元"字样。

(2) 定义审核公式

资产负债表中的"资产合计=负债和所有者权益合计"，利用这种钩稽关系可以定义审核公式。可以建立以下审核公式：

B37 = E37

MESS" 资产期末余额总计与负债和所有者权益期末余额总计不等！"

C37 = F37

MESS" 资产年初余额总计与负债和所有者权益年初余额总计不等！"

【操作步骤】

①执行"数据"—"编辑公式"—"审核公式"命令，打开"审核公式"对话框，输入审核公式，如图8-17所示。

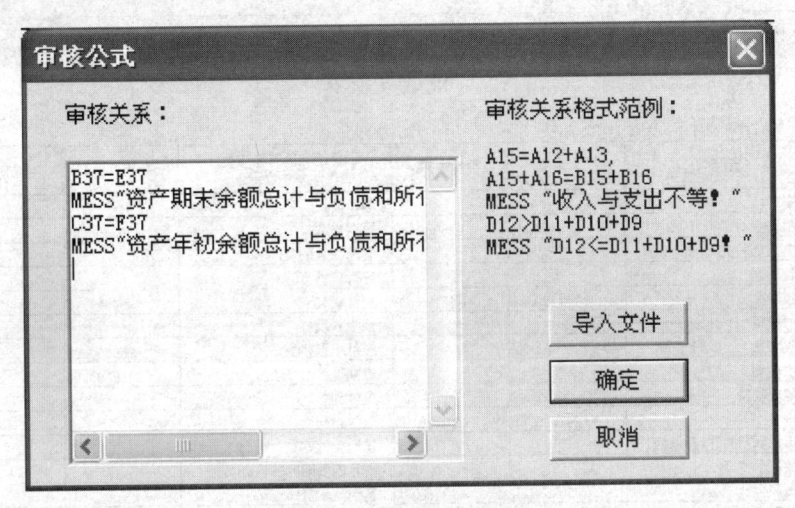

图8-17 定义审核公式

②单击"确定"按钮。

10. 保存报表格式

(1) 执行"文件"—"保存"命令，选择保存文件路径为"D:\账套备份"，修改文件名为"自定义资产负债表"。

(2) 单击"另存为"按钮。

11. 生成报表数据

(1) 在UFO报表系统中，执行"文件"—"打开"命令，打开"D:\账套备份"中的"自定义资产负债表"。

(2) 报表打开后，默认为数据处理状态，即左下角按钮为"数据"。执行"数据"—"关键字"—"录入"命令，打开"录入关键字"对话框。

(3) 录入关键字内容，如图8-18所示。

图8-18 关键字录入

(4) 单击"确定"按钮，系统提示"是否重算第 1 页"，单击"是"按钮，系统自动计算报表数据，显示计算结果，如图 8-19 所示。

图 8-19 计算报表数据

(5) 执行"数据"—"审核"命令，则可以按审核公式中的平衡关系进行审核，如果不平衡，则会显示审核公式引号中的提示信息。

二、利用报表模板生成报表

此处依然以资产负债表为例。利用报表模板生成资产负债表的步骤如下：

(1) 在 UFO 报表系统中，执行"文件"—"新建"命令，进入报表"格式"状态窗口。

(2) 执行"格式"—"报表模板"命令，打开"报表模板"对话框。

(3) "您所在的行业"选择"2007 年新会计制度科目"，"财务报表"选择"资产负债表"，如图 8-20 所示。

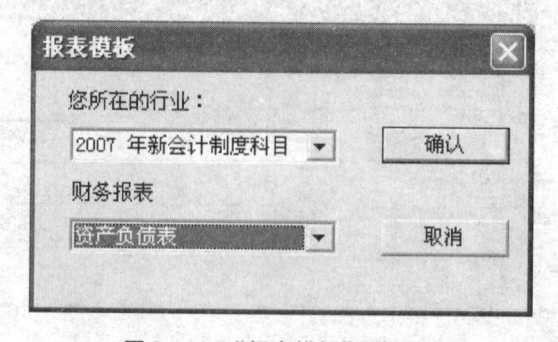

图 8-20 "报表模板"对话框

（4）单击“确认”按钮，系统弹出提示“模板格式将覆盖本表格式！是否继续?”。

（5）单击“确认”按钮，打开“资产负债表”模板，如图 8－21 所示。

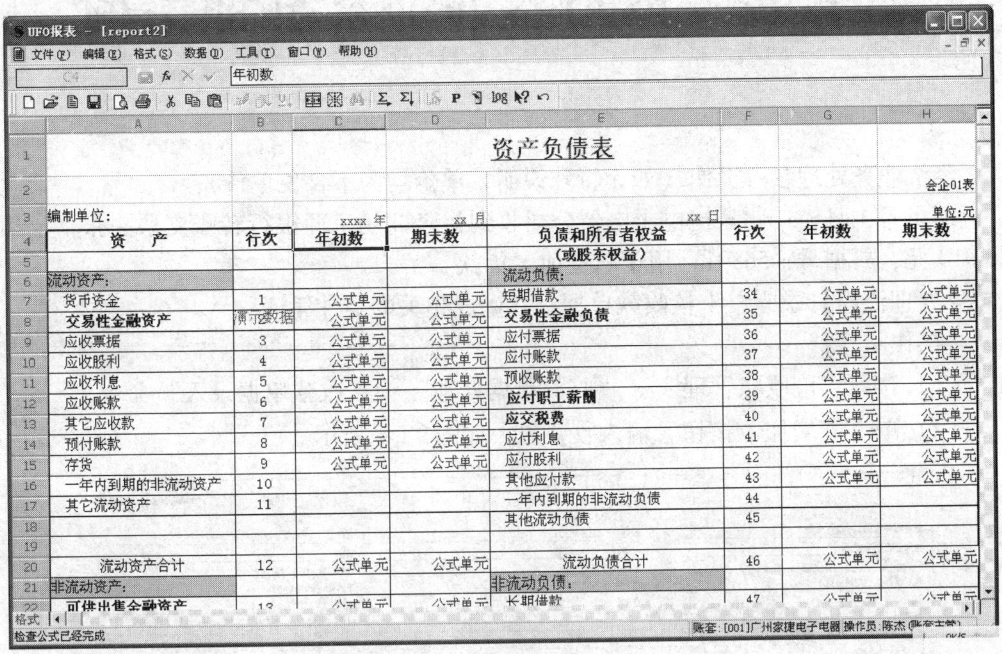

资产负债表

会企01表

编制单位：　xxxx 年　xx 月　xx 日　单位：元

资　产	行次	年初数	期末数	负债和所有者权益（或股东权益）	行次	年初数	期末数
流动资产：				流动负债：			
货币资金	1	公式单元	公式单元	短期借款	34	公式单元	公式单元
交易性金融资产	演示数据	公式单元	公式单元	交易性金融负债	35	公式单元	公式单元
应收票据	3	公式单元	公式单元	应付票据	36	公式单元	公式单元
应收股利	4	公式单元	公式单元	应付账款	37	公式单元	公式单元
应收利息	5	公式单元	公式单元	预收账款	38	公式单元	公式单元
应收账款	6	公式单元	公式单元	应付职工薪酬	39	公式单元	公式单元
其它应收款	7	公式单元	公式单元	应交税费	40	公式单元	公式单元
预付账款	8	公式单元	公式单元	应付利息	41	公式单元	公式单元
存货	9	公式单元	公式单元	应付股利	42	公式单元	公式单元
一年内到期的非流动资产	10			其他应付款	43	公式单元	公式单元
其它流动资产	11			一年内到期的非流动负债	44		
				其他流动负债	45		
流动资产合计	12	公式单元	公式单元	流动负债合计	46	公式单元	公式单元
非流动资产：				非流动负债：			
可供出售金融资产	13	公式单元	公式单元	长期借款	47	公式单元	公式单元

图 8－21　资产负债表模板

（6）选中 A3 单元，将“编制单位：”删除（注意，此模板中的编制单位不是关键字）。

（7）仍在 A3 单元，执行“数据”—“关键字”—“设置”命令，打开“设置关键字”对话框，

（8）设置关键字“单位名称”，单击“确定”按钮。

（9）单击“格式/数据”按钮，使其为“数据”状态。

（10）录入关键字并计算报表数据。

第九章 模拟企业业务处理示例

经济业务处理参考操作（如无特殊说明，单价均为不含税单价）：

1. 1月1日，广州家捷电子电器公司收到裕隆商场工商银行转账支票一张，金额：26 910元，票据号：56891，用于归还前欠货款。

【处理流程】录入、审核收款单据，并生成相关的会计凭证

【操作步骤】

（1）执行"应收账管理"—"收款单据处理"—"收款单据录入"命令。

（2）单击"增加"按钮，输入收款单，如图9-1所示。

图9-1 "收款单"窗口

（3）单击"保存"按钮保存单据。

（4）单击"审核"按钮，出现如图9-2所示对话框。

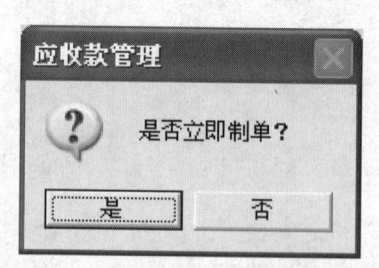

图9-2 "应收款管理"对话框

(5) 单击"是",系统自动生成相关凭证,如图9-3所示。

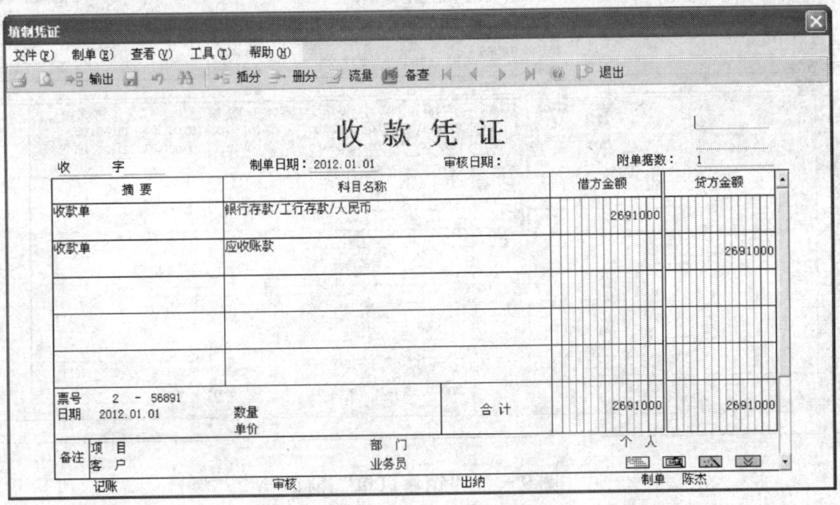

图9-3 业务1记账凭证

提示:
● 如果不想立即制单,可以选择"否",返回到当前收款单窗口,该收款单处于已经审核状态,相关的记账凭证以后则在"应收款管理"—"制单处理"功能中集中处理。

(6) 单击"保存"按钮保存凭证,凭证左上角出现"已生成"标志,表示凭证已传递到总账。

(7) 单击"退出"按钮返回"收款单"窗口。

(8) 单击工具栏"核销"按钮上的"▼",选择"自动核销"。

提示:
● 单据的核销也可以执行"应收款管理"—"核销处理"命令处理,有手工核销和自动核销两种方式。自动核销只能进行同币种的批量核销,手工核销支持异币种的核销处理。

2. 1月2日,销售部收到珠海伟业电器有限公司订单一张,订购HH电饭煲100个,单价150元,PT电饭煲200个,单价80元,预计本月5日发货。

【处理流程】录入、审核销售订单

【操作步骤】

(1) 执行"供应链"—"销售管理"—"销售订货"—"销售订单"命令,单击"增加"按钮,填制销售订单,如图9-4所示。

图9-4 "销售订单"窗口

(2) 单击"保存"按钮保存,单击"审核"按钮审核。
(3) 单击"退出"按钮退出。

提示:

● 单据填制完成后,必须经过审核才能成为有效单据。

3. 1月3日,收到中山凯迪科技有限公司发来的微电脑控制板250块,验收入材料库,发票上月已收到,财务部电汇付款。

【处理流程】

(1) 填制并审核采购入库单

【操作步骤】

①执行"库存管理"—"入库业务"—"采购入库单"命令。
②单击"增加"按钮,录入采购入库单。
③录入完毕,单击"保存"按钮保存。
④单击"审核"按钮审核,审核完毕的入库单如图9-5所示。

图9-5 "采购入库单"窗口

（2）进行采购结算，即根据采购发票、采购入库单核算采购入库成本
【操作步骤】
①执行"采购管理"—"采购结算"—"手工结算"命令。
②单击"选单"按钮，打开"结算选单"窗口。
③单击"过滤"按钮，打开"过滤条件选择－采购手工结算"对话框。
④单击"过滤"按钮，在"结算选单"窗口，选择对应的发票和入库单，如图9-6所示。

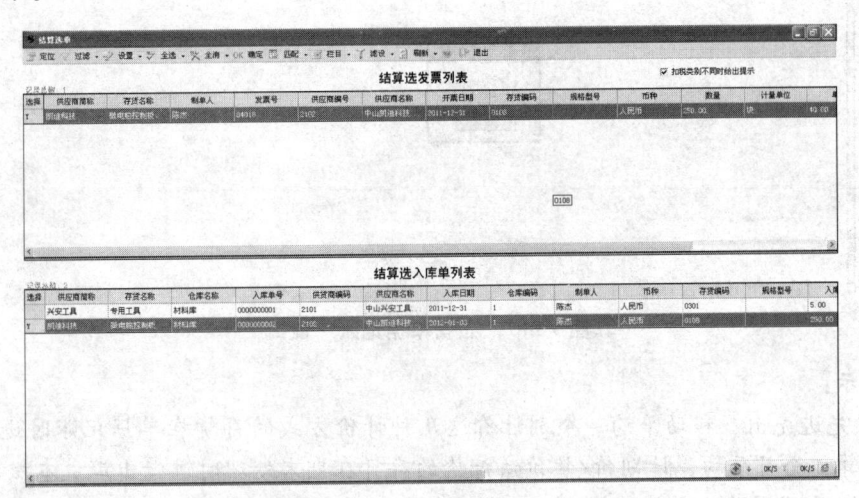

图9-6 "手工结算选单"窗口

⑤单击"确定"按钮，如图9-7所示。

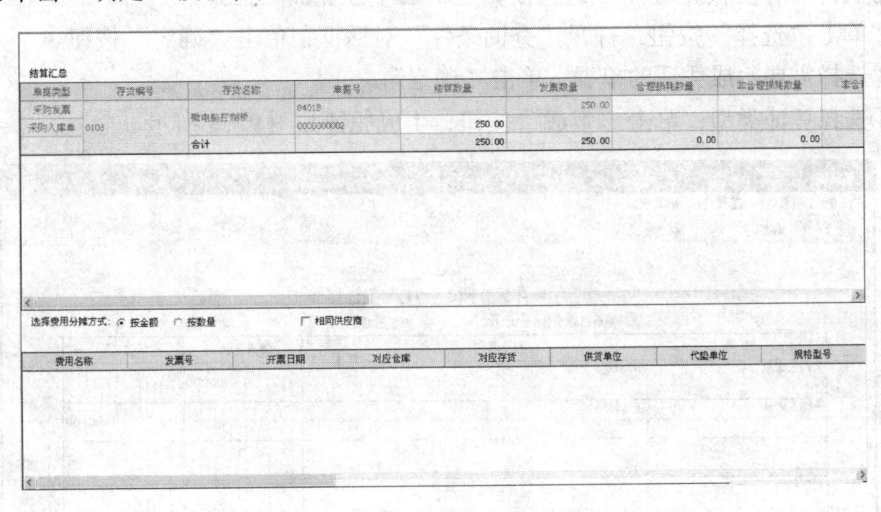

图9-7 "手工结算选票"窗口

⑥单击"结算"按钮。
（3）确定存货成本
【操作步骤】
①执行"存货核算"—"业务核算"—"正常单据记账"命令。

②单击"过滤"按钮,打开"正常单据记账列表"窗口。
③选择要记账单据,单击"记账"按钮,如图9-8所示。

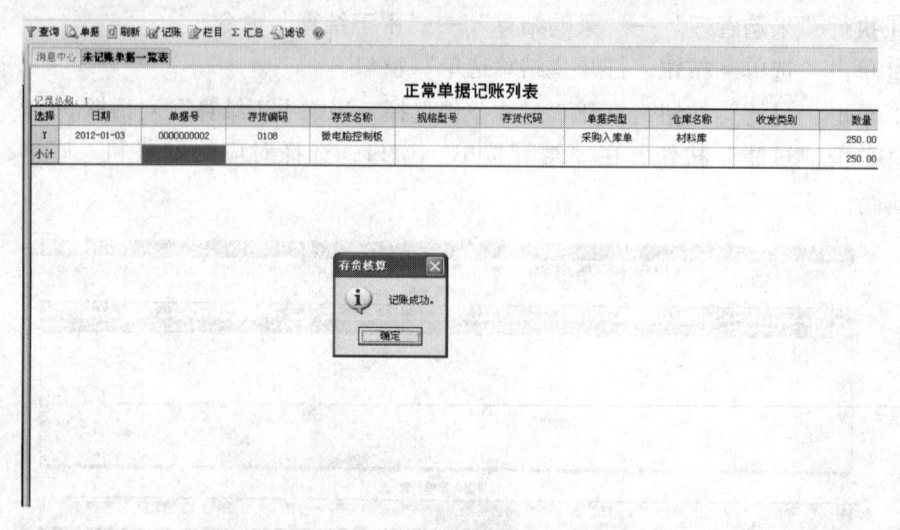

图9-8 "正常单据记账"窗口

提示:
● 先进先出、移动平均、个别计价这几种计价方式的存货在单据记账时进行出库成本核算;全月平均、计划价/售价法计价的存货在期末处理时进行出库成本核算。

(4) 生成采购入库单的凭证

【操作步骤】
①执行"存货核算"—"财务核算"—"生成凭证"命令。
②单击"选择"按钮,打开"查询条件"对话框,单击"确定"按钮。
③选择需要生成凭证的单据,单击"确定"。
④选择凭证类型,单击"生成"按钮,生成凭证如图9-9所示。

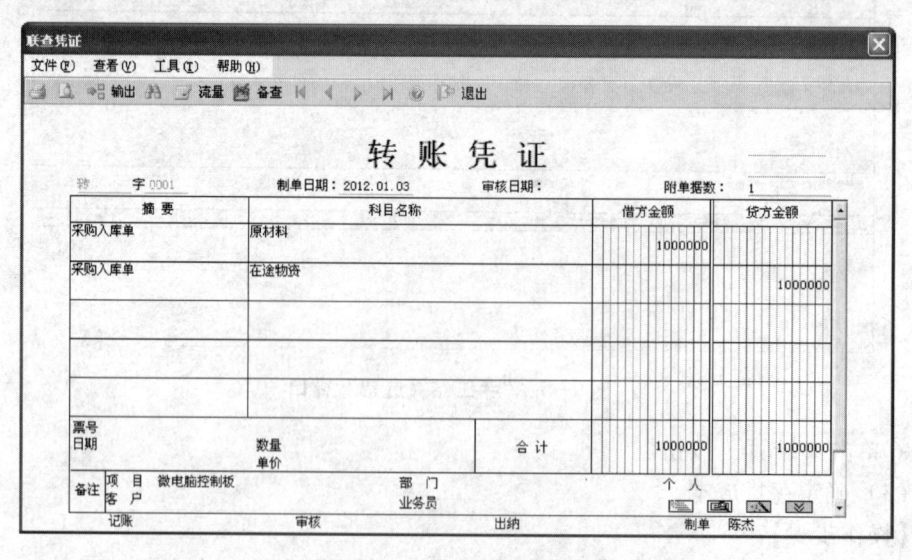

图9-9 业务3 记账凭证1

⑤单击"保存"按钮,凭证左上角出现"已生成"标志,表示凭证已传递到总账。
(5) 录入付款单据并生成付款单据的凭证
【操作步骤】
①执行"应付款管理"—"付款单据处理"—"付款单据录入"命令。
②单击"增加"按钮,输入付款单,如图9-10所示。

图9-10 付款单窗口

③单击"保存"按钮保存单据。
④单击"审核"按钮,出现"是否立即制单"的提示。
⑤单击"是",系统自动生成相关凭证,如图9-11所示。

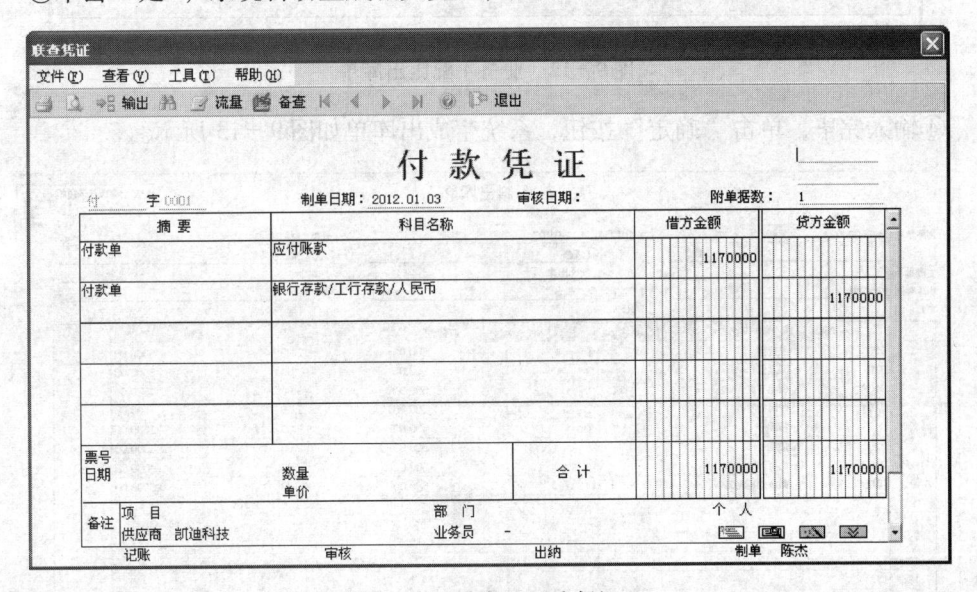

图9-11 业务3记账凭证2

⑥单击"保存"按钮,凭证左上角出现"已生成"标志,表示凭证已传递到总账。
4. 1月3日,生产车间领用1 000个PT电饭煲、500个HH电饭煲的生产材料。

【处理流程】
(1) 填制并审核材料出库单(可配比出库)
【操作步骤】
①执行"库存管理"—"出库业务"—"材料出库单"命令。
②单击"配比"按钮,打开"配比出库单"窗口。
③录入"产品名称"、"生产数量"、"项目编码"等表头信息后,系统自动按产品结构产生表体信息。生产 HH 电饭煲 500 个的配比出库单如图 9-12 所示。

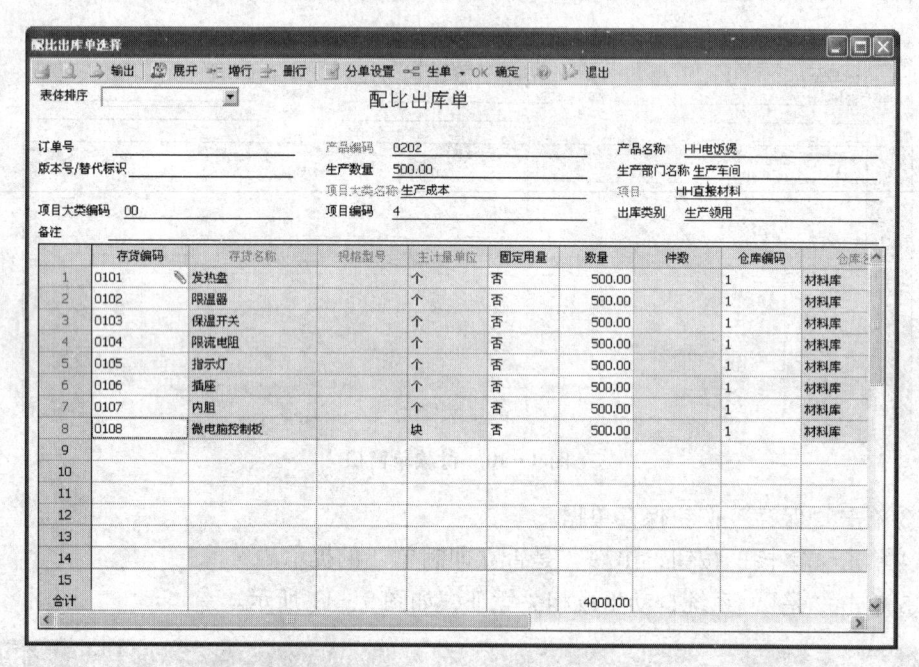

图 9-12 业务 4 配比出库单

④输入完毕,单击"确定"按钮,系统生成出库单如图 9-13 所示。

图 9-13 业务 4 材料出库单

⑤单击"保存"按钮保存,单击"审核"按钮审核。同理,可配比生成 PT 电饭煲的材料出库单。

提示:

● 只有设置了产品结构的产品,才能采用配比出库方式产生材料出库单,否则只能手工录入材料出库单。

(2) 确定存货成本

【操作步骤】

①执行"存货核算"—"业务核算"—"正常单据记账"命令。

②单击"过滤"按钮,打开"正常单据记账列表"窗口。

③选择要记账单据,单击"记账"按钮。

(3) 生成存货单据的凭证

【操作步骤】

①执行"存货核算"—"财务核算"—"生成凭证"命令。

②单击"选择"按钮,打开"查询条件"对话框,单击"确定"按钮。

③选择需要生成凭证的单据,单击"确定",选择凭证类型,单击"生成"按钮,生成凭证。

④单击"保存"按钮,凭证左上角出现"已生成"标志,表示凭证已传递到总账。如图 9-14、图 9-15 所示。

提示:

● 系统自动生成的凭证中,如果借贷方的会计科目涉及辅助核算,还要补充输入辅助核算的信息。此处需要补充输入项目核算信息。

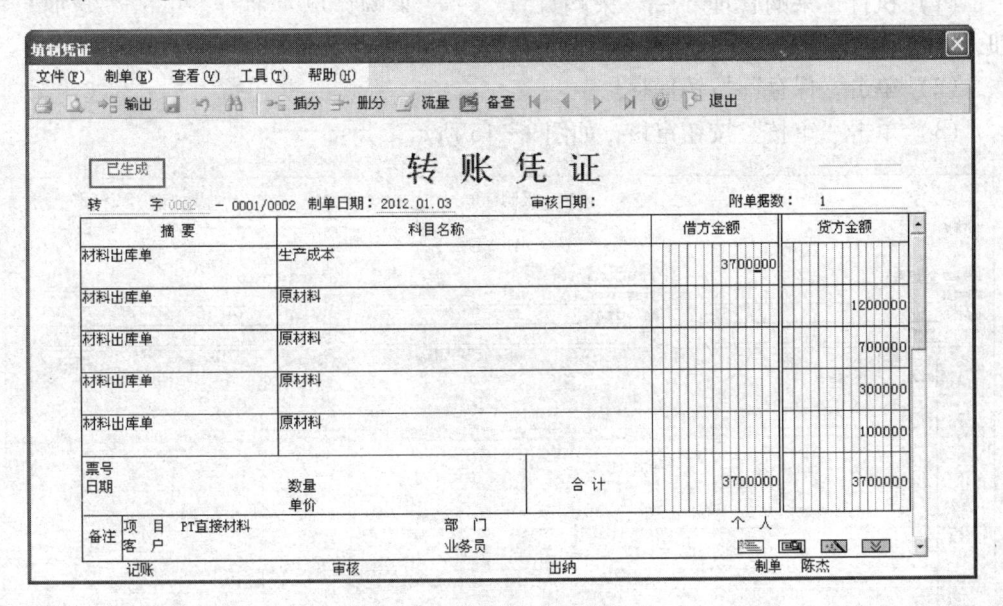

图 9-14 业务 4 记账凭证 1

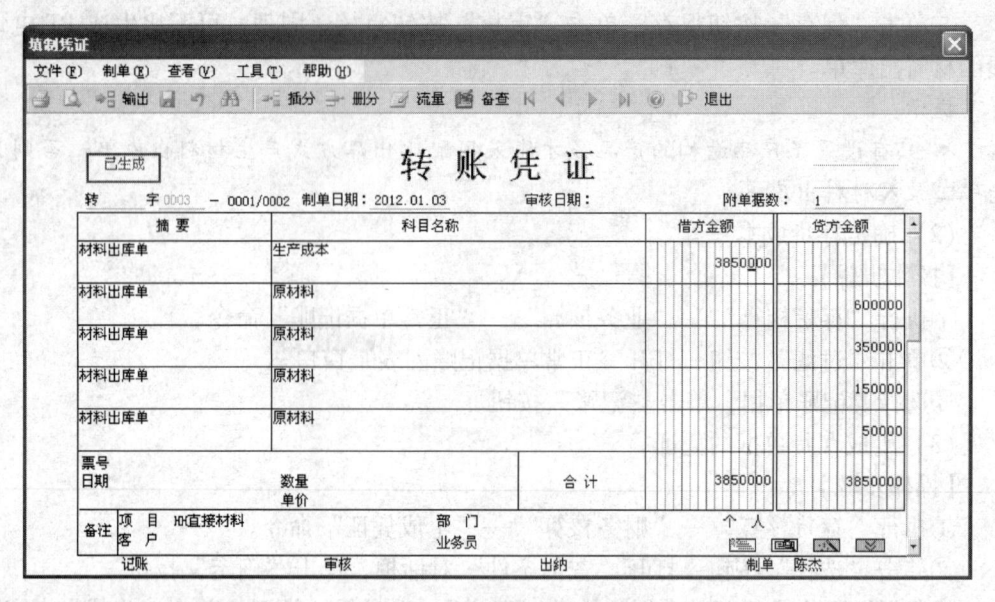

图9-15 业务4记账凭证2

5. 1月4日,采购部向广州宇环纸业有限公司订购包装箱2 000个,单价5元,预计到货日为本月6日。

【处理流程】

录入、审核采购订单

【操作步骤】

(1) 执行"采购管理"—"采购订货"—"采购订单"命令,单击"增加"按钮,填制采购订单。

(2) 单击"保存"按钮保存。

(3) 单击"审核"按钮审核,如图9-16所示。

图9-16 "采购订单"窗口

(4) 单击"退出"按钮退出。

6. 1月4日，刘营销出差归来，报销差旅费800元，退回差额现金200元。

【处理流程】填制记账凭证

【操作步骤】

(1) 执行"总账"—"填制凭证"命令。

(2) 单击"增加"按钮，选择收款凭证，输入凭证内容。

(3) 输入完毕，单击"保存"按钮保存，如图9-17所示。

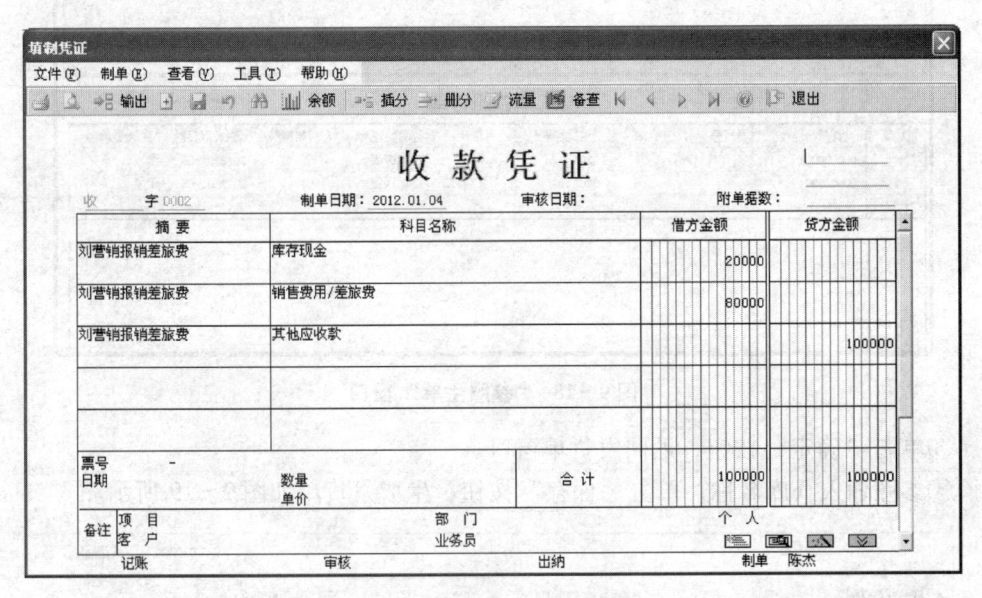

图9-17 业务6记账凭证

7. 1月5日，销售部从成品库向珠海伟业电器有限公司发出其所订货物，并开具增值税专用发票一张，发票号：4568，同时开出票号为78915的银行转账支票一张，代垫运杂费400元，货款暂未收到。

【处理流程】

(1) 在基础档案中增设费用项目"运杂费"。

【操作步骤】

①执行"基础设置"—"基础档案"—"业务"—"费用项目分类"命令。

②增加"1. 其他费用"。

③执行"基础设置"—"基础档案"—"业务"—"费用项目"命令。

④增加"1. 运杂费"。

(2) 填制并审核销售发货单（可关联销售订单生成）。

【操作步骤】

①执行"供应链"—"销售管理"—"销售发货"—"发货单"命令。

②单击"增加"按钮，再单击"订单"按钮，打开"参照生单"窗口，选择销售订单，如图9-18所示。

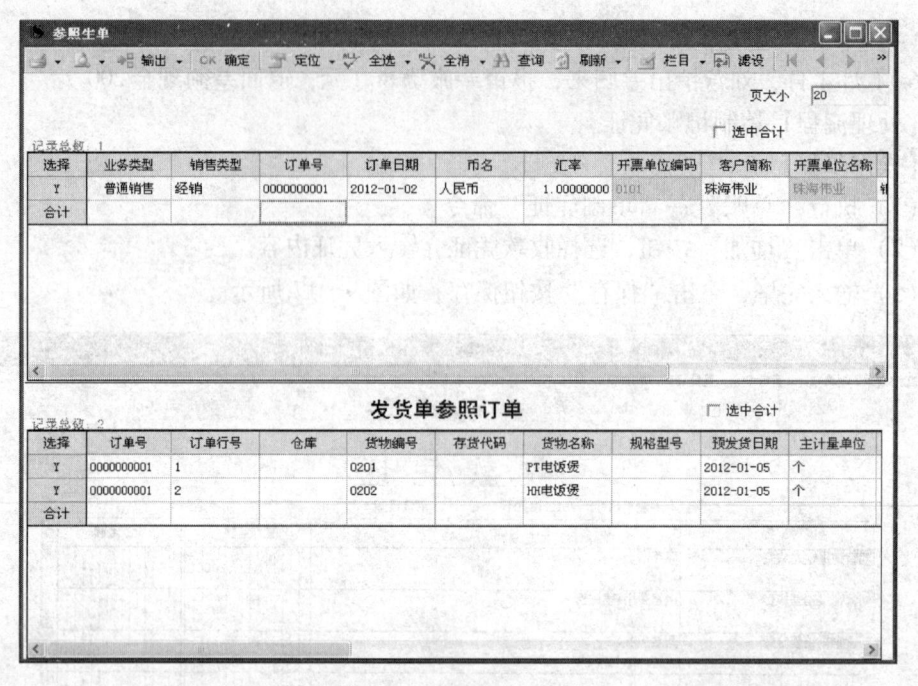

图9-18 "参照生单"窗口

③单击"确定"按钮,返回发货单窗口。
④参照输入仓库名称,单击"保存"按钮,生成发货单如图9-19所示。

图9-19 "发货单"窗口

⑤单击"审核"按钮审核。
(3) 填制并审核销售代垫费用单
【操作步骤】
①执行"供应链"—"销售管理"—"代垫费用"—"代垫费用单"命令。
②单击"增加"按钮,输入相关内容。
③输入完毕,单击"保存"按钮保存。

④单击"审核"按钮审核,如图9-20所示。

图9-20 "代垫费用单"窗口

(4) 根据发货单填制并复核销售发票

【操作步骤】

①执行"供应链"—"销售管理"—"销售开票"—"销售专用发票"命令。

②单击"增加"按钮,打开"过滤条件选择-发票参照发货单"对话框。

③单击"过滤"按钮,打开"参照生单"窗口。

④选择要开票的发货单,如图9-21所示。

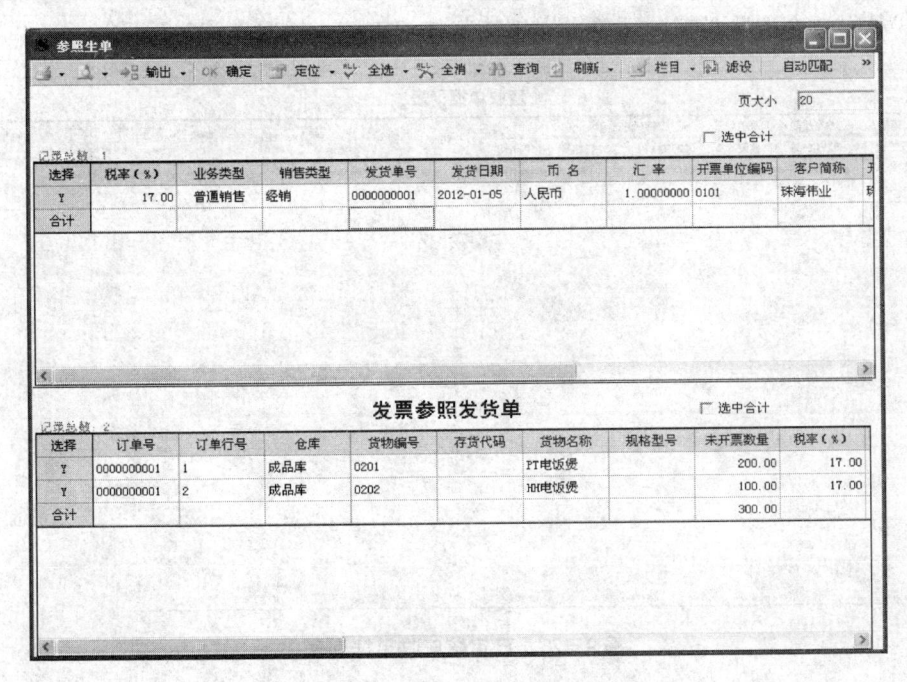

图9-21 销售"参照生单"窗口

⑤单击"确定"按钮，系统自动参照生成销售专用发票，填写发票号。

⑥单击"保存"按钮保存，单击"复核"按钮复核，如图9-22所示。

图9-22 "销售专用发票"窗口

(5) 审核销售发票

【操作步骤】

①执行"应收款管理"—"应收单据处理"—"应收单据审核"命令，打开"应收单过滤条件"对话框。

②单击"确定"按钮，打开"应收单据列表"窗口。

③单击"全选"按钮，再单击"审核"按钮审核，如图9-23所示。

图9-23 已审核应收单据列表

(6) 销售发票制单（生成销售收入凭证）

【操作步骤】

①执行"应收款管理"—"制单处理"命令，打开"制单查询"对话框。

②选择"发票制单、应收单制单"，如图9-24所示。

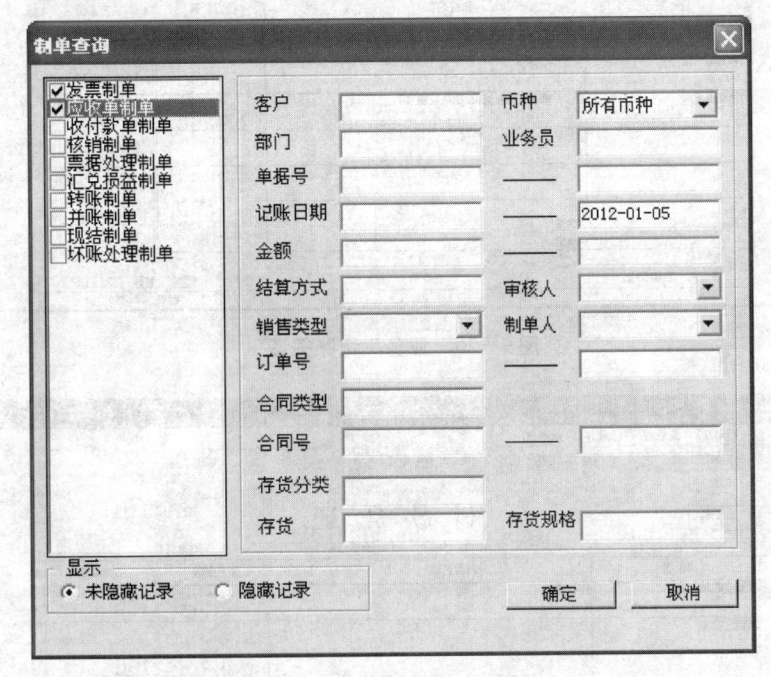

图9-24 "制单查询"对话框

③单击"确定"按钮，打开"应收制单"窗口，如图9-25所示。

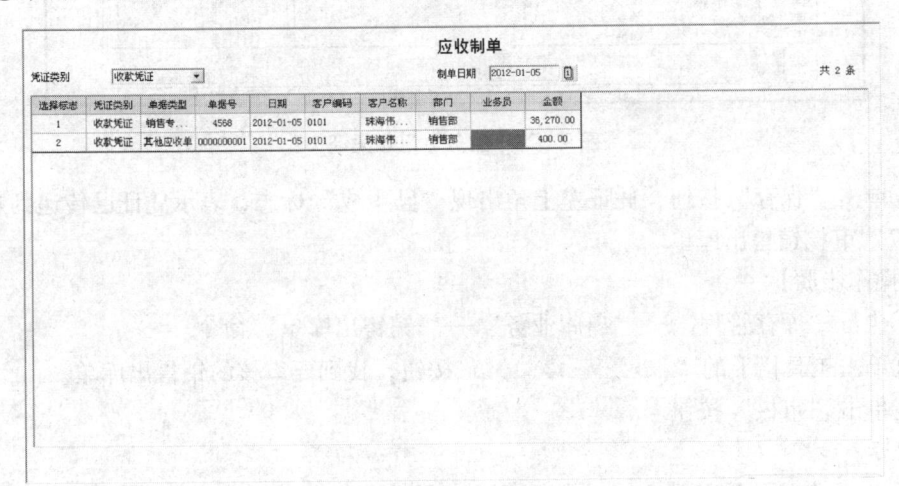

图9-25 "应收制单"窗口

④选择凭证类型，单击"制单"按钮，生成凭证如图9-26、图9-27所示。

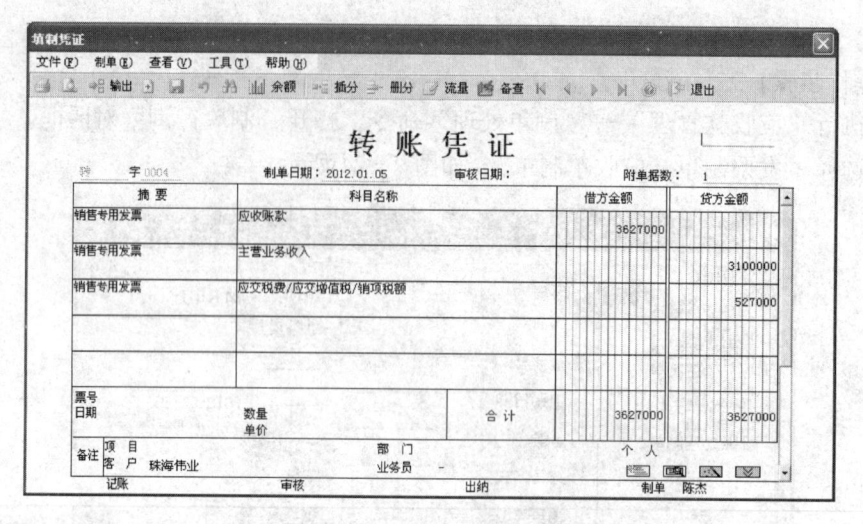

图9-26 业务7记账凭证1

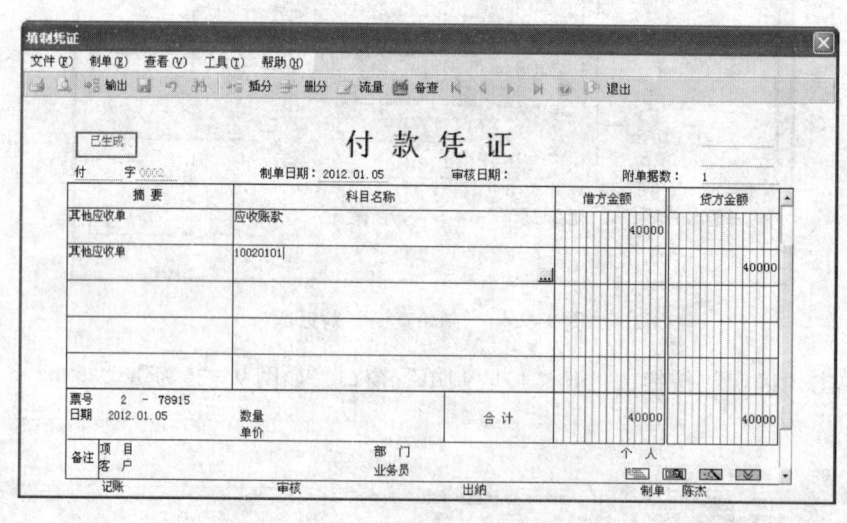

图9-27 业务7记账凭证2

⑤单击"保存"按钮,凭证左上角出现"已生成"标志,表示凭证已传递到总账。
(7) 审核销售出库单
【操作步骤】
①执行"库存管理"—"出库业务"—"销售出库单"命令。
②单击工具栏上的"｜◆ ◆ ➡ ➡｜"按钮,找到要审核的销售出库单。
③单击"审核"按钮。
提示:

• 由于在销售管理系统选项中设置了"销售生成出库单",因此系统根据销售发货单自动生成出库单。

• 因为成品库采用的计价方法是全月平均法,所以所有销售出库单必须等到期末处理时进行出库成本核算。

• 销售出库单也可以在期末处理时一并审核。

8. 1月6日，采购部收到4日向广州宇环纸业有限公司订购的包装箱2 000个，同时收到增值税专用发票一张，发票号：6775，单价为5元，包装箱验收入库，财务部开出银行转账支票支付货款，票据号：78916。

【处理流程】
(1) 填制并审核采购入库单（可关联采购订单生成）

【操作步骤】
①执行"供应链"—"库存管理"—"入库业务"—"采购入库单"命令。
②单击"生单"按钮上的"▼"，如图9-28所示。

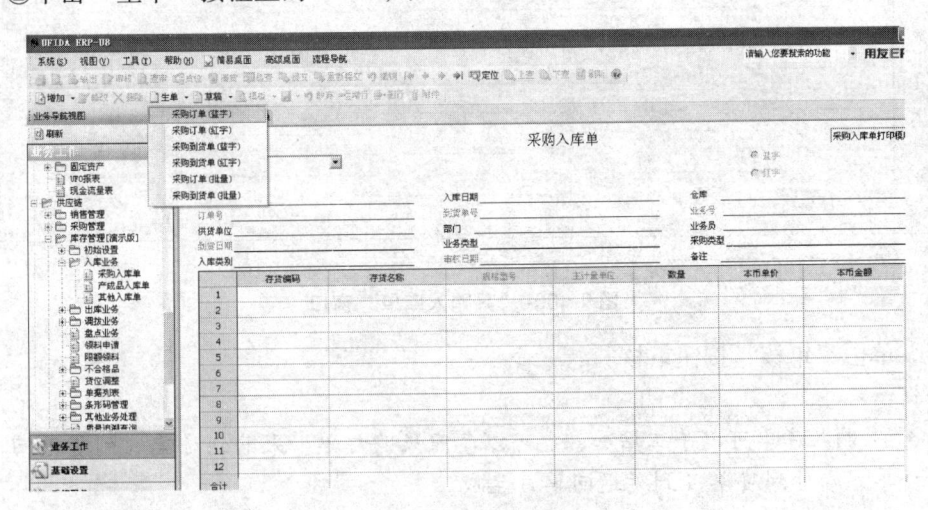

图9-28 参照生单命令

③单击"采购订单（蓝字）"，单击"过滤"按钮，打开"订单生单列表"窗口，选中相应的采购订单，如图9-29所示。

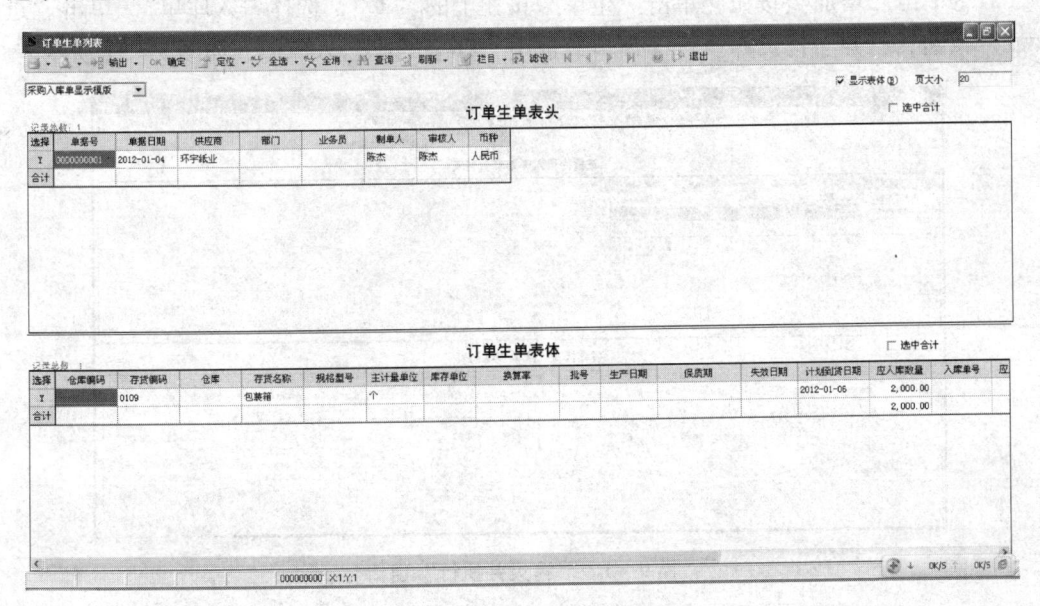

图9-29 "订单生单列表"窗口

④单击"确定"按钮,生成采购入库单如图9-30所示。

图9-30 "采购入库单"窗口

⑤单击"审核"按钮审核。

提示:

● 采购入库单可以手工增加,也可以参照采购订单、采购到货单(到货退回单)、委外订单、委外到货单(到货退回单)生成。

(2) 填制采购专用发票(可关联采购入库单生成)并做现付处理

【操作步骤】

①执行"供应链"—"采购管理"—"采购发票"—"专用采购发票"命令。

②单击"增加"按钮,单击"生单"按钮上的"▼",选择"入库单",单击"过滤"按钮,打开"拷贝并执行"窗口,选中"环宇纸业"入库单,如图9-31所示。

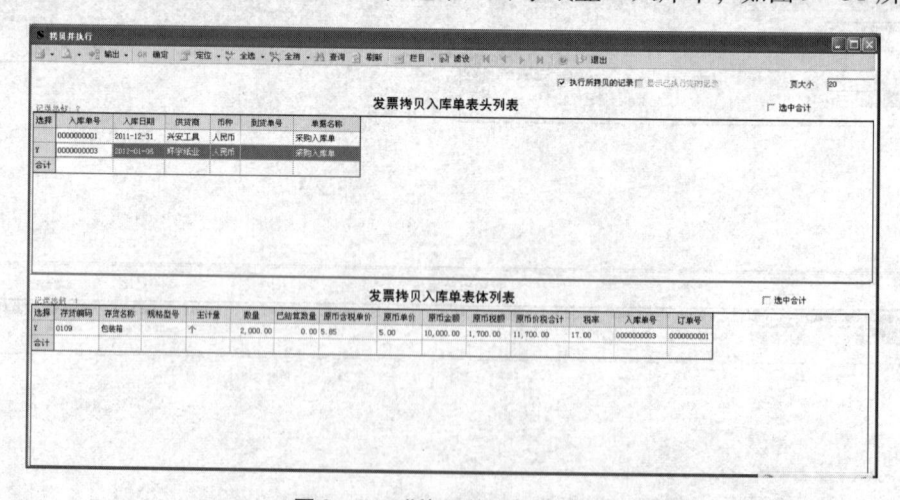

图9-31 "拷贝并执行"窗口

③单击"确定"按钮,手工录入"发票号":6775。

④单击"保存"按钮保存。
⑤单击"现付"按钮，输入结算方式、金额等内容，如图9-32所示。

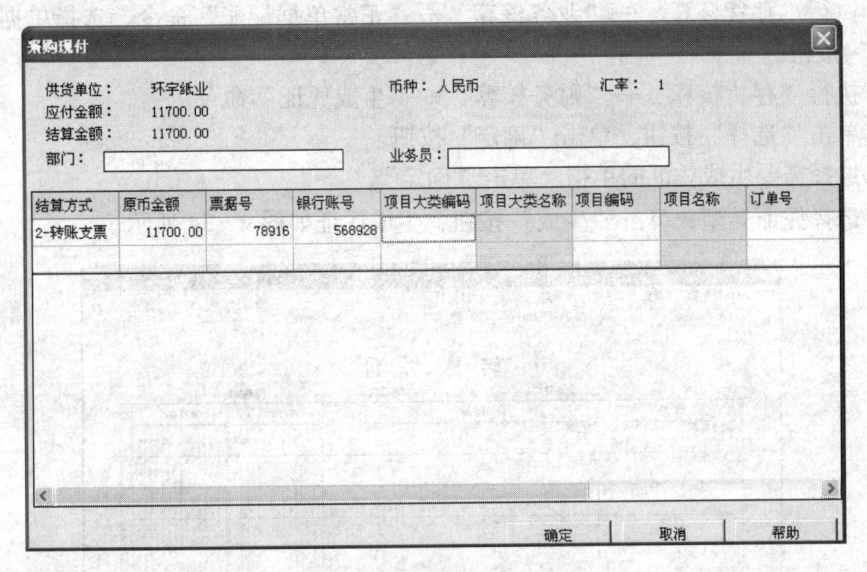

图9-32 "采购现付"窗口

⑥单击"确定"按钮，已完成现付处理的采购专用发票如图9-33所示。

图9-33 已现付专用发票

提示：
- 已付款的采购业务，需要在采购发票上做现付处理。

（3）进行采购结算（手工结算）

【操作步骤】
①执行"供应链"—"采购管理"—"采购结算"—"手工结算"命令。
②单击"选单"—"过滤"—"过滤"按钮，打开"结算选单"窗口。
③选择对应的发票和入库单。
④单击"确定"按钮，单击"结算"按钮。

(4) 进行入库单记账及生成入库单凭证

【操作步骤】

①执行"存货核算"—"业务核算"—"正常单据记账"命令,选择单据,单击"记账"按钮。

②执行"存货核算"—"财务核算"—"生成凭证"命令。

③单击"选择"按钮,单击"确定"按钮。

④选择需要生成凭证的单据,单击"确定"。

⑤选择凭证类型,单击"生成"按钮,生成凭证如图 9-34 所示。

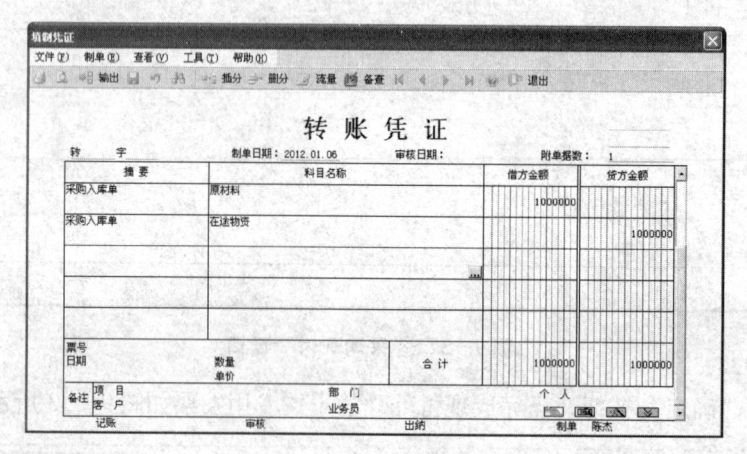

图 9-34 业务 8 记账凭证 1

⑥单击"保存"按钮,凭证左上角出现"已生成"标志,表示凭证已传递到总账。

(5) 审核采购发票,并进行采购发票制单

【操作步骤】

①执行"应付款管理"—"应付单据处理"—"应付单据审核"命令,打开"应付单过滤条件"对话框。

②勾选"包含已现结发票",如图 9-35 所示。

图 9-35 "应付单过滤条件"对话框

③单击"确定"按钮,选择要审核的单据,单击"审核"按钮。

④执行"应付款管理"—"制单处理"命令,勾选"发票制单"、"现结制单",如图9-36所示。

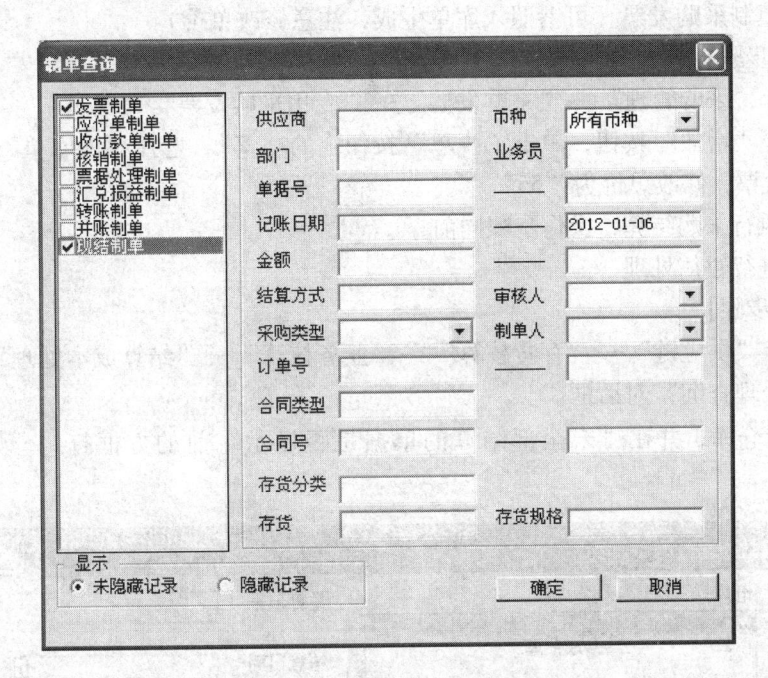

图9-36 "制单查询"对话框

⑤单击"确定"按钮。

⑥选择凭证类型,选择应付单据,单击"制单"按钮。

⑦单击"保存"按钮,生成凭证如图9-37所示。

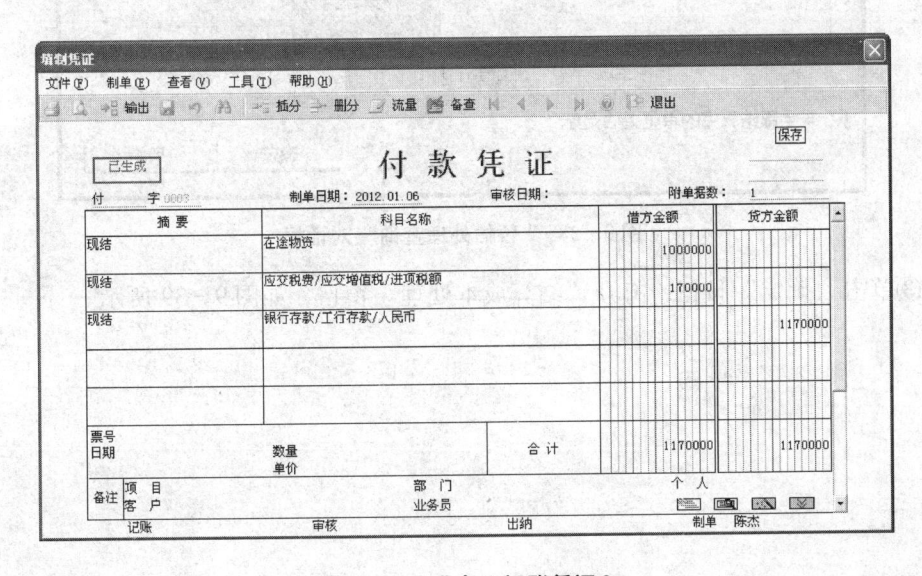

图9-37 业务8记账凭证2

9. 1月7日，收到上月已验收入库的中山兴安工具有限公司5套专用工具的增值税专用发票一张，发票单价为55元，发票号：48210，款项未付。

【处理流程】

（1）填制采购发票（可参照入库单生成，注意修改单价）

【操作步骤】

①执行"采购管理"—"采购发票"—"专用采购发票"命令。

②单击"增加"按钮，单击"生单"按钮上的"▼"，选择"入库单"，参照生成采购专用发票，修改单价为"55"。

（2）执行采购结算，操作步骤同前

（3）进行暂估处理

【操作步骤】

①执行"供应链"—"存货核算"—"业务核算"—"结算成本处理"命令，打开"暂估处理查询"对话框。

②选择仓库，并在"未全部结算的单据是否显示"前的方框打钩。如图9-38所示。

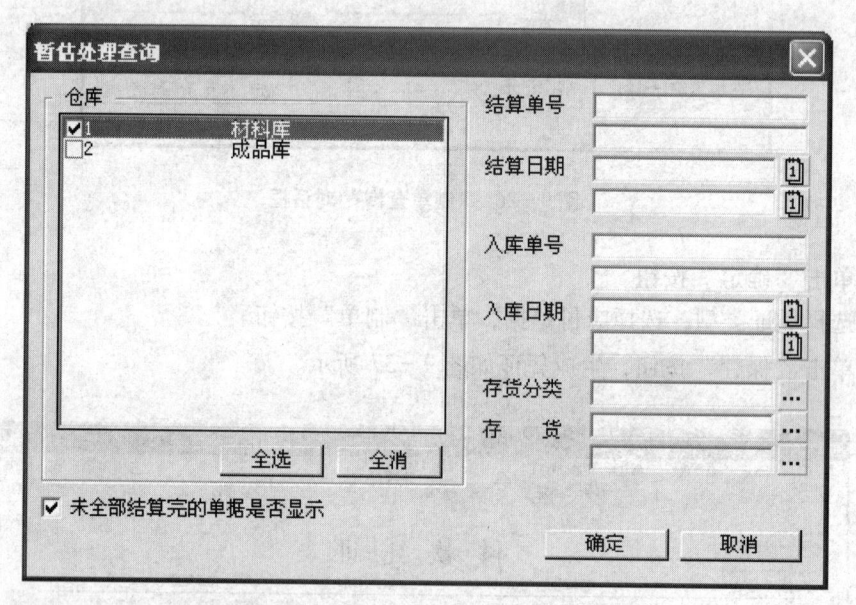

图9-38 "暂估处理查询"对话框

③单击"确定"按钮，打开"结算成本处理"窗口，如图9-39所示。

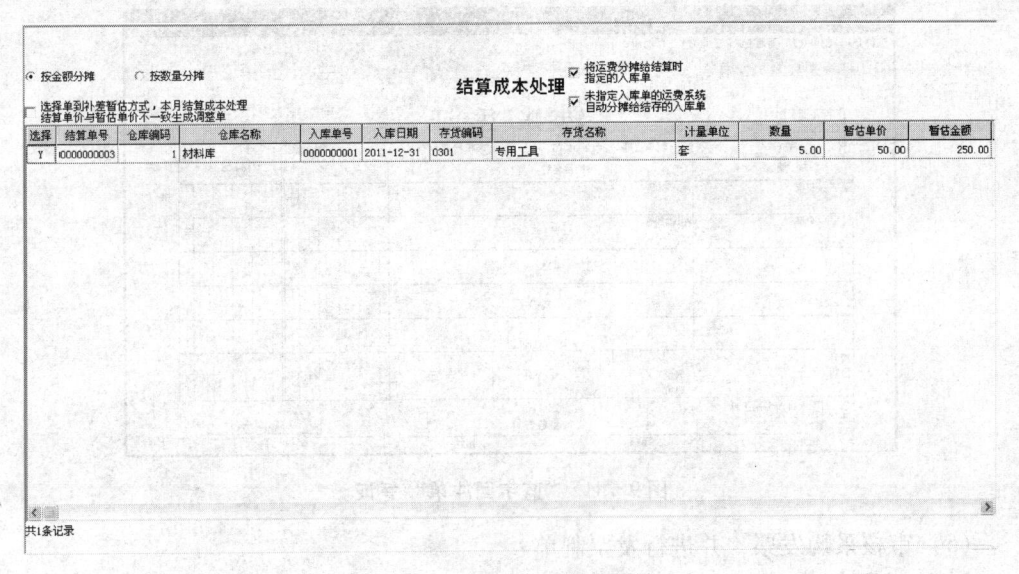

图 9-39 "结算成本处理"窗口

④选择单据，单击工具栏上的"暂估"按钮进行暂估处理（系统自动生成"红字回冲单"和"蓝字回冲单"）。

（4）生成"红字回冲单"和"蓝字回冲单"的凭证

【操作步骤】

①执行"供应链"—"存货核算"—"财务核算"—"生成凭证"命令。

②单击"选择"按钮，再单击"确定"按钮。

③选择需要生成凭证的单据，单击"确定"按钮。

④手工录入"应付暂估"和"对方"科目编码：1402，单击"生成"按钮，生成凭证。

⑤单击"保存"按钮，如图 9-40、图 9-41 所示。

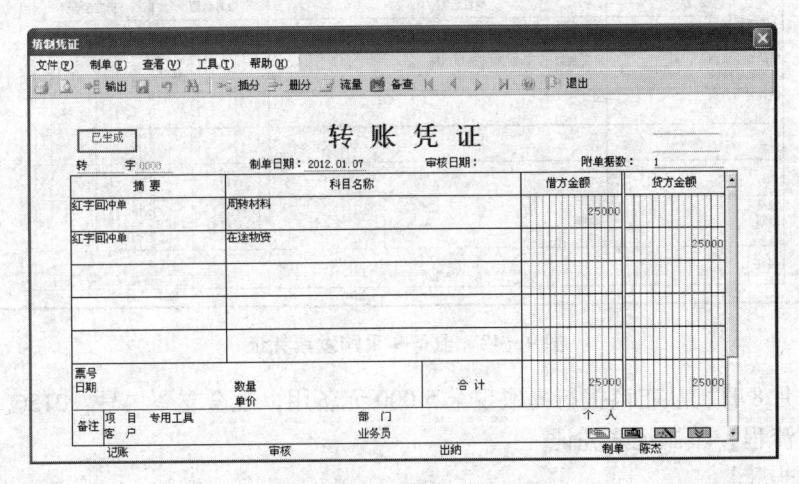

图 9-40 "红字回冲单"凭证

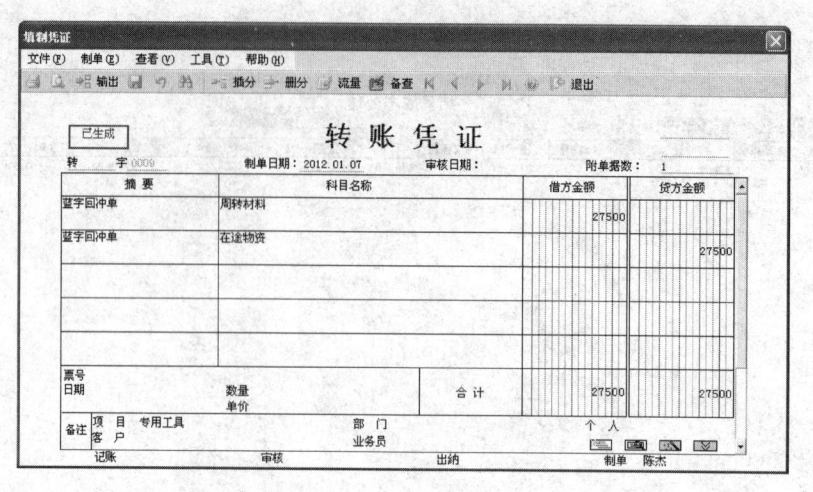

图9-41 "蓝字回冲单"凭证

(5) 审核采购发票,并进行发票制单

【操作步骤】

①执行"应付款管理"—"应付单据处理"—"应付单据审核"命令,审核采购发票。

②执行"应付款管理"—"制单处理"命令,选择发票制单。

③单击"确定"按钮,打开"采购发票制单"窗口。

④选择"转账凭证"类型,选中要制单的采购发票。

⑤单击"制单"按钮,生成一张转账凭证,如图9-42所示。

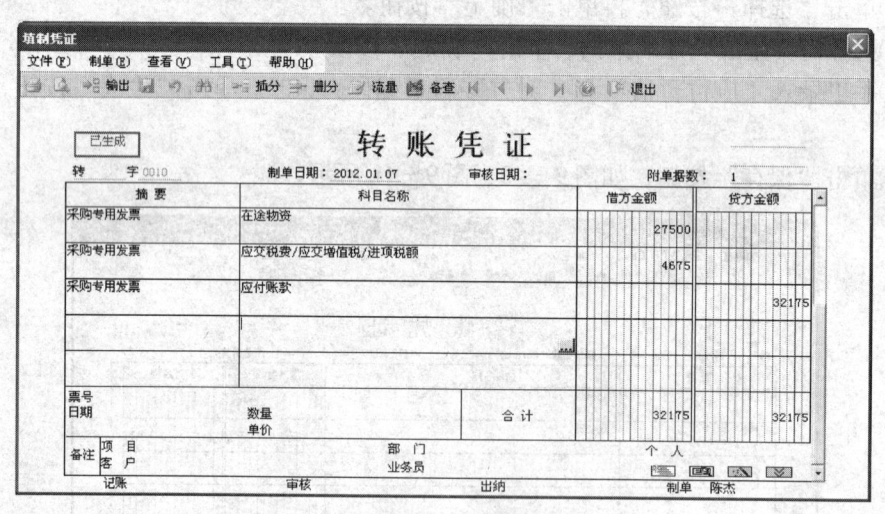

图9-42 业务9采购发票凭证

10. 1月8日,从工商银行提取现金5 000元备用,现金支票票号:2156。

【处理流程】填制记账凭证

【操作步骤】

(1) 执行"总账"—"填制凭证"命令。

(2) 单击"增加"按钮,选择付款凭证,输入凭证内容。

(3) 输入完毕，单击"保存"按钮，系统弹出"票号登记"窗口，进行支票登记。如图9-43所示。

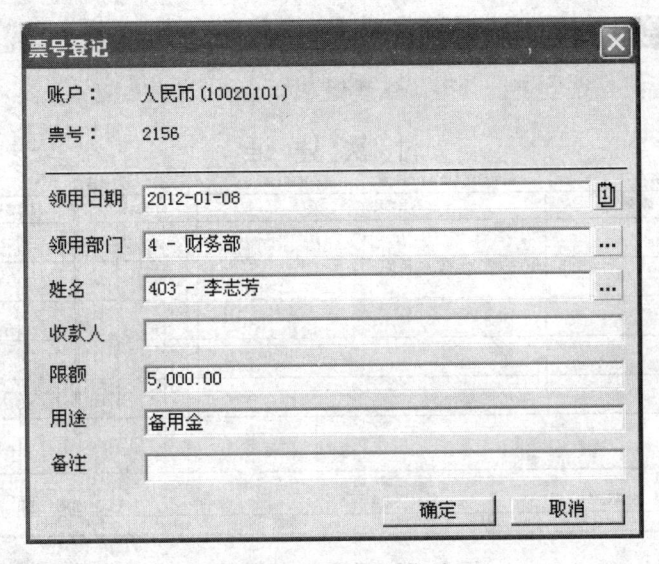

图9-43 "票号登记"窗口

11. 1月9日，开出银行转账支票支付广州永祥家用电器元件厂部分材料款15 000元，票据号：78917。

【处理流程】

（1）填制、审核付款单并生成凭证

【操作步骤】

①执行"应付款管理"—"付款单据处理"—"付款单据录入"命令。

②单击"增加"按钮，录入付款单。

③录入完毕，"保存"按钮保存。如图9-44所示

图9-44 "付款单"窗口

④单击"审核"按钮，系统提示"是否立即制单?"
⑤单击"是"，生成凭证如图9-45所示。

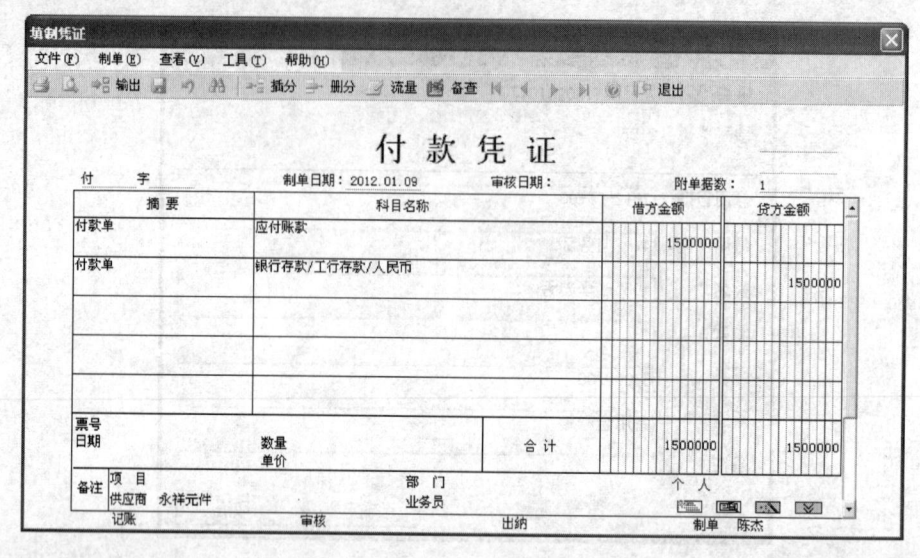

图9-45 业务11记账凭证

⑥单击"保存"按钮，单击"退出"按钮返回"付款单"窗口。
（2）核销已结算金额
①在"付款单"窗口单击工具栏"核销"按钮，单击"确定"，打开"单据核销"窗口。
②在采购专用发票的"本次结算"栏输入：15 000，如图9-46所示。

图9-46 "单据核销"窗口

③单击"保存"按钮，系统核销本次结算金额并显示剩余未核销金额。
④单击"退出"按钮退出。
提示：
● 单据的核销也可以执行"应付款管理"—"核销处理"命令处理，有手工核销和自动核销两种方式。自动核销只能进行同币种的批量核销，手工核销支持异币种的核销处理。

12. 1月9日，生产车间领用包装箱2 300个，其中PT电饭煲耗用1 500个，HH电饭煲耗用800个；专用工具5套，其中PT电饭煲耗用3套，HH电饭煲耗用2套。

【处理流程】
(1) 填制并审核材料出库单
【操作步骤】
①执行"库存管理"—"出库业务"—"材料出库单"命令。
②单击"增加"按钮,录入 PT 电饭煲领用的包装箱和专用工具的"材料出库单"。
③录入完毕,单击"保存"按钮保存。
④单击"审核"审核。
同理,录入并审核 HH 电饭煲领用材料的"材料出库单"。
(2) 确定存货成本
【操作步骤】
①执行"存货核算"—"业务核算"—"正常单据记账"命令。
②单击"过滤"按钮,打开"正常单据记账列表"窗口。
③选择要记账单据,单击"记账"按钮。
(3) 生成材料出库单的凭证
【操作步骤】
①执行"存货核算"—"财务核算"—"生成凭证"命令。
②单击"选择"按钮,打开"查询条件"对话框,单击"确定"按钮。
③选择需要生成凭证的单据,单击"确定",选择凭证类型,单击"生成"按钮,生成凭证。
④录入生产成本项目核算信息,单击"保存"按钮,如图 9-47、图 9-48 所示。

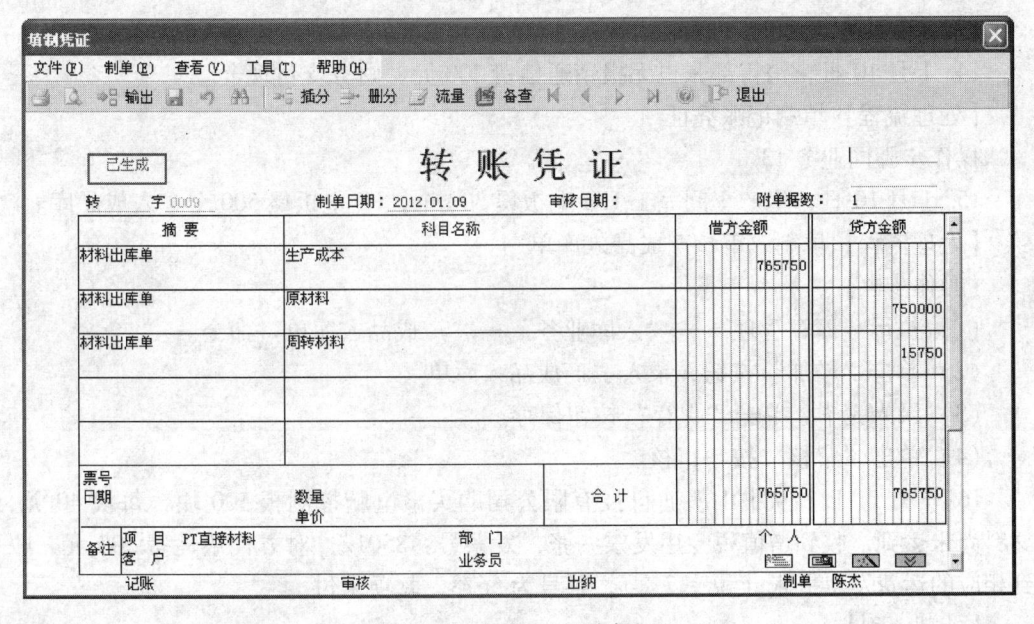

图 9-47 业务 12 记账凭证 1

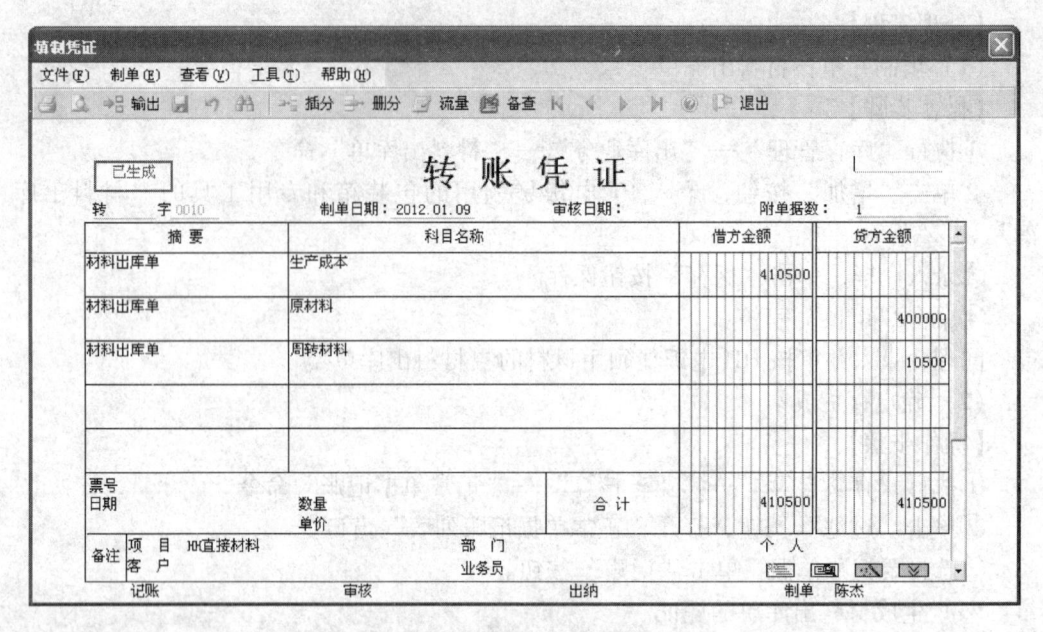

图 9-48 业务 12 记账凭证 2

13. 1 月 10 日，通过银行发放上月工资 50 000 元。

【处理流程】填制记账凭证

【操作步骤】

(1) 执行"总账"—"填制凭证"命令。

(2) 单击"增加"按钮，选择付款凭证，输入凭证内容。

(3) 输入完毕，单击"保存"按钮保存。

14. 1 月 10 日，销售部张也无报销通信费 200 元，财务支付现金。

【处理流程】填制记账凭证

操作步骤同业务 13。

15. 1 月 10 日，生产车间完工 HH 电饭煲 300 个，PT 电饭煲 500 个，入成品库。

【处理流程】填制、审核产成品入库单

【操作步骤】

(1) 执行"库存管理"—"入库业务"—"产成品入库单"命令。

(2) 单击"增加"按钮，录入"产成品入库单"。

(3) 录入完毕，单击"保存"按钮保存。

(4) 单击"审核"按钮审核。

16. 1 月 11 日，从中山凯迪科技有限公司购买微电脑控制板 500 块，每块 40 元，材料尚未运到，收到增值税专用发票一张，发票号：85012，对方代垫运费 500 元，收到相应的运费发票一张（税率 7%），票号为 5678，款项未付。

【处理流程】

(1) 填制专用采购发票（供应链—采购管理—采购发票—专用采购发票）。

(2) 填制运费发票（供应链—采购管理—采购发票—运费发票），如图 9-49

所示。

图9-49 业务16 运费发票

提示：

● 在"基础设置—单据设置—单据编号设置"中将采购运费发票设置为"手工编号"方可输入运费发票号。

17. 1月12日，销售给广州裕隆商场PT电饭煲200个，单价80元，HH电饭煲100个，单价150元，开具增值税专用发票一张，发票号：4569，对方开出银行转账支票支付货款，票据号：56906。

【处理流程】

（1）填制并审核销售发货单（操作步骤略）

（2）根据发货单填制并复核销售专用发票（注意做"现结"处理）

【操作步骤】

①执行"供应链"—"销售管理"—"销售开票"—"销售专用发票"命令。

②单击"增加"按钮，打开"过滤条件选择-发票参照发货单"对话框。

③单击"过滤"按钮，打开"参照生单"窗口，选择要开票的发货单。

④单击"确定"按钮，系统自动参照生成销售专用发票，填写发票号。

⑤单击"保存"按钮，单击"现结"按钮，在"现结"窗口输入付款金额，如图9-50所示。

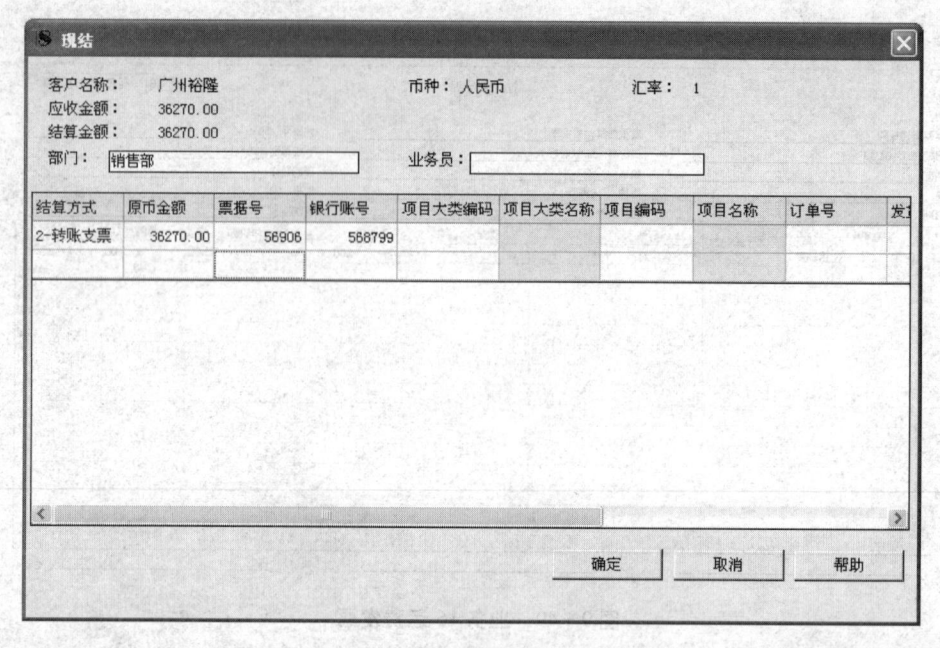

图9-50 "现结"窗口

⑥单击"复核"按钮。已现结并复核的销售专用发票如图9-51所示。

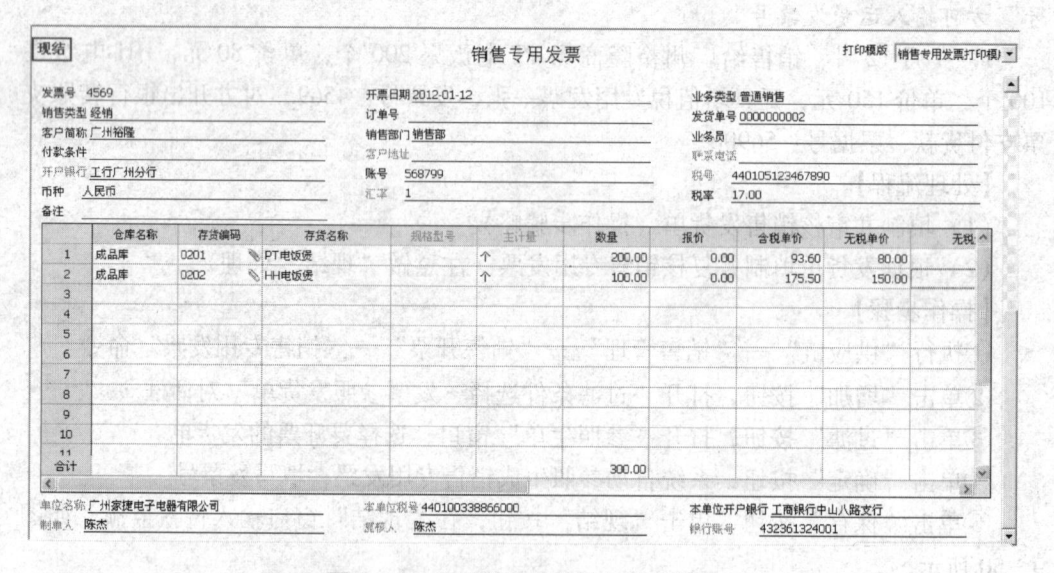

图9-51 已现结处理的销售专用发票

提示：

● 销售发票应先进行"现结"处理，再进行"复核"。已复核的销售发票不能进行现结处理。

(3) 审核销售发票

【操作步骤】

①执行"应收款管理"—"应收单据处理"—"应收单据审核"命令。

②勾选"包含已现结发票",单击"确定"按钮,打开"应收单据列表"窗口。
③单击"全选"按钮,再单击"审核"按钮。
提示:
● 销售发票审核前一定要先在"销售管理"系统复核,否则"应收款管理"系统不显示。

(4) 销售发票制单
【操作步骤】
①执行"应收款管理"—"制单处理"命令,打开"制单查询"对话框。
②选择"发票制单、现结制单",单击"确定"按钮,打开"应收制单"窗口。
③选择发票,选择凭证类型,单击"制单"按钮,单击"保存"按钮,生成凭证如图9-52所示。

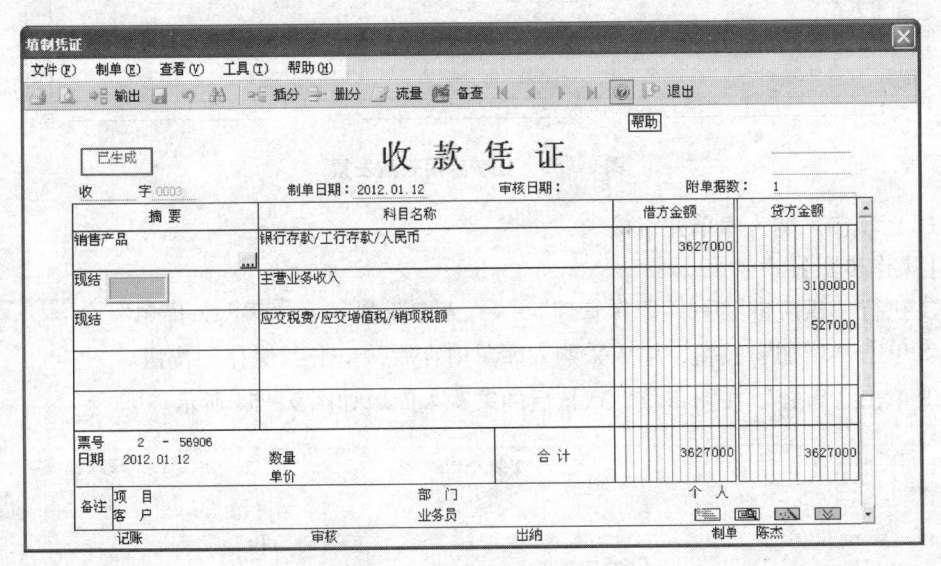

图9-52 业务17记账凭证

(5) 审核销售出库单
【操作步骤】
①执行"库存管理"—"出库业务"—"销售出库单"命令。
②单击工具栏上的"　　　　　"按钮,找到要审核的销售出库单。
③单击"审核"按钮。

18. 1月13日,从中山凯迪科技有限公司购买的微电脑控制板运到,经验收5块不合格,经协商做退货处理,收到票号为5789的红字专用发票一张,不含税单价40元,其余入材料库,运费按微电脑控制板的数量分摊。
【处理流程】
(1) 输入红字专用采购发票
【操作步骤】
①执行"供应链"—"采购管理"—"采购发票"—"红字专用采购发票"命令。

②单击"增加"按钮,输入发票内容,数量为负数量。
③录入完毕,单击"保存"按钮,如图9-53所示。

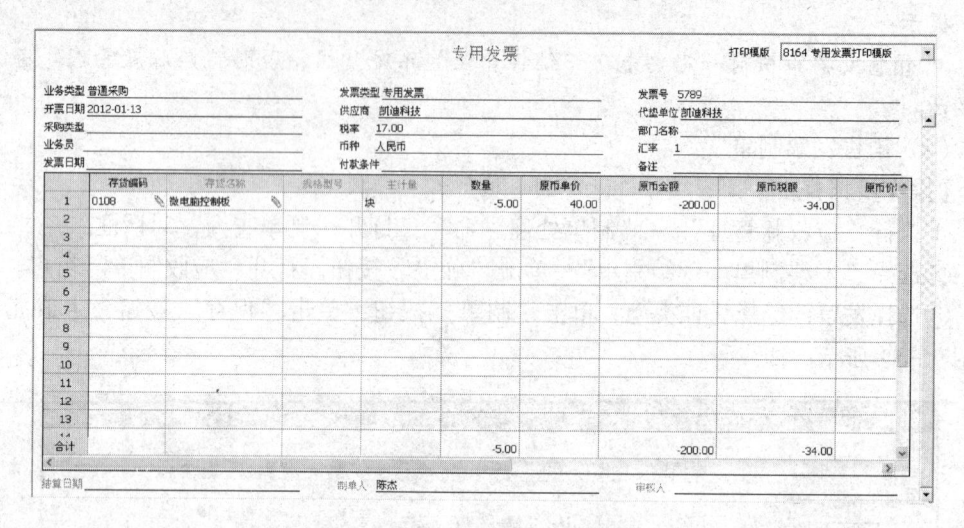

图9-53 红字专用采购发票

(2) 填制采购入库单并审核
【操作步骤】
①执行"供应链"—"库存管理"—"入库业务"—"采购入库单"命令。
②单击"增加"按钮,输入采购入库单内容后,单击"保存"按钮。
③单击"审核"按钮审核。审核后的采购入库单如图9-54所示。

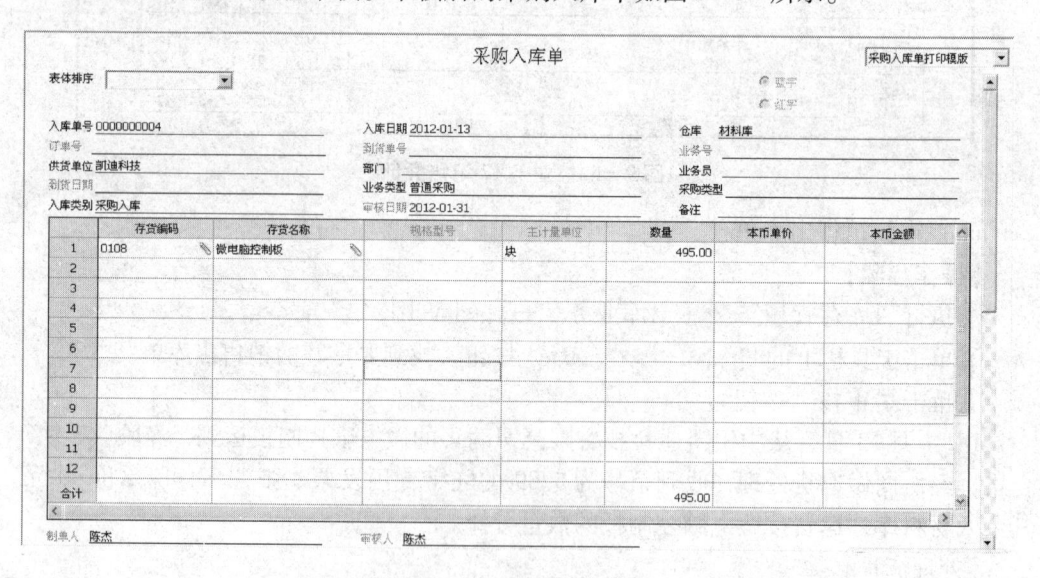

图9-54 采购入库单

(3) 进行采购结算(采购管理—采购结算—手工结算)
【操作步骤】
①执行"供应链"—"采购管理"—"采购结算"—"手工结算"命令。

②单击"选单"—"过滤"—"过滤"按钮,打开"结算选单"窗口。
③单击"全选",单击"确定"按钮。
④系统提示"所选单据扣税类别不同,是否继续?",单击"是"。
⑤选择费用分摊方式为按"数量",单击"分摊"按钮,单击"结算"按钮。
(4)入库单记账并生成凭证(如图9-55所示)

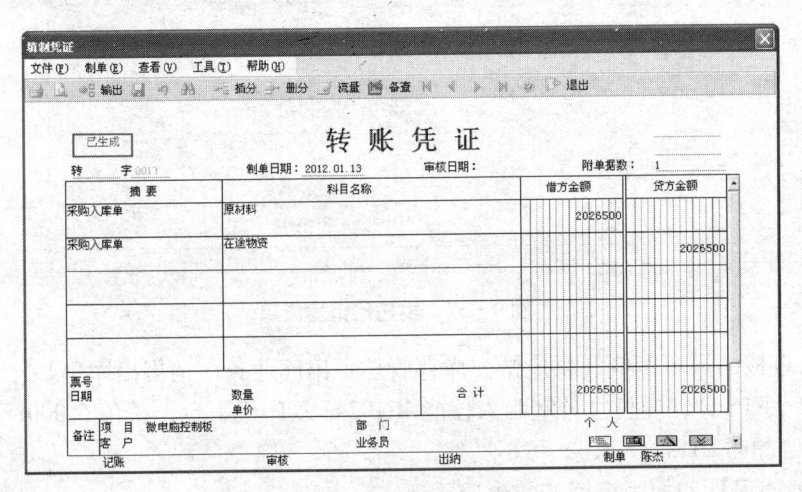

图9-55 业务18记账凭证1

(5)审核相关发票(应付款管理—应付单据处理—应付单据审核)
(6)发票合并制单(应付款管理—制单处理),凭证如图9-56所示。

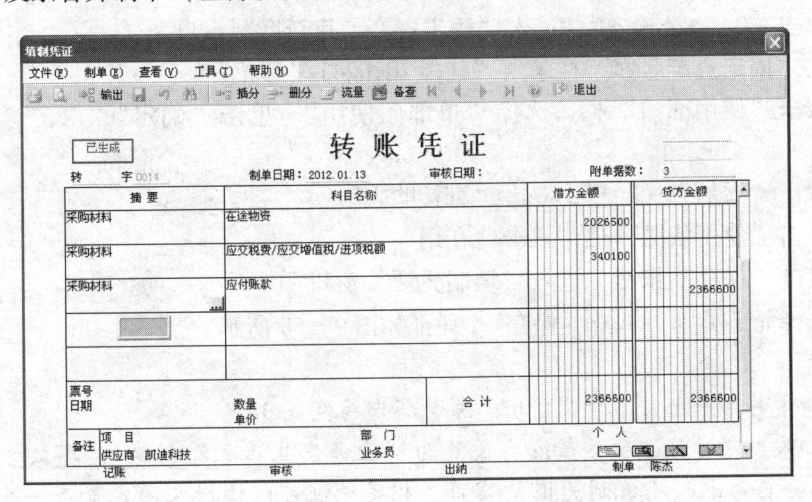

图9-56 业务18记账凭证2

19. 1月14日,销售部委托广州盛世超市代销PT电饭煲500个,单价80元,HH电饭煲200个,单价150元,货已发出。
【处理流程】
(1)填制并审核委托代销发货单(供应链—销售管理—委托代销—委托代销发货单),如图9-57所示。

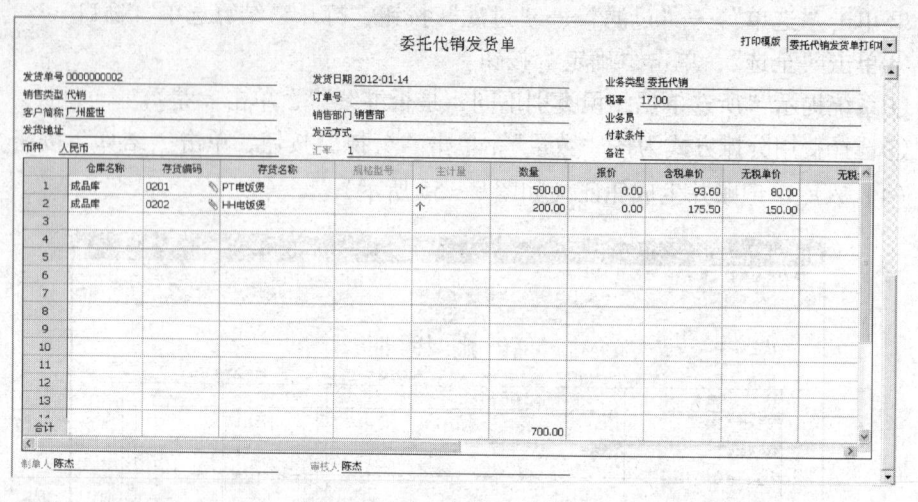

图9-57 委托代销发货单

（2）审核销售出库单（供应链—库存管理—出库业务—销售出库单）

20. 1月15日，经理办公室购入佳能iR1024J复印机1台，价值5 000元，用现金支票支付，票号2157。

【处理流程】增加固定资产并生成凭证

【操作步骤】

①执行"固定资产"—"卡片"—"资产增加"命令，打开"资产类别参照"对话框。

②双击"04 办公设备"，进入"固定资产卡片新增"窗口。

③在"固定资产名称"栏录入"佳能iR1024J复印机"。

④双击"使用部门"栏，选择"单部门使用"，单击"确定"，双击"经理办公室"。

⑤双击"增加方式"栏，双击"直接购入"。

⑥单击"使用状况"栏，双击"在用"。

⑦单击"保存"按钮，进入"填制凭证"窗口。

⑧选择凭证类别，单击"保存"。凭证如图9-58所示。

提示：

● 新卡片第一个月不计提折旧，累计折旧为空或0。

● 如果固定资产选项参数没有设置为"业务发生后立即制单"，那么卡片输入完后系统不会自动进入"填制凭证"窗口，相关凭证可以执行"固定资产—处理—批量制单"命令生成。

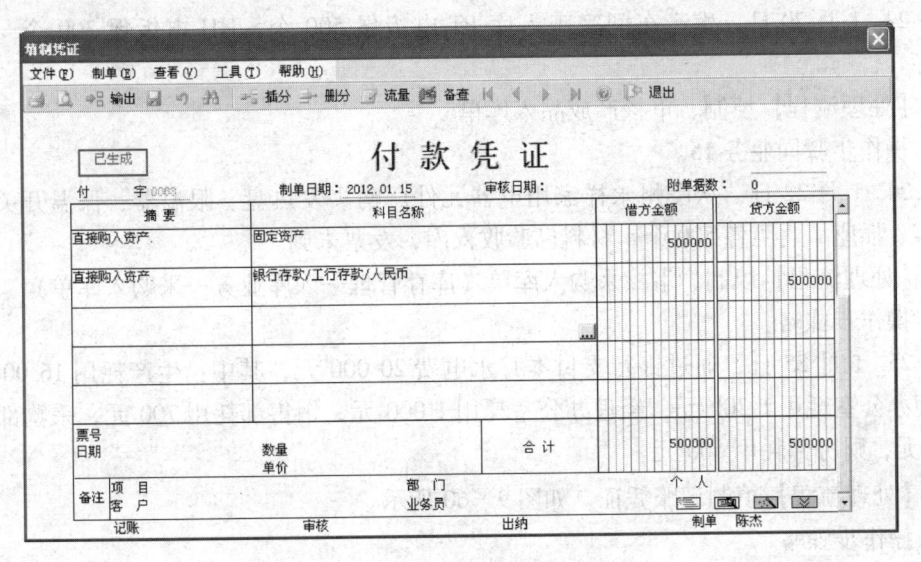

图 9-58 业务 20 记账凭证

21. 1月16日，向银行借入期限为三个月的借款 10 000 美元，记账汇率为 6.3306。

【处理流程】填制记账凭证

【操作步骤】

①执行"总账"—"填制凭证"命令。

②单击"增加"按钮，选择收款凭证，输入凭证内容。注意借方科目为：10020102 银行存款—工行—美元；外币金额为：10 000；汇率为：6.3306。

③输入完毕，单击"保存"按钮保存，凭证如图 9-59 所示。

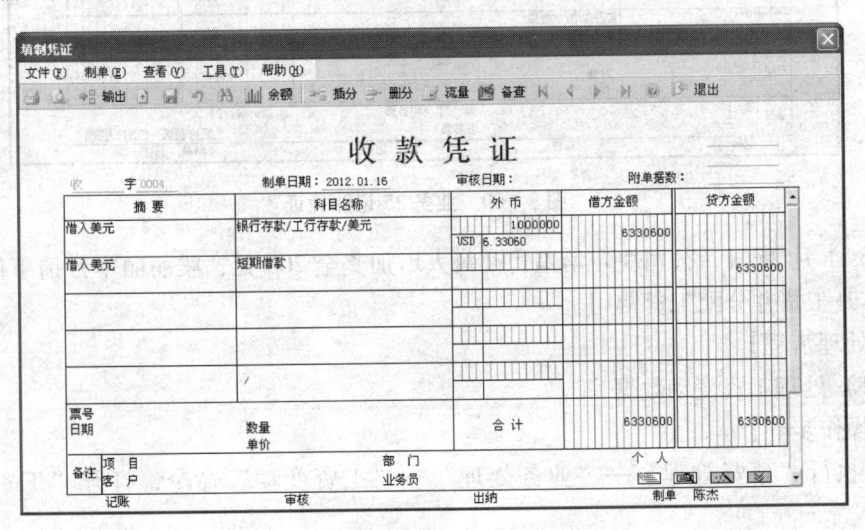

图 9-59 业务 21 记账凭证

22. 1月17日，经理办公室和生产车间各购买办公用品 1 000 元，财务现金付讫。

【处理流程】填制记账凭证

操作步骤略。

23. 1月20日，生产车间完工入库PT电饭煲500个，HH电饭煲300个，入成品库。

【处理流程】填制、审核产成品入库单

操作步骤同业务15。

24. 1月22日，从广州永祥家用电器元件厂购买发热盘、限温器、保温开关、指示灯、插座、内胆各500个，材料已验收入库，发票未到。

【处理流程】填制、审核采购入库单（库存管理—入库业务—采购入库单）

操作步骤略。

25. 1月25日，通过银行支付本月水电费20 000元，其中：生产耗用16 000元，车间办公室耗用1 200元，经理办公室耗用1 000元，销售部耗用700元，采购部耗用500元，财务部耗用600元。

【处理流程】填制记账凭证，如图9-60所示。

操作步骤略。

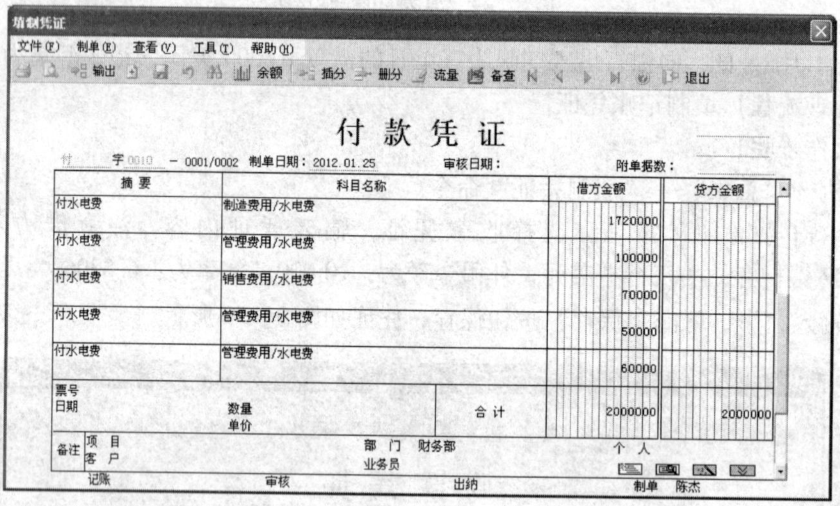

图9-60 业务25记账凭证

26. 1月25日，公司决定给销售部每人增加奖金200元，梁丽丽本月请事假1天，计算本月工资并分配工资费用。

【处理流程】

（1）处理工资变动数据

【操作步骤】

①执行"薪资管理"—"业务处理"—"工资变动"命令，打开"工资变动"窗口。

②录入模拟企业资料中的工资数据。

③单击"全选"按钮，单击"替换"按钮，打开"工资项数据替换"对话框。

④下拉"将工资项目"列表框，选择"奖金"；在"替换成"文本框中录入"奖金+200"；替换条件设置为"部门=销售部"。如图9-61所示。

图 9-61 "工资项数据替换"对话框

⑤单击"确定"按钮，系统提示"数据替换后将不可恢复。是否继续？"。
⑥单击"是"，出现如图 9-62 所示信息提示。

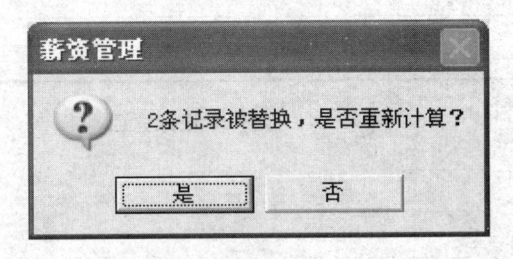

图 9-62 数据替换信息提示

⑦单击"是"，重新计算工资并返回"工资变动"窗口。
⑧在"梁丽丽"的"事假天数"栏中输入：1。
⑨所有工资数据处理完成后，单击工具栏上的"计算"按钮，计算工资数据，单击"汇总"按钮，进行工资数据汇总。结果如图 9-63 所示。

选择	人员编号	姓名	部门	人员类别	基本工资	奖金	交通补贴	应发合计	事假扣款	保险费	扣款合计	实发合计	代扣税
	101	梁兴发	经理办公室	企业管理人	5,000.00	500.00	100.00	5,600.00		275.00	380.00	5,220.00	105.00
	102	陈明亮	经理办公室	企业管理人	3,200.00	200.00	100.00	3,500.00		170.00	170.00	3,330.00	
	201	刘营销	销售部	经营人员	4,500.00	500.00	200.00	5,200.00		250.00	315.00	4,885.00	65.00
	202	张也无	销售部	经营人员	2,800.00	400.00	200.00	3,400.00		160.00	160.00	3,240.00	
	301	赵四海	采购部	经营人员	4,500.00	300.00	100.00	4,900.00		240.00	282.00	4,618.00	42.00
	302	孙才沟	采购部	经营人员	2,800.00	200.00	100.00	3,100.00		150.00	150.00	2,950.00	
	401	陈杰	财务部	企业管理人	4,500.00	300.00	100.00	4,900.00		240.00	282.00	4,618.00	42.00
	402	王丽妮	财务部	企业管理人	2,800.00	200.00	100.00	3,100.00		150.00	150.00	2,950.00	
	403	李志芳	财务部	企业管理人	2,800.00	200.00	100.00	3,100.00		150.00	150.00	2,950.00	
	501	成一鸣	生产部办公	车间管理人	4,600.00	300.00	100.00	5,000.00		245.00	290.00	4,710.00	45.00
	502	梁丽丽	生产部办公	车间管理人	2,800.00	200.00	100.00	3,100.00	127.27	150.00	277.27	2,822.73	
	503	吴美姨	生产车间	PT生产工人	2,500.00	200.00	100.00	2,800.00		135.00	135.00	2,665.00	
	504	汪海仁	生产车间	PT生产工人	2,500.00	200.00	100.00	2,800.00		135.00	135.00	2,665.00	
	505	周鸿兵	生产车间	PT生产工人	2,500.00	200.00	100.00	2,800.00		135.00	135.00	2,665.00	
	506	李一凡	生产车间	HH生产工人	2,800.00	200.00	100.00	3,100.00		150.00	150.00	2,950.00	
	507	孙丽英	生产车间	HH生产工人	2,800.00	200.00	100.00	3,100.00		150.00	150.00	2,950.00	
合计					53,400.00	4,300.00	1,800.00	59,500.00	127.27	2,885.00	3,311.27	56,188.73	299.00

图 9-63 工资表

（2）工资分摊并生成凭证

操作步骤参见第三章第二节薪资管理业务处理。生成凭证如图9-64所示。

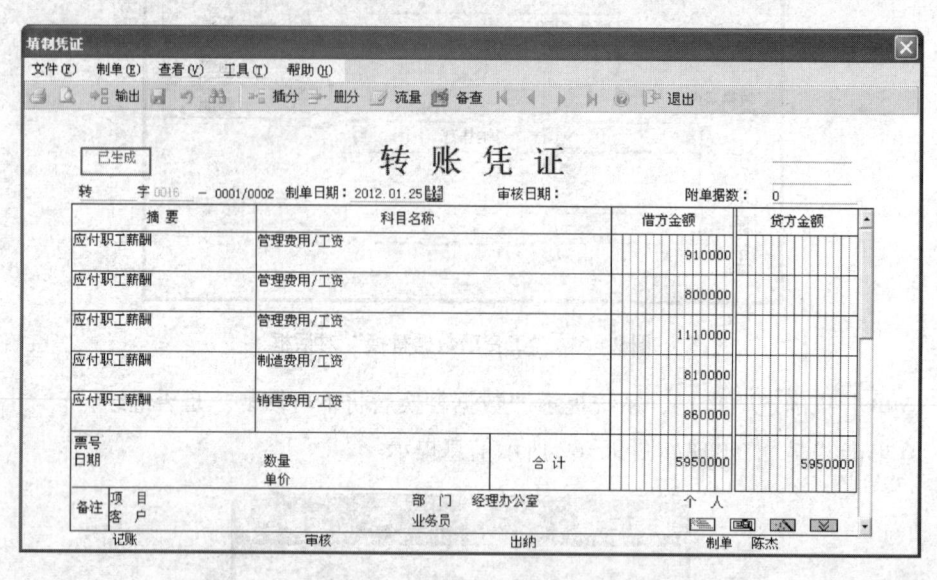

图9-64 业务26记账凭证

27. 计提本月折旧。

【操作步骤】

（1）执行"固定资产"—"处理"—"计提本月折旧"命令，系统弹出如图9-65所示信息提示。

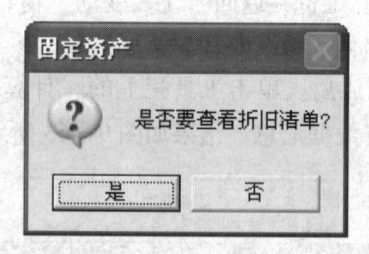

图9-65 计提折旧信息提示1

（2）单击"是"按钮，系统弹出如图9-66所示信息提示。

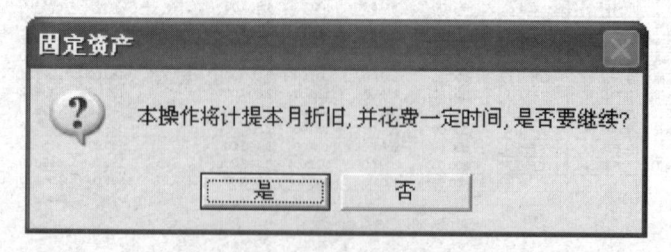

图9-66 计提折旧信息提示2

（3）单击"是"按钮，打开"折旧清单"窗口，如图9-67所示。

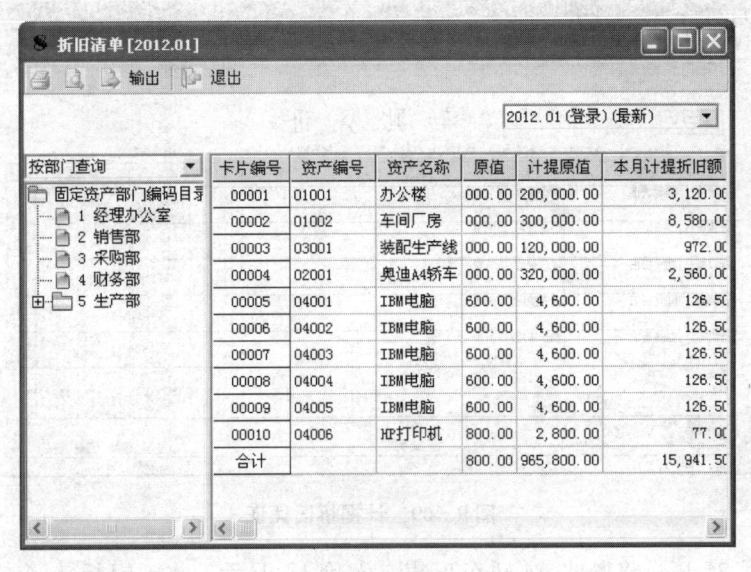

图 9-67 "折旧清单"窗口

（4）单击"退出"按钮，打开"折旧分配表"窗口，如图 9-68 所示。

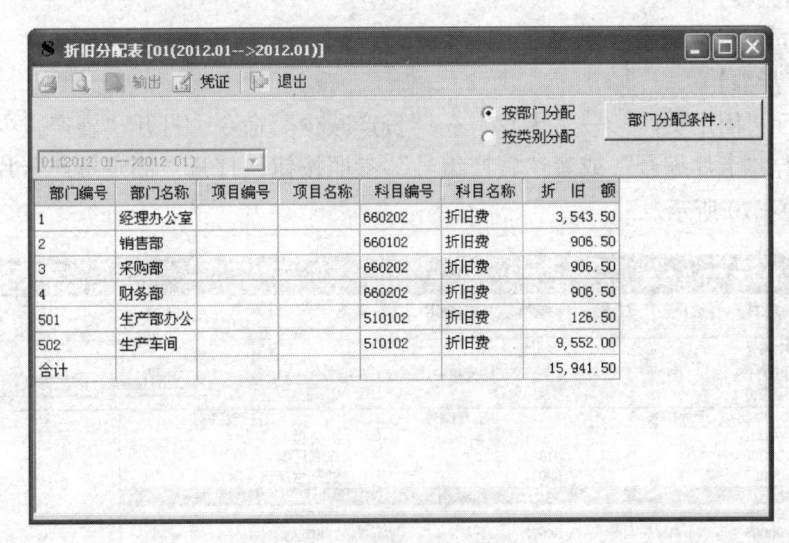

图 9-68 "折旧分配表"窗口

（5）单击"凭证"按钮，系统自动生成一张凭证。
（6）选择凭证类别为"转账凭证"。
（7）单击"保存"按钮，凭证如图 9-69 所示。

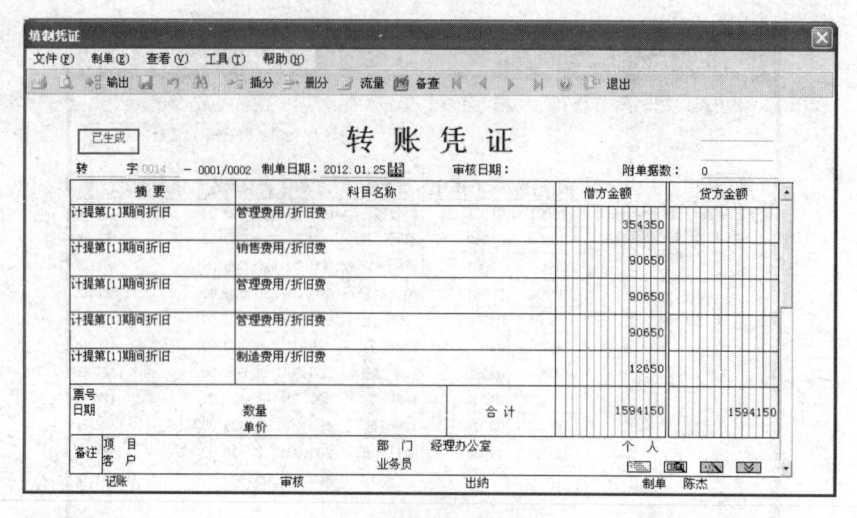

图 9-69 计提折旧凭证

28. 1月26日，将奥迪A4轿车出售，卖价18万元，收到银行转账支票一张，票据号：98561。

【处理流程】

（1）固定资产减少处理

【操作步骤】

①执行"固定资产"—"卡片"—"资产减少"命令，打开"资产减少"窗口。

②双击"卡片编号"或者"资产编号"参照按钮，打开"固定资产卡片档案"窗口，如图9-70所示。

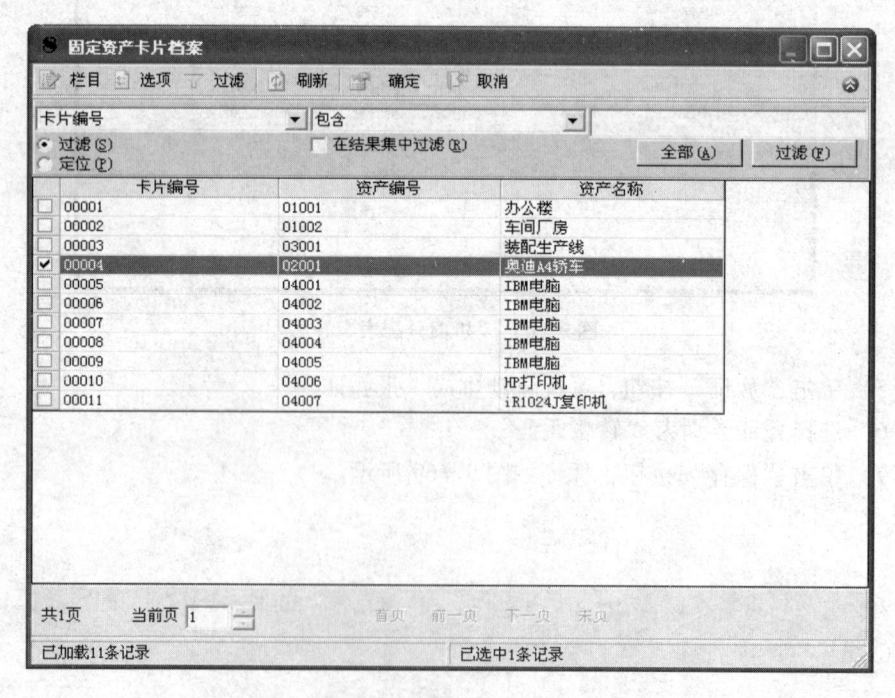

图 9-70 "固定资产卡片档案"窗口

③双击"00004 奥迪 A4 轿车",返回"资产减少"窗口。

④单击"增加"按钮,双击"减少方式"栏,激活"减少方式"参照按钮,单击"减少方式"参照按钮,双击"出售",清理收入栏录入 180 000,如图 9-71 所示。

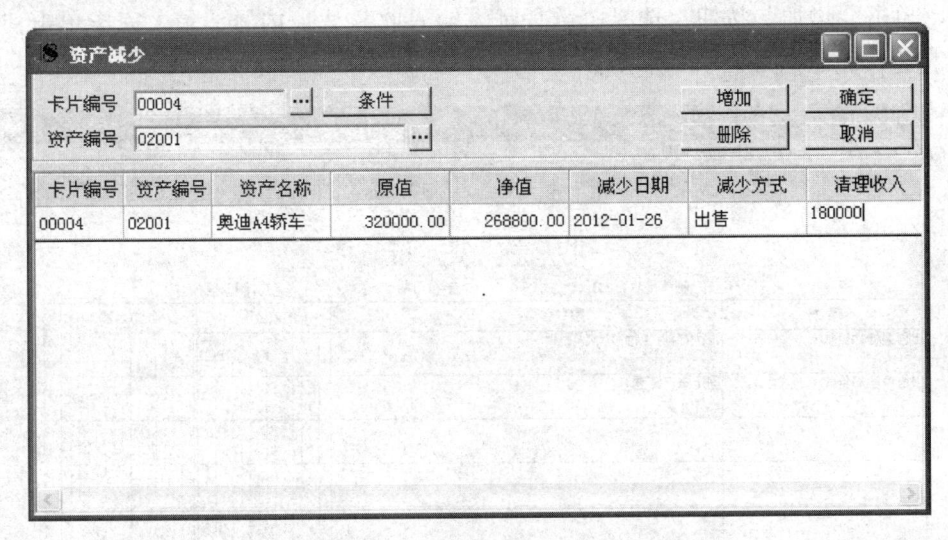

图 9-71 "固定资产减少"窗口

⑤单击"确定"按钮,进入"填制凭证"窗口。

⑥选择凭证类别,检查累计折旧科目的数据是否正确,如果不正确,手工修改(用友 U872 软件此处有缺陷),单击"保存"按钮。凭证如图 9-72 所示。

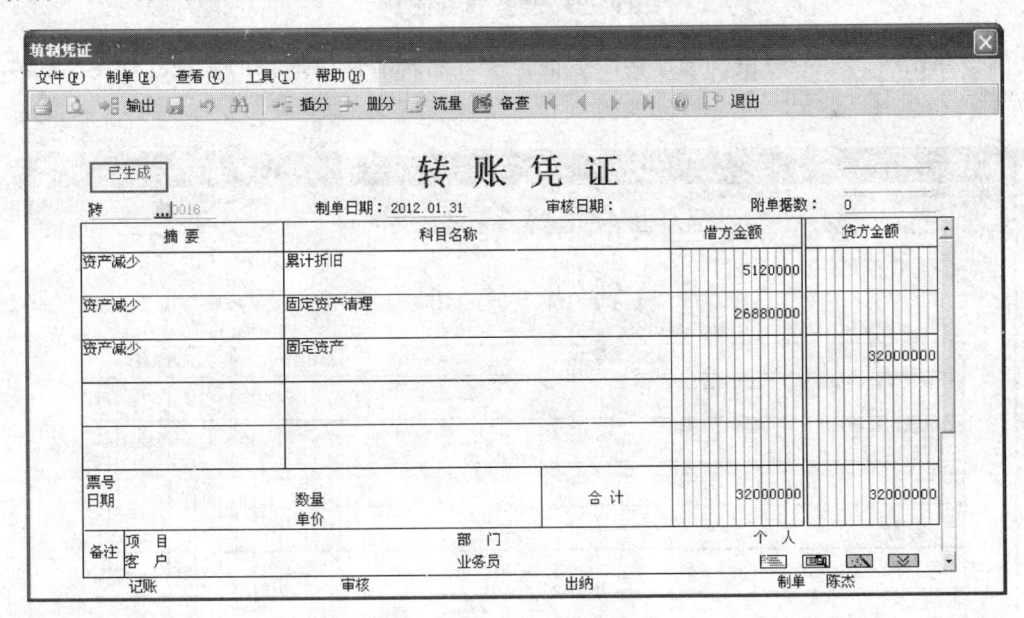

图 9-72 业务 28 凭证 1

提示:
● 凭证也可以执行"固定资产—处理—批量制单"命令生成。

（2）填制收款和结转清理净损益的凭证

【操作步骤】

①执行"总账"—"填制凭证"命令。

②单击"增加"按钮，选择收款凭证，输入收款凭证内容，录入完毕单击"保存"按钮，凭证如图9-73所示。

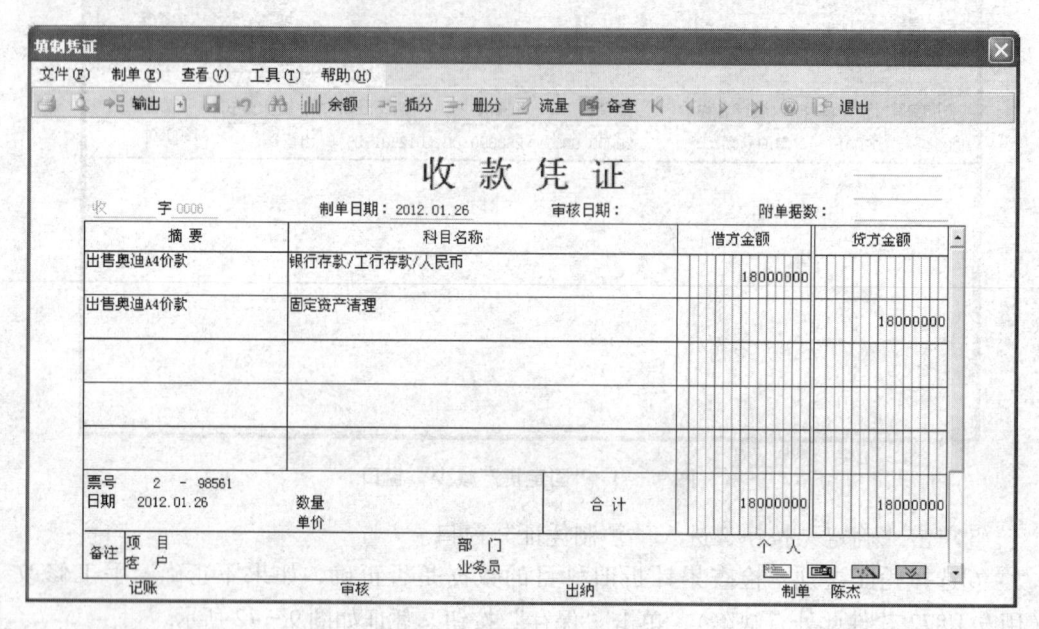

图9-73 业务28凭证2

③单击"增加"按钮，选择转账凭证，输入结转清理净损益的凭证，如图9-74所示。

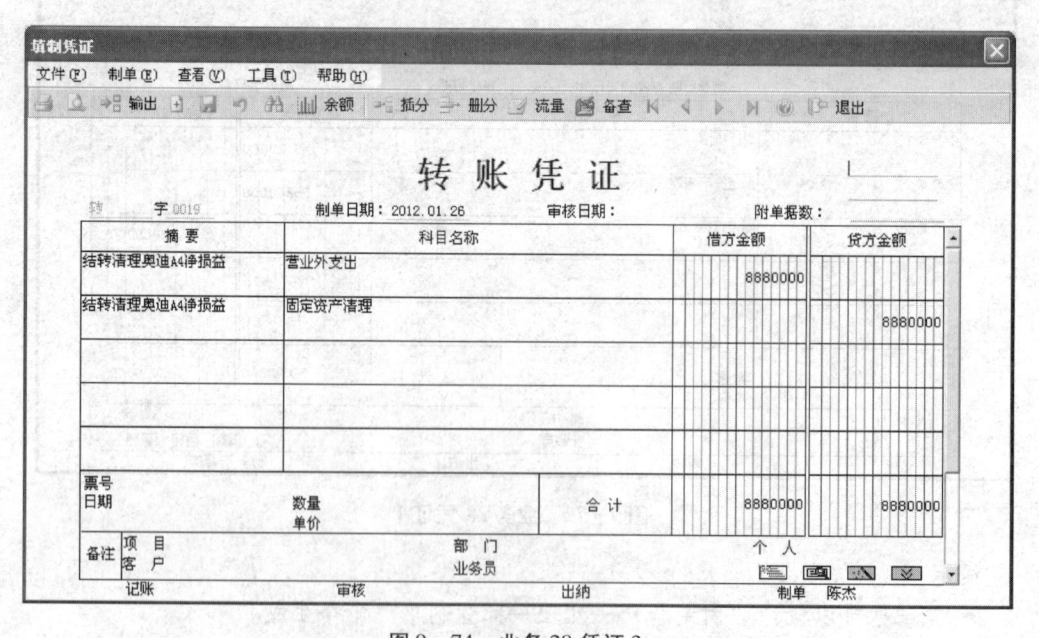

图9-74 业务28凭证3

29. 1月26日，收到22日向广州永祥家用电器元件厂购买元件的发票，发票号：69532，发票清单见表9-1：

表9-1　　　　　　　　　　　　　发票清单表

货物或劳务名称	单位	数量	单价	金额	税率	税额
发热盘	个	500	13	6 500	17%	1 105
限温器	个	500	7	3 500	17%	595
保温开关	个	500	4	2 000	17%	340
指示灯	个	500	3	1 500	17%	255
插座	个	500	3	1 500	17%	255
内胆	个	500	8	4 000	17%	680

【处理流程】
（1）填制采购专用发票（采购管理—采购发票—专用采购发票）。
（2）进行采购结算（采购管理—采购结算—自动结算）。
（3）采购发票审核并制单，凭证如图9-75所示。

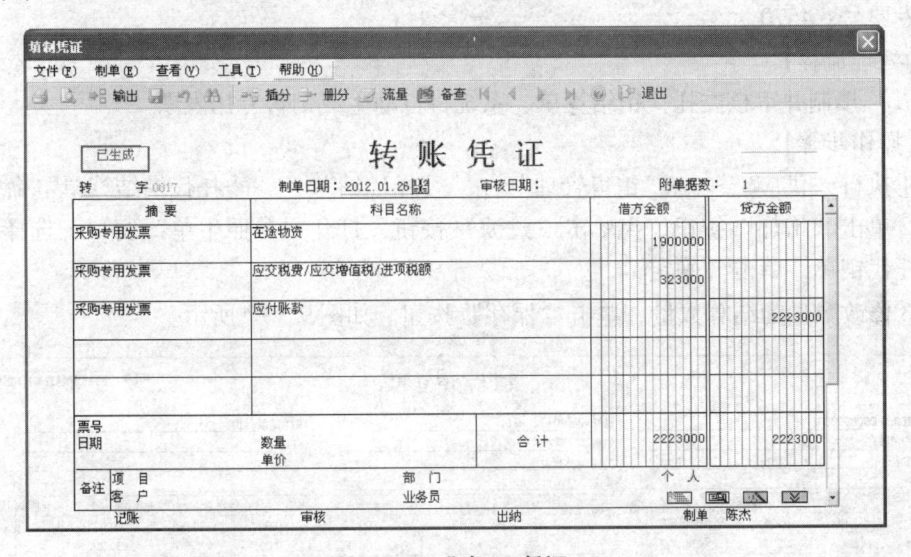

图9-75　业务29凭证1

（4）采购入库单记账并制单，凭证如图9-76所示。

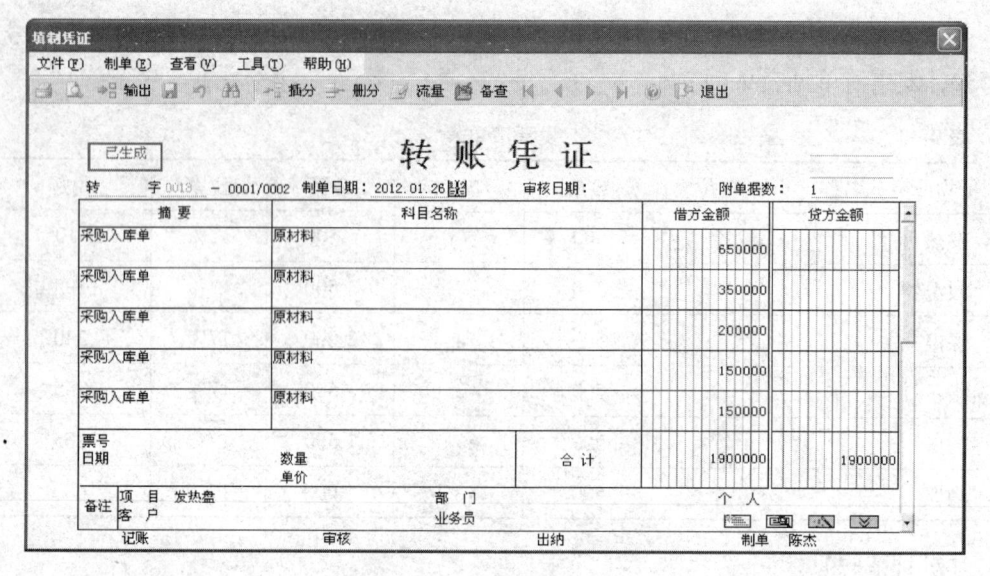

图9-76 业务29凭证2

30. 1月27日，销售部收到广州盛世超市委托代销清单一张，结算PT电饭煲300个，售价80元，HH电饭煲100个，售价150元，立即开具增值税专用发票给盛世超市，发票号：4570。

【处理流程】

（1）填制并审核委托代销结算单，系统将自动生成销售专用发票

【操作步骤】

①执行"供应链"—"销售管理"—"委托代销"—"委托代销结算单"命令。

②单击"增加"按钮，再单击"过滤"按钮，打开"参照生单"窗口，选择相应的委托代销单，单击"确定"。

③修改数量为结算数量，单击"保存"按钮。如图9-77所示。

图9-77 委托代销结算单

④单击"审核"按钮,打开"请选择发票类型"对话框,如图9-78所示。

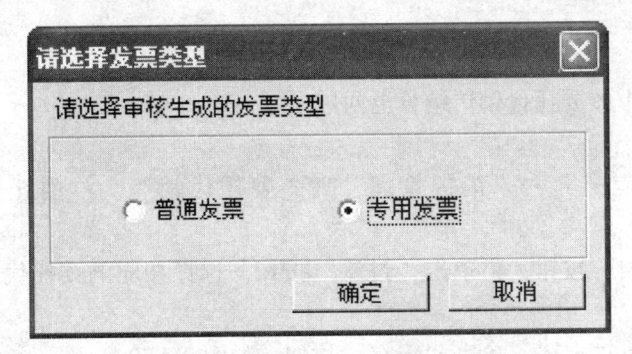

图9-78 "请选择发票类型"对话框

⑤系统默认为"专用发票",单击"确定"按钮。

(2) 复核销售发票

【操作步骤】

①执行"供应链"—"销售管理"—"销售开票"—"销售专用发票"命令。

②单击工具栏上的"｜◀ ◀ ▶ ▶｜"按钮,找到要复核的销售专用发票,单击"复核"按钮。

(3) 在应收款管理系统审核销售发票及生成销售凭证

操作步骤同前,凭证如图9-79所示。

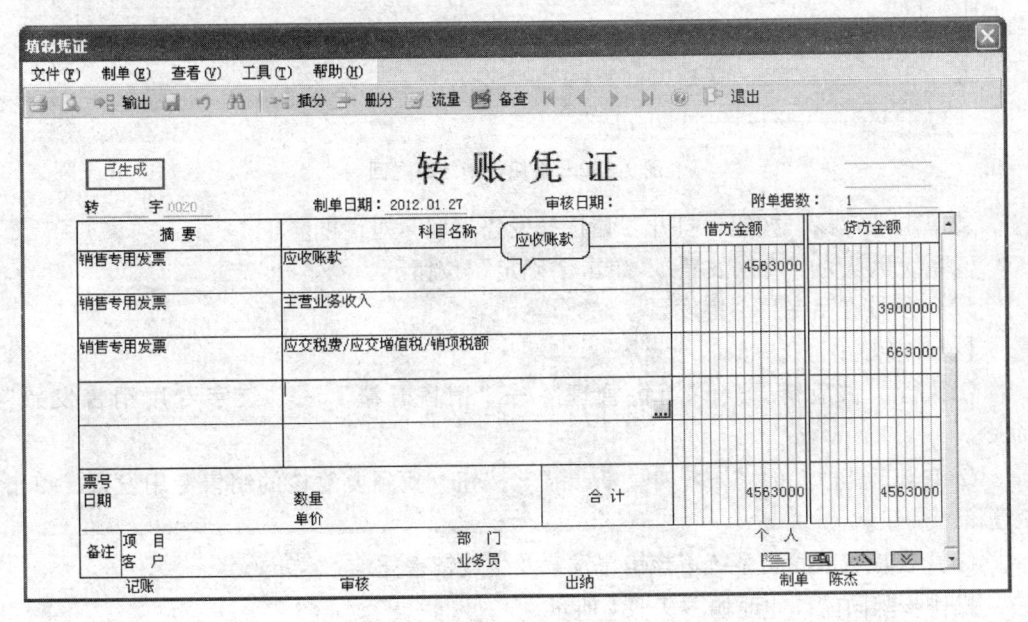

图9-79 业务30凭证

31. 1月28日,生产车间生产的电饭煲全部完工,本批入库PT电饭煲500个,HH电饭煲200个,入成品库。

【处理流程】填制、审核产成品入库单

操作步骤同业务15。

32. 1月30日，委托广州盛世超市销售的HH电饭煲退回2个，入成品库，该货物已经结算。

【处理流程】

（1）填制、审核委托代销单结算退回单

【操作步骤】

①执行"供应链"—"销售管理"—"委托代销"—"委托代销结算退回"命令。

②单击"增加"按钮，再单击"过滤"按钮，选择相应的委托代销单，单击"确定"。

③修改数量为"-2"，单击"保存"按钮。如图9-80所示。

图9-80 委托代销结算退回

④单击"审核"按钮，打开"请选择发票类型"对话框。

⑤系统默认为"专用发票"，单击"确定"按钮。

（2）复核红字专用销售发票

【操作步骤】

①执行"供应链"—"销售管理"—"销售开票"—"红字专用销售发票"命令。

②单击工具栏上的"｜◀　◀　▶　▶｜"按钮，找到要复核的销售专用发票，单击"复核"按钮。

（3）在应收款管理系统审核销售发票及生成销售凭证

操作步骤同前，凭证如图9-81所示。

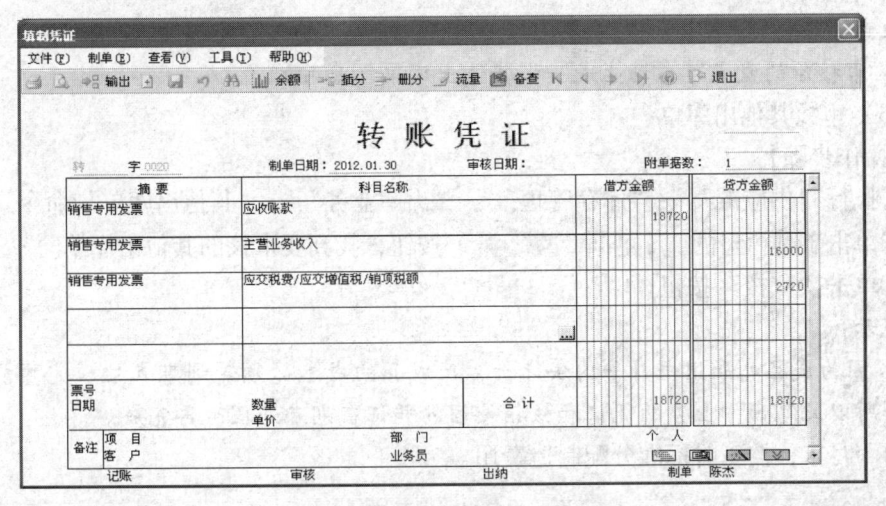

图 9-81 业务 32 凭证

33. 1月30日，成品库盘点，发现 PT 电饭煲丢失 2 个，系梁丽丽疏忽大意造成，由其赔偿。

【处理流程】
（1）盘点前，在库存管理系统生成盘点单
【操作步骤】
①执行"供应链"—"库存管理"—"盘点业务"命令，进入盘点单界面。
②单击"增加"按钮，系统增加一张空白盘点单。
③选择"普通仓库盘点"，指定盘点仓库。
④在"存货编码"栏参照录入"PT 电饭煲"，系统自动带出账面数量。
（2）盘点后，修改并审核盘点单，录入盘点数量和单价
【操作步骤】
在"盘点数量"栏录入"1198"，单击"保存"，单击"审核"，如图 9-82 所示。

图 9-82 盘点单

注意：
● 审核后的盘点单自动生成一张其他出库单（盘亏）。

（3）审核其他出库单

【操作步骤】

①执行"供应链"—"库存管理"—"出库业务"—"其他出库单"命令。

②单击工具栏上的"|◄ ◄ ► ►|"按钮，找到要审核的其他出库单。

③单击"审核"按钮。

提示：

● 因为成品库采用全月平均法计价，产成品的成本必须等到期末处理完才能计算出来，所以此笔盘亏业务的凭证和核销处理的凭证在期末处理时再完成。

34. 月末，按工时标准分配制造费用。

表9-2　　　　　　　　　　产品工时统计表

产品	生产工时
HH电饭煲	2 000
PT电饭煲	3 000
合计	5 000

【处理流程】

（1）审核所有凭证（总账—凭证—审核凭证）

（2）所有凭证记账（总账—凭证—记账）

（3）自定义制造费用转账凭证

【操作步骤】

①执行"总账"—"期末"—"转账定义"—"自定义转账"命令，打开"自定义转账设置"窗口。

②单击"增加"按钮，打开"转账目录"对话框，录入相关内容，如图9-83所示。

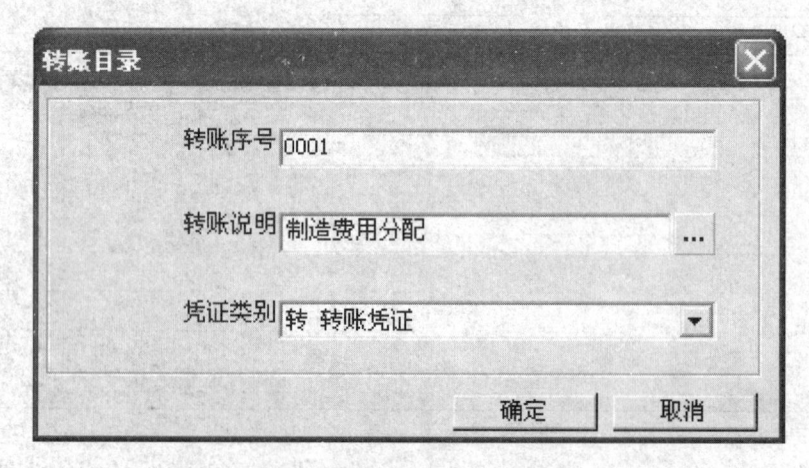

图9-83　"转账目录"对话框

③单击"确定"按钮,单击"增行"按钮,在当前行定义转账凭证分录信息。
④按"增行"按钮,可继续编辑下一条转账分录信息。设置结果如图9-84所示。

图9-84 "自定义转账设置"窗口

(4)生成制造费用结转凭证
【操作步骤】
①执行"总账"—"期末"—"转账生成"命令,打开"转账生成"对话框。
②双击"是否结转"栏,出现"Y",或单击"全选"按钮选择。如图9-85所示。

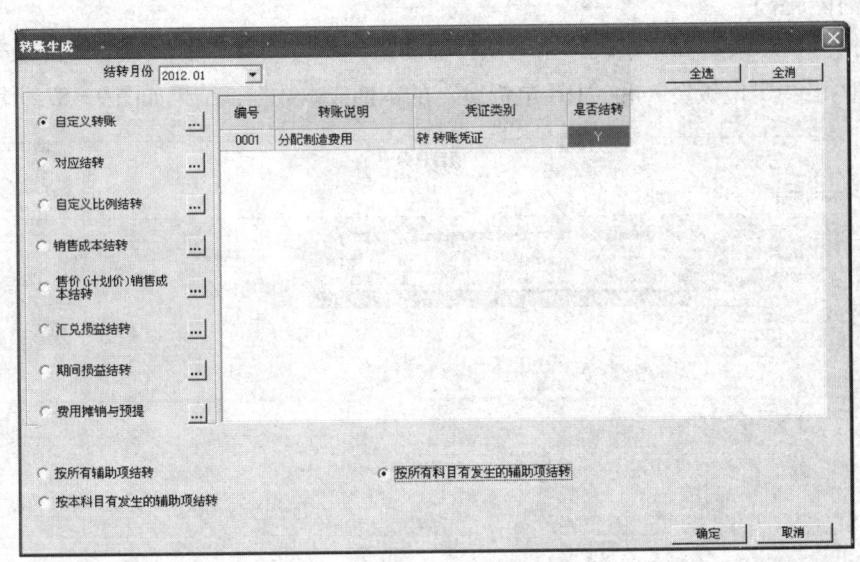

图9-85 "转账生成"对话框

③单击"确定",生成凭证如图9-86所示。

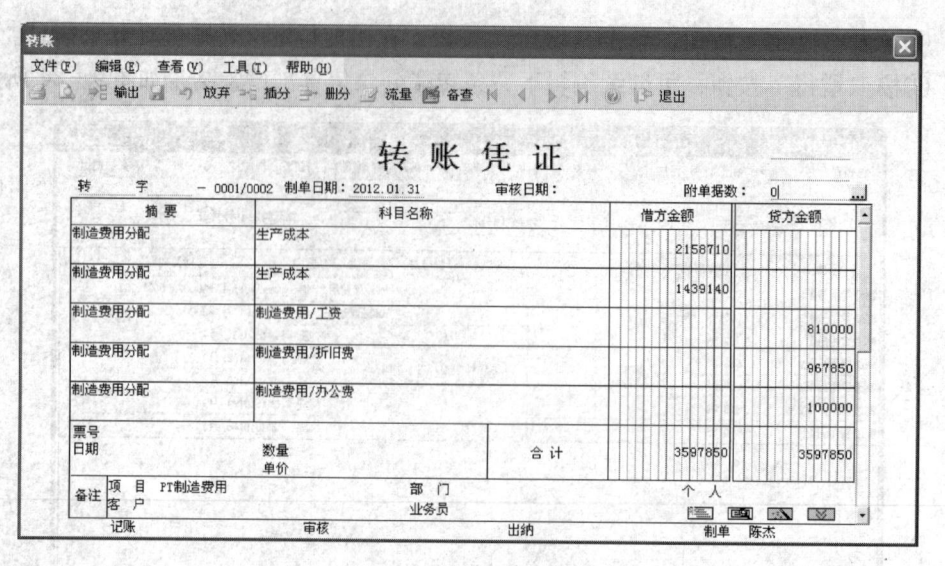

图9-86 制造费用结转凭证

④单击"保存"按钮保存。

（5）凭证审核、记账

35. 月末，结转PT电饭煲，HH电饭煲产品成本（产品全部完工，无在产品），完工数量分别为PT电饭煲1 500个、HH电饭煲900个，悉数验收入库。

【处理流程】查询并取得生产成本数据—计算单位产品成本—产成品入库单记账制单—凭证审核记账

（1）查询并取得生产成本有关数据

【操作步骤】

①执行"总账"—"账表"—"项目辅助账"—"项目总账"—"项目分类总账"命令，取得"PT电饭煲"和"HH电饭煲"的本期成本数据，结果如图9-87所示。

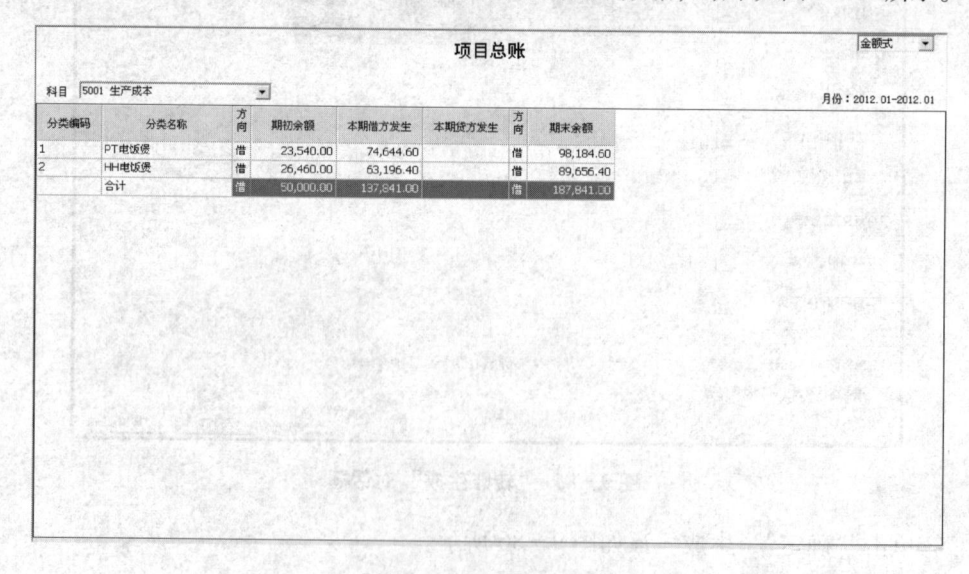

图9-87 项目分类总账

②执行"总账"—"账表"—"项目辅助账"—"项目总账"—"项目总账"命令，取得"PT电饭煲"和"HH电饭煲"的直接材料、直接人工、制造费用本期成本数据，结果如图9-88所示。

项目总账

编码	项目名称	方向	期初余额	本期借方发生	本期贷方发生	方向	期末余额
1	PT直接材料	借	18,500.00	44,657.50		借	63,157.50
2	PT直接人工	借	2,500.00	8,400.00		借	10,900.00
3	PT制造费用	借	2,540.00	21,587.10		借	24,127.10
4	HH直接材料	借	23,100.00	42,605.00		借	65,705.00
5	HH直接人工	借	1,500.00	6,200.00		借	7,700.00
6	HH制造费用	借	1,860.00	14,391.40		借	16,251.40
	合计	借	50,000.00	137,841.00		借	167,841.00

科目：5001 生产成本　　月份：2012.01-2012.01

图9-88　项目总账

（2）计算单位产品成本

【操作步骤】

①执行"存货核算"—"业务核算"—"产成品成本分配"命令，打开"产成品成本分配"窗口。

②单击"查询"按钮，打开"产成品成本分配表查询"对话框，选择"成品库"，如图9-89所示。

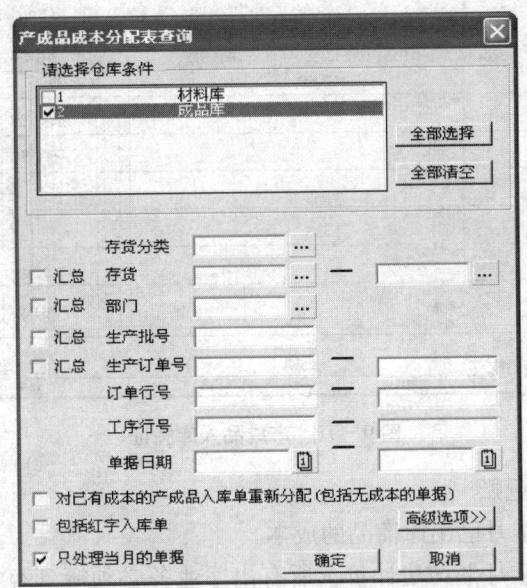

图9-89　"产成品成本分配表查询"对话框

③单击"确定"按钮,在产成品成本分配表中输入项目分类总账的金额,如图9-90所示。

图 9-90 产成品成本分配表

④单击"分配"按钮分配产成品成本,分配完毕退出。

(3) 产成品入库单记账(存货核算—业务核算—正常单据记账)

(4) 产成品入库单制单(存货核算—财务核算—生成凭证),合并制单并手工录入生产成本项目明细金额,如图9-91所示。

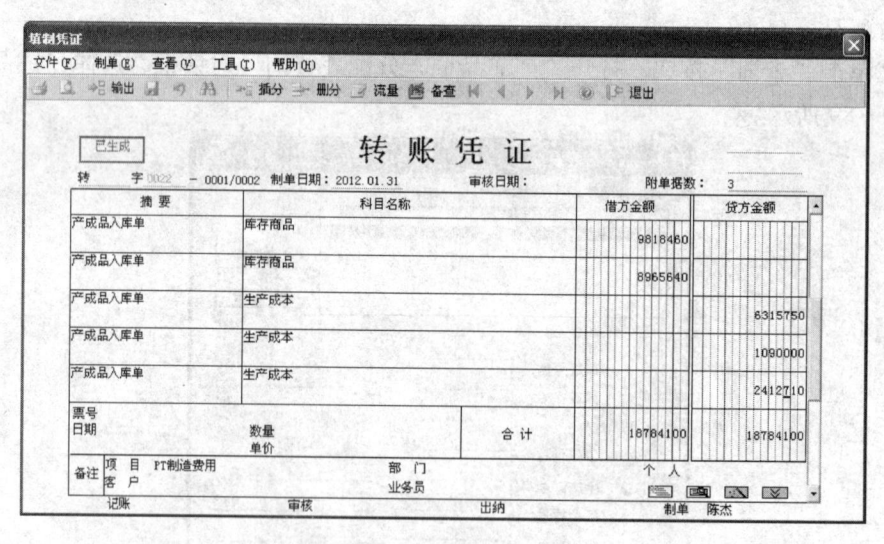

图 9-91 产成品入库凭证

(5) 凭证审核、记账

36. 月末,结转本月已出库商品的成本。

由于成品库采用全月平均法计价,所有出库业务必须等到存货核算系统期末处理完才能有具体的数值,所以要先进行供应链系统的期末处理。

【处理流程】
(1) 所有单据记账(存货核算—业务核算—正常单据记账、发出商品记账)
(2) 在采购管理系统,进行采购管理系统月末结账
(3) 在销售管理系统,进行销售管理系统月末结账
(4) 在库存管理系统,进行库存管理系统月末结账
(5) 在存货核算系统,对仓库进行期末处理
(6) 生成出库类单据的凭证(存货核算—财务核算—生成凭证),可单击"合成"按钮合并制单(如图9-92所示)。

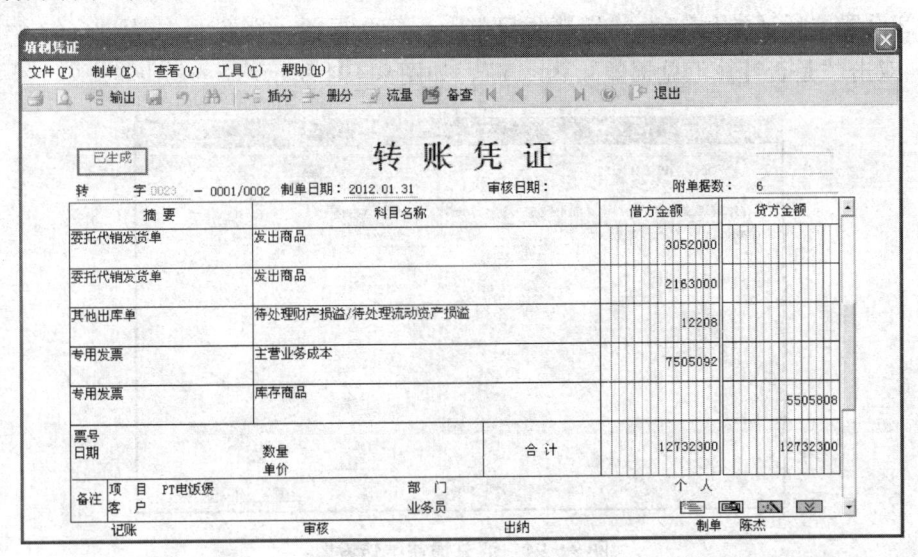

图9-92 结转出库成本凭证

(7) 凭证审核、记账
(8) 输入盘亏电饭煲核销处理凭证并审核记账(凭证如图9-93所示)。

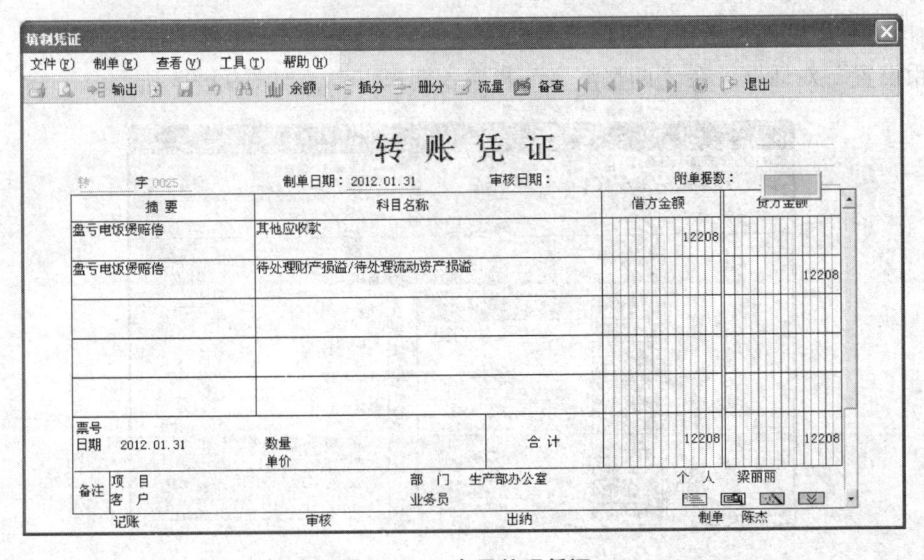

图9-93 盘亏处理凭证

(9) 存货系统结账

37. 月末，按美元中间汇率1∶6.304 8，结转汇兑损益。

【处理流程】汇兑损益结转设置—输入期末汇率—生成汇兑损益结转凭证—凭证审核记账

(1) 汇兑损益结转设置

【操作步骤】

①执行"总账"—"期末"—"转账定义"—"汇兑损益"命令，打开"汇兑损益结转设置"窗口。

②设置"凭证类型"为"转账凭证"，"汇兑损益入账科目"为"6603 财务费用"，双击"是否计算汇兑损益"为"Y"，如图9-94所示。

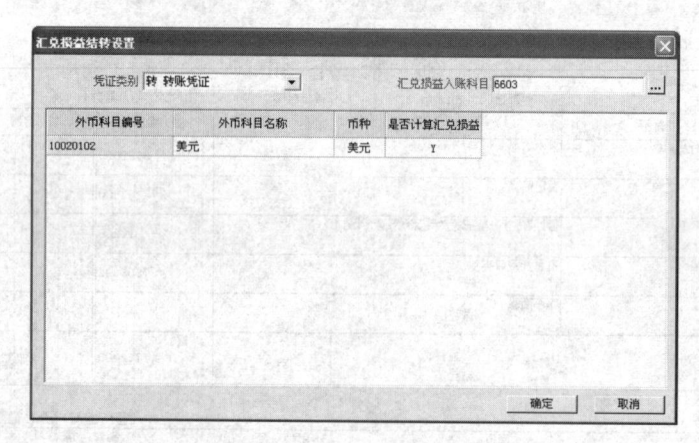

图9-94 汇兑损益结转设置

③单击"确定"按钮。

(2) 输入期末汇率

【操作步骤】

在"基础设置"平台，执行"基础档案"—"财务"—"外币设置"命令，打开"外币设置"对话框，在"调整汇率"栏输入期末汇率，如图9-95所示。

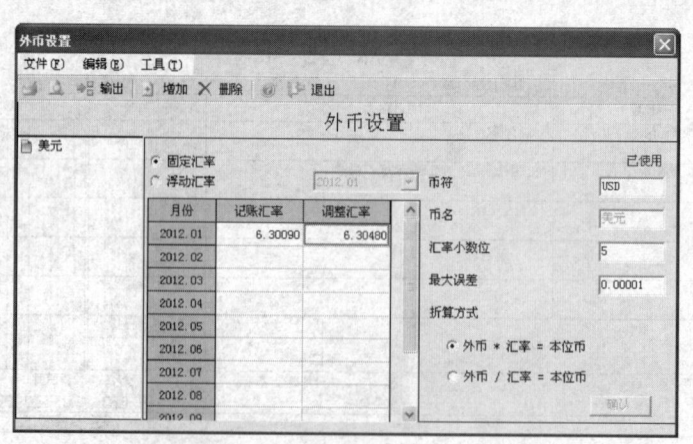

图9-95 期末汇率设置

（3）生成汇兑损益结转凭证

【操作步骤】

①执行"总账"—"期末"—"转账生成"命令，打开"转账生成"对话框，在左边选择"汇兑损益结转"，双击右边列表框中的"是否结转"栏为"Y"，如图9-96所示。

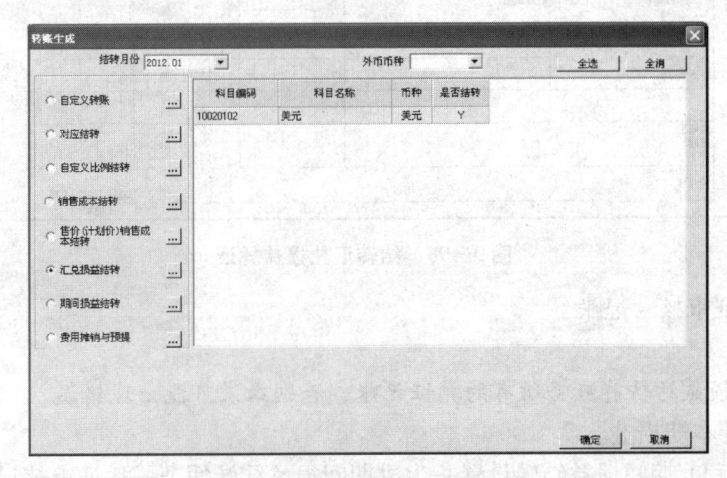

图9-96 "转账生成"对话框

②单击"确定"，打开"汇兑损益试算表"，如图9-97所示。

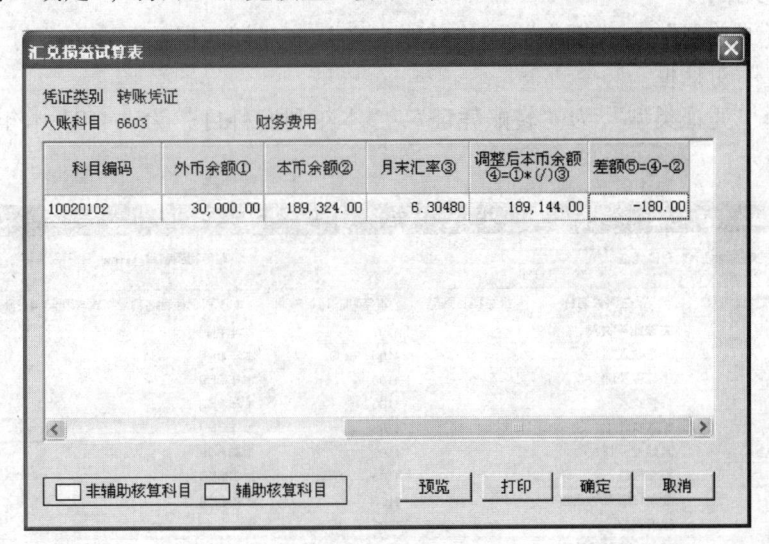

图9-97 汇兑损益试算表

③单击"确定"按钮，系统自动生成汇兑损益凭证，根据银行存款科目的方向修改凭证类别，本例为"付款凭证"，单击"保存"按钮，如图9-98所示。

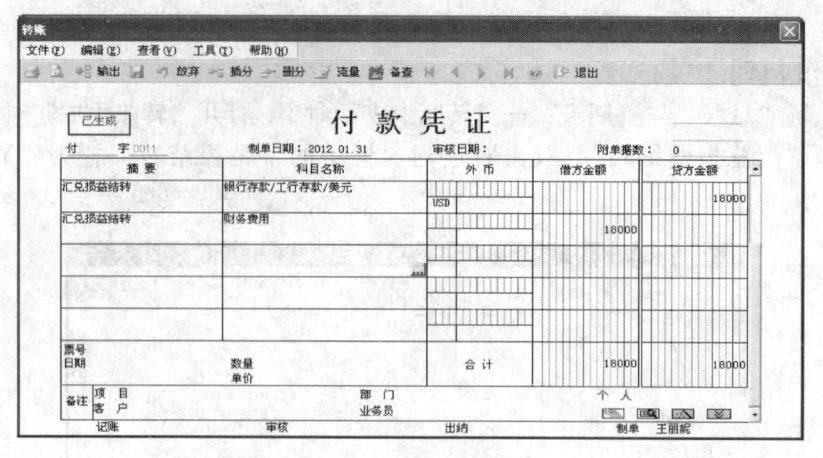

图9-98 结转汇兑损益凭证

(4) 凭证审核、记账

提示：

- 汇兑损益结转前应将所有的凭证记账，否则结果可能出现错误。

38. 结转本期损益。

【处理流程】期间损益结转设置—生成期间损益结转凭证—凭证审核记账

(1) 期间损益结转设置

【操作步骤】

①执行"总账"—"期末"—"转账定义"—"期间损益"命令，打开"期间损益结转设置"对话框。

②选择"凭证类型"为"转账凭证"，"本年利润科目"为"4103 本年利润"，如图9-99所示。

图9-99 期间损益结转设置

③单击"确定"按钮。

(2) 生成期间损益结转凭证

【操作步骤】

①执行"总账"—"期末"—"转账生成"命令,打开"转账生成"对话框,在左边选择"期间损益结转",单击"全选"按钮,如图9-100所示。

图9-100 期间损益"转账生成"对话框

②单击"确定",系统生成期间损益结转凭证如图9-101所示。

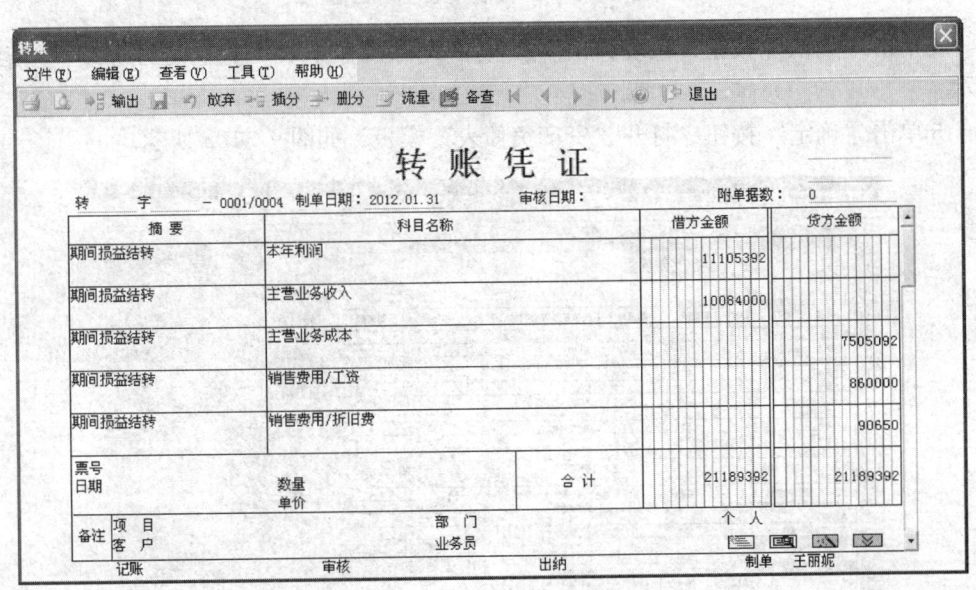

图9-101 期间损益结转凭证

（3）凭证审核、记账
39. 编制资产负债表和利润表。
（1）资产负债表编制（利用报表模板生成）
【操作步骤】
①执行"财务会计"—"UFO报表"命令，进入UFO报表系统。
②执行"文件"—"新建"命令，打开报表"格式"状态窗口。
③执行"格式"—"报表模板"命令，系统弹出"报表模板"对话框。"您所在的行业"选择"2007年新会计制度"；"财务报表"选择"资产负债表"，如图9-102所示。

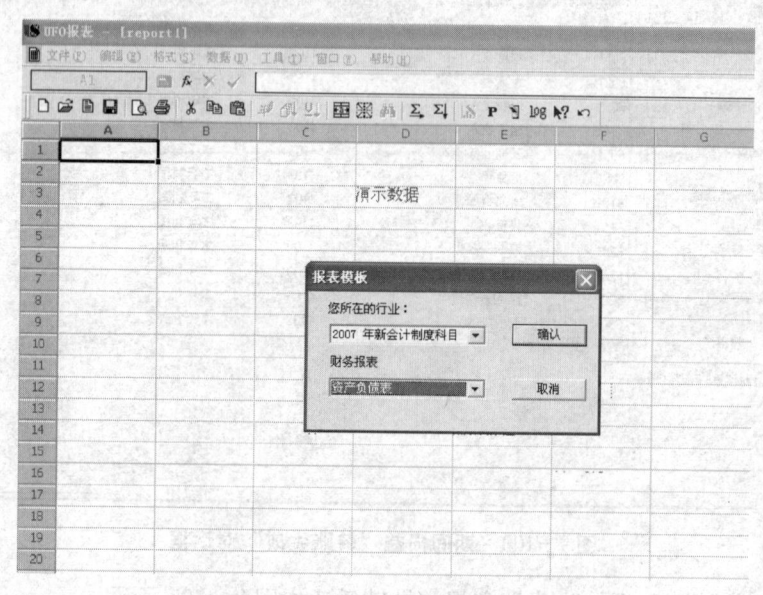

图9-102 "报表模板"对话框

④单击"确认"按钮，系统弹出"模板格式将覆盖本表格式！是否继续？"信息提示。
⑤单击"确定"按钮，打开"资产负债表"模板，如图9-103所示。

图9-103 "资产负债表"模板

⑥选中 A3 单元格，执行"数据"—"关键字"—"设置"命令，打开"设置关键字"对话框，如图 9-104 所示。

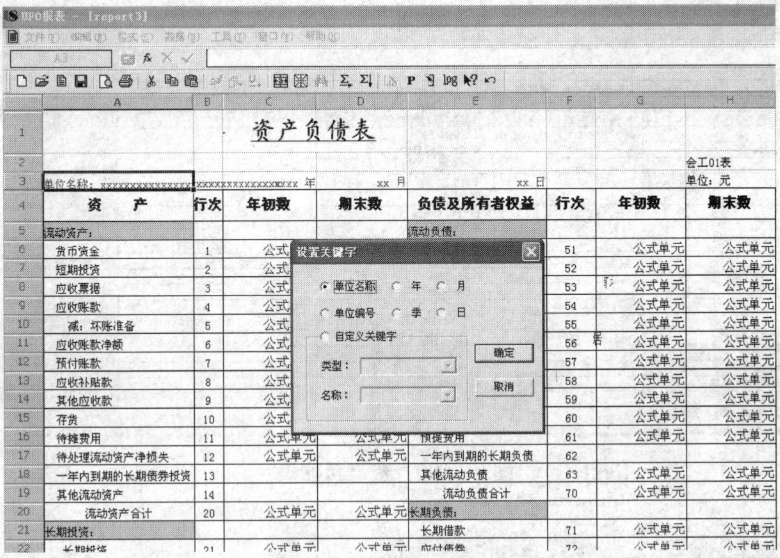

图 9-104 "设置关键字"对话框

⑦设置关键字"单位名称"，单击"确定"。同理，可设置"年"、"月"、"日"等关键字。如果关键字在报表单元格中的位置不理想，可在报表"格式"状态窗口，通过"数据"—"关键字"—"偏移"命令调整。

⑧单击报表左下角的"格式"按钮使其变为"数据"或执行"编辑"—"格式/数据状态"命令，进入报表的"数据"状态窗口。

⑨执行"数据"—"关键字"—"录入"命令，录入关键字，如图 9-105 所示。

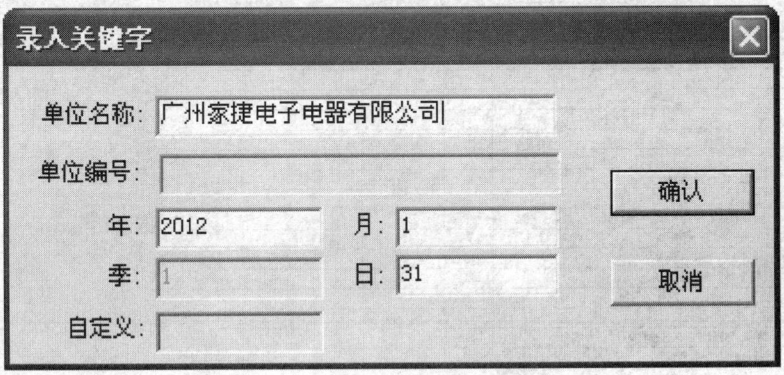

图 9-105 关键字录入

⑩录入完毕，单击"确认"按钮，系统提示"是否重算第 1 页"，单击"是"，生成的资产负债表如图 9-106 所示。

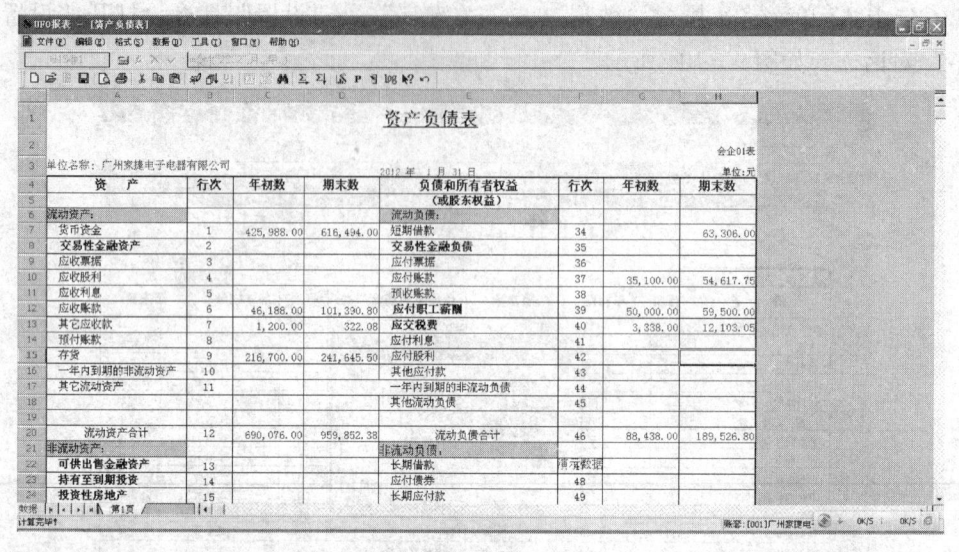

图9-106 资产负债表

提示：

● 资产负债表生成后，如果不平衡，请在报表"格式"状态检查报表计算公式是否设置正确，如果不正确，请调整后重新计算。

（2）利润表编制

利润表也可利用报表模板生成，可参照资产负债表的编制步骤，已编制完成的利润表，如图9-107所示。

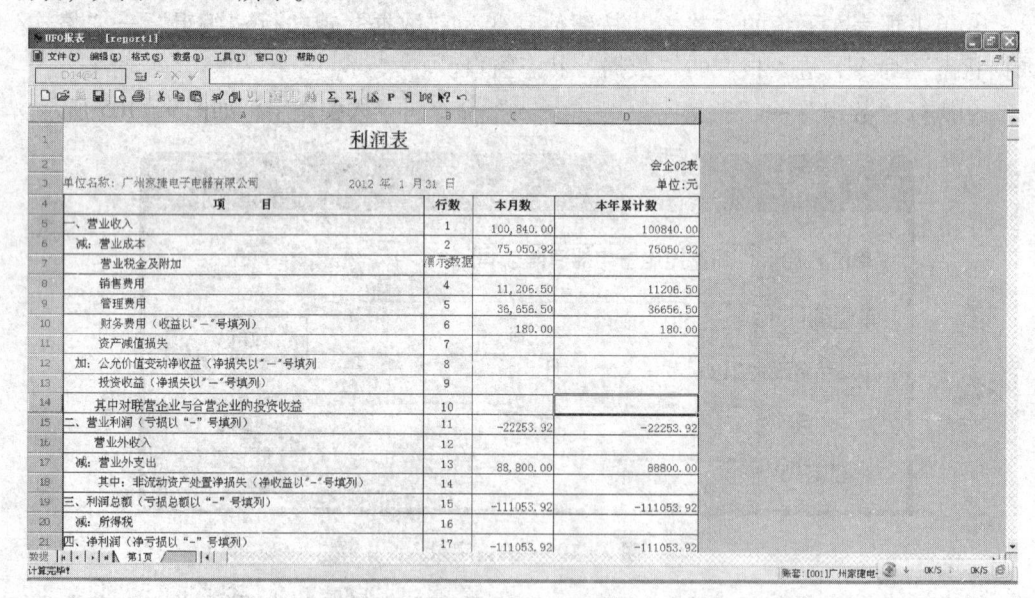

图9-107 利润表

提示：

● 请教师引导学生对该企业的经营状况作出评价，分析产生亏损的原因，提出改进措施。

附：第四届"用友杯"全国大学生会计信息化技能大赛试题

（完成时间 **3.5** 小时）

一、比赛须知

1. 比赛时间 3.5 小时。
2. 比赛完成点交卷后不要关闭成绩窗口即离开考场。
3. 会计科目采用（v8.61 版）"新会计制度科目"（不采用 2006 年颁布的《企业会计准则》）为主。
4. 记账凭证摘要必须写完整。
5. 本试卷经济业务中所有涉及的单价均为不含税单价。

二、竞赛要求

1. 参赛选手注册企业应用平台，完成各模块期初余额（部分没有完成）操作。（操作员：0001；操作时间：2010-11-01）
2. 参赛选手注册企业应用平台，根据经济业务在相应模块填制相关业务单据，生成会计凭证，并登记账簿，完成各模块记账，结账工作（操作员：0001；操作时间：2010-11-30；所有凭证制单日期统一为：2010-11-30，附单据数不用填写）。
3. 总账系统中审核凭证与记账操作员：0002。
4. 编制指定格式报表保存到考生文件夹下。

三、企业概况

（一）企业基本情况

企业名称：北京明达笔业有限公司（简称：明达笔业）（位于北京市科技产业园 27 号）。

邮编：100001，法定代表人：王一新；联系电话和传真均为：01062973876。

纳税人识别号：010283783927877。

企业开户银行：中国商业银行北京支行，账号：32401202198321。

（二）明达笔业采用以下的会计政策和核算方法

1. 企业记账本位币为人民币。
2. 仓库采用实际成本法核算，采用移动平均法计价。
3. 产品成本按品种法计算。

4. 固定资产折旧方法采用平均年限法一，按月分类计提折旧。

5. 增值税税率17%，城市建设维护税税率7%，教育费附加率3%，企业所得税税率25%（企业所得税税率实行查账计征，按季预缴、年终汇算清缴）。

6. 损益结转采用账结法。

四、参赛资料

（一）基本信息（已知信息不作考核要求）

1. 预置数据

账套信息：

账套号：666；账套名称：北京明达笔业有限公司；启用日期：2010年11月01日。

单位信息：

单位名称：北京明达笔业有限公司；单位简称：明达笔业；

纳税人识别号：010283783927877。

核算类型：

企业类型：工业；行业性质：新会计制度科目；账套主管：demo；按行业性质预置科目。

基础信息：存货、客户分类、供应商不分类，无外币核算。

编码方案：科目编码：4222；部门：22；收发类别：121；其他采用系统默认。

数据精度：采用系统默认。

2. 设置操作员及权限

操作员编号	操作员姓名	工作职责	系统权限
0001	李晶		账套主管
0002	王一红	财务主管	公用目录设置、总账管理、薪资管理、固定资产管理、应收款管理、应付款管理
0003	陈三平	业务主管	公用目录设置、公共单据、采购管理、销售管理、库存管理、存货核算

3. 系统启用（启用日期统一为：2010年11月1日）

启用总账、应收、应付、固定资产、薪资、采购、销售、库存、存货模块

4. 基础档案

（1）部门档案

部门编码	部门名称	部门编码	部门名称
01	综合管理部	05	生产部
02	财务部	0501	生产一部
03	采购部	0502	生产二部
04	销售部	06	仓管部

(2) 人员类别

分类编码	分类名称
1001	管理人员
1002	行政人员
1003	营销人员
1004	采购人员
1005	生产人员

(3) 人员档案

人员编号	人员姓名	性别	行政部门	人员类别	是否业务员
001	陈三平	男	综合管理部	管理人员	是
002	韩一冰	女	综合管理部	行政人员	是
003	李晶	女	财务部	管理人员	是
004	王一红	女	财务部	行政人员	是
005	李明	男	采购部	采购人员	是
006	黄平	男	采购部	采购人员	是
007	赵立	男	销售部	营销人员	是
008	吴中天	男	销售部	营销人员	是
009	赵红兵	男	生产一部	管理人员	是
010	张恒	男	生产一部	生产人员	是
011	王和	女	生产二部	管理人员	是
012	何飞	男	生产二部	生产人员	是
013	陈力	男	仓管部	管理人员	是

(4) 地区分类

地区分类	分类名称
01	北方
02	南方

(5) 客户分类

分类编码	分类名称
01	批发商
02	代理商
03	零散客户

(6) 客户档案

客户编号	客户名称/简称	所属分类码	所属地区	分管部门	分管业务员
0101	北京科达公司	01	01	销售部	赵立
0102	天津恒利公司	01	01	销售部	吴中天
0201	福州宏丰公司	02	02	销售部	赵立
0202	上海安迅公司	02	02	销售部	吴中天
0301	零散客户	03	01		

(7) 供应商档案

供应商编号	供应商名称/简称	所属地区	分管部门	分管业务员
001	佳和公司	01	采购部	李明
002	新达公司	02	采购部	黄平
003	永益公司	01	采购部	李明

(8) 存货分类及存货档案设置

①计量单位

01：自然单位，无换算率；02：支与盒，固定换算率。

计量单位编号	计量单位名称	计量单位组编号	换算率
0101	元	01	无换算率
0201	支	02	100
0202	盒	02	1

②存货分类和存货档案

存货分类	编码	存货名称	计量单位	属性
01 原材料	0001	笔芯	支	外购、生产耗用
	0002	笔壳	支	外购、生产耗用
	0003	笔帽	支	外购、生产耗用
	0004	弹簧	支	外购、生产耗用
02 半成品类	001	笔身组件	支	自制、生产耗用
03 成品类	01	单色圆珠笔	支	自制、销售
	02	双色圆珠笔	支	自制、销售
	03	三色圆珠笔	支	自制、销售
04 劳务类	YS001	运输费	元	外购、应税劳务

(9) 结算方式

编号	结算名称
1	现金支票
2	转账支票
3	商业承兑汇票
4	银行承兑汇票

(10) 银行档案
银行编码：05，银行名称：中国商业银行，账号长度：14位。

(11) 本单位开户银行

编号	银行账号	开户银行
001	32401202198321	中国商业银行北京支行

(12) 项目大类及分类

项目大类名称	项目分类	核算科目
01 圆珠笔成本核算	无分类	库存商品\圆珠笔、生产成本\人工费、生产成本\材料费、生产成本\制造费用、主营业务收入\圆珠笔业务收入、主营业务成本\圆珠笔业务成本

项目目录

项目编号	项目名称	是否结算	所属分类码
001	单色圆珠笔	否	无分类
002	双色圆珠笔	否	无分类
003	三色圆珠笔	否	无分类

(13) 凭证类别
采用记账凭证方式。

(14) 仓库档案

仓库编码	仓库名称	计价方式	是否货位管理
01	原材料仓	移动平均法	否
02	半成品仓	移动平均法	否
03	产成品仓	移动平均法	是

（15）货位档案

货位编码	货位名称	所属仓库
01	A货位	产成品仓
02	B货位	产成品仓
03	C货位	产成品仓
04	D货位	产成品仓

（16）收发类别

一级编码及名称	二级编码及名称	一级编码及名称	二级编码及名称
1 入库	101 采购入库	2 出库	201 销售出库
1 入库	102 采购退货	2 出库	202 销售退货
1 入库	103 盘盈入库	2 出库	203 盘亏出库
1 入库	104 调拨入库	2 出库	204 调拨出库
1 入库	105 产成品入库	2 出库	205 领料出库
1 入库	106 其他入库	2 出库	206 其他出库

（17）采购类型和销售类型

	名称	出入库类别		名称	出入库类别
采购类型	01 厂家进货	采购入库	销售类型	01 批发零售	销售出库
采购类型	02 代理商进货	采购入库	销售类型	02 销售退回	销售退货
采购类型	03 采购退回	采购退货			

（18）费用项目

费用项目编码	费用项目名称	费用项目分类
01	运输费	无分类
04	业务招待费	无分类

（19）单据格式

在以下单据格式中增加件数、换算率栏目。

采购订单、到货单、采购入库单、材料出库单、销售订单、销售发货单、库存期初。

在以下单据格式中增加货位、货位编码栏目。

采购入库单、销售出库单、库存期初。

在以下单据格式中减少单价、金额栏目。

库存期初

5. 各模块系统参数设置

（1）固定资产

控制参数	参数设置
折旧信息	本账套计提折旧 折旧方法：平均年限法一 折旧汇总分配周期：1个月 当（月初已计提月份＝可使用月份－1）时，将剩余折旧全部提足
编码方式	资产类别编码方式：2112 固定资产编码方式： 按"类别编码＋部门编码＋序号"自动编码 卡片序号长度为3
财务接口	与账务系统进行对账 对账科目： 固定资产对账科目：固定资产（1501） 累计折旧对账科目：累计折旧（1502）
补充参数	业务发生后立即制单 月末结账前一定要完成制单登账业务 固定资产默认入账科目：1501 累计折旧默认入账科目：1502 减值准备默认入账科目：

资产类别

类别编码	类别名称	使用年限	净残值率	计提属性	折旧方法	卡片样式
01	房屋及建筑物	30	2%	正常计提	平均年限法（一）	通用样式
011	行政楼	30	2%	正常计提	平均年限法（一）	通用样式
012	厂房	30	2%	正常计提	平均年限法（一）	通用样式
02	机器设备	10	3%	正常计提	平均年限法（一）	通用样式
03	运输设备	6	4%	正常计提	平均年限法（一）	通用样式
04	办公设备	5	3%	正常计提	平均年限法（一）	通用样式

部门及对应折旧科目

部门	对应折旧科目
综合管理部、财务部、采购部	管理费用/折旧费
销售部	营业费用/折旧费
生产一部、生产二部、仓管部	制造费用/折旧费

增减方式的对应入账科目

增加方式	对应入账科目	减少方式	对应入账科目
直接购入	银行存款－商业银行北京支行（100201）	出售	固定资产清理（1701）
投资者投入	实收资本（3101）	捐赠转出	固定资产清理（1701）
在建工程转入	在建工程（1603）		

（2）薪资系统

①工资类别：多个工资类别

②从工资中代扣个人所得税

③工资类别设置

类别编码	类别名称
001	在职人员
002	退休人员

工资类别为"在职人员"和"退休人员"，并且总人员分布各个部门，而退休人员只属于综合管理部门。

④"在职人员"需增加的工资项目

工资项目名称	类型	长度	小数	增减项
基本工资	数字	8	2	增项
职务补贴	数字	8	2	增项
津贴	数字	8	2	增项
交通补贴	数字	8	2	增项
医疗保险	数字	8	2	减项
养老保险	数字	8	2	减项
缺勤扣款	数字	8	2	减项
缺勤天数	数字	8	2	其他

⑤银行名称

银行名称为"商业银行"。账号长度为14位，录入时自动带出的账号长度为8位。

⑥在职人员档案

人员编号	人员姓名	性别	行政部门	人员类别	银行账号
001	陈三平	男	综合管理部	管理人员	10011020088001
002	韩一冰	女	综合管理部	行政人员	10011020088002
003	李晶	女	财务部	管理人员	10011020088003
004	王一红	女	财务部	行政人员	10011020088004
005	李明	男	采购部	采购人员	10011020088005
006	黄平	男	采购部	采购人员	10011020088006
007	赵立	男	销售部	营销人员	10011020088007
008	吴中天	男	销售部	营销人员	10011020088008
009	赵红兵	男	生产一部	管理人员	10011020088009
010	张恒	男	生产一部	生产人员	10011020088010
011	王和	女	生产二部	管理人员	11001020088011
012	何飞	男	生产二部	生产人员	10011020088012

(3) 设置采购管理系统参数
①允许超订单到货及入库
②专用发票默认税率：17%
(4) 设置库存管理系统参数
①有组装拆卸业务
②有委托代销业务
③由库存生成销售出库单
④不允许超可用量出库
⑤出入库检查可用量
⑥有最高最低库存控制
⑦其他设置由系统默认
(5) 设置存货核算系统参数
①核算方式：按仓库核算
②暂估方式：单到回冲
③销售成本核算方式：按销售发票
④委托代销成本核算方式：按普通销售核算
⑤零出库成本按手工输入
⑥结算单价与暂估单价不一致时需要调整出库成本
⑦其他设置由系统默认

存货科目设置：

仓库名称	存货科目
原材料仓	原材料
半成品仓	原材料
产成品仓	库存商品/圆珠笔

(6) 销售管理系统参数
①有委托代销业务
②有零售日报业务
③报价不含税
④新增发货单参照订单生成
⑤新增退货单参照发货、新增发票参照发货单生成
⑥其他设置由系统默认
(7) 应收款管理系统参数设置和初始设置
①应收系统选项

应收款核销方式	按单据	单据审核日期依据	单据日期
控制科目依据	按客户	受控科目制单方式	明细到单据
产品销售科目依据	按存货	坏账处理方式	应收账款余额百分比法

②初始设置

基本科目设置：应收科目：应收账款；预收科目：预收账款；销售收入：主营业务收入；税金科目：销项税额；银行承兑科目：应收票据；商业承兑科目：应收票据。

控制科目设置：按客户设置。产品科目设置：按商品设置。

(8) 应付系统参数设置和初始设置

①应付系统选项

应付款核销方式	按单据	单据审核日期依据	单据日期
控制科目依据	按供应商	受控科目制单方式	明细到单据
采购科目依据	按存货	汇兑损益方式	月末处理

②初始设置

基本科目设置：应付科目：应付账款；预付科目：预付账款；采购科目：原材料；采购税金：进项税额；银行承兑科目：应付票据；商业承兑科目：应付票据。

结算方式科目设置：现金支票、转账支票科目为银行存款。

(二) 期初余额 ［根据下列材料，完成（部分没有完成）相关操作，共55分］

1. 总账期初余额表

类型	科目编码	科目名称	计量单位	辅助账类型	余额方向	期初余额
资产	1001	现金		日记	借	53 300
资产	1002	银行存款			借	
资产	100201	商业银行北京支行		银行日记	借	400 000
资产	1111	应收票据		客户往来	借	
资产	1131	应收账款		客户往来	借	80 000
资产	1133	其他应收款			借	
资产	1151	预付账款		供应商往来	借	
资产	1211	原材料			借	48 900
资产	1241	自制半成品			借	4 800
资产	1243	库存商品			借	417 000
资产	124301	圆珠笔		项目核算	借	417 000
资产	1501	固定资产			借	1 162 000
负债	2101	短期借款				
负债	210101	商业银行北京支行				120 000
负债	2111	应付票据		供应商往来	贷	
负债	2121	应付账款		供应商往来	贷	46 000
负债	2131	预收账款		客户往来	贷	
权益	3111	实收资本			贷	200 000
成本	4101	生产成本			借	
成本	410101	人工费		项目核算	借	

续表

类型	科目编码	科目名称	计量单位	辅助账类型	余额方向	期初余额
成本	410102	材料费		项目核算	借	
成本	410103	制造费用		项目核算	借	
成本	4105	制造费用			借	
成本	410501	折旧费用			借	
损益	5101	主营业务收入			贷	
损益	510101	圆珠笔		项目核算	贷	
损益	5401	主营业务成本			借	
损益	540101	圆珠笔业务成本		项目核算	借	
损益	5501	营业费用			借	
损益	550101	折旧费		部门核算	借	
损益	550102	工资		部门核算	借	
损益	550104	广告费		部门核算	借	
损益	5502	管理费用			借	
损益	550201	折旧费		部门核算	借	
损益	550202	工资		部门核算	借	
损益	550204	电话费		部门核算	借	

2. 应收账款期初余额

客户名称	单据日期	金额
天津恒利公司	2010-10-16	50 000
福州宏丰公司	2010-10-28	30 000

3. 应付账款期初余额

供应商名称	单据日期	金额
佳和公司	2010-10-16	46 000

4. 固定资产原始卡片

卡片编号	00001	00002	00003	00004	00005
固定资产编号	01101001	0120501001	0402001	0402002	0404001
固定资产名称	1号楼	2号楼	电脑	打印机	轿车
类别编号	011	012	04	04	04
类别名称	行政楼	厂房	办公设备	办公设备	办公设备
部门名称	综合管理部占用20%、财务部20%占用、采购部30%占用、销售部30%占用	生产一部、生产二部各占50%	财务部	财务部	销售部

续表

增加方式	在建工程转入	在建工程转入	直接购入	直接购入	直接购入
使用状况	在用	在用	在用	在用	在用
使用年限	30 年	30 年	5 年	5 年	6 年
折旧方法	平均年限法（一）	平均年限法（一）	平均年限法（一）	平均年限法（一）	平均年限法（一）
开始使用日期	2010 - 10 - 08	2010 - 10 - 08	2010 - 10 - 08	2010 - 10 - 08	2010 - 10 - 08
币种	人民币	人民币	人民币	人民币	人民币
原值	500 000	450 000	9 000	3 000	200 000
净残值率	2%	2%	3%	3%	4%
累计折旧	0	0	0	0	0
对应折旧科目	管理费用-折旧费 营业费用-折旧费	制造费用-折旧费	管理费用-折旧费	管理费用-折旧费	营业费用-折旧费

5. 销售管理期初余额

（1）2010 年 10 月 28 日，我公司向天津恒利公司发出三色圆珠笔 50 盒（5 000 支），价格为 4 元/支，由成品仓发出。

（2）2010 年 10 月 08 日，我公司委托福州宏丰公司销售双色圆珠笔 30 盒（3 000 支），双方商订委托价格为 2.8 元/支，由成品仓发出。

6. 采购管理期初余额

无

7. 库存系统、存货系统期初数

仓库名称	存货编码	存货名称	数量	件数	货位名称	单价	金额
原材料仓	0001	笔芯	30 000	300		0.5	15 000
原材料仓	0002	笔壳	42 000	420		0.2	8 400
原材料仓	0003	笔帽	55 000	550		0.3	16 500
原材料仓	0004	弹簧	60 000	600		0.15	9 000
半成品仓	001	笔身组件	8 000			0.6	4 800
产成品仓	01	单色圆珠笔	50 000	500	A 货位	1.5	75 000
产成品仓	02	双色圆珠笔	60 000	600	B 货位	2.2	132 000
产成品仓	03	三色圆珠笔	75 000	750	C 货位	2.8	210 000
合计							470 700

（三）企业日常业务及期末业务（根据下面材料，完成相关操作，共 295 分）

（所有涉及的采购及销售业务均为无税单价，所有的采购及销售业务税金均为 17%）

1. 11 月 1 日，采购部李明向供货商永益公司订购笔芯 30 盒（3 000 支），单价：0.45 元/支，计划到货期为 11 月 5 日。

2. 11 月 1 日，生产一部在原材料仓中领用材料：

存货名称	领用数量	生产产品
笔芯	130 盒	双色圆珠笔
笔壳	60 盒	双色圆珠笔
笔帽	60 盒	双色圆珠笔
弹簧	120 盒	双色圆珠笔

3. 11月1日，公司购进联想电脑8台，单价为4 000元/台。电脑由生产一部投入使用，款项用商业银行北京支行转账支票支付。由固定资产模块生成1张凭证（合并）传递到总账系统（注：固定资产名称：联想电脑，固定资产编号：040501001－040501008）。

借：固定资产
　　贷：银行存款——商业银行北京支行

4. 11月2日，上海安迅公司向我公司对双色圆珠笔进行询价，要求采购数量为300盒（30 000支），销售部吴中天对其报价为4元/支。

5. 11月2日，销售员赵立借差旅费，财务部付现金900元。

借：其他应收款——备用金（113301）
　　贷：现金

6. 11月3日，采购部李明向公司财务部申请货款2 000元用于预付永益公司原料采购款，经总经理同意后，财务部开具商业银行转账支票一张，金额为2 000元整。财务人员在应付模块中根据相应单据形成凭证传到总账系统。

借：预付账款
　　贷：银行存款——商业银行北京支行

7. 11月3日，生产二部采用配比出库方式领用3 000支三色圆珠笔的原料，材料从原料仓发出，三色圆珠笔（产品结构）子项如下：

存货编码	存货名称	子项个数
0001	笔芯	3
0002	笔壳	1
0003	笔帽	1
0004	弹簧	3

（注：版本号：10，版本说明：1.0，版本日期：2010－10－1）

8. 11月4日，销售部以商业银行存款支付产品广告宣传费3 000元。

借：营业费用——广告费
　　贷：银行存款——商业银行北京支行

9. 11月5日，收到永益公司发来的笔芯及其专用发票，发票号码ZY0003，开票日期：2010－11－5。该批笔芯系11月2日采购部李明订购。发票载明笔芯成3 000支，0.45元/支。同时收到运费发票一张（票号YF0001），运输费200元（费用的税率为7%）。经检验质量全部合格，但笔芯数量少100支（属于合理损耗范围），办理入库（原材料仓）手续。财务部门确认该笔存货成本（注：运费分摊按数量进行分摊）

及应付款项，并用11月3日的预付永益公司原料采购款冲销此次应付账款，根据相关单据生成财务凭证传递到总账系统。（注：两张发票合并制单）

  借：原材料
    应交税费——应交增值税——进项税额
   贷：应付账款
  借：应付账款
   贷：预付账款

  10. 根据11月2日的报价，11月5日本公司与上海安迅公司协商，对方同意双色圆珠笔销售单价为3.90元/支，订货数量减为28 000支，订单预发货日期：2010-11-30。本公司确认后于11月7日（提前）发货（成品仓）并出库，本公司以现金代垫运费600元。当日开具销售专用发票（注上海安迅公司税号：123456789），发票号为Z001，货款尚未收到。经财务部门确认该笔应收款项，并在应收模块中根据发票形成应收账款传到总账。

  借：应收账款
   贷：库存现金
  借：应收账款
   贷：主营业务收入
    应交税费——应交增值税——销项税额

  11. 11月8日，收回天津恒利公司转账支票一张50 000元用于支付前欠货款，财务确认入账。根据相关单据生成财务凭证传递到总账系统，并核销相应应收款项。

  借：银行存款——商业银行北京支行
   贷：应收账款

  12. 11月10日，直接向佳和公司购买笔芯60盒，弹簧20盒，笔帽30盒。货物已入原材料仓，对方单位尚未开具发票。

  13. 11月13日，天津恒利公司要求我公司2010年10月28日对其发货的三色圆珠笔50盒（5 000支），分批开票，财务第一次开具的普通发票（票号Z004）数量为4 000支，4元/支。对方收到发票后，用商业承兑汇票（票据号9999 签发日期为：2010年10月01日，到期日期：2011年4月30日），方式全额支付了第一次货款。经财务部门确认该笔款项，并在应收模块中完成相应单据处理，将业务凭证传递到总账系统。

  借：应收账款
   贷：主营业务收入
    应交税费——应交增值税——销项税
  借：应收票据
   贷：应收账款

  14. 11月17日，生产一部完成双色圆珠笔60盒（6 000支），生产完成后入产成品仓B货位。

  15. 11月24日，销售员赵立报销11月2日向公司预支的差旅费700元，并归还

现金 200 元。（注：差旅费进行部门核算）

　　借：现金
　　　　营业费用——差旅费（550103）
　　　贷：其他应收款——备用金

16. 11 月 28 日，生产二部完工入库三色圆珠笔 28 盒（2 800 支），入成品仓，货位：C 货位。

17. 11 月 29 日，对生产一、二部进行机器设备维修，共花费维修费用 2 000 元，用转账支票支付。

　　借：制造费用——维修费（410502）
　　　贷：银行存款——商业银行北京支行

18. 11 月 29 日，提取现金 3 000 元备用。

　　借：现金
　　　贷：银行存款——商业银行北京支行

19. 11 月 30 日，福州宏丰公司根据其公司销售情况，跟我公司结算 2010 年 10 月 08 日发出的双色圆珠笔中 20 盒（2 000 支），并已转账支票方式进行现结，一次性付清结算款。本公司根据收到的货款给对方单位开具了普通发票（注：发票号及开票日期系统采用系统默认）。并根据相应单据形成凭证传到总账系统。

　　借：银行存款——商业银行北京支行
　　　贷：主营业务收入
　　　　　应交税费——应交增值税——销项税额

20. 11 月 30 日，计提 1 月份固定资产折旧，并在相应模块生成凭证传到总账系统。

21. 11 月 30 日，财务检查本期已入库未结算的入库单，并对其进行暂估处理。暂估价参照存货期初数据表。

22. 11 月 30 日，在职人员工资数据如下表：

行政部门	人员姓名	基本工资	缺勤天数
综合管理部	陈三平	3 000	
综合管理部	韩一冰	2 500	2
财务部	李晶	3 000	2
财务部	王一红	2 500	
采购部	李明	3 000	
采购部	黄平	2 500	
销售部	赵立	3 000	
销售部	吴中天	2 500	
生产一部	赵红兵	3 000	
生产一部	张恒	2 500	
生产二部	王和	3 000	
生产二部	何飞	2 000	

其中：采购人员和营销人员的交通补贴为 500 元，其他人员的交通补贴为 250 元；职务补贴按"基本工资"的 10% 计算，医疗保险按"基本工资"的 2% 计算，养老保险按"基本工资"的 3% 计算；缺勤扣款：（基本工资/30）＊缺勤天数＊60%；个人所得税按"应发合计"扣除"2 000"元后计税。

根据上述数据在工资系统中录入相关基本数据及计算公式，由工作系统算出应付工资额，并生成工资分摊凭证传给总账系统。（生产一部人员工资分摊到双色圆珠笔生产成本中，生产二部人员工资分摊到三色圆珠笔生产成本中；生产部管理人员及生产人员工资均计入生产成本\人工费）

借：管理费用——工资
　　生产成本——人工费
　　营业费用——工资
　贷：应付工资

23. 11 月 30 日，月末财务对当月材料出库业务进行材料成本结转，并生成凭证传到总账系统（1 张材料出库单对应 1 张凭证）。

借：生产成本——材料费
　贷：原材料

24. 11 月 30 日，月末财务将相应制造费用结转到生产成本（生产一部与二部制造费用比例按 3：2 分摊），生产一部全部分摊到双色圆珠笔项目上，生产二部全部分摊到三色圆珠笔项目上（使用自定义转账生成凭证）。

借：生产成本——制造费用
　贷：制造费用——维修费
　　　制造费用——折旧费

25. 11 月 30 日，通过查项目账，将本月发生的生产成本全额分配到产成品入库单中，并生成凭证传到总账系统。

借：库存商品
　贷：生产成本——成本结转（410104）

26. 11 月 30 日，财务根据当月销售业务结转相应销售成本，并生成凭证传到总账系统。

借：主营业务成本
　贷：库存商品

27. 11 月 30 日，结转本月期间损益（要求利用期间损益转账定义方法实现自动结转，生成收入、支出两张凭证）。

28. 11 月 30 日，在 UFO 报表中，利用报表模板编制 11 月份利润表，并录入关键字取数。

参考文献

［1］毛华扬，傅樵. 会计电算化原理与实务［M］. 北京：中国人民大学出版社，2012.

［2］广东省会计从业资格考试辅导教材编委会. 初级会计电算化［M］. 北京：中国财政经济出版社，2006.

［3］王新玲，汪刚. 会计信息系统实验教程［M］. 北京：清华大学出版社，2009.

［4］王新玲，赵彦龙，蒋晓燕. 新编用友ERP财务管理系统实验教程［M］. 北京：清华大学出版社，2009.

［5］赵建新，宋郁，周宏. 新编用友ERP供应链管理系统实验教程［M］. 北京：清华大学出版社，2009.

［6］熊晴海. 电算化会计［M］. 成都：西南财经大学出版社，2007.

［7］北京用友软件股份有限公司《用友U8管理软件用户手册》，2001年5月版。

图书在版编目(CIP)数据

会计电算化教程/王家兰主编. —成都:西南财经大学出版社,2012.8
(2015.6 重印)
ISBN 978-7-5504-0250-8

Ⅰ.①会…　Ⅱ.①王…　Ⅲ.①会计电算化—技术培训—教材
Ⅳ.①F232

中国版本图书馆 CIP 数据核字(2011)第 067541 号

会计电算化教程

主　编:王家兰

责任编辑:李特军
封面设计:何东琳设计工作室
责任印制:封俊川

出版发行	西南财经大学出版社(四川省成都市光华村街55号)
网　　址	http://www.bookcj.com
电子邮件	bookcj@foxmail.com
邮政编码	610074
电　　话	028-87353785　87352368
照　　排	四川胜翔数码印务设计有限公司
印　　刷	郫县犀浦印刷厂
成品尺寸	185mm×260mm
印　　张	23.25
字　　数	540 千字
版　　次	2012 年 8 月第 1 版
印　　次	2015 年 6 月第 3 次印刷
印　　数	6001—8000 册
书　　号	ISBN 978-7-5504-0250-8
定　　价	43.00 元

1. 版权所有,翻印必究。
2. 如有印刷、装订等差错,可向本社营销部调换。
3. 本书封底无本社数码防伪标志,不得销售。